U0469724

威尼斯

晨昏岛屿的集市

VENICE

PURE CITY

Peter Ackroyd

〔英国〕彼得·阿克罗伊德 著　朱天宁 译

上海文艺出版社
Shanghai Literature & Art Publishing House

目录

海中诞生的城市
1　起源
19　水，处处皆水
35　镜子，镜子

圣马可之城
40　圣人降临
46　避难
55　与自然抗争
61　威尼斯的石头

国家之船
68　"愿它天长地久"
77　上帝的子民
84　牢狱
89　秘密
100　编年史

商业共和国
106　威尼斯商人
126　永不落幕的戏剧
145　轮内之轮

贸易帝国
157　狮城
172　碰撞中的城市
182　战斗的号令

超越时间的城市
189　钟与贡多拉

195	公正
199	迎战土耳其

鲜活之城

209	肉体与建筑
223	学问与语言
235	色彩与光线
242	朝圣者与游客

生活的艺术

250	为狂欢节喝彩
263	天赐的艺术
278	永恒的女性
296	以何为食？

圣城

300	圣与魔
311	关于信仰

历史的影响

321	衰落与消亡？
339	死于威尼斯

神话之城

356	展开的地图
365	相依的大家庭
373	月与夜
376	余音绕梁
391	威尼斯大事记
396	索引

第一章

海中诞生的城市

起　源

　　他们驾船驶入这片遥远偏僻、人迹罕至的水域。他们的平底船越过浅滩。他们是一群背井离乡的流亡者，从北部和东部的贼窝中逃离。他们已来到这块蛮荒之地，这是一片广袤而平坦的潟湖①，来自陆地河流的淡水和来自亚得里亚海的咸水在这里交汇融合。落潮时分，这里四处都是被溪流、小河与河沟分割而成的块块泥滩；涨潮时分，这里是座座岛屿，由淤泥和沼泽中的水草形成。沙洲上覆满了芦苇和野草，只比水面堪堪高出一截。有几块陆地常年处于水下，只有在特定的落潮时才升出水面。荒凉的沼泽，连水面也难得覆盖。远远隔开的盐沼和海岸共同构成了这片池塘与小岛星罗棋布的宽广区域。这里也有阴暗无光、死气沉沉的湿地，如同潮水不曾触及的海域。一串由沙砾与河流堆积形成的岛屿有助于保护这片潟湖免受海水侵袭；松木在这些岛屿上茂密生长。

　　尽管这片潟湖与一度辉煌的罗马文明中心地带相距不远，然而却是人迹罕至的荒凉所在。这是一处避世之地，不时划破寂静的只有海鸟的鸣叫，巨浪的轰鸣，和海风的呼啸。夜晚，这里沉入无边的黑

---

① 潟湖：被沙嘴、沙坝或珊瑚分割而与外海相分离的局部海水水域。

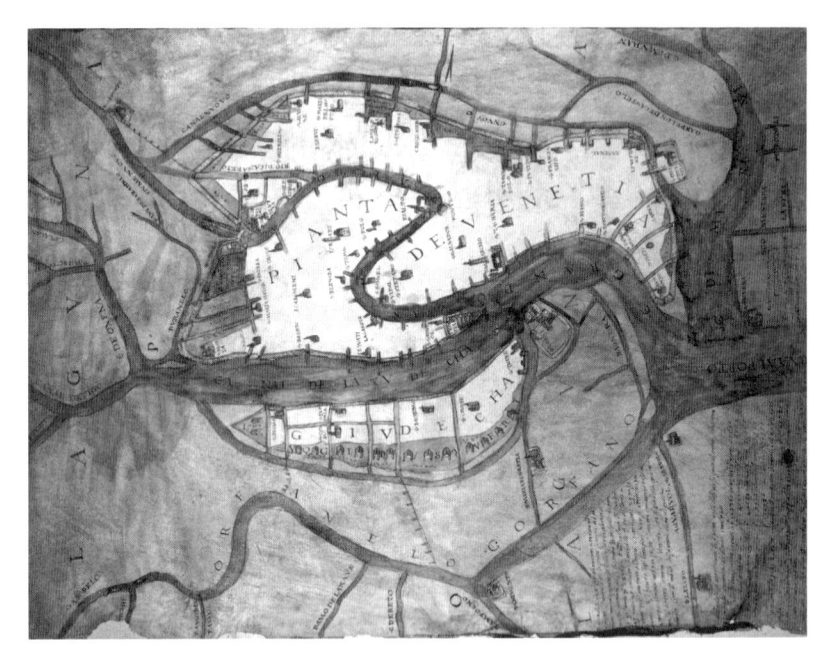

威尼斯早期地图，制定于十五世纪晚期或十六世纪早期；在水的世界中，这座城市显得狭小、脆弱、没有防备。

暗，只有几处永不止息的海水被月光照亮。然而白天，在流亡者们靠近时，这银色的大海伸展成了一条雾霭迷蒙的细线，阴云密布的天空仿佛也辉映着海水银色的起伏。流亡者们不由被那一处光之源吸引。他们发现了一座岛屿。然后一个潮涌般的声音告诉他们，要在这块新发现的土地上修建上帝的礼拜堂。这就是人们口口相传的威尼斯起源故事中的一个。

这片潟湖本身就是一处既不属于陆地也不属于海洋的模糊地带。它长约三十五英里（56千米），宽约七英里（11千米），是意大利东北部海岸的一处新月形地区，六千年前由七条汇入亚得里亚海的河流带来的泥土、淤泥与沉积物形成。七条河流中的干流——布伦塔河①（Brenta）、西莱河②（Sile）与皮亚韦河③（Piave）——携带着阿尔卑斯山与亚平宁山脉的物质顺流而下；在将来的某一天，这些来自大山的点滴沉积物上将矗立起一座石头建造的城市。湿地、沼泽与泥滩由一条狭长的沙滩与大海分隔，这条沙滩又被几道河沟分成数个小岛；其中最长的小岛就是现在的利多岛（Lido）。河沟在屏障上打开出口，也就是供海水流入潟湖的"港口"。现在，共有三个港口，分别位于利多，马拉莫科④（Malamocco）与基奥贾（Chioggia）。正是这些海潮将源源不断的生命力注入威尼斯。

　　这是个变幻莫测、永不固定的景象，一部分泥浆、一部分沙砾、一部分黏土；它随着潮汐，从不停下千变万化的运动。一道来自地海的水流蜿蜒流向亚得里亚海域，每一个港口都形成了各自独特的流域。这就是几个世纪以来，潟湖的外观不断变化的原因。有人推测，迟至六到七世纪，这片潟湖本质上还只是一片涨潮时被水覆盖的沼泽。在十九世纪，根据约翰·拉斯金⑤（John Ruskin）的记载，在几次低潮期，威尼斯看起来就像是被困在一片广阔的，由暗绿色水草形成的平原上。事实上，如果不是威尼斯人自己的干预，这片潟湖早在五百年前就已干涸成旱地了。潟湖现在仅仅是威尼斯的一部分，是恰巧非陆非海的一处居所。但它正渐渐回归海洋。水位在逐步上升，并且盐度越来越高。这里已是岌岌可危。背负基督过河的圣克里斯多福⑥（Saint

---

① 布伦塔河：一条由特伦托流向亚得里亚海的河流，位于威尼斯潟湖以南。
② 西莱河：一条位于意大利北部的河流，长约95公里。
③ 皮亚韦河：意大利东北部河流，流经威尼斯平原，注入亚得里亚海。
④ 马拉莫科：与后文提到的基奥贾同为威尼斯海滨城镇。
⑤ 约翰·拉斯金：1819年—1900年，英国作家、艺术家、艺术评论家。
⑥ 圣克里斯多福：？—约251年，基督教圣人。据传说，本名为欧菲鲁斯的克里斯多福力大过人，他认定耶稣是最强大的君王，于是以在河边帮助他人，背负他人渡过河流作为服事耶稣的方法。一日一名儿童请求克里斯多福帮他渡河，克里斯多福却发现那名儿童重到他几乎背不动。在艰难过河后他对儿童说，"你重到让我有如将世界背在肩上，"而儿童回应："你背负的不只是全世界，还包含它的创造者。我就是基督，你的君王。"自此欧菲鲁斯就改名为克里斯多福，意为背负基督者。

Christopher）曾是这座城市广受欢迎的圣人。

潟湖上一直有人类定居。蛮荒之地毕竟也能物产丰饶。从最早期开始这里就有小规模的居民——渔民和捕鸟人，他们伺机从丰富的野禽与水生物资源，以及秋季从河流迁徙到海洋的鱼类中获利。沼泽也是收获盐的天然之所。盐是一种价值不菲的商品。威尼斯人素以商业头脑著称，然而这一地区贸易的萌芽，早在威尼斯人的祖先到来之前就已经开始了。

早期的部落早已湮灭在史前的黑暗中。不过目前已知最早的威尼斯先民是从公元前八世纪开始，陆续在这片环绕着潟湖的地区定居下来的。他们是居住在意大利东北部及现在的斯洛文尼亚和克罗地亚海岸的居民。他们被称为威尼西亚人（Veneti）或威尼托人（Venetkens）；荷马[①]（Homer）将他们称作埃尼托人（Enetoi），因为古典希腊语中没有"v"音。与后世的威尼斯人一样，他们主要是商人，做琥珀、蜡、蜂蜜与奶酪买卖。他们建立起庞大的市场，规模不亚于后世威尼斯人最终建立的。他们与希腊人做生意，就像后世威尼斯人终有一天与拜占庭及东方进行贸易一样。他们专研海岸地区盐的萃取，仿佛预示着后世威尼斯人在制盐业的垄断地位。

他们身着黑衣，所以后来黑色成为威尼斯贵族男性的典型服色。赫拉克勒斯[②]（Hercules）是威尼西亚人的部落英雄，后来成为了威尼斯传说中的守护者；他半人半神，以自身力量取得其他神祇凭权力获得的一切。威尼西亚人认为自己的血统可追溯至安忒诺耳[③]（Antenor），他带领他们逃离被毁的特洛伊。他们以航海技术著称，天生就是海员。他们服从国家权威，就连婚姻和家庭事务也是如此。

---

① 荷马：约公元前九世纪—前八世纪的古希腊盲诗人，相传根据民间流传的短歌综合编写了特洛伊战争，以及关于海上冒险故事的古希腊长篇叙事代表作——史诗《伊利亚特》和《奥德赛》，在很长时间里影响了西方的宗教、文化和伦理观。
② 赫拉克勒斯：希腊神话中力大无穷的英雄。
③ 安忒诺耳：约公元前540年—约公元前500年，希腊神话中特洛伊城一位睿智的长老。

威尼斯远景图，以油彩绘制于画板上，展示了这座城市最庄严高贵的风貌。

这些人定居在诸如帕多瓦①（Padua）、阿尔蒂诺②（Altino）、阿奎莱亚③（Aquileia）和格拉多④（Grado）的地方。他们就是那些为了安全而来到潟湖水域的流亡者。

在逃难时代之前，威尼西亚人都是彻底罗马化的。到公元二世纪，他们已和罗马政权达成了协定。在屋大维⑤（Augustus）的统治

---

① 帕多瓦：意大利北部城市。
② 阿尔蒂诺：威尼西亚人建立的古城，位于意大利北部，现代特雷维索东南方15公里。
③ 阿奎莱亚：意大利的古罗马城市，452年被毁。
④ 格拉多：意大利东北部城市，位于威尼斯和的里雅斯特之间亚得里亚海毗连的半岛及岛屿上。
⑤ 盖乌斯·屋大维·奥古斯都：公元前63年—公元14年，罗马帝国的开国君主，元首政制的创始人，统治罗马长达40年。

下，这块潟湖地区被划入意大利的第十大区，在四世纪又成为东罗马帝国——即拜占庭帝国——的一部分。潟湖的一部分已有人定居。在其中的圣方济各岛（S. Francesco del Deserto）上，人们曾发现一座罗马港口的遗迹，包括一世纪的陶片和三世纪的刷墙粉。

这座港口无疑由往来阿奎莱亚和拉文纳[①]（Ravenna）的船只使用，这些船只装载着来自潘诺尼亚[②]（Pannonia）的粮食，以及来自更遥远的海滨的货品和物资。这里曾发现两耳细颈酒罐，用于运输产自东地中海的葡萄酒和橄榄油。大型船只会在岛上靠岸，然后将货物分装到小船上，以便驶入潟湖的浅滩。所以此地一定会有领航员，引导船只通过这片浅水域。托尔切洛[③]（Torcello）岛上的圣母升天圣殿（S. Maria Assunta）第四中殿下曾发现一条公元二世纪的走道。圣乔治·马焦雷（S. Giorgio Maggiore）岛上曾发现深埋的罗马遗迹，一些小岛上也发现过一和二世纪的古物。其他岛屿上的发现可以追溯到四至七世纪。有迹象表明，潟湖外侧的岛屿可能曾被用作罗马舰队的停靠站；更不用说，完全可以想见，别墅也曾在此修筑。

然而，随着越来越多的大陆流亡者来此定居，这片潟湖的性质有了根本的改变。没有大规模的迁出，只有持续不断的移民潮，最终在六世纪末达到顶峰。403 年，西哥特[④]（Visigoth）国王阿拉里克[⑤]（Alaric）突袭威尼西亚省，威尼西亚人纷纷逃离侵略者的统治；根据罗马历史学家克劳狄安[⑥]（Claudian）的说法，"风闻蛮族进军，满城风

---

① 拉文纳：位于意大利东北部，曾是古代西罗马帝国、东哥特王国、拜占庭意大利的都城。
② 潘诺尼亚：古罗马省份，位于中欧。
③ 托尔切洛：威尼斯潟湖北部边缘的岛屿，是威尼斯不断有人类定居的最古老的地方，也曾是威尼斯共和国国内人口最多的地方。
④ 西哥特：古日耳曼西部一民族，曾入侵罗马并在现西班牙和法国南部建立一王国，该王国持续到 711 年。
⑤ 阿拉里克：约 395 年—410 年，西哥特人的首领，西哥特王国的缔造者。
⑥ 克劳狄安：约 370 — 约 404 年，拉丁语诗人。

雨，人心惶惶。"阿奎莱亚和维罗那①（Verona）陷落，许多居民逃往安全的岛屿。当阿拉里克的威胁过去后，有些人重返故土。但其他人却留在了这里，在这片潟湖上展开了新生活。446年，阿提拉②（Attila）占领了从多瑙河③到巴尔干半岛④的罗马省份，六年后，又攻占了阿奎莱亚；阿尔蒂诺和帕多瓦也遭洗劫一空。再一次地，流离失所的难民逃往潟湖落脚。

难民们的迁徙有其固定的模式。比如，阿尔蒂诺人通常迁往托尔切洛和布拉诺⑤（Burano），特雷维索⑥（Treviso）人则来到里亚尔托（Rialto）和马拉莫科。帕多瓦居民驶往基奥贾。阿奎莱亚公民迁往沼泽护卫着的格拉多。随行者有工匠和建造者，农民和劳工，贵族和平民；他们带着家乡教堂里的圣器，甚至连公共建筑上的石块也一并带来，用以重建。可是，他们能在这不断移位的土地上，在泥和水上建造家园吗？答案是肯定的。他们将许多十到十二英尺长的木桩插入泥浆中，直至抵达更坚硬的黏土或稠沙处，以此作为坚实的地基。这就是潟湖底部的"边界"。于是一批叫作"卡索尼"（casoni）的小屋涌现出来，这种小屋由木桩和木板建造，有着板条和芦苇编成的斜顶。

[7]

诸如赫拉克利亚⑦（Heraclea）和伊奎里奥（Equilio）即耶索洛⑧（Jesolo）的新兴城镇在潟湖边缘建立起来。岛上成立起村社，领袖与

---

① 维罗那：意大利北部城市。
② 阿提拉：406年—453年，古代欧亚大陆匈奴人的领袖和皇帝，曾席卷欧洲，并于公元452年把当时西罗马帝国首都拉文纳攻陷，赶走皇帝瓦伦丁尼安三世，使西罗马帝国名存实亡，被史学家称为"上帝之鞭"。
③ 多瑙河：欧洲第二长河，发源于德国西南部，自西向东流经奥地利、斯洛伐克、匈牙利、克罗地亚、塞尔维亚、保加利亚、罗马尼亚、摩尔多瓦、乌克兰后注入黑海。
④ 巴尔干半岛：指欧洲的东南隅位于亚得里亚海和黑海之间的陆地。
⑤ 布拉诺：威尼斯潟湖上的群岛，由四座小岛构成。
⑥ 特雷维索：意大利北部城市。
⑦ 赫拉克利亚：位于亚得里亚海滨的城镇。
⑧ 耶索洛：威尼斯以北的海滨城镇。

人民集会共同商议各项事务。威尼西亚人还在营地加强了防御工事，以防匈奴人或哥特人进犯。不过，岛民们都是争强好胜又倔强易怒的；这片潟湖上的各城镇总也做不到联合一致。所以，在阿提拉入侵二十年后的466年，潟湖上的全体威尼西亚人在格拉多召开了一次会议。会上决定，每个岛上选出一名护民官，共同为公共利益服务。毕竟，他们都面临着共同的危险与困难——尤其是来自海洋的威胁。这就是公众和公共精神的首次展现，这一精神将在后世的威尼斯发扬光大。

到六世纪，威尼西亚人已是这块地区不可或缺的存在。他们受雇运送乘客与货物，往来于大陆的各口岸与海港。他们将拜占庭士兵从格拉多送往布伦塔河。他们还将自己的官员和商人载往拜占庭。他们的航海技术闻名遐迩。他们的小船溯意大利北部的河流而上，向沿途的城市与村落贩卖盐和水产。

关于这些岛民的第一次描述出现在一名东哥特王国[①]的使者523年寄给威尼西亚护民官的信中，当时东哥特势力在意大利北部盛行一时。卡西奥多罗斯[②]（Cassiodorus）在信中要求威尼西亚人将葡萄酒和油通过水路运往拉文纳。"你们就像海鸟一般生活，"他写道，"你们的家园星星点点，如同基克拉泽斯群岛[③]（Cyclades），散落于水面各处。你们栖居的土地只以柳条和板条筑成；而你们却毫不犹豫地以如此脆弱的壁垒抵抗凶蛮的大海。"此处的描述不尽准确，因为当时的威尼西亚人已开始用大陆上的石块和砖瓦筑造房屋。他继续写道，威尼西亚人"拥有一笔巨大的财富——取之不尽的鱼类资源。你们之间不分

---

① 东哥特王国：493年—553年，是日耳曼民族的一支——东哥特人建立的国家。随着东哥特人在西罗马帝国灭亡后迁入意大利，东哥特王国的势力约在意大利半岛及附近地区。
② 卡西奥多罗斯：约485年—585年，罗马政治家、作家，任职于东哥特王国的狄奥多里克大帝政府。
③ 基克拉泽斯群岛：希腊的岛群，在爱琴海西南。

贫富,因为你们吃的是同一种食物,住的是相似的房屋。"这也并不准确。现存的证据表明,即使是在这片潟湖发展的初始阶段,贫困和富裕的家庭就已经出现。卡西奥多罗斯(Cassiodorus)补充道,"你们将精力倾注在盐田上,那里寄托着你们的繁荣兴旺。"至少在这一点上,他说对了。随后他又补充了一处至关重要的细节,"你们将自己的小船拴在家门外,就像是马一样"。幸运的是,后人曾在泥浆中发掘出一艘这样的小船。人们在圣方济各岛上发现了橡木的肋材和石灰的船体;这艘船属于五世纪。它所处的位置如今已沉入水下,只有偶尔在低潮期才能露出水面。

[8]

尽管如此,威尼斯城本身还没有诞生。在一幅公元四世纪该地区的地图上,威尼斯没有被标注,这片潟湖被描绘成无人的航线。然而,威尼斯历史学家宣称,威尼斯城于 421 年 3 月 25 日正午由一位叫做乔瓦尼·波诺(Giovanni Bono),又叫"好人约翰"(John the Good)的穷渔夫建立。这一说法颇具优势,因为这一天正是春分日、圣母领报①的日子,同时还被认为是罗马城的创立日。好人约翰未卜先知地在这三重巧合的日子来到威尼斯,这一点很难让人信服;但这正是威尼斯人以神话代替历史的高明之处。正如德语诗人里尔克②(Rilke)1920 年访问威尼斯时所说,"镜花水月一场空,你只会被卷入捉摸不定的谜团中。在威尼斯,一个人整日沉湎于形形色色的意象中,却连哪怕是一个实体也无法抓住。威尼斯的一切都关乎信仰。"

事实上,威尼斯在一个世纪后才出现,当时他们已经历了伦巴底人③(Lombards)从 560 年代末到 570 年代初的一系列入侵。威尼西亚

---

① 圣母领报:在基督教中指天使向圣母马利亚告知她将受圣灵感孕而生下耶稣,出自《圣经·新约·路加福音》1:26-1:38。又名"天使报喜"。
② 赖内·马利亚·里尔克:1875 年—1926 年,奥地利诗人。
③ 伦巴底人:日耳曼人的一支,起源于斯堪的纳维亚,今日瑞典南部。经过约四个世纪的民族迁徙,伦巴底人最后到达并占据了亚平宁半岛(今日意大利)的北部,568—774 年在意大利建立了统治王国。

省再一次被外族击败。与匈奴人不同的是，这些伦巴底人并不愿洗劫一空后就离开，而是在此定居下来。他们侵占的地方现在就以他们的名称被命名为伦巴第[①]（Lombardy）。他们的到来引发了威尼西亚人的大规模出逃。阿奎莱亚主教将他的教座迁到了潟湖边缘的格拉多。帕多瓦主教迁往马拉莫科，奥德尔佐[②]（Oderzo）主教则搬去了赫拉克利亚。这些主教既是宗教领袖，也是世俗首领；他们带着会众与市民，准备在水上创造一个新社区。人们广泛地定居在布拉诺岛和穆拉诺岛[③]（Murano），较小的岛屿如阿米亚纳（Ammiana）和康斯坦齐亚卡（Constanziaca）也有许多居民；后两者于十三世纪消失在海浪下，最终被这岛民的天敌吞噬。他们不屈不挠地与大海斗争到了最后一刻。

[9] 威尼斯正是因逃离伦巴第而建立起来的。最近的考古发现将初次人类定居的迹象定在了公元六世纪下半叶到七世纪；这些遗迹位于城东的城堡区（Castello）附近，处在圣马可广场[④]（Saint Mark's Square）之下。也有证据表明，早期人们就已开始抬高陆地表面，将土地从水中分离出来。移民们用木板和木桩围出土地，排干海水，铺设建筑碎石、沉淀物或沙丘上的沙砾，并架起木栅抵御海水。这就是威尼斯城的开始。

流亡者们决定在一处得天独厚的群岛上定居，群岛位于潟湖中部，被称作里沃亚尔托（Rivoalto），意思是"高岸"。这里最终发展为里亚尔托（Rialto）——威尼斯至关重要的交易市场及商业中心。岛屿上点缀着条条溪流与水道，但还有一条大型河流，那就是布伦塔河的支流里沃亚尔特斯河（Rivoaltus）；这条河就是后来的大运

---

① 伦巴第：意大利北部大区，北与瑞士相邻，面积2.38万平方公里。
② 奥德尔佐：意大利北部城镇，位于威尼斯平原中心，威尼斯东北66公里处。
③ 穆拉诺岛：威尼斯北部1.5公里处的岛屿，面积459公顷。
④ 圣马可广场：又称威尼斯中心广场，一直是威尼斯的政治、宗教和传统节日的公共活动中心，长约170米，东边宽约80米，西侧宽约55米。

河①（the Grand Canal）。两座较为坚固的山丘或称小岛——怎么称呼它们全看你怎么定义这块地形——在这条河的两岸相对而立。这就是威尼斯诞生的地方。这就是那些流亡者们所能建设的土地。这不是一项轻松的工作。有记载显示，589年，一场毁灭性的洪灾袭击了整个地区，其来势之汹涌甚至使河流改道。这一灾害应该改变了潟湖上的水利构造，但其对新兴的威尼斯城的影响则不得而知。

威尼斯并没有立刻成为这片潟湖上最重要的城市。格拉多是主教的所在地；托尔切洛是当地的商业中心和贸易市场。众所周知，公爵的所在地从埃拉克莱亚②（Eraclea）迁往马拉莫科。在威尼斯刚开始有人定居的时期，其他地方早已出现了精心营造的建筑物。圣母升天圣殿已在托尔切洛建成；该地点发现的一处铭文可追溯至639年，并证明，该教堂是在拜占庭式仪式和崇拜的背景下建立的。

这一与拜占庭的关联至关重要。因为威尼斯的史料编撰者们坚称，威尼斯人从一开始就独立自主。在一则著名的传奇中，威尼斯的领袖告诉一名来自拜占庭的代表，"我们在这片沼泽上、在我们木头与板条的小屋里繁衍生息的权利受到上帝的亲自保护。因为我们在这片潟湖之上建立的威尼斯城，就是我们牢不可破的居所。"他们绝不为世上的任何王侯所动，"除非他们来挑战我们海上的武力"。其实这纯粹是个神话，威尼斯人一开始是受支配的民族。例如，早期威尼斯语混杂着希腊语，而且直到上世纪，布拉诺岛民的方言中还含有希腊-罗马元素。

关于这片潟湖上的首位军事长官（dux③）是何时由拜占庭任命的，

[10]

---

① 大运河：意大利威尼斯市主要水道。沿天然水道自圣马可教堂至圣基亚拉教堂呈反S型，把该市分为两部分。长逾3公里，宽30～70米，平均深度为5米，与许多小运河相连。市内交通运输大部分通过这些水道。
② 埃拉克莱亚：威尼斯省的小城市，位于亚得里亚海滨。
③ Dux：拉丁语，原意为"领导者"，在罗马帝国后期指驻扎行省的军事长官，后演变为"公爵（duke）""总督（doge）"等词。

目前仍存争议；最有可能的时间是公元八世纪。威尼斯人认为这位公爵（或称总督）是由岛民自己选出来的，但毫无疑问，他须向拜占庭皇帝汇报。军事长官的任命本质上并不能为这片潟湖带来和谐；早期这里的岛屿和家族间充斥着两败俱伤的冲突；八世纪关于内战、潟湖边森林里的战争，或者蒙蔽、谋杀、驱逐总督的记录屡见不鲜。但是政治制度的建立挽救了早期的危机；总督制度统治威尼斯逾千年，共有120位总督先后继位。

威尼斯由117座彼此分离的岛屿组成，经过一番努力，它们最终联合在一起。一开始，散落的岛屿上各有教区，有些建立在修道院的基础上，有些是渔民或制盐人组成的小型社区。同时还有造船人的小岛。这些各自为政的社区围绕在教堂和钟楼的四周；教堂前的绿地和广场被称作"场"（campo）。"场"上有一口贮存雨水的淡水井或水池。房屋多为典型的芦苇和板条建筑，尽管个别显赫的人家已经开始用砖瓦建房。一些岛屿由大陆流亡而来的望族控制，他们带着自己的侍从，让他们打理花园或葡萄园；比如，奥里奥和格拉代尼戈家族控制着圣乔瓦尼·迪·里亚尔托（S. Giovanni di Rialto）岛。每个岛屿都有各自的主保圣人。

[11]　虽然各岛屿教区因沼泽或水面相隔，但人们修建起水道以彼此相连。集中的居住模式正在稳步加强。而另一个入侵者的出现进一步推动了人们的凝聚力。810年，查理曼大帝①（Charlemagne）的儿子丕平②（Pepin）率军入侵潟湖，以图将其吞并入法兰克王国。他试图猛攻下公爵府所在地马拉莫科，因此总督逃往里沃亚尔托岛以求保护。据说丕平在其后紧追不舍，可他的舰队却深陷在了沼泽和后退的潮水

---

① 查理曼大帝：742—814，法兰克王国加洛林王朝国王（768－814），800年在罗马由教皇利奥三世加冕，他在战胜了来自东北亚的游牧部落匈奴和柔然人（即阿瓦尔人）之后建立了囊括西欧大部分地区的庞大帝国，引入了欧洲文明，被后世尊称为"欧洲之父"。

② 丕平：查理曼大帝的次子，又称"意大利的丕平"（Pepin of Italy）。

中；他派出木柴做的救生筏，又被威尼斯水手所毁；随后，一位老妇人利用威尼斯人古老的"直走"法——即一直朝着一个方向走——引导威尼斯水手们穿过了危险重重的浅滩，最终获得了胜利。这个传说很明显地暗示了法老的军队被红海淹没的故事[①]，后世的威尼斯画家们曾反复将二者做类比。不管失败的真实原因为何，丕平最后不得不放弃他的打算。因此，公爵的避难地威尼斯被证明是一处安全之所。四周的沼泽庇护着它，敌人无法进犯。利多岛（lido）[②]保卫它免受海水侵袭，海水又将它与陆地分隔。法兰克人入侵事件后，威尼斯就成为公爵府所在地。它一跃成为这片潟湖的中心，伟大的历程由此开始。

威尼斯也因自己与世隔绝的位置而繁荣兴旺。814年签订的一份条约商定，威尼斯仍保留为拜占庭统治下的一个省份，但同时须向君临意大利的法兰克国王交纳岁贡。这看起来像是双重负担，但实际上却将威尼斯从单一控制下解脱了出来。现在，威尼斯处在法兰克与拜占庭之间，西方与东方之间，也在天主教与东正教之间；这样的中间地位使威尼斯走上见风使舵的路线，有时倾向一方，有时又靠近另一方。这也在潟湖上的各大统治家族间引起了分歧，它们各自效忠于大陆上与东罗马帝国不同的派别。不管怎样，威尼斯的地理位置有力地保障了它的独立性。814年条约中的一个条款规定，允许威尼斯商船自由往来于意大利各港口。换句话说，威尼斯人获得了进行贸易的自由。他们可以往来于东西方之间。最主要的是，威尼斯因此成为了一座商业之都。

威尼斯获得了迅速的发展。潟湖上的许多居民纷纷迁往里沃亚尔

---

① 据《圣经·旧约·出埃及记》记载，在允许摩西带领以色列人离开埃及后，法老反悔，打发手下的军队在后面追赶。在前无去路后有追兵之际，上帝使红海之水分开，露出干地让以色列人安然从中经过，后又使海水复合，使埃及兵葬身鱼腹。
② 利多岛，意大利威尼斯著名的堰洲岛。堰洲岛是与主要海岸走向大致平行的多脊砂洲。堰洲岛一般不与大陆相连，而与大陆之间有潟湖，是一道天然屏障。

托附近的小岛定居。截至公元九世纪末已出现了约 30 个岛屿教区，在接近 1000 年时，该数量超过了 50；976 年的一场大火烧毁了 300 幢房屋，这也佐证了当地人口的稠密。里沃亚尔托与其最近的教区之间修建起了桥梁与运河。人们竖立壁垒，抽干沼泽，修筑堤坝；人们开垦湿地，使土地肥沃高产。一些现存的主要街道，在那时已开始被人们踏出了小径。公有或私有的楼梯平台纷纷修建。人们兴修水坝，以防河流中的泥沙冲入潟湖。渡船往来，服务于各处的乘客。威尼斯成为了一座矗立于泥与水之上的大城市，热情似火，活力十足。它代表了人力与集体所达到的巨大成就，这一成就正是由实际的需求所激励的。威尼斯一直体现着人类普遍存在的目标。人类需要改造山川陆地，征服江河湖海，也需要统一和守护共同的土壤。

公元九和十世纪的威尼斯是一座典型的中世纪城市。家畜在街道上游荡，房屋和教堂间夹杂着牧场和菜园。有些地方被人们冠以"沼泽里"、"荒野里"或"水草里"之类的绰号。市民们骑着马从威尼斯的主街道默瑟里亚（Merceria）街上驰过，然后将自己的坐骑拴在如今圣马可广场（Piazza S. Marco 或 Saint Mark's Square，另简称 Piazza[①]）所在位置的大树上。人们在各岛间修建了无台阶的平坦木桥。运河两岸栽种着树木。周围岛屿的草场上牛羊成群；人们打理着葡萄园和果园，开挖池塘与小湖。在逐渐聚拢的中心岛上，庭院和窄巷为现代威尼斯留下了"水巷"（calli）的独特线路。无论是气派的石屋还是寒酸的芦苇木屋，屋前一律延伸出短短一截地面，并演变为后世的"芳达门塔"（fondamenta），即运河沿岸的街道。

在公元九世纪的头二十五年间，如今圣马可广场周围的区域已经建成。公爵宫或称城堡坐落于此，连同一间大型的公爵礼拜堂，供奉着拜占庭的圣西奥多[②]（Saint Theodore）。世家大族也将住宅修建在

---

① Piazza：意大利语的"广场"。
② 圣西奥多：？—306 年，殉道者，被东正教会尊为"武圣人"（military saint）。

此处，以更接近权力的中心。终于，这里的田野让位于一座新建的广场；公爵宫前建起了一个大型鱼池，狭场①（piazzetta）由此形成。这种宗教与世俗权威共存的局面维持了逾千年。

　　直到十三世纪，这片潟湖区域才开始被称作"威尼斯"（Venezia）②。之前它的名称是"威尼托"或"威尼西亚"。威尼斯的拉丁语名称一直是"Venetiae"，这一点也记录了威尼斯由众多岛屿及城市联合而来的起源。威尼斯有十九种不同的称呼，从"威尼吉亚"（Venegia）到"威尼克西亚"（Veniexia），这证实了它的多重身份。"威尼斯"也可以被理解为是一个混合词，由"维纳斯"（Venus）和"冰"（ice）组成。

　　威尼斯的起源并不是单一而独立的。意大利大陆的城市早在史前就已建立，墓地圈出了城市的范围，围墙守卫着各自的领地。城市有机地增长，从宗教仪式的中心向外围逐步扩张。对一座城市的崇敬、与对这块土地的崇敬，是和对土地里埋葬的先人的崇敬息息相关的。早期城市的起源是原始的。然而，从一开始，威尼斯就没有边界。它缺乏固定的轮廓。它由上百个不同的定居点合并而成。从本质上说，威尼斯是一片无根之萍。它起源于水中，飘忽不定。它岌岌可危地存于世上。这就是这座城市总为焦虑所困的原因，这一点从当今的"危亡威尼斯"③（Venice in Peril）运动中可见一斑。

　　因此，威尼斯力求自己为自己下定义。它试图追溯自己的起源。它理应为之找出湮灭的历史，披露缺失的真相。马基雅维利（Machiavelli）写道，"无论是宗教、共和国还是王国，它们的起源都

---

① 狭场：严格意义上不算圣马可广场的一部分，而是其毗连的一块空地，连接圣马可广场南端与潟湖的水道，在总督宫（即公爵宫）与圣马可图书馆之间。
② Venezia：意大利语的"威尼斯"。
③ 危亡威尼斯：全称"危亡威尼斯基金会"（Venice in Peril Fund），一家注册于英国的慈善组织，旨在修复与保护威尼斯的艺术和建筑，以及解决该城的可持续发展问题。

应拥有自己的长处,由此它们才能获得最初的声望与早期的发展。"这就是威尼斯人面临的问题。从这方面而言,他们的起源并没有什么"长处"。

为此,威尼斯人编出了一套起源故事,每个故事中都包含了神圣的天命——尤其是"威尼斯人都是逃离异教徒侵略的流亡基督徒"的"史实"。在安康圣母圣殿[①](S. Maria della Salute)的人行道上,刻有这样的铭文:"救赎来自起源。"(unde origo inde salus)所以,精妙周详的起源传说涌现出来。它们不应被忽视。传说代表着诗歌的早期形式。威尼斯是一座传说之城,尤其是关于宗教的传说,正如它也是一座奇迹之城。

《圣洛伦佐桥上的十字架奇迹》,真蒂莱·贝利尼作于1500年。威尼斯本身就是一座奇迹之城。除了罗马这个可能的例外,没有一座欧洲城市曾目睹如此之多的奇迹。威尼斯自身在水上的生存,就被视为一个奇迹。

---

① 安康圣母圣殿:一座位于威尼斯的罗马天主教宗座圣殿,建于1631年。

传说阿尔蒂诺人对于去何处逃避异教徒心存疑虑，直到他们听见一个来自天国的声音，宣告"登上高塔，面向群星"。当他们攀上塔后，只见群星在水中的倒影组成了一条通往潟湖岛屿的路径。在另一个故事的版本中，人们看到当地所有的鸟儿都衔着幼崽往岛屿飞去。而在本章一开头，就叙述了白云上传来的声音指引流亡者小船的故事。威尼斯最早的八座教堂都是在神谕下修建的。圣马格纳斯①（St. Magnus）受到神的启示，在他初次看到一群绵羊的地方建造教堂；这个地方就是城堡区。圣母马利亚在一片白云中浮现，预示着圣马利亚·福摩萨（S. Maria Formosa）教堂的兴建。一群鸟儿为圣拉斐尔（S. Raphael）教堂选定了地址。一片红云徘徊在里亚尔托桥②（Rialto bridge）附近的圣萨尔瓦托雷（S. Salvatore）教堂上空。还有更多的世俗传说是关于威尼斯人的罗马或特洛伊祖先的，同样，这些故事的可信度也要打些折扣。这些传说，就像威尼斯本身一样，都是无根之萍。

　　将这座城市建在水上也是出自神的旨意。在海上建起一座城市，这本来就是个奇迹。因此，威尼斯成了一座奇迹之城。它的地点命中注定，它的选址出自天意。在威尼斯的编年史上随处可见这座城市伟大光辉的形象。威尼斯已成为人类救赎的一部分。它延续千年的完美政体，甚至连同它兴旺发达的商贸，都证明了其起源的神圣。在威尼斯画家的笔下，圣父与圣灵赫然降临在圣马可广场。里亚尔托桥上镌刻着天使加百列③和圣母马利亚在受胎告知那一刻的形象。人们将威尼斯高度理想化，超越了一切与之不符的史实和不光彩的片段。

　　尽管威尼斯的真正起源杂乱无章地散落在历史中，却仍赋予了这座城市以伟大的真相。它们传达出威尼斯的特点与气质。每个有

---

① 圣马格纳斯：公元七世纪的意大利圣人，修建了威尼斯最早的几座教堂。
② 里亚尔托桥：横跨威尼斯大运河的最古老的桥梁，也是圣马可区与圣保罗区的分界线。
③ 加百列：大天使长，传信为其主要职能。

机体都渴望形成和表达自己的特质,所以,在朦胧的预感和共同心愿的作用下,威尼斯成形了。真相潜藏在外表后。威尼斯人没有自己的耕地,因此他们不得不以贸易和工业为生。这座一半是土地、一半是海水的城市发明了一种典型的"混合"式政体,国内的各方势力在其中取得了平衡。在社会的各项事务中,威尼斯一直将稳定与延续视作重中之重。还有什么地方比动荡不安的威尼斯更需要这些呢?几个世纪以来,这座由流亡者建立的城市都在源源不断地接纳形形色色的难民。统治着它的帝国远在海外,它对意大利大陆的入侵都是出于自保的需要。这座城市总是处在受到威胁的危机感中。威尼斯不是由乡间农民集合而成的。从一开始它就是座城市。威尼斯从未经历过封建社会阶段。公元十世纪,这里就已经被称作"市民国家里沃亚尔托"。

威尼斯的伟大和不朽在于其与大海的斗争。它唤起了共同的目标和群体的努力。个人与集体绝无对立,或者说,几个世纪以来,每个威尼斯人都将自己归为这个有机体的一分子。如同人体组织,这个有机体可以被视为一个整体。它遵循着自己的生长和变化规则。它有自己的内在动力。它的整体力量超过各部分的总和。威尼斯文化与社会的方方面面都反映出这个整体。

从公元九世纪开始,三位威尼斯专员被指派管理和监督陆地的防御与开垦。最终,政府成立了一整套班子来管控海水的侵袭。从一开始,威尼斯就对环境进行了介入。早期抵御海水的措施包括在一根根木桩上编织柳条;后来,人们又通过改变河道及修筑巨型石墙来进行防御。

如果没有邻里之间及社群之间的相互协作,土地就不能开垦,岛屿就无法联合。如果没有因共同利益而团结起来的集体,堤坝也无从建成。因此从一开始,威尼斯人就笃信公共生活的理念。他们创建了全意大利的第一个公共宫殿和第一个公民广场。威尼斯可能也是欧洲第一个受益于所谓的"城市规划"的城市,因其城市周边的工业与活动区域都经过了深思熟虑地划分。所有这一切都是为了追求共同的利益。与自然障碍做斗争就是为了人类文明与进步。这需要巨大的凝聚力和社会纪律性,最好由宗教仪式来加强。所以威尼斯依天命而建的理论就应运而生了。

[16]

然而,我们绝不能因此轻视早期移民者的品质与性情。他们的工作艰苦而繁重,如果没有巨大的精力与热情是无法完成的。这就是,或者说曾经是,威尼斯人的独特品格。他们为自己的城市而自豪,或者说曾经如此。许多外地人都注意到了这一特点。可是,大自然有时也会对试图驯服它的人们施以报复。比如潟湖上的几座小岛被渐渐渗入的海水淹没;定居点被吞没或不得不被放弃。在威尼斯人的灵魂深处,惩罚和天灾的威胁始终存在。

水,处处皆水

[17]

直到十九世纪中期第一条铁路桥建成,威尼斯一直是一座小小的孤岛,或者说是一群岛屿的集合体。威尼斯人都是岛民,他们经历着这一身份特有的幸福与烦恼。离群索居意味着独立自主,但同时也意味着寂寞孤独。安全性得到了保障,同时也引起了广袤大陆上注意的目光。即使外部条件有利于威尼斯,其自身的局限性还是暴露无遗。不过,虽然只是一座岛城,威尼斯却从十一世纪以来所有围困意大利的战争与侵略中幸免于难;它成功抗击了教皇与皇帝的大军,法国的入侵与西班牙的进犯,以及意大利其他城邦不时的突袭。如果不是四面环水的地形,威尼斯也许在几个世纪以前就毁于战乱了。

然而,这样隔绝于大陆,隔绝于意大利,甚至隔绝于整个世界的环境也让威尼斯人付出了沉重的代价。尽管威尼斯于 1866 年并入意大利,意大利却在很大程度上忽视了它。威尼斯总被人们下意识地当作外邦。意大利人并不真正关心威尼斯;而在威尼斯人一方,由于自由的传统和不用担心受侵略的环境,人们产生了一种对外界漠不关心的心理。岛民们也许可以过着自给自足的生活,但这也促进了他们对于外界自我封闭、自我指涉的态度。时至今日,在威尼斯,人们仍可以很轻易地产生一种对世上别处的兴衰满不在乎的心理。威尼斯人本身就不怎么关心所谓"身边更广阔的世界"在发生什么。遥远与孤立也使人泛起了愁思。如今的威尼斯已不再是一座孤岛,但它独特的岛屿气质仍在。

当然,威尼斯人必须时时留心着大海。大海是他们的生存环境。大海是他们的目之所及。如果没有大海,他们又能去何处安身呢?这座城市就是建立在海底的泥沙之上。它也是大海的一部分,就像潮汐与浪涛一样。海水在支撑着威尼斯的木桩间流动。海水在威尼斯城的下方冲刷。威尼斯的生活中有一种与生俱来的不安。空气中弥漫着咸味,蒸发作用为城市打上了一层蒙眬的底色。这样的烟雾很容易发展成海雾。建筑物上方,空气好像在熔化。盐分和着湿气在粉刷过的白墙上留下一道道银色的痕迹,使它看起来就像是珍珠母砌成的。海鸥在白墙上空飞过。墙边的运河里漂浮着海草。

所以,威尼斯处处都是海的影子。圣马可大教堂的地面轻柔地起伏,会众们仿佛漫步于海浪之上。教堂中心地面上的大理石板在十六世纪被称作"海"。圣马可大教堂的大理石柱有着波浪般的纹理和线条。在城中的其他教堂里,我们可以注意到"海豚柱顶"和贝壳的主题频频出现。拉斯金将大运

十四世纪的插画《修士向圣西奥多祈祷》。在被圣马可取代之前,圣西奥多是威尼斯的主保圣人。他是一位完全属于拜占庭的圣人,强调着这座城市早期与拜占庭文明的密切关系。

河两岸美轮美奂的房屋描述为"海王宫"。在威尼斯的地图上,尤其是十七十八世纪以来,这座城市的形状让人联想起鱼或海豚。威尼斯建立其上的海岛或沙垄,在第一批定居者看来,就像是一头沉睡之鲸的脊背;现代威尼斯仍有一处地区被称作多尔索杜罗(Dorsoduro),意思就是"硬脊背"。在广场两根主柱的其中一根柱顶上,圣西奥多骑跨着一条鳄鱼。公爵宫的柱顶上则是螃蟹和海豚的形象。在涨潮日,如果你偶遇利维坦①,或者赫尔曼·梅尔维尔②(Herman Melville)在《白鲸》③(Moby Dick)中所述的"原始世界的异形"在圣马可广场游弋,请不必大惊小怪。如果你发现巨大的珊瑚虫或水母在大运河中打滚,也不必啧啧称奇。威尼斯本就是一座海城。

人们关于威尼斯的第一印象,也很有可能是关于海的。歌德④(Goethe)在1786年秋造访威尼斯时,生平第一次看见了大海;他在圣马可广场钟楼的拱窗中瞥见了亚得里亚海。拉斯金在五十五年后来到了威尼斯,他在自传中写道,"当涨潮时分,台阶下的海水涨到两英尺深时,我无论要做什么事都只能等到贡多拉⑤(gondola)那尖尖的船头驶入达涅利酒店(Danieli's)大门之后了。"感受着亚得里亚海的浪涛拍打着这座城,感受着大海悄悄改变着那些石头建筑的性质,那是一种巨大的魔力。是月亮统治着威尼斯。它建立在深海贝壳与海底之上;从某方面来说,它是无穷无尽的。这是一个流动的世界。

---

① 利维坦:字面意思为"裂缝",在《圣经》中是象征邪恶的一种海怪,通常被描述为有鲸鱼、海豚或鳄鱼的形状。
② 赫尔曼·梅尔维尔:1819—1891,十九世纪美国小说家、散文家和诗人,代表作为小说《白鲸》。
③ 《白鲸》:赫尔曼·梅尔维尔于1851年发表的一篇海洋题材的小说,描写了亚哈船长为了追逐并杀死白鲸(实为白色抹香鲸)莫比·迪克,最终与白鲸同归于尽的故事。
④ 约翰·沃尔夫冈·冯·歌德:1749—1832,德国著名思想家、作家、科学家。
⑤ 贡多拉:又译"公朵拉",一种威尼斯特有的尖舟,形状轻盈纤细、船角尖翘,是居住在潟湖上的威尼斯人代步的工具。

圣马可大教堂内部,因黄金的光芒而熠熠生辉。天花板是一片黄金的海洋。马赛克壁画面积四万平方英尺,是投射在墙与拱之间的一连串虹彩。

海洋体现着瞬息万变、机缘巧合的一切。它躁动不安、任性妄为。它的色彩与外表千变万化。提香[①]（Titian）与丁托列托[②]（Tintoretto）的画作据说显示了光的"海洋"，在他们的画作中，事物的形状是流动而模糊的；威尼斯画派的特征即为流动的色彩而不是形状或轮廓，它以曲线的冲击力产生自身的重量与体积感。一切都处于不断变化中。在威尼斯雕塑与油画中，你可以窥得海洋的运动。威尼斯城的马赛克图案主题也更青睐各种《圣经》中有关海洋的故事。在圣马可大教堂中，你会发现"捕鱼的神迹""耶稣行在水面上"以及"耶稣平息暴风雨"的图案。有些教堂就像是海神尼普顿的王国。在格苏提（Gesuiti）教堂或称圣母升天圣殿巴洛克风格的内饰中，灰绿白三色大理石的阶梯瀑布应是意在仿效墙帷。但它却更肖似海浪，那在教堂边的墙角下流动冲撞、最终又归于静默无言的海浪。绿色大理石的地板被装饰得像大海下的洞穴，几缕光线穿透室内海洋般的阴暗。

威尼斯城的建筑也充满了威尼斯人的智慧。不断逼近的大海改变着威尼斯人对运河两岸房屋结构的认知，此处的建筑风格愈加精致细长。教堂的外观如波浪般起伏，显得轻巧而飘逸，倒映于水面，仿佛海滨潮水潭底的一粒贝壳。如同大海，威尼斯的建筑全部是水平的。从潟湖另一边远远望去，整座威尼斯城给人一种平坦延伸于地平线上的印象。它在永恒的运动中。威尼斯执著于巴洛克风格而非古典主义风格；它仿佛透过水面，微微闪光；它就像一座镶嵌着装饰的珊瑚礁。

---

① 提香·韦切利奥：又译提齐安诺·维伽略（Tiziano Vecelli 或 Tiziano Vecellio，约 1488/1490 年— 1576 年），英语系国家常称呼为提香（Titian），是意大利文艺复兴后期威尼斯画派的代表画家，兼工肖像、风景及神话、宗教主题绘画。他对色彩的运用不仅影响了文艺复兴时代的意大利画家，更对西方艺术产生了深远的影响。

② 丁托列托：1518—1594，十六世纪意大利威尼斯画派著名画家，原名雅各布·罗布斯蒂，受业于提香门下，是提香最杰出的学生与继承者。

威尼斯的手工艺者以绸缎手艺闻名于世，他们制作出的一种水光闪烁的布料被称作"波纹绸"。在威尼斯，织造丝绸被称为"海上扬波"。威尼斯有一款风味独特的调味饭，比别处的更稀，名称叫做"波浪饭"。一种产自爱琴海的海绵被人们称为"威尼斯人"。在上个世纪，你可以从旅游商店买到利多岛上的珍珠贝制成的小饰品，这种小饰品就叫做"海洋之花"。它是威尼斯唯一土生土长的花儿。

一座城市的地理位置与这座城市的精神还有着其他深厚的关联。威尼斯社会被描述为流动而多变的。十七世纪早期的英国驻威尼斯大使亨利·沃顿爵士[1]（Sir Henry Wotton）评价威尼斯的政治为"起伏波动，就像构成这座城市的元素"。这就是为什么威尼斯的史料编撰者们一再强调他们社会的连续性与稳定性。他们一直都非常清楚威尼斯政权内部如大海般的动荡与不安。在这最宁静的地方的内心深处，是对瞬息无常的惶恐惊惧，正如威尼斯水手对大海的忧惧。就像十六世纪末的威尼斯诗人维罗妮卡·弗朗科[2]（Veronica Franco）所述，"大海向往着这座城。"这也许可以看作是一句赞美，只要大海别靠过来太近。

据说，威尼斯人的性格也像潮汐一般，如同谚语里所说，时而高涨时而低落。事实上，威尼斯人有一句方言习语形容他们自己——"随波逐流"（andara alla deriva）。威尼斯人的八面玲珑众所周知。他们有着关于大海的歌谣与谚语。"开垦海洋，留下陆地"（Coltivar el mare e lasser star la terra）。一度曾有许多广为流传的歌谣以相同的乐句开头，"在那大海的中央"。在那大海的中央——是什么呢？不同寻常。不是好事。歌谣唱道，在大海的中央，是奇怪的预感和可怖的幻影。浪涛中伸出冒着烟的烟囱。死去恋人的身影重现。没有歌颂大海的神奇魅力与动人心魄，只有反复吟咏着它的危险与奇异。

---

[1] 亨利·沃顿爵士：1568—1639，英国作家、外交家、政治家。
[2] 维罗妮卡·弗朗科：1546—1591，十六世纪威尼斯的女诗人、交际花。

在威尼斯的传说中，有许多传奇和迷信。这是一座游移于海陆之间的城市，因此也就成为了死亡与重生的阈限幻想之乡。英国旅行者费恩斯·莫里森[①]（Fynes Morisson）曾提到，威尼斯有一座圣母雕像，往来的船只都要向其敬礼；雕像的四周摆满了日夜燃烧的蜡烛，以感谢她在海上拯救人们的性命。有人说，威尼斯贡多拉尖尖的船头正是为了仿效被称为圣徒的军人圣西奥多闪亮的刀锋。当风暴迫近时，威尼斯水手们会将两柄利剑放置成十字造型。也有一种习惯是，水手会挥舞一把黑柄匕首，迎面劈开风暴方向的空气。

然而海洋依旧暗示着无常。一切来自海洋，一切又消失于海洋。它吞没一切。没有证据表明威尼斯人真的热爱海洋。本质上，大海是他们的敌人。拜伦[②]（Byron）声称威尼斯人不会游泳，他们被对深水甚或浅水的恐惧所支配。威尼斯人总是以他们海上的"统治地位"而自豪，但这样的统治是岌岌可危的。他们时时面临着洪水泛滥的威胁。诚然，海上是一条财富之路，但其结果就是，威尼斯人的贸易与权力上的优势只能仰赖大海。海洋代表着邪恶与混沌。它残酷无情又充满争议。人们对被完全淹没的恐惧，在某种程度上可以看作是对触怒上天的焦虑惶恐。这也是人们举行种种仪式供奉上帝或海神的原因。名义上，他们信奉的是基督教的神祇，但在威尼斯城邦内，源于更古老信仰的敬畏与恐惧却延绵不绝。

威尼斯也在守卫着大海。在威尼斯水务局的所在地公爵宫，装饰的铭文上写道："威尼斯城，得益于神圣的上帝，建立在水上，被水环绕，以水为墙。因此，胆敢破坏威尼斯水域的人，不论是何身份，以何种方式，均应被判为威尼斯公敌……"铭文结尾处宣告，"本律永

---

① 费恩斯·莫里森：1566—1630，英国旅行家，1590年代游历了欧洲大陆及地中海东部地区，后在多卷本的《游记》中记下了旅行见闻，成为历史学家了解当时社会情况的珍贵资料。

② 乔治·戈登·拜伦：1788—1824，英国十九世纪初的浪漫主义诗人，代表作品有《恰尔德·哈洛尔德游记》《唐璜》等。

久有效。"

在每年春天的耶稣升天节[1]，威尼斯都要举行一项叫作"娶海"的仪式；威尼斯总督要在仪式上迎娶汹涌狂暴的大海为新娘。在圣马可教堂的弥撒过后，总督与他的扈从划着专属于总督的礼舟来到潟湖中，身后跟随着城中的众多贵族与行会成员。总督的船在利多岛上一处亚得里亚海水与潟湖交汇的地方停泊。随后，威尼斯的元老将一个大型细颈瓶中的圣水悉数倒入交融的水流中。凡水与圣水因之不分彼此。礼舟被歌德称为"真正的圣体匣"，意即陈列圣餐的容器。因此，这条小船成为了一座摇曳于水面上的圣杯，通过治愈的仪式将祝祷传播四方。

耶稣升天节，总督的礼舟启程驶往威尼斯利多岛。这幅图景由弗朗西斯科·瓜尔迪绘于1760年代，描绘了这座城市与海洋的结婚。总督在利多岛上亚得里亚海水与潟湖交汇的地方停下。在这里，人们将一大瓶圣水倒入交融的水流中。

---

[1] 耶稣升天节：亦译"耶稣升天瞻礼"或"主升天节"。《新约圣经》记载，耶稣于复活后第四十天升天。教会规定复活节后第四十日（5月1日到5月6日）为此节。

总督站在船头,将一枚黄金婚戒抛入水中,并念诵道:"啊,大海,我们娶你为妻,以示真正永久的统治。"不过,在这样的同盟中,有什么真正的统治呢?戒指所象征的一种含义即是生育,因此这一节庆可以被解读为最古老的仪式之一。它也可以被看作一种祈祷,用以抚慰风雨飘摇、令人生畏的大海。它还可以被看作在海上施展的法术;将戒指抛入海中占卜吉凶的传统古已有之。种种含义汇聚于这一与大海结盟的古老仪式,在春季时分,在"内""外"交融之地上演。不久之后,一批异教徒会被判处溺刑,行刑人将载着这些死囚的船划到海上,然后将他们推入水中。这样的海上死刑反过来也可视为是对海神的献祭。

在 1622 年一次耶稣升天节庆典结束时,威尼斯突发强烈地震。当时正值总督与侍臣们从仪式现场回航,一阵缓慢而规律的轰隆声从地下传来,持续了数秒钟时间。万物震颤,所幸除了一座烟囱,没有倒塌发生。潟湖上还曾出现过其他地震。从各种意义上说,这都是一片动荡不稳的地区。1084 年曾有一次地震的记录,在这场地震中,圣安杰洛(S. Angelo)教堂的钟楼移动了位置。十二世纪末,在圣马可广场与托尔切洛岛上同时发生动荡,表明两者之间发生了断层。1223 年发生了大地震,而在 1283 年的地震后又爆发了大洪水。1384 年 1 月 25 日,一场地震摇得威尼斯教堂上万钟齐鸣;之后的一天里又发生了余震,大大小小的余震不时出现,持续了两星期之久。大运河的水流失一空,两岸街道泛滥成灾。

威尼斯属海洋气候;空气湿润含盐,有利于烟雾凝结。威尼斯的地理位置在某种程度上决定了其温和的气候。十二世纪的哲学家阿威罗伊[①](Averroes)第一次测算出威尼斯位于北纬四十五度,即赤道与

---

① 阿威罗伊:原名伊本·路世德,1126 年—1198 年,中世纪阿拉伯哲学家、教法学家、医学家及自然科学家。拉丁名阿威罗伊。

北极的中间点。这是威尼斯在地球地理区域上取得非凡平衡的又一证明。与意大利北部相比，威尼斯因其四面环水的环境而气候温和。春季柔和清新，亚得里亚的海风吹来海洋的活力。夏季闷热压抑，但只要太阳一落下弗留利①（Friulian）的群山，海面的和风就立刻送来新鲜的空气。秋季是真正属于威尼斯的季节。秋天特有的空气中弥漫着愁思与离别。威尼斯画派的卡巴乔②（Carpaccio）与贝利尼③（Bellini）正是将他们的画布浸透在了这辉煌灿烂的秋色中。

此地多雨，秋季尤甚。一团柔灰在空中弥漫，天空呈现着珍珠般的光泽。倾盆大雨持续不绝。浸透了一切遮盖。遮蔽了人们的眼目。河水溢出河岸，威尼斯四处暴涨的河水呈翠绿色。亨利·詹姆斯④（Henry James）在《鸽翼》⑤（*The Wings of the Dove*）中对威尼斯的雨做了极好的描述，他写道："此刻的威尼斯，阴沉的天空下冰冷的雨水鞭打着大地，顽劣的大风肆意穿行于狭窄的街巷，一切都不得不暂告中止，在水上讨生活的人们瑟缩着挤作一团，走投无路，分文未进……"水城为水所困，好像是自然因素对这座逆天而行的城市的复仇。

上文中的"顽劣的大风"来自几处不同的地方。东风从海洋吹来，在温暖的月份它是清爽怡人的，在寒冷的月份却是酷寒无情的。布拉风⑥（bora）携带着亚得里亚海北部地区的冷空气从东北方向袭来。湿润的风来自潟湖，因其成分含盐，又被称作萨尔索（salso）。有人说这风闻起来有附近海域里海藻和海草的气味。盐分和湿气渗入威尼斯

---

① 弗留利：位于意大利东北部地区。
② 卡巴乔：1455年—1525年，威尼斯画家，代表作有《国王的礼拜》等。
③ 贝利尼：贝利尼家族是意大利威尼斯画派早期代表画家家族。包括父子两代共三人，即雅各布·贝利尼、乔瓦尼·贝利尼和真蒂莱·贝利尼。
④ 亨利·詹姆斯：1843年—1916年，十九世纪美国小说家，除小说外，作品还包括许多文学评论、游记、传记和剧本。
⑤ 《鸽翼》：亨利·詹姆斯的小说代表作之一，讲述美国人在威尼斯的故事。
⑥ 布拉风：一种从山地或高原经过低矮隘道向下倾落的寒冷暴风。

的房屋楼宇；致使油漆剥落，墙上修补的石膏也纷纷掉落。砖块碎裂，终至化为齑粉。

威尼斯常有阵阵狂风快速过境，兼有循环风带来的涡流与暴风。亨利·沃顿爵士将其称作"闪风"。这一切都是由于海洋的特性。还有一种称作加宾风（garbin）的西南风。锡耶纳的圣伯纳丁①（Saint Bernardino of Siena）于1427年记载的可能就是这种风。他在信中询问一位通信者，"你可曾去过威尼斯？夜晚时分，海浪表面有时会掠过一阵微风，发出低沉的声响，这就是海的声音。然而，这彰显的是上帝的恩典，是上帝呼出的气息。"就连威尼斯的气象也是如此神圣。

不过，最有名的还属从东南方吹来、常持续三到四天的西罗科风（scirocco）。其分为西罗科热风（scirocco di levante）和西罗科冷风（scirocco di ponente）；甚至还有一种难以捉摸的风，被称作西罗科多（scirocchetto）。西罗科风曾被指责为威尼斯人带来了荒淫懒惰的习气；它还曾被指控将消极被动与阴柔娇气的秉性渗透入威尼斯市民心中。历史与传统可以塑造人民，为什么气候就不可以？外部世界的阴晴圆缺也会造就或消解内心世界的喜怒哀乐。

冬季的几周，气候严寒，阿尔卑斯山与北部的降雪影响明显。人们纷纷抱怨这酷寒的天气。1607—1608年的冬天，潟湖上的捕鸟人被冻死的事件不时发生，也有消息说，有旅行者被饥饿的狼群包围后咬死。十八世纪一开头就迎来了著名的"冰雪年"，一切供给都只能通过雪橇运入这座冰封的城市。在平常年份，潟湖上也会结冰，威尼斯人可以走在冰面上直接去往大陆。1788年，人们在广场前的水池点起了熊熊篝火；冰面上支起了货摊，威尼斯人如同开起了冰雪集市。1863年，大片大片的冰在大运河上随波逐流，持续月余。此时的威尼斯是一座真正的冰封世界，房舍、宫殿乃至水面上到处都覆满

---

① 锡耶纳的圣伯纳丁：1380—1444，意大利牧师、方济会传教士、天主教圣人，被罗马天主教会称为"意大利的使徒"。

了冰。冰面的反光令人目眩。威尼斯的房屋在建设之初并没有考虑抵御严寒；豪宅的大窗与石材地板几乎在严冬的暴风雪中难以为继。然而雪中威尼斯也有无法言说的可爱之处，白雪将威尼斯变成了一座像是施了法术的王国，流动的河水结成了水晶；宁静之城在银装素裹下成为了一座彻底的寂静之城。

不过，威尼斯的冬天也有既不下雪也不降雨的几个星期。这几个星期或几天里会起雾。闪闪发光的薄雾不久就会被海面上悄悄蔓延而来的雾团笼罩。灰色的伊斯特拉石①成了雾的前哨，显示着雾气是如何从灰暗中隐隐升起，渐渐集结。就像爱斯基摩语中有许多关于冰的词汇一样，威尼斯人也为雾取了许多不同的名称——内比亚（nebbia），内比耶塔（nebbietta），佛斯恰（foschia），卡里戈（caligo）。其中，内比亚就像是低沉的乌云降临在地面与水面上。人们的耳与目都被遮蔽。大雾缠裹着整座城，唯一能听见的只有教堂的钟声与迷蒙的脚步；如果乘坐城中的水上巴士，你会在离岸五十码（约45米）时就消失在白色的帘幕中；此时的威尼斯，你能看见的只有一根根路灯杆。只有在下一个码头靠岸时，这座城市才会在你面前缓缓浮现。

洪水的到来也是有预兆的。空气变得凝重而静止；隐隐可听见海浪撞击利多岛的咆哮。运河水不安地搅动，并因为海水的涌入而显得越发呈绿色。海潮顺风而行。水位上升到了运河沿岸街道的边缘，随后更令人惊心的是，开始渐渐从城市底部上涌。洪水不断从雨水道和铺路石之间喷出；渗入地基，上升得越来越高；冲刷着教堂的大理石台阶。整座城市只能听凭海浪主宰。当警报的汽笛响起，威尼斯就要开始准备迎接又一个涨潮日了。

淹没街巷与广场，把圣马可广场变成湖泊，又侵入家宅与酒店，这样的高水位在威尼斯并不罕见。一位年代史编者曾记录下589年的

---

① 伊斯特拉石：一种产自亚得里亚海边伊斯特拉半岛的石材，是威尼斯建筑的主要建材。

一场大洪水，但显然这样的情况在此之前就已发生过多次。可能因为太过普遍，大家都不以为意了。782和885年也有洪水的记录，大水吞没了整座城市。这样的情况从此时有发生。1250年的洪水中，水位稳步上升了四个小时，当时有人记载道，"许多人被淹死在家中，或因寒冷而冻死。"那时人们相信，是魔鬼和邪灵招致了洪水，而唯一的办法是祈求威尼斯的守护圣人们的庇护。后来，人们渐渐不再求助于神灵。1732年，人们将面向潟湖的圣马可广场区域抬高了一英尺（0.3米），因为根据计算，威尼斯的水位每个世纪会上升三英寸（76毫米）。这一计算结果其实是被低估的。

涨潮日是自然循环的一部分，是大风、海潮与涌流汇聚而成的、给威尼斯的致命拥抱；布拉风与西罗科风都有可能在大海上掀起汹涌澎湃的风暴。还有可能出现的是"湖震"现象，这是一种亚德里亚海浅水区域发生的海浪振荡或驻波。但是假定威尼斯确实是在下沉，这在一定程度上要归咎于利用自流井人工抽取地下水。当水从淤泥和黏土中抽出，地下水位就会随之下降——威尼斯城也就跟着下降。潟湖中水道的加深，以及沼泽地的开垦，都加剧了暴发洪水的危险。

因此，洪水在每个世纪都会发生几次，但近年来，其规模与频率都在增加。1920年代爆发了385次，1990年代升至2464次。1966年，洪水水位达到了六英尺四英寸半（1.94米）。西罗科风连续吹了两天，将浑浊的污水堵在潟湖内。当时有些人已经认为，威尼斯的末日来临了。

下雨时，雨水会被收集入教堂与房屋的石头水沟内；水流顺着管道与沟渠流淌，直至汇入每座"场"下方的地下蓄水池。水在这里经过砂石的过滤后渗入竖井中。经过处理的水，水质新鲜、纯净。这样的水井到处都是。直到十九世纪中叶，威尼斯城中还留有6782座拜占庭或哥特式构造的水井。十五世纪，人们在圣马可广场中央开挖了一座巨井。公爵宫的庭院中建起两座大型公共蓄水池，挑水人从此处起运他们宝贵的商品，去往各处贩卖。她们多为弗留利的农妇，身着鲜艳的裙子，脚穿白袜，头戴草帽或毡帽；她们赤着脚徘徊于威尼斯街头，背着铜水桶，吆喝着，"水——新鲜的淡水！"声音凄寂而悠扬。

对于一座建立在水上的城市，水本身就是神圣的。它是《约翰福音》中所称的"活水"。井口被装饰得十分隆重，以象征其重要的地位。它们由圣坛的碎片、宗教雕像的碎块和古代神殿的石头筑成，标志着它们的神圣性。有不少关于在井中或井边发生奇迹的记载。1464年的鼠疫中，一位修道士在饮用了一位骑士从威尼斯水井打上来的一杯水后，就转危为安了。后来，人们认出这位骑士就是圣塞巴斯蒂安①（Saint Sebastian），并且从此以后，水井也被称作"圣塞巴斯蒂安之井"。水是圣洁的。拜占庭式井口雕刻着一系列宗教象征物，包括十字架和棕榈树；这是一种大理石圆柱，在东方城市中随处可见。哥特式井口类似于柱顶或高大的立柱，展示着自然存在或千奇百怪的图形。然而，水井常常会干涸。水上的威尼斯却时常缺水。风暴过后，井中水质会被咸水破坏。人们通常会派船前往博特尼戈河②（Bottenigo）和布伦塔河运来淡水。十九世纪末，意大利大陆上建起了自流井，水源才充裕起来。

水是生命之源，因此水井也是每个地区社会日常的中心。封闭每口井的铁盖会在早晨八点打开，所以一天中总有三五成群的人们围在井边打水。这是旧日威尼斯再寻常不过的景象。水井决定了一个地区的人口密度。水将人们团结在一起，又令人们不分高低，因而在很多方面，威尼斯可以被看作一座平等主义之城。水井是公益的象征，是这座城市英明决策的可见标志。

---

① 圣塞巴斯蒂安：？—约288年，早期基督教圣人与殉道士，相传在罗马皇帝戴克里先迫害基督徒的行动中被杀。
② 博特尼戈河：意大利北部河流，皮亚韦河的支流。

当然，在另一重意义上，水也是威尼斯存在的命脉。威尼斯像一具充水的身体，每个部分间相互渗透。水是公共交通的唯一方式。它是流动生活的奇迹。威尼斯的一切看起来都是如水一般的存在。水渗入了人们的生命。他们像水一般圆滑，从不愿清晰与明确。威尼斯富人在意大利大陆修建别墅时，总是选址在尽可能靠近布伦塔河的地方。威尼斯派画家丁托列托热衷于描绘流动与喷涌的水；这表达了他本人精神的一些特质。在乔尔乔内①（Giorgione）与他的威尼斯画派的作品中，鲜活的水流，以及水井、水池、湖泊的意象屡见不鲜。在神话与民间传说中，水总是与眼睛以及重见光明联系在一起。这么说来，威尼斯会是世界上最养眼的城市吗？

没完没了的水也滋生了焦虑。水使人心绪不安。你必须在巡查中更加机敏警惕。一切都在变化。差异感如影随形。水是黑沉沉或黏糊糊的深绿色，看起来冰冷刺骨。它不可饮用。它流动无形。它有深度而无体积。正如威尼斯谚语所说，"真水无色"。这无形无状的水因此被用作人类潜意识的隐喻。卡尔·荣格②（Carl Jung）在他的文章《佐西默斯的幻觉》(The Visions of Zosimos) 中，将这种隐藏的精神与水底的游鱼联系起来。威尼斯被描述为一条鱼。这奇妙的水，被灌输了人类的精神，代表着生与死的循环。不过，如果水是潜意识生活的形象，那么它也就是离奇幻觉与欲望的港湾。威尼斯与水的密切关系诱发了性欲；据说，由于人类对流水不自觉的模仿，人们会肌肉松弛，气血虚弱。

[28]

而威尼斯反射着自己水中的倒影。它沉浸在这样深深的凝视中，已达许多世纪。因此威尼斯与镜子的关系也一直密不可分。它是第一座以工业规模生产镜子的城市，到十七世纪，已经可以加工出世界上

---

① 乔尔乔内：1477—1510，意大利威尼斯画派画家，是威尼斯画派成熟时期的代表人物。
② 卡尔·荣格：1875—1961，瑞士心理学家、精神病学家，精神分析学的主要代表。

最大型号的镜子。十五世纪末，用于镜面的平板玻璃发明问世。两位最伟大的威尼斯画家——乔瓦尼·贝利尼和提香都曾在笔下描绘过年轻女人们揽镜自照的情景。两幅画中，镜子都悬在脑后，还有一面举在面前。两幅画的时间都是1515年，距离威尼斯政府批准在穆拉诺岛上制镜仅过了八年。两位画家用他们的作品宣传了威尼斯商品，或者不如说，他们得益于威尼斯在奢侈品方面占据的先机。而与此同时，他们也在以美术的方式思考着真实世界与镜像世界的对比，他们能很快捕捉到这种双重性。画中的年轻女人或许就是威尼斯本身，她若有所思地端坐，欣赏着自己镜中的倩影。

镜中的形象，在某种意义上也可以说是身份与完整性的保证。自恋的根源在于焦虑与分裂的恐惧，镜中的映像也许可以使之平息。在《智慧书》①（the Book of Wisdom）中，圣母马利亚被赞颂为"上帝无瑕的镜子"；而威尼斯一直将圣母与自身联系在一起。可是显然，镜中的影像本身就是不真实的；它坚硬、抽象又难以捉摸。据说威尼斯人总是十分在意自己的形象。他们曾是展示和乔装的大师。他们总在演戏。十八世纪威尼斯人最钟爱的消遣之一，就是在观剧镜里互相瞄准对方。

这是一个双重性的地方，或许因此也是一个表里不一与双重标准的地方。理查德·瓦格纳②（Richard Wagner）乘着新建成的铁路旅行时，一心要"从堤道上俯视下方水面反射的威尼斯城倒影"，这时他的同伴却在"高兴地探出车窗时一下子弄丢了帽子"。水中的倒影令人愉悦，因为其反映的一切都是那么真实而鲜活。当你俯视水面，威尼斯仿佛成了一座只存在于倒影中的虚幻之城。你所见的只有倒影。威尼斯与威尼斯的影像浑然一体。

这是真的，世上其实有两座威尼斯城，只因你看向它们而存在。

---

① 《智慧书》：又称《所罗门智训》，罗马天主教会规定的圣经次经之一。
② 威尔海姆·理查德·瓦格纳：1813—1883，德国作曲家，浪漫主义音乐大师。

镜子，镜子

威尼斯对外表有一种永恒的迷恋。在城中，花力气只装修房屋正面是件司空见惯的事。哥特式门面就是如此——与房屋结构本身毫无关系的围屏。这是这个在某种程度上好似观赏贝的城市最奇特的地方之一。厚厚的石膏与灰泥下或许遮掩着倾颓的墙砖，拉斯金也曾思索过圣马可大教堂的"表里不一"——那里的内外装饰差异巨大。这座城市以砖块砌成，却以大理石掩饰。

在奢华的门面背后，威尼斯的豪宅中常是阴冷、肮脏、令人不适的，而这似乎一点也不重要。由于类似的风气，这些豪宅的主人们也热衷于向外界展示他们的挥金如土，回到家后却露出贪婪吝啬的一面。这就是威尼斯人的习气。譬如，他们通常绝不会邀请来宾到家中做客；内室从来只对亲人和密友开放。英国诗人托马斯·格雷①（Thomas Gray）评价威尼斯人的家庭生活为"抠门儿到了邋遢的地步"。

在威尼斯社会中，名誉是至关重要的，这与其他地方无异，但在威尼斯，名誉的标志是所谓的"美好形象"；这可以理解为一种装门面的艺术。威尼斯人生活的一大动力就是对遭人诟病的恐惧，时至今日也是如此。人们做一切事都要根据形式，也是为了形式。那形式的背后也许掩藏着玩忽职守与贪污腐败，但形式总是岿然不动。它就像威尼斯人房前的门面或围屏。

表演与炫耀、谋划与卖弄的双重需求贯穿了威尼斯社会的上上下下、方方面面。一位十六世纪里亚尔托的破产银行家曾留下一份账目，其中顺带提到，"威尼斯的市场与这座城本身都天生地倾向于青睐和相信外表。"威尼斯派的画家们耽于光怪陆离的世相。威尼斯派

---

① 托马斯·格雷：1716—1771，英国十九世纪重要抒情诗人，代表作《墓畔挽歌》等。

建筑长于奇技淫巧与戏剧性的外在。威尼斯音乐一贯致力于外在表现力多过内在连贯性。威尼斯文学从本质上就是雄辩的,无论是戏剧还是流行歌谣。没有比威尼斯更注重修辞与格调的意大利城邦了。威尼斯的天花板是典型假吊顶,悬于房梁下某处。十八世纪,展示与炫耀成为掩盖公共政策腐朽无能的手段。这是一条永恒的注解,帮助我们清晰地洞察这座城市与人民的特性。

当代威尼斯修复古建的行动,与其说是修复历史的真实存在,不如说是一种表面工夫。致力于外观的修复者们创造了一座虚构之城,与威尼斯的过去或现在都没有什么关系。建筑师与设计师们意在重现这座城市的审美轮廓;但其虚构的成分却多于真实,是一厢情愿与怀旧之情的产物。实际上,他们修改和曲解了昔日的建筑语言,以迎合他们对威尼斯样貌的先入之见。凹槽与镶面板被撤掉;水平线被拉直加固;窗子被改造得符合结构要求;阳台被收窄以达到整体和谐;阁楼被拆除,巴洛克式的固定物换成了哥特式。不知何故,明暗度强烈的红色和黄色在城中蔓延,而这在以前是不存在的。这种风格被称作"复古",但这实际上是在制造赝品。这是现代威尼斯整体萎靡的一例,最初由德国社会学家格奥尔格·齐美尔①(Georg Simmel)在二十世纪初提出。他评论道,这座城市代表了一种"外在与根基脱离的悲剧"。这并不意味着威尼斯是肤浅的。情况正相反。对于外在而非深处的关注,引发了一种神秘与不可知之感。

许多世纪以来,威尼斯以其玻璃制造业闻名于世,至今玻璃制造仍是穆拉诺岛上的优势产业。这座海上城市为什么如此着迷于玻璃?玻璃是实体化的海洋。它仿佛由大海凝固而来,人们可以永久拥有与掌握这半透明的海。仿佛你能够得到一捧海水,将其织成锦缎。威尼斯正是为此而生。第一位记载威尼斯玻璃制造的格奥尔格乌斯·阿格

---

① 格奥尔格·齐美尔:1858—1918,德国社会学家、哲学家,形式社会学的开创者。

里科拉[①]（Georgius Agricola）在十六世纪初写道，玻璃由"可熔石"与"凝固液"制成，恰如其分地转化了威尼斯水陆之间的地理位置。沙子化为了水晶。但这并不是威尼斯沙。这种沙产自叙利亚，后来也有产自法国枫丹白露[②]（Fontainebleau）的。尽管如此，威尼斯的玻璃制造技术依然是世界上最古老的，也是最纯熟的。

玻璃工匠早在罗马时代就已在这片潟湖上工作。人们曾发现四到七世纪的玻璃，一个在托尔切洛发现的七或八世纪的熔炉则证明了当

展示灯具与花瓶的陈列室。许多个世纪以来，威尼斯一直以玻璃制造业闻名，这也是今天穆拉诺岛上的支柱产业。对于这座海洋城市，玻璃究竟有何魅力？玻璃是有的海洋。它是海洋转化成了固态，海洋的半透明性被捕捉下来，固定不动。

---

① 格奥尔格乌斯·阿格里科拉：1494—1555，德国学者和科学家，被誉为"矿物学之父"。
② 枫丹白露：法国塞纳-马恩省的一个地区。

时罗马式的生产条件。民间传统一向强调威尼斯群岛上玻璃制造业的一脉相承,而技艺的传承也确实存在。不过,许多专业知识与技术其实起源自拜占庭与伊斯兰。这是威尼斯在东西方世界之间保持平衡的又一证明。

982年的一份文献中首次提及一位名叫"多梅尼科"(Domenico)的个体玻璃匠。威尼斯玻璃匠行会于十三世纪建立。也是在同世纪,为了防止火灾,玻璃制造业被转移至穆拉诺岛。他们在那里发展壮大。但在某种意义上,他们也被国家囚禁了,他们不能迁往意大利的其他地区。泄露任何关于威尼斯玻璃制造的秘密都会招致极刑。逃往大陆的任何一个工匠都会被穷追不舍直至抓获,并尽可能地强制遣送回威尼斯。即使不谈别的,这也是玻璃贸易在威尼斯经济中占有重要地位的象征。它对这座城市经济上的成功起着举足轻重的作用。要让穆拉诺的工匠们相信自己是被压迫的,或是在恐惧的氛围中被强迫劳动,这是荒唐可笑的,然而国家处罚的威胁却恰如其分地象征着威尼斯国家主权在社会生活各个方面长久以来的存在。威尼斯绝不是一个自由社会。这是一个与世隔绝并因此而闭关锁国的社会。

利用半透明且光辉熠熠的水晶的可塑形态,威尼斯工匠们烧制高脚杯与大口水壶,水瓶与长颈酒瓶,玻璃珠与圣餐杯,灯具与窗户,大水罐与眼镜,还有一系列的装饰性物件。他们的玻璃制作得如此精细,被誉为只要一接触毒物就会立即破碎。穆拉诺的工匠制造出了乳白色色泽的玻璃,冰纹玻璃,以及红铜水晶螺纹玻璃。还有仿照大理石、金属或瓷器的各类型玻璃。事实上,十五世纪以来,威尼斯玻璃愈加精致华丽。当威尼斯成为公认的奢侈品供应地时,威尼斯的玻璃更是成为了一种奢侈品。玻璃制品变得越来越无用,也越来越昂贵。1500年,有人记载当时穆拉诺的玻璃工业道,"没有什么宝石是玻璃匠们的巧手仿制不出来的,这是天然与人工美妙的竞争。"

无论是否美妙,威尼斯早已卷入这场竞争达数百年之久。这也是其在玻璃贸易中如鱼得水的又一原因。十七世纪早期的英国游客詹姆

[33]

斯·豪威尔[①]（James Howell）曾惊奇于炉火竟能将"这样一小块灰扑扑的尘沙转化为如此珍贵而剔透的晶体"。可是，威尼斯本身不就是一个从灰暗的尘沙中起源而来并脱胎换骨的故事吗？从那尘与沙中诞生了这样一座水晶之城，城中的教堂、桥梁与房舍迎风而起，生长壮大。当游人们为了观看运用抹刀与钳子的吹玻璃技艺而来到穆拉诺时，他们凝视的，其实是这座晶莹剔透城市的本质与成长。

潟湖常被形容为一块熔化的玻璃，的确，玻璃成为了威尼斯自身的一种隐喻。有句俗话说，"古往今来的第一美人就是威尼斯玻璃做的。"玻璃透明轻盈；它不是高密度材料，却是色与光的中间体。玻璃内空无一物，拥有的只有表面，包裹在波峰与浪涛间，不分内外。威尼斯派画家借鉴了他们在熔炉边工作的同胞的技艺。他们学习怎样混合色彩，怎样产生给人以流动与熔化印象的效果。他们借用真正的玻璃材料。他们在自己的颜料中混入微小的玻璃片，以达到他们在自身处境中观察到的闪光与透明效果。它微光闪烁；它泡沫点点；它微澜起伏；它拥有着巨大而透明的平静；它暗流涌动；它优雅流畅。所以，玻璃具有大海的性质，就像威尼斯一样。

[①] 詹姆斯·豪威尔：约 1594 年—1666 年，英国历史学家、作家。

第二章

圣马可之城

圣人降临

威尼斯的早期历史中,发生过一个大转折。828年,一件物品的到来彻底改变了此处的性质与地位。这件物品被人们认为是伟大的福音传道者圣马可本人的遗体。故事的基本要点流传了几个世纪而未曾改变。它与几个威尼斯商人有关——商人是一个从一开始就领导着威尼斯各项国家事务的阶层。马拉莫科的博诺(Buono of Malamocco)与同伴——托尔切洛的鲁斯蒂科(Rustico of Torcello)——加入了前往亚历山大港的贸易代表团。在异国他乡,他们与圣马可教堂的看守人进行了一场讨论,对方当时在负责保护一座古代石棺中的殉道者遗体。这些牧师们痛恨萨拉森人[①]对天主教徒的迫害,并流露出对珍贵的教堂被劫掠毁灭的忧惧。两位威尼斯人对他们的遭遇深表同情,随后建议这些牧师随他们一起回到威尼斯;如果他们也愿意将圣马可的遗体一并带走。这可以被看作旅程的代价。这是一项交易。尽管仍有些许疑虑,看守人最终还是同意了。

人们将圣马可的遗体从石棺中起出,解开丝质裹尸布,以另一位

[①] 萨拉森人:指从今天的叙利亚到沙特阿拉伯之间的沙漠阿拉伯游牧民,广义上则指中古时代所有的阿拉伯人。

知名度较低的圣髑来代替。而圣马可的遗体被装进箱柜中带上威尼斯商船,当时为了保护圣髑,商人们在上面盖着猪肉与卷心菜。当穆斯林官员要求检查箱柜时,眼前的景象和猪肉的气味令他们大呼糟糕。在航行中,为了隐蔽圣髑,人们一开始将其悬吊在桁端,但在商船驶入公海后,遗体被安置于甲板上,以蜡烛和香炉环绕。就这样,经历穿越地中海时几次有惊无险的奇迹,圣人的遗骸被安然无恙地送达威尼斯。

[38]

他的到来真是再吉祥不过了。通过一种神秘的方式,圣马可授意他的护卫,他希望被安葬在公爵宫,而不是当时正在奥利沃洛①(Olivolo)兴建中的天主教堂。他被停放在宴会厅中,然而一座为供奉他而修建的小型礼拜堂还是在如今圣马可教堂的所在地被建立起来。当时,这里是一片草地,种植着树木、花圃与果林。人们将原址清理出来,以便修建圣马可的礼拜堂。

人们对圣马可的爱戴很快超过了之前的圣人——圣西奥多,大教堂最终也以圣马可命名。公爵宫需要一座神龛以支撑其合法性,而神龛也需要一座宫殿;二者的结盟立即提升了威尼斯总督的地位,也提升了威尼斯的势力。根据后世一位威尼斯历史学家的记载,如果有哪个莽夫胆敢质疑这则神圣的故事,那就"让他来威尼斯看看圣马可阁下那壮丽的教堂,看看那教堂前方"忠实记录了整个故事经过的马赛克壁画。这也许算不上呈堂证供,但用来说服那些虔诚与轻信之人已足够。马赛克壁画只是圣马可崇拜最突出的例证。在大教堂右手唱诗廊上空的大拱门上,描绘着装载圣马可遗体的情景;画上有驶往威尼斯的舰船;还有城中接待圣髑的场面。这些是十二世纪末的马赛克壁画,依据拜占庭的礼仪礼节而制作得光辉灿烂。马赛克是威尼斯银色外表上的金银丝镶嵌。

从一开始,在对圣马可的崇拜中,世俗成分就与宗教成分一样浓

---

① 奥利沃洛:威尼斯潟湖上的一座岛屿,今称"城堡区的圣彼得罗岛"。

《偷盗圣马可的遗体》，丁托列托绘。只有在威尼斯，这位艺术家的激情与狂念才能恰当地实现。他的艺术就是威尼斯最纯净、最接近灵魂的形式。

厚。他成为了威尼斯的标志与象征（连同他的飞狮一起），但他总是被人们与总督联系在一起，而不是主教。公然盗取圣髑不是问题。很快就出现了马可在成为亚历山大港主教之前，曾是潟湖以北的阿奎莱亚主教的传说。并且，无论如何，圣马可本人赐福于这一迁移的事实就证明了这是一桩善举。他们执行的是上帝的意志。否则盗窃就不会成功了。这是一种难以打破的循环争论。在十三世纪，人们在这个故事上又加了一层。据称，圣马可曾在一次传教中遭遇风暴，并在上帝的保佑下来到里亚尔托岛避难。在这片后世威尼斯的土地上，一位天使现身，向他宣布："请平静，马可。你终有一日将安息于此。"当然，关于这位宣教士曾造访潟湖的历史记录并不存在。

[39]

不管怎样，原始的解释中疑问重重，导致马可"转移"的一系列想象出来的事件并不是其中最严重的。很显然，这其中存在着某种盗窃行为。也很显然，一处圣迹被安置在了威尼斯。这可能是，也可能不是圣马可本人的遗体。这有可能是任何一具古尸，包裹着如同裹尸布一样沉重的虔诚的欺骗。很可能，几位商人是被总督派往亚历山大港，其目的恰恰就是为了交易圣髑。这次搬迁将提升总督的神圣权威，同时也提升威尼斯本身的重要地位。威尼斯的马可或许可以与罗马的彼得相匹敌。这一点也恰恰成为了历任教皇对威尼斯提出的指控。自从圣马可"转移"后，威尼斯就与罗马关系不和，丝毫不肯在宗教事务上向教皇作出让步。

"转移"也产生了其他后果。圣人的存在被认为为威尼斯免受袭击或封锁，也为威尼斯所宣称的刀枪不入提供了凭证。威尼斯的确在拿破仑时代以前的各次纷争中都幸免于难，毫发未损。圣人也保佑潟湖上的各岛屿在威尼斯的领导下团结一致，这是一项持续了两到三个世纪的政治与社会转型。有传言说，这位宣教士的头颅被遗留在了亚历山大港，但威尼斯人的记录坚称，他们带回了完整的遗体。内心的不安全感需要别处的弥补。圣髑的完整性也类比着潟湖各岛间有机依存的关系。

[40] 　　圣人从海上而来，这也是重要的一点。海洋已成为威尼斯的真正要素，没有比宣称海洋是神佑的光辉之路来使其神圣化更好的方法了。大教堂马赛克壁画上描绘了船行波涛之上的形象。在后来的一则传说中，三位圣人——马可，乔治和尼古拉——征用了一艘渔船，平息了潟湖上一场由恶魔酝酿的风暴。上岸时，马可向渔民赠予了一枚金戒指，渔民又将其献给了总督。控制大海的权力由圣人传递给渔民，最终来到领袖手中。这就是格式化的威尼斯神话中的一个——致力于与大海永无止境的斗争。

圣马可大教堂西柱廊的一幅马赛克壁画，主题为大洪水。对被水蚕食的恐惧是威尼斯人挥之不去的困扰。

　　这也事关威尼斯赖以为生的贸易问题。就在圣马可"转移"的时期，拜占庭皇帝发布了基督徒与萨拉森人之间的贸易禁令。然而，两位商人无视这一禁令，将神圣的货物——圣髑——从亚历山大港运回，这或许也为其他不那么珍贵的商品扫清了运输之路。对拜占庭皇帝，这是打击，对商人们，这是吉兆。教皇也对威尼斯人与异教徒的贸易往来深感不满，威尼斯人曾这样告诉他：若不事农耕，就必须打鱼。打捞圣人也是打鱼。据说，在亚历山大港石棺开启的那一刻，一阵"香料的芬芳"溢满了城市。威尼斯商人们正是以其香料生意著称。

圣髑的到来也确保了威尼斯的独立性。这座城市的前任守护神圣西奥多来自拜占庭。通过以马可取代西奥多，威尼斯宣布了其对自己命运的控制权。因此，圣马可成为了威尼斯本身的代名词。时至今日，似乎仍有一半的威尼斯男性被取名为"马可"。圣马可的红旗成为威尼斯城的旗帜。飞狮的形象随处可见。828年这一非凡的，甚至可以说是奇迹般的创举为威尼斯确保了根本的，也是最终的自治权。

976年，一场反抗在位总督的叛乱中发生了大火。圣马可的教堂在火灾中被彻底焚毁。当时就有人猜测，可燃的圣髑本身也已付之一炬。事实上，种种迹象表明，圣髑应该已经"遗失"，直到1094年才从一根表面偶然剥落的圆柱中露出了宣教士的最后一块遗骸。他能挺过大火，这真是一个奇迹。并且，克服万难，他与我们仍在一起。近几年的报导仍然表明，他的遗体仍躺在圣马可的祭坛之下。1968年夏，教皇保禄六世将宣教士的几块遗骨转交给了科普特教会①（Coptic Church）领袖的代表，但确认遗体的其他部分仍留存于威尼斯。圣马可的大拇指，连同那枚著名的赠予渔夫的金戒指，依然保藏在大教堂的宝库中。骸骨虽已腐朽，却在人们的想象中永生。

在这座城市中，还有更多圣人的标志。圣马可之狮是威尼斯的象征；它被以浮雕或圆雕的形式镌刻在石头或青铜上。你可以在公爵宫或总督的礼拜堂中发现它；它矗立在威尼斯船坞前；它守卫着各处大宅与公共场所。威尼斯的每一座公共建筑上都曾有一只飞狮的形象。它就站在港口的立柱上。飞狮既有宗教含义，也有政治含义。狮

[41]

---

① 科普特教会：基督教东派教会之一，属一性论派。科普特一词是七世纪中叶阿拉伯人占领埃及时对埃及居民的称呼，后专指信奉科普特教派的基督徒。

形标志意味着权威与家长式统治。它同时也是正义的化身。所有这些联想都融会于威尼斯石雕与墙面上无处不在的狮子身上。

作为宣教士的同伴,狮子的精神内涵不言自明。但是,狮子也可以是凶猛残忍的。它可以是咄咄逼人的。它在某种程度上象征着威尼斯一旦被激怒而唤醒的威力。一处十五世纪中期的铭文上镌刻道:"看飞狮!看我摘下大地、海洋与星辰。"圣马可之狮的形象常被描摹为后肢没于水中,前肢置于陆地,这正是威尼斯一统海洋与陆地的勃勃雄心的生动写照。

"圣马可之狮",十五世纪绘于画板上。它是威尼斯的形象,在城中随处可见。狮子标志象征着权威与家长式统治。它也代表着公正。

[42]
避 难

一直以来,威尼斯被诠释为一艘海上巨舰。有时,在海水永不平息的运动中,你会有威尼斯的大地仿佛也在像甲板一般起伏之感。拉尔夫·瓦尔多·爱默生在他的《日志》中就自己在威尼斯的经历写道:"就像一直在大海之上。"

国家之舟的形象并不鲜见,然而在这样一座几近漂浮的城市中,尤其具有一种针对性。当十五世纪早期的一位总督弗朗西斯科·福斯卡里(Francesco Foscari)谈及领导共和国时,他本能地运用起了航海用语。他论述了航行与绳索,论述了海风与洋流,老水手的经验十足。这是一套威尼斯人耳熟能详的语言。人们常以此类比,例如将建造城市比作造船。当一艘拥有龙骨与木质肋材的大船建成时,很难说其轮廓具体是何时成型的；同样地，我们也很难说威尼斯具体起源于何时。

威尼斯海关坐落在通往大运河的陆地边缘，它常常被比作一艘船的船首。在紧挨着海关后方的安康圣母圣殿，圣母马利亚的雕像披上了威尼斯舰队司令的制服。因其柱面与矩形外观，威尼斯的建筑物也常常被比作舰船，它们是化为石头，永远停泊的舰船。一些威尼斯教堂的木质屋顶形似船底。而威尼斯随处可见的圆形孔径，就像是船上的舷窗。

不过，最重要的典故要放在最后。对于早期移民而言，这艘大船是一处避难之所。从一开始，威尼斯之舟就是流亡与流浪者的避风港。这是一座开放的城市，乐意同化一切进入其边境的人士。一位十五世纪的游人曾记载，威尼斯"大多数民众都是外来者"，一个世纪后，一位威尼斯人记录道，除了贵族与公民，"其余全部是外来者，仅有极少数威尼斯人"。他指的主要是店主和工匠。1611年，一位英国外交官达德利·卡尔顿①爵士（Sir Dudley Carleton）将威尼斯描述为一个"微观世界，而不是一座城市"。它以"世界"的方式兴起，而不是"城市"的。也因此，它与历史永存。

[43]

这里云集了法国人和斯拉夫人，希腊人和佛兰芒人，犹太人和德国人，东方人和西班牙人，也有鱼龙混杂的意大利大陆公民。一些街道以他们命名。欧洲和黎凡特的所有国家都有代表。所有来客都会感受到，好像他们突然间登上了圣马可广场的巴别塔。世界上没有另一座港口曾接纳如此多形形色色的人等。在许多十九世纪的画作中，犹太商人的长袍、希腊人的红帽子、土耳其人的头巾与罩袍熙熙攘攘地混杂在威尼斯绅士们的严装与高帽间。可以说，威尼斯人在与他们所庇护的那些人的不断对比中塑造了自己的身份。

德国人在里亚尔托一处叫作德国商馆的综合大厦中建起了一座

---

① 达德利·卡尔顿：1573—1632，英格兰艺术收藏家、外交家、国务大臣。

"微缩德国",包含两个宴会厅及八十个单间。这些商人由政府监管,但据说"他们热爱威尼斯城更甚故土"。十六世纪,佛兰芒人大量定居此地。希腊人建起了自己的聚居地,其中还包括他们东正教信仰的教堂。在1204年君士坦丁堡陷落,以及1453年弃城给土耳其人之后,越来越多的拜占庭希腊人逃往威尼斯——他们当中有士兵、水手,还有寻觅赞助人的艺术家和知识分子。亚美尼亚人和阿尔巴尼亚人也在威尼斯拥有自己的区域。最终,一座亚美尼亚修道院在圣拉扎罗岛(S. Lazzaro)[①]上建立起来,拜伦曾游历至此,学习亚美尼亚语,以此作为他在威尼斯的感官享乐中锻炼心智的方式。威尼斯城中也有土耳其商人的聚居区,即土耳其商馆,在此设有一座教授阿拉伯文化的学校。因此,威尼斯是一处兴旺发达的拥有国际化生活的所在。它敞开的怀抱并非因利他主义或慷慨大方而起,而是因为如果没有这些移民,威尼斯就无法生存。一些移民荣升公民之列;也有一些移民与原住民通婚。

当然,并非所有避难者都得到了周全的庇护。数以千计的穷苦移民挤在廉价房中,与他们的同胞共处房间一隅。他们中的许多人或是巴尔干战争的难民,或是穷得实在过不下去了,或是为了逃离瘟疫。他们聚集在较贫困的地区,到十六世纪,由于移民的不断涌入,威尼斯已成为意大利人口最稠密的城市。移民也为这座城市带来了廉价劳动力,甚至威尼斯海军的战船上也出现了他们的身影。他们接手了威尼斯本地人不愿意做的工作。

十四世纪的意大利诗人彼特拉克[②](Petrarch)歌颂威尼斯为"我们时代自由、公正、和平的唯一庇护所,美德的唯一避难地"。作为一座港口城市,威尼斯赢得了"庇护所""避难地"等称号。这是天然的

---

① 圣拉扎罗岛:威尼斯潟湖上的岛屿,位于威尼斯城以西南,利多岛以西,面积约3公顷。
② 弗兰齐斯科·彼特拉克:1304—1374,意大利学者、诗人,文艺复兴第一个人文主义者,被誉为"文艺复兴之父"。

印象。彼得罗·阿雷蒂诺①（Pietro Aretino），本身即是一位在威尼斯找到避风港的来自罗马的流亡者，以另一种方式阐述了这一点。在1527年的一封致总督函中，他宣称："威尼斯对那些他人避之不及的人敞开了怀抱。她赋予那些饱受歧视的人以地位。她热情迎接着那些在别处遭到迫害的人们。"毕竟，有些移民是出于经济以外的原因来到威尼斯的。在这座开放的城市中，有着其他地区闻所未闻的宽容。这就是为什么十八世纪以来，这座城市成为了亨利·詹姆斯所谓"被废黜者、败将、幻灭者、伤兵甚或无聊者"的休憩之地。被废黜者是威尼斯特有的群体。许多欧洲王公被废后都来到此处。1737年，一度有五位被放逐的君主同时旅居威尼斯，其中一位就是年轻的查尔斯·爱德华·斯图亚特②（Charles Edward Stuart）。

　　这里也是失意者、流浪者和流亡者的避风港。威尼斯成为了无依无靠、背井离乡的人们的家园。它水汽氤氲的忧愁氛围与那些耽于悲伤者的心情不谋而合。它是那些不知自己来自何方，也不清楚自己真实身份者的避风港，也是那些想要逃离者的避风港。它就像一位无限包容而随和的母亲。这是安全的母体。此地人民以温和有礼著称。威尼斯是一处中转之地，你可能会轻易迷失在人海中，这里是不同世界的边界，那些不因循守旧于他们原有习惯的人会被仁慈地接受。例如，在十九世纪和二十世纪早期，这里对垂涎于少年与贡多拉船夫的男同性恋者颇具吸引力。各种类型的行骗者与诈骗犯也纷至沓来；这里云集了失败的金融家和政客，荡妇和兵痞，炼金术师和江湖郎中。无根浮萍般的人们被吸引到了这座无根浮萍般的城市。

　　威尼斯也是不同信仰的边界。天主教与东正教，伊斯兰教与基

[45]

---

① 彼得罗·阿雷蒂诺：1492—1556，意大利作家、剧作家、诗人、讽刺作家。
② 查尔斯·爱德华·斯图亚特：1720—1788，通称"小王位觊觎者"，老王位觊觎者詹姆斯的长子，英国国王詹姆斯二世之孙，曾试图复辟斯图亚特王朝，但以失败告终。

督教。因此这里吸引了各类宗教改革者。重洗派①的一个秘密大会于十六世纪中叶在此召开，德国人社区则庇护了大批路德宗②信徒。威尼斯当局始终与罗马教廷保持距离，从教皇的掠夺中保卫了自身教会的独立性；因此，从理论上说，威尼斯成为了宗教革新的舞台。甚至连英格兰政府也一度认为威尼斯共和国会加入宗教改革的大军。当然，这一点被证明是彻头彻尾的误解。

如果你失败了，那么威尼斯是个忘却失败的好地方。在这里，你可以真正做到与世隔绝，由此，那些轻蔑与单纯的忽视也就再也不能伤到你。威尼斯的一切都代表着逃离现代。并且，像任何一座港口一样，你可以在这里隐姓埋名。如果你流亡到威尼斯，你可以放弃自己的身份；甚至，你也可以在这座飘零之城获得一个全新的身份。同样的，你也能变得如水般难以捉摸。告诉我，我是谁。但不必告诉我曾经是谁。这一点在今天亦未曾改变。

作为一座给流离失所的外邦人提供避难地的城市，或许讽刺的是，同样是威尼斯为世界贡献了"犹太人聚居区"（ghetto）一词。犹太人聚居区，一个狭小孤立的社区，似乎是自然而然地在威尼斯的环境中出现了；犹太人聚居区竟成了威尼斯城中的"小型威尼斯"，并将由此帮助我们理解这座城市的本质。

最迟从十二世纪开始，威尼斯已有犹太人定居，到1152年，犹太人口记录已达1300人。他们被禁止居住在威尼斯本土，而是安置在毗邻的长刺岛（Spinalunga），后改名朱代卡岛③（Giudecca）上。两个世纪后，犹太人被允许入城定居。利多岛的沙滩上为犹太人准备了

---

① 重洗派：十六世纪欧洲宗教改革时期，新教中一些主张成人洗礼的激进派别的总称，该派否认婴儿洗礼的效力，主张能够行使自由意志的成人受洗才为有效。
② 路德宗：路德宗是新教主要宗派之一，也是最早的新教教派，以马丁·路德（1483—1546）宗教思想为依据。因其强调"因信称义"的教义，故亦称信义宗。
③ 朱代卡岛：威尼斯潟湖上的岛屿，属于多尔索杜罗区的一部分。

一块墓地，由栅栏围住，以隔绝威尼斯人的"暴行"。然而，犹太人一直遭受着大多数人的偏见与歇斯底里的仇视，这是由迷信或妄图剥夺犹太人财富的贪婪引起的。除了医药，犹太人被禁止从事任何行业，除了放贷他们也不能做其他生意；然后，他们因这不得不从事的职业而饱受凌辱。

到十六世纪，他们的住所已散布城中各处；同一时期威尼斯在对阵一些意大利内陆城市的战役中遭遇的失败，即被认为与威尼斯人对他们城市中的"杀害基督者们"的宽容不无关联。上帝将怒火撒向了被他选中的城市，这加重了威尼斯人一直以来的焦虑。因此，1516年3月29日，犹太人被关入第一处"犹太人聚居区"。这处"犹太人聚居区"位于被称作卡纳雷吉欧（Cannaregio）区的北部的边缘地带，距城中的圣地有一定距离。它似乎得名于这块偏远的孤立地区先前的用途——大炮铸造厂；"铸造金属"在意大利文中被称作"Gettare"。"铸造"的名词形式即为"getto"。两块毗邻的地区最终也并入了这一领域。这里成了一处复合的"犹太人聚居区"。

这样的发展并无特异之处。德国商人们早已被安置在自己的住处内，当局可以在那里轻松地监管他们，并向他们课税。紧随其后的是土耳其人。此外，区分与隔离政策在地中海地区的威尼斯殖民地早就经过了试行。威尼斯的行政管理是一项务实的事业。可是，无疑，这样的"实用主义"在另一片天空下、另一种文化中，就成了野蛮与残忍。一直以来，威尼斯人总是专注于定义和创造空间。所以，还有什么比他们发明"犹太人聚居区"更自然的事吗？不过，这并不是最仁慈的发明。这座神圣之邦在某些方面早已成为了一座合理化之邦。这样的结合在别处也许会被证明是致命的。

然而，威尼斯的犹太人聚居区有其特色与典型特征。它是，或者说变成了贫穷而拥挤的。它被围墙包围，是一座仅靠一座桥梁与威尼斯相连的孤岛。当圣马可钟楼的工人钟（marangona bell）在工作日敲响时，犹太人聚居区的居民们被准许离开此地，但在日落前必须返

[47]

回。每当那时，吊桥会升起。犹太人会被整夜锁在其中。空间如此狭窄，涌入的居民又是如此众多，以至于楼房越盖越高，达到八至九层。每幢楼房被分为若干套间，每个套间中有四到五个家庭入住。据说，有的居民不得不在白天或夜里分时段睡觉，只因地板容不下这么多人。里尔克曾讲过一个故事，是说犹太人聚居区里的一座大楼越盖越高，直到居民们最终望见了大海。这是个意味深长的威尼斯寓言。

并且，犹太人聚居区中所有的窗户都开向中心的广场或庭院。犹太人与基督徒间从无眼神接触。威尼斯人认为，被犹太人看见附近基督徒街道上游行而过的圣礼队伍是不宜的。这就是威尼斯人为解决隐忧采取的措施。因此，从外部开始，异乎寻常之高的大厦由陡峭的石头筑成。守卫日夜看守着桥梁的大门。邻近的码头也被筑墙围住。两艘船只被雇佣在此巡逻。犹太人聚居区如同堡垒或监狱。而威尼斯城本身对它的一些居民来说早已成为某种程度上的监狱。犹太人被迫戴上显示他们种族的标记。一开始，那是一个黄布制成的圆圈；然后变成了一顶黄色的帽子；后来又改为红帽子。基督徒与犹太人这两个群体间禁止通婚。任何被当场发现与基督徒女性交往的犹太男性，都会被处以宫刑。

到十六世纪末期，关于犹太人聚居区"沦为小偷与娼妓之窝，饱受争吵、械斗与恐吓之苦"的投诉屡见不鲜。但在十六世纪，这样的情况在任何城市都有可能发生。三百年后的法国作家泰奥菲尔·戈蒂耶[①]（Théophile Gautier）将此斥为"恶臭化脓的地区"。但在那个时代，威尼斯的许多地方都符合这一描述。犹太人聚居区反映了它所处的城市的本质天性，但是，在这微观世界的微观世界中，这一点显得尤其强烈而扎眼。

就像外面的威尼斯城一样，犹太人聚居区中设有赌场，大笔输赢在此进出。犹太人聚居区的社区中，五花八门的语言与口音应有

[①] 泰奥菲尔·戈蒂耶：1811—1873，法国唯美主义诗人、散文家和小说家。

尽有——西班牙语、葡萄牙语、希腊语、意大利语、德语、黎凡特语——就像这座城市本身一样包罗万象。效仿威尼斯贵族的范例,犹太人聚居区处在犹太领袖的严密组织与控制下。在普林节①(Purim)宴会上,犹太人会化装并戴上威尼斯样式的面具。这就是著名的"犹太狂欢节"。犹太人聚居区居民们的歌舞比威尼斯本地人还要好。到十七世纪早期,高墙内甚至出现了一所音乐学院。犹太人会在狂欢节上演精心编排的戏剧演出。许多犹太女性用最时尚的天鹅绒与长毛绒、平绒与蕾丝装扮自己。他们都已彻底威尼斯化了,换句话说,到了保守的拉比②(rabbi)将谴责他们的骄奢淫逸的程度。犹太人聚居区成为了另一个威尼斯。

这是这座城市的秘密之一。威尼斯毫不费力地在它多种多样的区域与机构中重现;它的性质与结构在不知不觉的效忠行为中被不断地效仿。威尼斯内部的每一个社群,无论是贸易行会还是制造工厂,都是一个个微型威尼斯。这座城市的意象是如此强有力,以至于形成了一个吸引一切的范式。一千座"威尼斯"组成了一座威尼斯城,正如一千簇火苗酿成一场大火。

犹太人本身并不曾鄙视犹太人聚居区。这是他们的家园与避风港,就像威尼斯之于它的第一批定居者。这里成为了一座休憩之所。例如,西班牙和葡萄牙的犹太人乐于将此处当作避难所。这里成为了欧洲的希伯来研究中心及希伯来语书刊的主要出版地。这里是拉比文化的固定点。尽管也有些许恶名,这里对一些犹太人来说仍然是祈祷与灵性的中心地,反映了威尼斯本身的神圣命运。在实践层面,这里也为犹太人抵御民众中的反犹情绪提供了庇护。

---

① 普林节:犹太教传统节日,节日期间,犹太人身着夸张的服饰、戴着面具参加狂欢游行,因此普林节又被称为"犹太狂欢节"。
② 拉比:接受过正规犹太教育,系统学习过《塔纳赫》《塔木德》等犹太教经典,担任犹太人社团或犹太教教会的精神领袖,或在犹太经学院中传授犹太教教义者,主要为有学问的学者,是犹太教负责执行教规、律法并主持宗教仪式的人。

白天，犹太人与基督徒混杂于犹太人聚居区中。事实上，犹太人聚居区对于威尼斯的某些社会成员有着特殊的魔力。譬如，威尼斯政府曾试图禁止公民参与普林节庆，但是面对民众的纷纷抗议，也不得不放弃了这一企图。人们实在是太热情了。当声名卓著或天资聪颖的演讲人前来布道时，一些威尼斯人也会定期出席犹太教会堂。反过来，拉比也会来到威尼斯人的教堂聆听布道。犹太人与威尼斯人间的亲密关系可能比他们所承认的更为深厚。二者之间有许多相似之处。他们都热衷于风俗与仪式；威尼斯贵族常被描述为"庄严""高贵"的，犹太长老也是如此。精于商业的威尼斯人，就像犹太人一样，也遭受着粗俗的偏见。其他国家指责他们"贪得无厌""密谋使人人破产"。世界上的其他地区相信威尼斯富得流油，尽管为了隐蔽财富而煞费苦心。相同的指控从古至今一直施加于犹太人身上。他们同病相怜。他们都遭人嫉恨。

因此，在某种程度上，犹太人在威尼斯获得了比在欧洲其他城市更多的宽容。这里没有针对犹太人普遍的咒骂或虐待，尽管也有威尼斯醉鬼或顽童在利多岛的犹太人墓园跳舞的记录。犹太人能够被容忍，也许是由于他们能为威尼斯赚取利益。你绝不能忽视商业计算原则在威尼斯的各项事务中所发挥的巨大作用。犹太人只被允许经营缴纳大笔费用的商业场所。犹太商人与店主为威尼斯带来的商机本身就是对威尼斯人的巨大贡献。威尼斯犹太人的亲属经常将资金汇往这座城市。在并不罕见的几次危机中，威尼斯对犹太人聚居区课以重税。据估计，在十七世纪的头几十年间，从犹太人聚居区征收的净收入达到约220000达克特[①]；这一数额超过了从威尼斯的任何海外或大陆殖民地征收的数额。

然而，除了税收与金钱，犹太人与威尼斯人之间还有更高尚的联

---

① 达克特：一种金币，是一战以前的欧洲贸易专用货币，主要为贸易所使用。该金币最早是由威尼斯铸造，代号为DVX。

合。比如，很重要的一点是，威尼斯人和犹太人都十分尊重法律并对国家地位充满神圣感。他们都热衷于自己的原始领土，将其视为共同的传承。他们一致认为自己的规章在本质上都是神与人的契约。他们都敬畏先人，并无条件地遵从习俗与传统。犹太人认为自己是相互依赖的，共同的目标与自我保护的需求使公共生活愈加神圣。这怎能不使我们想起威尼斯城邦？两种文化互为各自的映像。

与自然抗争

在威尼斯曾有许多花园。十六世纪，数以百计的花园坐落于城内，充满着芬芳怡人的生命力。然而到了十八世纪，卡萨诺瓦① (Casanova)却评论道："花园在威尼斯是稀世珍品。"二十世纪中叶，据估计城中仅有六十座花园保留下来。这一数字后来可能进行了修订。不过，这里仍然有花园，隐蔽而寂静，被围墙和大门守护，在这座石头般冷硬的城市中投下点点绿荫。在早先的几个世纪中，小型花园里可能会栽有落叶松林、柏树或月桂树。大型花园里则布置着花坛，以及果树组成的林荫道，连同一笼笼的鸣禽，使人恍如置身自然之中。在最大型的花园中，还建有神殿与喷泉，也有精雕细刻的凉廊。水果、茉莉与木香若有似无的香气弥漫在大街小巷。

威尼斯人酷爱花朵，堪与他们对建筑的热爱相媲美。流动的小贩四处兜售剑兰、晚香玉与其他采摘自意大利大陆的花朵。1623年，为了描述这些商贩，亨利·沃顿爵士发明了"florist"（花商）一词。该词轻而易举地进入了英语词汇表中。还有一项风俗是，在圣马可节当天，每个威尼斯小伙都要向自己的心上人献上一朵玫瑰花蕾。十五世纪的威尼斯画作显示，那时人们的窗台下堆放着数不清的康乃馨。但品味是会变化的。在二十世纪的头几十年，一叶兰成为了风靡威尼斯

---

① 贾科莫·卡萨诺瓦：1725—1798，极富传奇色彩的意大利冒险家、作家，"追寻女色的风流才子"，十八世纪享誉欧洲的大情圣，生于威尼斯。

的花卉。不过，也有一种本土花卉保留下来。那就是潟湖之花——盐沼花（fiore di barena），这种花儿为平坦的沼泽穿上了一件紫袍。它象征着威尼斯蛮荒、未经开垦的自然时代。

潟湖上也有花园岛。十五世纪，岛上曾有葡萄园和修道院的花园。朱代卡岛直到近年还曾是一片花园的天堂。托尔切洛岛是葡萄与石榴、夹竹桃与金合欢、无花果树与接骨木之乡，也是玉米和洋蓟生长的沃土。橄榄树曾一度遍植威尼斯。威尼斯城大教堂坐落的城堡区曾被称为奥利沃洛（Olivolo）。橄榄油是一种利润丰厚的商品。

不过，在威尼斯城内，伴随着花与叶的却并没有什么再生与重生之感。据说，威尼斯人更爱大理石而不是植被。在威尼斯，一定是建筑取代了自然。它一定会以一种虔诚而慰藉的方式提及自然。这就是威尼斯建筑的秘密之一。建筑物的砖石上雕刻着枝叶。圣马可广场数以百计的石柱包含了一座庄严的森林。树木变成了石头。石头又变成了树木。这座伟大的建筑也可以与珊瑚礁媲美。

威尼斯需要艺术来重造自然。十六世纪早期的威尼斯画家流行描绘田园牧歌般的景象。但这样绘制而成的自然世界里没有生活气息。那里没有人工作，也没有人生活。那里有羊群，有如画般的乡村屋舍，有小树林和泉水。前景里有仙女与牧人。然而画家并不理解内在真实的乡村生活。比如，草地被描绘得好像天鹅绒，只因威尼斯工厂的天鹅绒是按照草地仿制的。

这座城市的自然生活肯定是只能靠想象，而不是靠观察。它包裹在层层石板下，只能依靠感知。拜伦将威尼斯称为"我能想象的最郁郁葱葱的岛屿"，这是一个只有他能承受的悖论。托马斯·曼[①]（Thomas Mann）的小说《死于威尼斯》[②]（Death in Venice）的主人公乔

---

① 托马斯·曼：1875—1955，德国小说家和散文家，1929年度获得诺贝尔文学奖。
② 《死于威尼斯》：托马斯·曼于1911年创作的一部中篇小说，讲述了一名德国作家在威尼斯度假时恋上一个少年的故事。

治·阿申巴赫[1]（George Aschenbach）所见的则是"一个风景如画的热带沼泽……一片岛屿、沼泽与冲积水道的原始荒野世界"。这本是威尼斯原始状态的景象。但这座城市中，这样的景象是别人看不到的。

在这样一座砖石之城中，又潜行着哪些动物呢？这里曾有牛羊。也有狐狸，甚至是狼。威尼斯的街道上曾穿行着马和骡子。1177年一头骡子驮着教皇亚历山大三世[2]穿过威尼斯的大街。1361年，总督与十一位贵族骑马入城，直到近代，威尼斯人依然延续了这一传统。1310年，在一次颠覆国家的阴谋败露后，圣马可广场上部署了八十位骑手，以维持公共秩序。广场上还曾举办比赛，在1364年的一次展示活动上，彼特拉克动容地评价，威尼斯所演示的骑术与武器操作技术堪与"世上最勇猛的战士"相匹敌。里亚尔托桥上还曾举行赛马，直到1359年因一道法令告终。在这座城市中，最主要的声响曾是马儿的铃铛与嘶鸣。不过，这样的景象并未持续。

1611年，英格兰旅行者托马斯·科里亚特[3]（Thomas Coryat）记载道，在整座威尼斯城中他只见到过一匹马。最终，马匹被禁止进入街道。这单纯是因为空间有限，而台阶式石桥则成为进一步的障碍。马儿变得如此珍奇，以至于在1789年，斯雷尔夫人[4]（Mrs Thrale）注意到，成群结队的威尼斯人争相围观一头吃饱了的马。而的确，十八世纪威尼斯的贵族们就曾因除了贡多拉什么也不会驾驭而遭人嘲笑。这显示，一项与生俱来的技能也可能因为疏于实践而消失。现在，在这座城市里能看到的只有那些坚硬沉静的金属马。奔腾于圣马可教堂外墙上的四匹青铜马，那从君士坦丁堡掠夺而来的战利品，象征着这

---

[1] 乔治·阿申巴赫：小说《死于威尼斯》的主人公，一名中年作家。
[2] 亚历山大三世：原名罗兰多·班迪内利，1105—1181，罗马教廷第170位教皇（1159—1181）。
[3] 托马斯·科里亚特：约1577年—1617年，伊丽莎白一世时代后期的英格兰旅行家、作家。
[4] 斯雷尔夫人：海丝特·林奇·斯雷尔，1741—1821，英国日记作者、作家、艺术赞助人。

座城市的自然生活走到了尽头。

猫和狗是过去威尼斯最受欢迎的宠物,现在也依然如此。这座城市曾一度充斥着各种看家犬与猎犬,以供在潟湖上调遣。但几个世纪过去后,它们变得愈加谨慎小心。它们大部分都是小型的家庭犬。与这座城市狭小的空间配套。犬类尤其喜爱古老石头的趣味。它们有着鲜明的领土意识,就像威尼斯人一样。威尼斯画家钟爱画犬。卡巴乔就喜欢在画布上展现它们的身影。在一幅现藏于圣乔治信众会(S. Giorgio degli Schiavoni)的他最著名的画作中,一只小型猎犬期待地望向沉浸在神圣的狂喜中的圣耶柔米①(Saint Jerome)(或可能为圣奥古斯丁②,Saint Augustine)。它困惑地旁观着超自然现象。不过,他也画过处于警戒状态中的犬,昏昏欲睡的犬,游廊上的犬与贡多拉上的犬。它们并不只是贵族的专属。在十八世纪的本地报纸《威尼托报》(Gazzetta Veneta)上,几乎每一期都载有寻狗启事。威尼斯人热爱犬类,因为它们象征着威尼斯人在为生存而抗争的过程中不得不放弃的、更广阔的自然世界。在现代的水上巴士上,犬类都安全地戴着口套。

猫则被誉为威尼斯人生活中的"小狮子"。它们是领地的一部分。它们天生慵懒。它们也生来机警,可以将一天中的大部分时光用于单纯的旁观。不过,不同于大多数种类的犬,猫不喜欢水。城中仍然四处散落着野猫的群落。它们在水产市场中出没。你可以在壁架与台阶上看见它们,也可以在大桥下、广场上发现它们的身影。圣洛伦佐(S. Lorenzo)广场尤以猫著称。当然,它们也在发挥捕鼠的专长。鼠患是威尼斯的诅咒之一,但是此地的文献中鲜有提及。在威尼斯,有一句谚语:每幢房屋里都有老鼠。意思就是说,每个家族里都难免有

---

① 耶柔米:约347年—420年,基督教长老、神学家、历史学家,《圣经》武加大译本的主要译者。
② 圣奥古斯丁:又称"希波的奥古斯丁",354—430,早期基督教神学家、哲学家,其作品对西方基督教及西方哲学的发展有重大影响。

害群之马。但是，以字面意思来理解这句话也未尝不可。

猫治理鼠患的功效也许引起了威尼斯人的一种迷信，即杀死猫的人会在一年内死亡，伤害猫的人会招致灾祸。然而这并不能阻止那些更残忍的恨恶猫的人。威尼斯共和国内曾爆发神秘的毒猫事件，也曾有一种古怪的仪式，即在仪式上，威尼斯人会以头撞死一只拴在木板上的猫。不过，在共和国内，总是普遍存在着对动物生灵的歌颂。中世纪后期与文艺复兴早期的绘画中充满对动物的研究；卡巴乔与克里韦利①（Crevelli），丁托列托、委罗内塞②（Veronese）与贝利尼，他们都曾描绘猫、狗、猎鹰、鹿与野鸡。提香画过白兔。每幅画作中都透露出对拥抱无法企及的自然世界的渴望，正是这样的不可捉摸使自然受到愈加狂热的追捧。

威尼斯各处都有大型鸟舍与养在笼中的鸣禽，这是另一个使人们想起自然生活的存在。色彩鲜艳的鸟儿们——雀类、金丝雀与鹦鹉——是最受喜爱的。当然，所有的鸟儿都是进口的。在十六和十七世纪，主购物街上的杂货店纷纷在店外挂起一笼笼夜莺，以招徕生意。约翰·伊夫林③（John Evelyn）记录道，"闭上眼睛，你可以想象自己回到了故乡，而事实上你正置身在这海中的小岛。"对于威尼斯人而言，追求自然是一种方式，这可以让他们忘却自己生存之地的"反自然"与岌岌可危。

罗伯特·勃朗宁热爱威尼斯的海鸥，尽管这座城市的历史记载很少提及这种鸟儿。不过作为潟湖上的本土鸟类，这些海鸥应该被叫作鹤或野鸭。它们也是这座城市神话的一部分，就像引导最早的定居者来到潟湖小岛的鸟群。传说圣马可广场上的鸽子，都是当年追随着奥德尔佐的流亡者逃离蛮族的那些鸽群的直系后代。燕子则代表着另一种眷顾。它们在夏天光顾，捕食浅水中的害虫——蚊子。

[55]

---

① 卡洛·克里韦利：1435—1495，文艺复兴时期的威尼斯画家。
② 委罗内塞：保罗·委罗内塞：1528—1588，威尼斯画派画家。
③ 约翰·伊夫林：1620—1706，英格兰作家、园艺家、日记作者。

不过，没有一个造访威尼斯的人不对鸽子印象深刻。圣马可广场上的鸽群是世界上最为养尊处优的鸟儿，以至于它们一点也不怕来往的人群。在霜冻或大雨的天气里，它们会一个接一个地挤成一堆，抱团取暖。它们清楚自己不受捕食者的威胁，也不会被打扰。因此，它们产生了一种形式独特的动物行为，就像远海孤岛上的种类。

古老的风俗保护着鸽群。而风俗，在威尼斯，是神圣不可侵犯的。据说，在有一年的棕枝主日①（Palm Sunday），人们将鸽子从圣马可大教堂放飞，腿上系着小型重物。由于行动受限，它们纷纷成了威尼斯人的盘中餐。但是仍然有一些鸽子逃脱了，并被发现躲进了圣马可教堂的壁架与壁龛中。人们认为它们是因圣人的干预而得救，所以从此以后，鸽子成了倍受崇拜的鸟儿。这个故事也流传了下去。这都是真的，公共粮仓每天会向鸽子供应粮食，就像波斯和俄罗斯南部的习俗一样，而以任何方式伤害或骚扰鸽子都会被认定为犯罪。

在这座城市中，现在约有四万只"圣马可之鸽"。在广场上贩售谷物的生意养活了十九个威尼斯家庭。鸽子们自己看起来也很享受这份神圣的天命，而伊丽莎白·芭蕾特·勃朗宁②（Elizabeth Barrett Browning）将它们称为"圣鸽"。多年以米，由于其对公共卫生造成的威胁，以及排泄物对城市里珍贵的砖石进行的腐蚀，人们屡次试图对鸽群的规模做出控制，曾尝试过毒杀、诱捕，甚至节育。然而一切努力都以失败告终。自诞生那天起，它们就一直飞翔与盘旋在圣马可广场的上空。现在它们又怎会离开？就算它们撤离了，广场就会变得更高贵或安全吗？这个话题颇具争议。特拉法尔加广场③（Trafalgar

---

① 棕枝主日：亦译"圣枝主日"或"主进圣城节"，即复活节前一周的星期日。《新约圣经》记载，耶稣受难前不久，骑驴最后一次进耶路撒冷城，当时人们手执棕枝欢迎耶稣，后来为表纪念，此日教堂多以棕枝为装饰，有时教徒也手持棕枝绕教堂一周。
② 伊丽莎白·芭蕾特·勃朗宁：1806—1861，英国维多利亚时代的女诗人。
③ 特拉法尔加广场：英国伦敦著名广场，坐落在伦敦市中心，是为纪念著名的特拉法尔加港海战而修建的，广场中央耸立着英国海军名将纳尔逊的纪念碑和铜像。

Square），由于鸽群的消失，看起来就像被剥蚀一空了一般。鸟儿也是地区精神的一部分。它们是鲜活而柔软的灰色砖石。

通过许多方式，威尼斯与大自然进行着抗争。它将全部精力投入到与海洋的战斗中，而这样一个处在不断转化过程中的对抗也影响了威尼斯生活的其他方面。例如，威尼斯人催花技术的熟练程度举世瞩目。他们擅长使蔷薇和紫罗兰反季节开放；他们使玫瑰在一月飘香。在二十世纪初期，威尼斯人普遍喜欢染花。商店里陈列出售橙色与蓝色的玫瑰，还有粉红或紫色的雏菊。不过毫无疑问，这些都是过去的做法了。威尼斯人对色彩的喜爱众所周知。此时他们一定是在想为什么不让它从画布上走向瞬息万变的现实世界里呢？

威尼斯人着迷于人造花园，越复杂越好。在他们位于意大利大陆布伦塔河边的别墅中，花园被设计为对称形状，石窟和洞穴中布置着各种各样的水景雕塑。温室中栽满了奇花异草，树篱被修剪成船或动物的形状。水泽仙女与女神的大理石雕像，是十六世纪早期流行的田园景观自然或不自然的延伸。也是在这一时期，人们对园艺实践的兴趣十分普遍而热切，成为了控制与改造自然世界的永恒追求的一部分。一切都是如此相似。威尼斯贵族们陶醉于他们征服自然的胜利——或者不如说，他们操纵自然为己所用的天赋技能。毕竟，这就是威尼斯共和国历史的首要经验。以一种微妙而令人不安的方式，这座城市代表着介于自然与人工间的模糊地带，表明了第三种存在的可能性。

威尼斯的石头

如果，威尼斯是一座石头城，而不是一座土地或绿叶之城，这会使它变得虚幻吗？奥斯瓦尔德·斯宾格勒[①]（Oswald Spengler）相信，

---

① 奥斯瓦尔德·斯宾格勒：1880—1936，德国哲学家、文学家。

文明的发展程度可以由植被到砖石的转化度表示。在此种意义上，威尼斯可能会被当作文明程度最高的城市。从十五世纪初期木质建筑被渐渐拆除开始，威尼斯就成为了一座小小的石头王国。它外观坚硬稳重，又因依水而建愈显坚固。

威尼斯不产天然的石头。因此要得到石头，只能从外界运来或偷来。这是这座漂流之城的古老故事。曾有一度，在攻占君士坦丁堡后，所有从那里驶往威尼斯的船只都必须装载一块托运的石头。石头被用作压舱物。然而，大多数石头还是要依靠进口。威尼斯的大理石来自卡拉拉[①]（Carrara）及帕罗斯岛[②]（Paros）。来自尤根尼恩丘陵[③]（Euganean Hills）的粗面岩被用来铺设街巷广场。黑石或红石从维罗那进口；人们将其与更坚硬的木片或鹅卵石混杂在一起，仿佛被水道包围的岛屿。来自维罗那的更轻的石头，比如粉色或灰色石，因为季节和光线的变化而变换色泽。它与这座城市完美契合。粉红花岗岩及斑岩则来自埃及。这里也有被抛弃或废弃不用了的石头，那些潟湖岛屿上的老旧教堂或房舍的石头。石头的珍贵使其被一再重复利用。在持续不断的再生与再造过程中，废墟里的战利品铺就了新建筑的地基。罗马人的墓碑成为了基督教堂的一部分。一块取自阿奎莱亚的太阳神祭坛则被放进了圣马可教堂的洗礼堂。毫不夸张地说，威尼斯是一座建立在古代遗迹上的城市。它停泊着往日岁月。

这里也有更多的异域宝石。威尼斯人喜爱玛瑙与孔雀石，紫水晶与红玉髓的色彩。大运河边被称作"黄金宫"（Ca d'Oro）的豪宅外墙所用的深蓝色，则是由巴达赫尚[④]（Badakhshan）的天青石粉末涂成。威尼斯人喜爱色彩鲜艳、脉纹丰富的石头——绿色斑岩与黑色花岗岩，白底红纹石头，橙底白纹石头。在圣马可教堂中，有超过五十种

---

① 卡拉拉：意大利中北部托斯卡纳大区马萨－卡拉拉省的城市。
② 帕罗斯岛：希腊爱琴海基克拉泽斯群岛的岛屿。
③ 尤根尼恩丘陵：帕多瓦以南的丘陵群，因火山喷发形成。
④ 巴达赫尚：古译巴达克山、巴达哈伤，阿富汗之一省，位于该国东北角。

不同的石头。

不过，威尼斯的主要采石地是伊斯特拉①（Istria）。伊斯特拉石可耐高温、严寒；它易处理，而且最重要的是，与它的姐妹石大理石类似。一旦被磨平抛光，伊斯特拉石与大理石就殊无二致。这是威尼斯式炫耀的又一例证。伊斯特拉石被用作大宅与教堂的地基。它被用于雕塑、框架门窗、圆柱与楔石，以及码头和盾徽。

关于石头，有一个重要的事实。那是关于石灰岩的。它由海洋运动形成，由难以想象的数以亿计的海生物组成。它代表着压缩了的海洋纪年。它是海洋的真髓。当奥登②想象一块石灰岩景观，他仿佛能听见地下暗流的低语。它与水的生命和历史有着不可分割的关联。大理石本身也是石灰岩，只是更坚硬，性质也有所改变，以更耐受海洋性空气的腐蚀。这就是大理石常被用于教堂与豪宅外观的原因。所以，通过变形，海洋成为了威尼斯的石头。石头闪烁着大洋内部半透明的光芒。它波光粼粼。它闪闪发亮。它光辉隐曜。它被描述为一片大理石的森林，从石化树林的地基上升起。在恰如其分地以《威尼斯的石头》为题的文章中，拉斯金花费了不少篇幅，用于阐述花叶石雕的设计；这些装饰物之精美，已经到了每片石雕藤叶的位置都各不相同的地步。还有枝条与缠绕的卷须，漂着叶子与一串串葡萄；叶片的每一条筋脉都栩栩如生。这既是对自然的纪念，也是对它的嘲弄。

游人们恰恰是为了石头来到威尼斯。对游客来说，这座城市更多地意味着建筑，而不是其居民。石头是这座城市的生命。这里有"圣石"的传统。拜占庭十字架形的石头被设立在宫殿前。而在许多教堂与房舍中都可以见到椭圆石与石质十字架的布置。在哥特式门廊的上方，通常可以发现雕刻着天使与圣人的山墙石。石头是表达精神内涵

[59]

---

① 伊斯特拉：亚得里亚海边最大的半岛，位于亚得里亚海顶端，的里雅斯特湾与克瓦内尔湾之间，被克罗地亚、斯洛文尼亚和意大利三个国家所划分。
② 威斯坦·休·奥登：1907—1973，英国诗人。

的一种方式。有信仰之石,也有在门楣与门户上雕刻着圣经段落的圣经石;有律法石,上面雕刻着法律的训诫与法令;有惩戒石,记载着公开的判决与执行;也有骂名石以记录背叛者与耻辱者的恶行,有一根石柱上的文字宣告道,此碑"以儆效尤,并引以为后世之鉴"。这些象征物可以追溯到非常古老的时代,因为在石头上,象征着原始信仰之神的形象就像印度与凯尔特欧洲、美拉尼西亚[①]与美洲一样形形色色。这些信仰恰好以一种特殊的方式在这座浮动的城市长久留存了下来。珍贵的石头也是有魔力的石头。里尔克曾将威尼斯称为一个"石头的童话"。

威尼斯的画家在石头上肆意挥霍他们的色彩与才华。在卡巴乔与委罗内塞、贝利尼与丁托列托的画作中,石头的远景比比皆是。这是他们想象中的景观。威尼斯的公共建筑向他们的作品表达了深切的致敬。楼梯与圆柱,门厅与角楼,无一不是遵从他们的理念。他们的感性藏在后来的卡纳莱托[②](Canaletto)那一丝不苟的对城市建筑物的表现之后。卡纳莱托的画作《石头加工者的院子》(*The Stonemaker's Yard*)正是关于石头力量与潜能的沉思。他的画布通常会预先处理为砖红色的质地。

但是,威尼斯有个秘密。准确适当地说,威尼斯也是一座砖石建造的城市。很大一部分建筑是由砖块砌成,巧妙地在表面饰以大理石或灰泥。在最深远的意义上,这是一种蒙骗。宏伟的宫殿由砖砌成。教堂与民居也是由砖砌成。这实际上是一座由大陆的土地上开采的烘泥建造而来的城市。然而它却裹上了大理石与石灰岩的外衣,以致敬海洋而不是土地。

威尼斯建筑的砖块与石头不时被比作人体的肉与骨。石灰岩的光泽常被拿来与肉体的光泽相比。因此石头仿佛也活了过来,能够

---

① 美拉尼西亚:位于180°经线以西,赤道和南回归线之间的西南太平洋上的群岛。
② 卡纳莱托:1697—1768,意大利风景画家,尤以准确描绘威尼斯风光而闻名。

约翰·拉斯金《威尼斯的石头》中的一张插图,展示了早期哥特式宫殿的窗户式样。哥特式风格在十四及十五世纪占有统治地位,甚至还存续到了十六世纪,并为这座城市赋予了留存至今、鲜明无误的外貌。威尼斯大多数的著名宫殿与豪华宅邸都属于哥特式。

行动。威尼斯的石头好像没有重量。建筑仿佛充了气,随时要从它们的系泊处腾空而起,直上云霄。当普鲁斯特[①](Proust)——《追忆似水年华》(*Time Regained*)的叙述者在巴黎盖尔芒特酒店(Hôtel des Guermantes)的入口踌躇时,他的思绪不由地回到,当他站在圣马可洗礼堂两块不平坦的铺路石上的时刻;这一瞬的景象带给了他铺天盖地的幸福感,以一种和谐之音的感觉消弭了过去与现在的时间与空间。威尼斯的石头为他带来了喜悦,使他看淡了生死。

围绕着威尼斯的石头,有许多传说与迷信。一些大理石的纹理有着奇特的形状。比如,在圣马可教堂的一面墙上,两片大理石被锯开了;它们露出了一个长着胡子的隐士双手合十祈祷的形象。在这座大楼中,几乎没有一块石头不被神话传说赋予神圣的内涵。这里能找到摩西投入水中的岩石。这里有基督曾走过,或鲜血曾滴落的石头。在教堂边朝向广场的墙上,有两片斑岩组成的图形。人们相信,这是四个萨拉森人,在抢劫教堂神圣宝藏的过程中被化作了石头。

在威尼斯的另一地区,皮尼亚特尔街边,一座拱门上有一颗砖块砌成的心;如果一对恋人触碰这颗心,他们的爱情就将永远燃烧。雕像也会突然移动或消失。据说,在耶稣受难日的夜里,菜园圣母院[②](Madonna dell' Orto)里的犹大雕像会升起并飞向耶路撒冷;教堂屋顶上象征公正与信仰的石头伴随着他。在气温比石头还冰冷的二月,据说一座商人的雕像会哭泣,这座雕像至今仍能在一座威尼斯房屋前见到。无罪的善人如果将双手置于这座雕像的胸前,就能听见心跳的声音。威尼斯的许多传说都是关于同一种恐惧——石头会活过来。有石狮子突然活了的故事,有将石头变为血肉之躯的巫师的故事,也有圣马可广场的一根石柱在一个朦胧的夜晚分泌出血液的故事。如果说

---

① 马塞尔·普鲁斯特,1871—1922,法国小说家、意识流文学的先驱,代表作《追忆似水年华》。
② 菜园圣母院:一座位于威尼斯卡纳雷吉欧区的教堂。

威尼斯人将自然世界化作了石头,那么其隐秘的渴望也许就是让奇迹倒转,使其重回鲜活柔软。石头象征着对死亡的渴望,这是在每一座城市中都能找到的倾向与向往。正如威尼斯人一贯被教导的,上帝创造了自然世界,而人类建立了城市。杀死亚伯后,该隐建造了城市。[①] 城市代表着原始的诅咒,以及对自然血脉的抛弃。威尼斯就是这一切的化身。

[①] 该隐和亚伯:据《圣经》记载,该隐和亚伯为始祖亚当及其妻子夏娃所生的两个儿子,该隐为兄长。因上帝看中了亚伯和他的供物而看不中该隐和他的供物,该隐将亚伯杀害。

第三章

国家之船

"愿它天长地久"

[63]　圣马可广场上,"马可!马可!"的呼声不断,祈求着这座城市圣人的庇佑。威尼斯最伟大的神学家保罗·萨尔皮[①](Paolo Sarpi)临终之时曾呼唤道,"愿威尼斯永恒!"(Esto perpetual)而当他在1623年作出如上的祈祷时,这座城市早已成为了名副其实的国家。它在行为和事实上都已如此。"国家"的抽象概念直到十六世纪上半叶才出现,但共同利益的理念当然要古老得多。起初,正是共同的利益建立起了威尼斯。

"公共威尼斯"首次被提及可以追溯到十二世纪初,当时市民中的显要人物希图取代总督与人民的权力。从那时开始,我们可以追踪到一个官僚制国家的发展,及其内政与外交、统治与法律。教区与护民官的纽带作用被削弱,为其举行的宗教仪式数量逐渐减少;取而代之的是一个团结统一的城市概念的出现,众多的公共工程传达了这一点,并由公共法令一再转述。一种新形式的城市生活正在产生,并立刻变得有效而普遍。公共秩序由公共手段来加以巩固和控制。一度,

---

① 保罗·萨尔皮:1552—1623,意大利历史学家、高级教士、科学家、教会法专家及政治家。

人们塑造了城市；现在，城市塑造着人们。或者更确切地说，威尼斯的人民现在正依照城市的方式认识自己。私人的变为了公共的。城市成为了一个整体。比如，一些罪行被描述为"违背公众意志"，因而将这座城市与人民联系在一起。最迟至十五世纪，我们已经可以谈到威尼斯国家的形成。它被称为"Signoria"，大意为"主权"或"统治"。

那么，这座城市是怎样成为一个国家，甚至是现代国家的先驱的呢？这是一个令人费解的难题，牵扯到自我意识与公共自尊的复杂程序。它与一套监管良好的公共财政体系相伴而生，由类似信用与汇票的机制维持。几家世界上最早的银行就坐落在威尼斯。历史上的第一笔公债则于1167年在威尼斯发行。转账银行（Banco del Giro）成立于1619年。如果没有法律统治下的内部稳固，一个国家就无法存在。无论其管理有着怎样的瑕疵，威尼斯人总是以他们公正的天性而自豪。然而，一切法律背后的原则，用十七世纪初一位英国使节的话说，就是"国家的原因"。国家永恒不朽。国家是一切道德的源泉。这几乎是一种拜占庭式的严厉与威望。

不过，更实际的问题也需要考虑。一个国家需要广泛意义上的精英来行使权力，代表所有人的利益。到十三世纪末，威尼斯的统治权归于法律定义下的贵族手中。而且显然，政体的稳定对于贸易的稳定至关重要。权力与商业是不可分割的。这种管理需要一套官僚机构来监督诸如公共卫生与公共秩序等事务。威尼斯的官僚机构是西方世界的奇观。一切都要诉诸案牍，如今威尼斯泛滥成灾的档案就证实了这一点。在其他城市或国家还只有最基本的内部组织的时代，威尼斯就已经成为了管理方面的专家、楷模。与其他城市相比，威尼斯的人口普查更加频繁，也更有效率。雅各·布克哈特[①]（Jacob Burckhardt）在《文艺复兴的文明》（*The Civilisation of the Renaissance*）中说，"威尼斯

[①] 雅各·布克哈特：1818—1897，瑞士历史学家，对文化艺术领域的历史编纂学产生了重大影响。

是统计科学的起源地,这一点名副其实。"社会与文化生活的方方面面都井然有序。即使是在圣马可广场上卖水果或在大教堂台阶上卖花的小贩,也都处于监督管控之下。官僚主义的崛起有助于培养一批关于统治艺术的理论与论述,这些文本在所谓的"公民人文主义"的形成中占据了重要地位。当然,在治国理政的实践中,大量的机会主义与贪污腐败、相对主义与实用主义不可避免;但这一切却在仪表堂堂的公共管理秩序之下隐蔽得愈加不为人知,暗自滋长。

一个国家需要内部居民的团结一致。一座城市能够从吵闹而逆反的公民之中存续下来——在某种程度上,城市因他们而繁荣兴旺——但早期的威尼斯需要一套内部的控制措施。没有哪座城市在管理民众方面比威尼斯更成功。总督与各类议会谙熟权力的艺术。任何言语上的冒犯,或者是我们现在所称的"言论罪",都会被指控为"对国家大不敬",并被赏一段时期的牢饭。对这座"安宁之城"(la Serenissima)[1]发表蔑视言论的外国人则会被驱逐出境。在阿尔弗莱德·德·缪塞[2](Alfred de Musset)出版的一份威尼斯外交官的秘密通信中,有这样的条目:"向 A 先生支付总计五十斯库多[3](scudi),为其杀死对威尼斯共和国发表不敬言论的 S 先生。"

威尼斯人必须服务于国家。这个国家由他们勤勉的先辈遗留下来,他们理应将其看得比自己的生命还要宝贵,这一点是反复宣扬的。为了荣誉,他们注定要将其存续下去。威尼斯的关键就在这里——存续。从一开始,这座城市就是一个存续的奇迹,而它也需要一次又一次地祈求奇迹的发生。正如公共布告所言,处在这样一个饱受威胁、四面楚歌的位置上,国家应有团结一致、令行禁止的公民支撑。这就是威尼斯几个世纪以来保持相对宁静的原因。它从原点而来。力量来源于地区自身,来源于同舟共济的不变信念。

---

[1] la Serenissima,是水城威尼斯的古称。
[2] 阿尔弗莱德·德·缪塞:1810—1857,法国戏剧家、诗人、小说家。
[3] 斯库多:十九世纪以前的威尼斯银币单位。

但是，威尼斯国家在一种对权力的认识与颂扬中诞生。威尼斯的强大源于邻近地区的弱小；在毗邻的大陆上，没有一座城市能挑战威尼斯的权威。最终，它成为了一座控制其他城市的城邦。它从不曾是一个由山水勾勒而成的自然地区，而是一个由分散城市组成的同盟。它在意大利北部建立了一个城市群帝国，尝过胜利，也尝过失败，如今已换了天地。

由此，我们看到了一个高度专制，组织严密，异常高效的集体。这或许并不符合威尼斯如今宁静美丽、时而昏昏欲睡的图景；但却是现今面貌必不可少的先决条件。威尼斯的昨天决定了它的今天和明天。

由此，王权统治成为了世俗信仰的目标，在一年中，足足有几百个公共仪式来尊崇和纪念。人们还特地建立了一个庞大的官僚机构来组织和管理这些节庆活动。即使是1848年，威尼斯遭遇奥地利军队围城的时刻，几乎每月甚至每周也仍有庆典或游行举行。这已经融入了威尼斯人的血液中。

[66]

威尼斯人天生就爱展示与炫耀。这座城市本身就是为了各类庆典而精心设计，在活动展示区圣马可广场，人们在这里展示礼物、互相寒暄。这样一套有着严格惯例与礼节的国家秩序保证了仪式的规则。不同的群体携带着不同颜色的蜡烛。飘扬的旗帜代表着各自的秘密含义；白色表示威尼斯一切平安，绿色表示达成停战，红色则意味着公开宣战。

公爵列队尤其被看作威尼斯政体运转的象征。他们是神圣与世俗统治活生生的化身。据一位米兰人1494年的观察，在其他的城市与国家，"当王公经过时，老百姓们杂乱无章、毫无秩序"。但在威尼斯，"所有人都以可以想象的最整齐的秩序前进"。现在留存的反映整体秩序的雕塑与绘画中，各自的姿态与服装清晰划分了每一位参与者的角色。在十六世纪，马特奥·佩冈（Matteo Pagan）完成了一套共八

圣马可大教堂前的宗教游行,真蒂莱·贝利尼于1496年绘成。这样的游行同时具有民间与宗教意义。它是威尼斯神圣与世俗统治活生生的体现。

件非凡的木刻画,详述了行进队列里的每一位参与者。

首先是八位旗手,紧跟着几位审判官;六位乐手吹响银号;还有外国使节的随侍,接着是公爵的随侍。更多的乐手之后,是级别较低的官员,如文书、公证人等。随着仪式进行,队列逐渐分为三大群体,其中的宗教权威与国家权力保持着微妙的平衡。这不是由个人组成的队列,而是国家公务员的队列。队伍中间走来的是总督。中央位置意味着权力的核心。从这中央发散而出、层层递进的,是按规则而定的各阶层顺位。走在总督前方的,是市民阶层,地位依顺序逐步上升;贵族走在总督后方,地位依顺序逐步下降。据一些人的观察,贵族们十分仁慈亲切,从不吝于微笑。气氛是沉着而宁静的。这曾是威尼斯历史上最伟大的时刻。

这些庆典并不一定都是令人振奋的。在1月6日的主显节[①]上,

---

① 主显节:东正教徒庆祝耶稣诞生的节日。

一些划船者会穿上老妇人的衣衫,鼻子上绑着胡萝卜,拖着老旧的长袜,划船驶向里亚尔托桥。在二月的忏悔星期四①(Giovedí Grasso)宴席上,锁匠行会将在圣马可广场上仪式性地宰杀一头牛和几头猪。在仪式的后半部分,总督和几位议员会用法杖击倒数座由木板搭起的简易城堡。实际上,这一仪式是威尼斯击败母城阿奎莱亚的胜利景象的再现。是否政治已变成了游戏,又或者游戏即为政治的一种形式?

当总督到访城中不同的地区时,还有不同的节庆举行。比如,当他来到圣马利亚·福莫萨地区时,会被赠予一顶镀金的草帽、一瓶葡萄酒和几条面包。在活动结束时,十二座女性木雕会被列队送往教堂,在那里,人们会向其投掷萝卜。这一仪式据说起源于十二位威尼斯少女被海盗掳走,后来为本地区的青年所救的故事。然而这几乎是不可能的。它更像是代表了原始阶段的威尼斯富裕人家在这一天集体嫁女祈求丰收的传统。不过这样的民俗庆典呈现出了奇特的形式。城中习惯称呼冷淡倨傲的女性为"木头玛丽"。"牵线木偶"(marionette)一词也可能起源于此。

威尼斯的节庆数量众多,以至于一天之内有几场不同的庆典需要举行。威尼斯从本质上成了一座仪式之城。这就是城中路径要精心规划的原因。教堂坐落在焦点位置,虔诚的信徒在此汇聚。公共空间成为仪式性的中轴线,是这座圣城广阔几何结构的一部分。这是一个场面壮观的社会。在种种节庆中,土地与海水融为一体。而无论是在表象上还是情感上,威尼斯的不同地区也因民众的忠心和庆典紧密交织在一起;列队行进代表着这座城市的共同愿望,就如同他们纪念这座城市的共同经历一样。仪式保证了延续与和谐。仪式也在这座城市时间的塑造中发挥了作用。它总是因循守旧,而并不那么注重每日轮转的分与时。仪式也有助于编纂与认同历史。这样的展示也有不那么崇高的方面。壮观的场面给外国人与使节留下了威尼斯人团结一致、财

[68]

---

① 忏悔星期四:圣周节的星期四。圣周节是基督教纪念耶稣复活的节日。

力强盛的印象。如同当代的威尼斯，这些节庆也将游客吸引到了令人流连忘返的威尼斯市集中。威尼斯人绝不会放弃任何赚钱的机会。这样的考量隐藏在狂欢节制度的背后，无疑也隐藏在近年来举办的各项艺术与电影"双年展"的背后。

因此，各类节庆将这座城市调动起来。从十六与十七世纪的画作可以看到，房舍的窗户与阳台上覆盖着华丽的毯子。一辆辆精美的花车与轮式战车上展示着城市的基本道德规训与圣人像；装饰建筑大规模地展出；人们载歌载舞。还有绘画、雕塑与朗诵。用于戏剧表演的舞台或"脚手架"被搭建起来，台上以寓言的形式解读着当时的政治事件。在1541年的节庆典礼上，一个彩绘的球形宇宙被载在大运河的贡多拉上漂浮；球形的内部隐藏着一颗引导的圆球。盛会是将生活改造为一种艺术的方式。它代表着普遍意识的最高形式，这就是威尼斯社会的各个阶层都参与其中的原因。

由此，威尼斯的人们不偏不倚地走在神圣的路途上，每个人都对自己在整体结构中的位置心知肚明。平民被指望沉浸在喜气洋洋的气氛中，从而忘掉他们已永远失去了曾一度拥有的宝贵自由。豪华场面当然也是保证社会秩序的又一良方。1494年，一位米兰人观察道，"在我看来，一切都是由一个人指挥着的，人人都服从于他，毫无异议。"只有在类似埃及或古墨西哥的大祭司制的社会中，才能实现如此的井然有序。这是威尼斯令人惊异的事实之一，其信仰竟以这样一种返祖的方式掌控着民众。造成这一点的原因也许是此地因虔诚信仰而融在一起的独特道路。威尼斯的土地是神圣的，是奇迹般地从水的世界中拯救而出的。威尼斯的人民就是土地的一部分。

因此，威尼斯的政府完善了自我呈现的艺术。它成为一种风格的练习。它已逐渐发展为一种形式独特的雄辩，使国家所做的一切行动与决定都因传统而神圣化，因神权而行使制裁。被唤起的是威尼斯的独特天命，连同荣誉、决心与自主的理念。威尼斯的永垂不朽也是笃定不疑的。最仁慈地说，这是一种强调理想的手段。但是，它也可以被批判为是对实际状况的有意忽视。或许，它可以被看作一层优良情操的薄雾，并不比海上飘来的雾气更浓厚，却掩盖了这座"宁静之城"在应对外部世界时暴露出的贪婪与无情。

没有一个地方的人民如同威尼斯人一样信赖花言巧语的计谋。这是一座表演之城。诗歌被认定和理解为一种雄辩的形式。在一种如威尼斯一样以实用主义为本质的文化中，全部文学教育的技艺都是为了灌输修辞的技巧。这座城市的艺术生活，无论是在音乐还是绘画方面，都是为了表现效用；它更强调表征而不是沉思或直觉的感知。无论我们是聆听维瓦尔第的音乐还是凝视丁托列托的画作，我们都已进入了"效果"艺术的范畴，是炫目的艺术表现与华美的艺术运用。丁托列托的灵巧与维瓦尔第的流畅，或许也可以用大量的修辞概念来理解。威尼斯修辞学的教科书表现了一种固有的口才，这取决于"适度"与"得体"；依照该国"形式多样"的惯例，必须调和极端，避免任何一种风格的统治。这是威尼斯人保守与谨慎的一部分。

在一部被认为由朱塞佩·巴雷第①（Giuseppe Baretti）与塞缪尔·夏普（Samuel Sharp）所作的十八世纪专著《意大利礼仪风俗报告》（*An Account of the Manners and Customs of Italy*）中，作者评论道，"威尼斯人十分看重自己雄辩的口才，并将他们的辩护人看作古罗马演说家的正统传人。"一位早期的法律辩护人李奥纳多·朱斯蒂尼亚尼（Leonardo Giustiniani）在1420年的一封信中表示，"在（修辞）艺术里，没有一种案例、类型、主题甚至规则是我所不精通的。"从最早期开始，威尼斯的管理者就对修辞学造诣颇深。

在威尼斯的所有管理艺术中，外交最为出色，这就是其原因。伴随着对仪表与举止的注重，威尼斯使节们在优雅的自我展示方面所向无敌。这也是潇洒的一部分，可以被定义为以不露痕迹的方式达到某

---

① 朱塞佩·巴雷第：1719—1789，意大利文学评论家、诗人、作家、翻译家、语言学家、词典编纂者。

种效果的能力。不露痕迹,与双重性格,自然而然地成为了威尼斯的代表个性。

威尼斯是第一座在意大利疆界以外与外界保持连续外交的城市;它于1478年在法国建立了使馆。这座"宁静之城"的原则与既定目标是与各方维持和平关系;只有在这样的条件下,贸易才可能兴旺发达。对军备贸易而言,战争也许是利好因素,但对运送香料与其他货物穿过海洋与陆地的贸易来说绝非如此。1340年,英格兰国王爱德华三世要求威尼斯保证不向他的敌人提供任何帮助,总督回应道:"威尼斯人向来不曾介入争论或交战国之间,除非是为了达成和平。"威尼斯人善于礼貌的回绝。从十六世纪开始,他们就严守中立政策,对任何将威尼斯卷入其他国家或城市事务中的企图都采取不置可否的方法。威尼斯的政治体系建立在等价与平衡的连贯模式之上。似乎很有可能,他们也将这一概念运用到了外交事务上。然而,在政权衰败的时期,这种表面上的中立却被指责是胆小怯懦与优柔寡断的遮羞布。

威尼斯的外交素以周全著称——谨慎,小心,迂回,缓和而实用。它被隐藏在"甜蜜的方式"之下,这是一个来源于音乐的术语,表示温和甜美之意。不过,在这层面具的背后,威尼斯使节们刺探着对方的弱点与偏见;他们不反对行贿与其他的腐败手段;他们四处留心,寻找一切以资利用的抱怨情绪;他们个个都是阴谋诡计的大师。他们将各国玩弄于股掌之中,肆无忌惮地在各座城市间挑起争端,只要这符合他们的目的。为了追求威尼斯的荣耀,他们便是如此寡廉鲜耻。

[71] 威尼斯人最著名的外交创新莫过于,在任期完成后,所有驻外使节必须向参议院递交报告。这些报告被称作"国际交往",与其他的使节文件全然不同,在这份文件中,外交官须"报告其从出使的国家是否学到了值得明智的参议员们倾听思考的东西,以利于祖国"。调查内容应包括军事准备,经济条件,以及最高统治者的健康状况和性

格特点。根据知识就是力量的原则，事无巨细都不容忽视。

同样地，威尼斯这座城市也充满了前来打探消息的外国使节。威尼斯人以繁文缛节和锦衣华服接待他们。但这样的欢迎总是口头多过实质。当十七世纪早期的英格兰大使亨利·沃顿爵士向总督提出建议或提案时，他得到的却是最含糊不过的回应；法律禁止总督做出任何明确的回复，于是，按照沃顿的说法，只能"浮于泛泛而谈"。于是使节们只好机关算尽，煞费苦心。沃顿还注意到，总督与他的顾问们在国家事务中总是倾向于拖延时间或秘密行动。他们的考量总是建立在模棱两可与矛盾情绪之上。在和平时期，这也许是有益的，但在危难之时，却是一项重大缺点。颇有启发意义的一点是，正是沃顿提出了著名的观点——"大使是为了自己的祖国被派往国外说谎的正人君子"，而只有威尼斯的氛围才能催生出这样的结论。

上帝的子民

[72]

长久以来，威尼斯都是一座神话般的城市。人民对于平稳安定与身份认同的集体需求，造就了这座在理想化的自我呈现基础上建立起来的梦幻之城。到十三世纪，一套以团结一致和神圣不可侵犯著称的封闭性的政治秩序已经建立起来。到十四世纪，威尼斯人已披上了"上帝的子民"的外衣。到十五世纪早期，威尼斯已将自己塑造成一个拥有陆上帝国的"新罗马"。

但是，真正的"威尼斯神话"发源于十六世纪初叶，随之而来的是在欧洲列强的枪口下，威尼斯与劲敌康布雷同盟①（the League of Cambrai）的斗争。威尼斯战败，随后又收复了大部分领土，这带来了双重后果。这座城市给人的感觉既是弱势可欺的，又是坚不可摧。

---

① 康布雷同盟：亦称"神圣同盟"，为教皇尤利乌斯二世为了遏制威尼斯对意大利北部的影响，缔造的一个反威尼斯联盟，其他成员还有法国国王路易十二，神圣罗马皇帝马克西米利安一世和西班牙费迪南德一世。

这种混杂着强烈的忧虑与安定的氛围,催生了一种传达"宁静之城"的永恒与和谐的信念。建设一个进攻勇武、战无不胜的共和国的理念,被一座和平的辉煌之城的神话所取代。正是在这一时期,威尼斯的经典建筑开始成型。这座城市的规划体现着秩序与庄严。它的艺术与音乐声名鹊起。拉斯金认为,一个民族或部落的神话诞生于力量的鼎盛时期。然而事实并非全然如此。威尼斯的神话来源于其向外界精心隐瞒却依旧有迹可循的虚弱。即使已不得不丧失权势,这座城市向外界展示的依然是它的骄傲与力量。

深入的研究可以辨别出这个神话的组成要素。威尼斯国由奇迹建立,由天道统治。它不受外部侵犯。它永恒不变。史载它已传承千年,"不曾更改"。世界上的其他城市都曾或多或少地失去自由,但威尼斯从未经受压迫。1651年,詹姆斯·豪威尔在《威尼斯执政调查》(*A Survey of the Signorie of Venice*)中写道,"假如人类的思想可以建立起一套社会与传承的规则,使其统治寿与天齐,威尼斯共和国就是世界上可供学习与模仿的最佳典范。"威尼斯代表着一种本身即是不朽的理想。

它被寄予体现一切政体形式和谐统一的期望。它既是民主制的,因其大议会;又是贵族制的,因其参议院;还是君主制的,因其总督的存在。平衡与稳定自然是这座临海城市至高无上的理念。因此詹姆斯·豪威尔写道,威尼斯"驭民机巧如泛舟"。它渴望成为一座真正的自由之国。它幸免于国民动乱与内部纷争。它的政治辩论在一派文雅与睿智的氛围中进行。因此,这是一座致力于共同利益的城市,没有个人野心与贪念的容身之处。其他土地上的君王被自我扩张的热望和一时必须履行的责任所支配。但是,正如1502年教皇亚历山大六世①在罗马对威尼斯使节所说的,"你们的国家永垂不朽正因你们的政

---

① 亚历山大六世:1431—1503,原名罗德里哥·迪波吉亚,1492年至其逝世任教皇。

体永不消亡。"威尼斯被比作一只不死鸟,定期重获新生。因而它是自觉的,也是自信的,足以成为一个生生不息的寓言。

威尼斯的统治者被誉为智慧与博爱的象征。在公爵宫殿的顶棚镶板上,他们被画在救世主的脚下,或沐浴在圣灵之光中。据说他们之间从无不和,都是为了共和国的利益而团结一致。他们全身心地投入于事业中,不偏不倚,绝不会因私人利益影响他们的判断。没有贪污腐败或个人野心的容身之处。事实上,他们是国家神圣秩序无名的仆人。这正是他们按惯例着黑色服装,并在公众面前保持仪容高雅端庄的原因。总督无一例外由年事已高者担当,证明其智慧与资历。这是一出大戏,但它达到了目标,特别是在糊弄外国人方面。

另一方面,公民们又是如何呢?菲利普·德·科米纳①(Philippe de Commynes),一位十五世纪的佛兰德斯使节,惊讶地看到威尼斯人排着队交税的情景,其速度之快甚至连收税员也跟不上。这种现象的动机也许并不是奉献,而是敬畏。不过这一点也应该是真的:这座城市的确有能力使热情点滴渗透进居民心中。早在十三世纪,一位帕多瓦史家就叹道:"哦!幸福的威尼斯市镇,在那幸福的城市里,公民们的一举一动都将共同的利益铭记在心,使威尼斯之名如此神圣!"

它是智慧之都。公爵的宫殿被当作第二个所罗门王宫。它是公正之乡。威尼斯的雕塑形象正是来自那一只手持利剑、一只手掌天平的正义化身。它是学术中心。它是自由之国。它从不曾臣服于任何其他政权或帝国,也不曾屈从于东方抑或西方的任何权威。它的居民因共同的契约而团结在一起。在十七和十八世纪,自由还是以艺术、戏剧与性狂欢的另类形式出现,为整个欧洲所不齿。直到后来,自由才从或许是更为符合道德的起源中诞生。

---

① 菲利普·德·科米纳:1447—1511,作家、外交官,其关于所处时代政治的分析对后世影响巨大。

威尼斯迅速地接受了奥林匹亚众神。公爵宫殿中的大阶梯被称为"巨人阶梯",绘满了战神马尔斯和海神尼普顿的形象。爱与美的女神维纳斯一直是威尼斯神话的一部分。时至今日,仍然可以在圣马可广场上看到众神之王朱庇特与智慧女神密涅瓦、神使墨丘利与太阳神阿波罗的身影。描绘这些古老神话的伟大画作反而是在威尼斯诞生,而不是神话的故乡罗马。奥林匹斯山成为了这座城市的精神中心。

到十七世纪中叶,在英格兰,威尼斯的神话已经被当作了和谐与延续的典范,它的一切在这个饱经内战与争权夺利之苦的国度看来都是如此诱人。它被当作是共和政体的代表,在这样的国家里,贵族和市民(即英国的"大人"和"绅士")共享权力。它也成为启蒙运动知识分子眼中的楷模,他们将威尼斯的政治进程看作统治者与被统治者之间真正的契约。它还启发了美国宪法的缔造者们。

人性使然,人们总会将一件事物理想化,沉湎于过度赞美或求全责备。威尼斯的日常生活既不那么和谐,也不那么自由。政府经常是腐败无能的。许多人因为其虚伪的庄严而对这座城市愈加苛责。在十七世纪,这里被描述成刺客与鸡奸者之乡。与所谓的"自由"相去甚远,威尼斯实行的是寡头政治、严酷的暴政,其象征就是十人委员会里的拷问室。真正的威尼斯标志其实是地牢。二十世纪末,一些历史学家修正性地一再强调了统治阶层与生俱来的贪婪与压迫。

耀武扬威招来的是反感与厌恶。许多学者认为威尼斯自称的历史不过是华而不实的花架子,是捏造出来的。自诩与意大利其他地方不同的威尼斯人被嘲笑是守财奴和渔夫。他们就像他们居所下的水一样,阴险奸诈,反复无常。这座商人之城因其贪得无厌屡遭声讨。科西莫·德·美第奇[①](Cosimo de' Medici)将他们描述为一群厚颜无耻的撒谎者。的确,威尼斯的统治者与使节以两面派闻名全欧;他们的祖国如此崇高,以至于无论使出怎样卑劣的手段也要维护她。所有

---

① 科西莫·德·美第奇:1389—1464,乔凡尼·德·美第奇之子,1434年在佛罗伦萨建立起僭主政治,成为佛罗伦萨的无冕之主。

这些指控都有其真实性。D·H·劳伦斯后来将其描述为"一座可恶、欺诈、狡狯的城市"。许多来访者都对威尼斯的魅力无动于衷,反倒声称这里肤浅、庸俗、不正之风横行。

很难获知威尼斯的民众本身或他们的统治者是否对威尼斯的神话买账。但这个神话从不曾彻底消亡。在十七世纪初,乔凡尼·普列里①(Giovanni Priuli)将威尼斯誉为"人间天堂"。两百五十年后,作为着迷于威尼斯的英国人之一,约翰·拉斯金将其描述为"天国之城"。当时威尼斯已经失去了它的强盛权势、繁荣贸易和独立地位。可见神话仍在流传,威尼斯依旧是那座典范之城。

威尼斯是独一无二的。关于这一点毫无疑问。也正是这一点造就了它的成功。显然,此处的地理位置就非同寻常;并且,正是从此开始,威尼斯历史的一切才得以涌现。从种子中,你就能窥见造物的全貌。水与土的结合使其足以忽视,抑或超越欧洲国家的常规。一套全新的生活方式必须被发明出来。威尼斯不属于任何一项单独的元素,正如同它不属于任何权威。歌德认为,这座城市位于潟湖上的独特位置决定了"威尼斯人必然会发展成为一种新的人类"。为了在各类议会与行政辖区间取得平衡与和谐,威尼斯的政治体系被设计得复杂而精妙,这是举世罕见的。在游人们源源不断的书信中,一个主要的关注点即是对种种差异的惊奇。因而在十八世纪中叶,玛丽·沃特里·蒙塔古夫人②(Lady Mary Wortley Montagu)写道,威尼斯是一座"伟大的城市,与你所见的一切地方都迥然不同,这里的生活方式对你而言是如此新鲜"。1838 年,美国作家詹姆斯·费尼莫尔·库柏③(James Fenimore Cooper)则观察道,自己"正处在一种截然不同

[76]

---

① 乔凡尼·普列里:1575—1626,文艺复兴后期及巴洛克早期的意大利作曲家、管风琴演奏家。
② 玛丽·沃特里·蒙塔古夫人:1689—1762,英格兰贵族、书信作家及诗人。
③ 詹姆斯·费尼莫尔·库柏:1789—1851,是最早赢得国际声誉的美国作家之一。

的文明中心"。威尼斯长盛不衰的魅力就在于,它是永远新鲜、永远惊奇的。不管怎样,来访游人们的热情与惊讶总是使这座城市焕然一新。因此,正如二十世纪早期的意大利作家加布里埃尔·邓南遮①(Gabriele d'Annunzio)所写,"你可曾知世界上有第二个威尼斯般的地方,能够在一瞬间激发人生全部的能量,将一切欲望点至沸腾?"

威尼斯人也清醒地意识到他们的独特性。他们对自己的与众不同抱有真实的信念。他们相信,他们的城市正是为庇护而生,庇护他们免受蛮族入侵,正如庇护他们免受大海的进犯,并享有其授予他们的特殊地位。他们依靠着自己特殊而出众的命运。如果这导致了面对其他意大利城邦时的自大态度,那就如此好了。当然,也许还会导致骄傲自满,这就不一定会结出怎样的后果了。

因此,对于他人而言,威尼斯有着一种梦幻般的质感。这座城市的美属于人间。它看上去是如此脆弱,而实际上却是坚不可摧。它浮动于水面,仿佛一个光学上的幻觉。彼特拉克以它来代表"另一个世界",他指的可能是这个世界的双重映像。里尔克、瓦格纳、普鲁斯特也曾受到同样的影响。在《看不见的城市》②(Invisible Cities)中,伊塔洛·卡尔维诺③(Italo Calvino)描述了一座梦幻之城,大理石宫殿的台阶一直通向水中,桥梁与运河没有尽头,"阳台、平台、穹顶、钟楼与岛上的花园都在灰暗的潟湖上焕发着绿色的光芒"。忽必烈汗问叙述者马可·波罗,他是否曾亲眼见过这样的城市。威尼斯人回答道,"若非亲眼所见,我绝不敢想象世间竟存在这样的地方。"在同样的语境中,卡尔维诺谈到《看不见的城市》时曾说过,"每当我描述一座城市,某种程度上我都在描述威尼斯。"就此种意义而言,威尼斯

---

① 加布里埃尔·邓南遮:1863－1938,意大利诗人、记者、小说家、戏剧家和冒险者。
② 《看不见的城市》:伊塔洛·卡尔维诺所著的小说,讲述马可·波罗到达已经年老的忽必烈大汗的皇宫中,向大汗讲着他在帝国所见到和游览的城市。
③ 伊塔洛·卡尔维诺:1923年—1985年,意大利当代作家,生于古巴哈瓦那。

是世上一切城市的精粹。

威尼斯的一切无不与梦相关。亨利·詹姆斯将他在威尼斯的逗留描述为一个"美丽的梦"。"威尼斯,"他写道,"完全就是人们梦想中的威尼斯,然而又奇妙地保留着梦幻般的感觉,多过可感知的现实。"对于第一次踏足这座城市的人们来说,它看起来惊人地似曾相识。这是因为,这里仿佛梦中的风景。普鲁斯特也说,这座城市"让我感觉自己从前常常梦见"。水巷如迷宫一般,过路的行人似乎倏忽而逝。经过一连串令人困惑的转悠又不知不觉回到了起点,这是游人们司空见惯的经历。不过这恐怕是一个恼人的梦,是一个被诱骗入迷宫的梦。它令人又害怕、又惊异。查尔斯·狄更斯[①](Charles Dickens)在《意大利风光》(Pictures From Italy)一书中将他在这座城市的旅程称为一场如梦的冒险——"我回到自己的船上,继续自己的梦"——但却有着梦魇的元素,暗含着恐怖与黑暗的意味;在梦幻与美景的表象之下,铺设着"忧郁、糟糕、可怕的石孔"。这是一座不真实的城市,因为它好像没有根基,就像一个空幻的梦境。

"没有一座城市是如此梦幻而不真实"(威廉·迪恩·豪威尔斯[②]);"她的外表就像一个梦"(拜伦);"如梦般的"(雨果·冯·霍夫曼斯塔尔[③]);"这座像梦一样的城镇"(赖内·马利亚·里尔克);"威尼斯人的生活就像一场梦"(迪斯雷利[④]);"当你身在威尼斯,你仿佛置身梦境中"(约翰·阿丁顿·西蒙兹[⑤]);"如梦般蒙眬,而又如此辉煌"(约翰·拉斯金);"我梦中的城市"(乔治·桑[⑥]);"一个醒来的美

[①] 查尔斯·狄更斯:1812—1870,十九世纪英国批判现实主义小说家。
[②] 威廉·迪恩·豪威尔斯:1837—1920,美国小说家、文学批评家,美国现实主义文学奠基人。
[③] 雨果·冯·霍夫曼斯塔尔:1874—1929,奥地利作家,诗人。
[④] 本杰明·迪斯雷利:1804—1881,英国政治家、小说家,曾两度出任英国首相。
[⑤] 约翰·阿丁顿·西蒙兹:1840—1893,英国历史学家。
[⑥] 乔治·桑:1804—1876,法国十九世纪女作家。

丽之梦"(弗朗西斯·特罗洛普[①]);"我们一直处在半梦半醒之间"(马克·吐温[②])。或许很重要的一点是,这些见证都发生在十九世纪至二十世纪初。当时,内心生活第一次作为一项研究对象凸显而出,而这些见证就是此种文化的一部分。再一次地,这座具有无限可塑性与流动性的城市满足了新时期的文化期待。它呼吸着时代精神。西格蒙德·弗洛伊德曾多次到访威尼斯。在《梦的解析》(*The Interpretation of Dreams*)中,他曾提到威尼斯是他本人最烦扰的梦境发生地之一。那是一艘驶过潟湖的战船。

那么,毋庸置疑,威尼斯至今仍然对人类的想象力施加着奇异的力量。漫步于这座城市,就是沉浸在一种遐想中。流水渗透着往昔的回忆,古代留存的砖瓦使这一切更显真实。水的存在也引起了无意识欲望与幻想的浮现。威尼斯是一座奢侈品之城,而奢侈品就是人们梦中的物品。

近代早期最重要的威尼斯文稿题为《寻爱绮梦》[③](*Hypnerotomachia Poliphili*)(1499),隐藏在"梦"的主题下。这是一部晦涩难懂的匿名作品,含义不明,但在很大程度上与幻想和现实间的过渡有关。通过一系列建筑幻想,书中描绘了一个又一个梦境与梦中梦。在这一方面,该书确乎代表着威尼斯的精神。

牢　狱

当拜伦在他的《恰尔德·哈罗尔德游记》(*Childe Harold's Pilgrimage*)第四篇章中对威尼斯发出呼告时,他的语气是模棱两可的:

我站在威尼斯的叹息桥上;

[①] 弗朗西斯·特罗洛普:1779—1863,英国小说家。
[②] 马克·吐温:1835—1910,美国作家和演说家。
[③] 《寻爱绮梦》:一本印制于文艺复兴时期的书籍,作者不详。

一手边是宫殿,另一边是牢房……

他并不知道,或许是未曾想起,这些宫殿本身就包含着监狱。詹姆斯·亚当斯(James Adams),一位1760年到访威尼斯的美国人,就曾为这座城市的氛围感到惊骇。"看在上帝的份上,我们得事事小心,"他写道,"以逃离这座邪恶的监牢。"

十七世纪初,费恩斯·莫里森曾记载道,威尼斯的女性"像坐牢一样被锁在家中"。当狄更斯沿着威尼斯的运河顺流而下,他梦见了地牢,并对着可怖黑夜的景象陷入了沉思,在那景象中,"修道士在午夜时分听取政治犯的忏悔;他被扼死在长凳上;在那致命的狭小地下室里,他们将他捆入麻布袋……"十九世纪,威尼斯成了一个活生生的恐怖形象。威尼斯的宠儿贾科莫·卡萨诺瓦最著名的冒险,就是

叹息桥的蚀刻版画。叹息桥从公爵宫通往公爵监狱。它以那些将被投入监牢的犯人的悲叹而命名,是所有悔罪象征中最风景如画的一个。事实上,直到十九世纪它才得到此名。

从囚禁他的威尼斯监狱中逃脱。伴随着倒入运河的泔水与舱底污水的气息，有时这座城市的气味就像一座监牢。

几座世界上最著名的监狱就坐落在威尼斯。因即将被监禁的囚犯的悲叹而命名的叹息桥①，本身就是所有悔罪的象征中最生动的一个。事实上，直到十九世纪，这座桥才主要因拜伦的巧妙灵感获得此名；然而它却恰如其分地诠释了威尼斯的形象。当威廉·贝克福德（William Beckford）乘着贡多拉经过桥下，他不由被唤起了关于皮拉内西②（Piranesi）的回忆，这位诞生于威尼斯共和国的艺术家，以其关于虚构监狱的蒙眬而炫目的画作赢得了不朽的声誉。尽管在罗马取得了巨大的成功与名望，皮拉内西仍然喜欢将自己署名为威尼斯建筑师。在贡多拉上，贝克福德仰视着监狱的最高处，突然抓起了自己的铅笔，"我描绘深坑与地下的空洞，那恐惧与折磨的领域，充斥着铁链、岩石、车轮与可怕的引擎……"。这就是这座"宁静之城"唤起的一些意象。

威尼斯最令人恐惧与憎恨的机构是一个叫做"十人委员会"的审判委员会。它于1310年设立，作为一群贵族筹划政治阴谋的直接后果，它很快就成为了国家机器中不可或缺的一部分。到十五及十六世纪，该机构已取得了等同于参议院的权力。出于对共和国范围内违反法律与动荡不安威胁的担忧，它的势力范围伸展得十分长远。它是内部的警察机关，足够小巧而灵活。它每天举行秘密会议。其成员身着黑色斗篷，人称"黑色审判官"。城中各处都有他们的密探，并建立起一张匿名线人的情报网。它绝不允许证据流入被告手中，也从不交叉询问证人。对被告的查问通常在黑暗中进行，从委员会三位领袖的房间中就有楼梯直通向地牢与拷问室。一经裁决，不允许任何上诉。流放或死刑，绞刑或溺刑，立刻接踵而至。根据卢梭所言，"十人委

---

① 叹息桥：位于圣马可广场附近的巴洛克式桥梁，建于1603年。
② 乔瓦尼·巴蒂斯塔·皮拉内西，1720—1778，意大利蚀刻艺术家。

员会是一个鲜血的法庭,对贵族与平民都具有同等的威慑力。"毫无疑问,卢梭的评价,以及那些倾向于将威尼斯描绘为一个黑暗与邪恶之地的人们的评价中有夸张的成分,但这个小小委员会的名声对于理解威尼斯政体起着最重要的作用,这一点也是毋庸置疑的。它象征着这座城市的秘密生活。

监狱是威尼斯人真实与隐喻世界里真正意义上的一部分。十四世纪一位商人的记事本里包含有一份城中所有监狱的清单。而威尼斯最为声名狼藉的监狱其实是在总督宫中。因为监狱在为国家正统与权威在做无声的背书,根据规定,钥匙由总督亲自保管。总督宫前流过的麦秆河(Rio della Paglia)两岸都有监狱分布;一层的监狱被称作"井",因为积水常常聚集其中,而上层则被称作"铅板",得名于头顶上铺设的铅板屋顶。一些个人地牢也有名字,如"狮子"或"火山"。"井"是出了名的臭气熏天,据说犯人宁愿被活埋也不要被投进这样的破洞中。不过,正如威尼斯生活的大多数方面一样,这些解释

[81]

十八世纪关于威尼斯波齐监狱(Pozzi Prison)的雕版印画。"pozzi"是威尼斯的水井,这一靠近水面的地牢正是以其命名。该监狱臭名昭著,据说被活埋也要好过投进这地洞中。

也有着不止一种幻想与创造神话的要素。威尼斯监牢中对于恐惧的想象和他们与水的接近密不可分，但也可以被解释为仪式与乔装背后的阴影世界，正在触摸着威尼斯生活的方方面面。这座美丽的城市里可能隐藏着怎样的折磨与堕落的深渊？面具后面又掩饰着什么？答案也许是——什么也没有。当1797年法国军队攻占威尼斯时，他们只在"井"里发现了一个囚犯。他已被囚禁了十六年，当再一次走进圣马可广场辽阔的阳光下时，他的双眼被刺瞎，不久便死去了。

卡萨诺瓦曾被囚禁在"铅板"房中，从囚室的格栅中向外望去，他看到规模"恐怖"的老鼠肆无忌惮地在顶楼上游荡。当向看守问起与他一同关押的"恶棍"们的情况时，却被告知，这些人都是值得尊敬的人们，并非恶棍，只是由于当局才知道的原因，"不得不被隔绝于社会"。这样的情形加深了他对这"恐怖的专制"的认识，而他自己也是专制对象中的一个。但他仍然越狱了；他将一根铁条磨成长钉，以此割开了一条通往屋顶的通道。他关于监禁与出逃的叙述就是关于威尼斯本身的故事。

勒内·让（René Jeanne）作品《卡萨诺瓦》的封面，作品出版于1927年。贾科莫·卡萨诺瓦是最著名的威尼斯宠儿。他是威尼斯人的典型，他的回忆录证明，这座城市里的生活可以轻而易举地变为一场自觉而自利的戏剧。"我生命的头等事业一直是纵情享乐，"他写道，"我从来不知道还有什么事比这更重要。"这可以被无可非议地描述为威尼斯人信条的主要一项。

通常认为，卡萨诺瓦于1798年6月4日死于波西米亚，但也有传闻说，他在法国大革命后秘密回到了威尼斯，并隐姓埋名地定居下来。还有人说，他修炼妖术，使自己获得了不死的能力。

一些人辩称，他依然活在自己不腐的身体里；另一些人则认为，他在每一个威尼斯婴儿身上重生。这么说来，他的确成为了威尼斯的守护神。毕竟，他从未真正离开。

监狱的形象常常让人想起这座城市的背景与氛围。就如同聚居区中的犹太人，威尼斯的公民在某种程度上也是被监禁的，他们被海水包围，就像困于恶魔岛上。没有官方许可，任何公民不得擅自离开威尼斯。这就是这座城市犯罪率较低的原因；在一个人人互相监督的地方，罪犯根本无处可藏。通往内陆的路线可以轻易封闭。此外，威尼斯的民众处在警察的严密监管下。到十四世纪，每二百五十名公民就有一名警察监管，用以执行十人委员会及夜间领主①（signori di notte）制定的法律。此外还设有守卫长及被称作"斯比里"（sbirri）的秘密警察。据说，"斯比里"会用斗篷将罪犯一蒙，直接送进监狱。寂静和隐蔽的元素十分符合这座城市通常的形象。它们与严刑峻法及长期监视相一致。

在威尼斯，或者说在曾经的威尼斯，人们鲜有隐私。人人挤在一起。每个行政区的小型社区里都是摩肩接踵。私人空间实在不多。正如同私人利益不得不服从于公共需求，个人也必须归入更广大的社区中，因此隐私本身就显得无足轻重了。所有这一切都可能引发幽闭恐惧症。人们无法逃离彼此，更不用说逃离监禁着他们的岛群了。

秘　　密

监狱的阴影可能也培养了保密的习惯。如果隐私成了一种奢侈，那么保守秘密就可能成为更加急迫而执迷的需要。无论如何，这座面具之城肯定也是一座秘密之都。尽管表面上善于交际，威尼斯人却是众所周知地有所保留。他们不会邀请泛泛之交到家中作客。威尼斯人的肖像画上总是弥漫着一种不可测的神秘气息；这些画作是为了官职

---

① 夜间领主：政府机关，负责捍卫夜幕包围下的公共秩序。

而不是个人所画，因此画中人的实际气质与个性不会被暴露。他们总是令人费解的。据说，有一位总督"好恶从不示人"。一位来自意大利其他地区的公共演讲者发现，他无法吸引那些年轻的威尼斯贵族观众参与任何政治讨论。"当我问他们，"他写道，"比如，人们对意大利进行的这个或那个运动有什么见解或期待时，他们众口一词地表示自己对此一无所知。"是恐惧或不信任导致了这样的沉默吗？如果你只因"莫须有"的罪行就会被判流放，谁乐意在一座这样的城市中张口说话？1797年拿破仑占领威尼斯后，曾发动起一场针对新近占领地人民的调查。他特别询问的是，威尼斯人的成见与舆论是什么。本地的调查者们无法使他明白，这样的询问是不会得到回答的。没有一座城市能够如此有效地使其居民保持缄默。事实上，在有的时代，言行失检会付出沉重的代价。1745年，因两名玻璃匠携玻璃制造的秘密逃往国外，参议院下令将二人下毒暗杀。

据观察，在里亚尔托，银行家和商人们的交谈总是静悄悄的。这座城市的政府以保密的方式运作。我们几乎可以将其描述为一种东方式的保密，他们秘密召开会议，秘密支付款项，面向秘密受众，举行秘密讨论，甚至判处秘密死刑。当新的贵族被引入政局，他们的效忠宣誓中就包括"忠实与缄默"的承诺。这极具威尼斯特点。在总督宫中，有一幅讽喻画就是以"缄默"为主题的。在圣马可大教堂有一个奇特的石头图像；那是一个倚着拐杖的老人，唇边竖着一根手指。据说威尼斯实行的是秘密的寡头统治；它不仅保守着自己的秘密，它自身的身份特性也是个秘密。

十人委员会的誓言是"宣誓，戒绝，绝不泄密"。在政府年鉴中，有数页上出现了"不宜记录"的字样。威尼斯的其他编年史均被焚毁。政府档案一律保密；除非在一名官员的陪同下，否则连总督本人也无法查阅。档案的保管员是个既不会读也不会写的人。一份十八世纪的文本《中国间谍》(*The Chinese Spy*)阐述道："沉默是威尼斯政府的象征；一切都是疑云笼罩的秘密。政治行为隐藏在厚厚的黑暗面纱之下。在威尼斯,那些因言语惹祸的人会活埋进坟墓,上面盖上铅板。"

因此,一位十七世纪的历史学家说:"威尼斯人易于嫉妒一切外国使节,并将他们的行动解读为阴谋诡计。"他们探讨每一个词句与行动的含义,"由此得出伟大的推测,并为国家推出强有力的结论"。威尼斯官员不得与外国外交官交谈,否则以死刑或终身监禁论处。歌剧院的包厢中设有小型"会客室";如果要打听到那些会对他们隐藏的秘密,外交官们不得不出入于歌剧院。自相矛盾的是,这些无声的秘密行动又助长了怀疑与阴谋。威尼斯成了一座以密谋闻名的城市。

1511年,参议院的一次会议上爆发了激烈的争执,十人委员会认为这一事件十分可耻,从此不应再被人提及;参议院成员被要求发誓保密。提交参议院的诸多建议与论述稿也被认为应当严加保密。一些高官被下狱或流放,以使他们守口如瓶。保密是为了公共的利益。当参议院针对一名舰队司令的渎职量刑讨论了一个月时,一点风声也没有走漏至那名舰队司令本人处,直至他被逮捕的那一刻;他那些为他积极辩护的朋友也不曾向他发出警告。十六世纪初,当一场军事大败的传言开始在威尼斯流传时,十人委员会拒绝讨论此事,并将所有被怀疑走漏消息的人送进了监狱。

还有十八世纪末"威尼斯秘密"的案例。这是一个许多人毕生都在追寻的秘密,约书亚·雷诺兹爵士[①](Sir Joshua Reynolds)即是其中之一。它就是威尼斯派油画的温暖质地之谜。画家是怎样制造出这种闪闪发光的黄金色调的?为了揭开谜底,雷诺兹甚至将一幅提香的画布磨平。一位叫做安·普罗维斯(Ann Provis)的女性宣布自己已经掌握了这一秘密。她称,谜底就藏在一份关于著名威尼斯画家的技巧与实践的佚文副本中。普罗维斯小姐承诺将其公之于众,但前提是以现金交易。显然,这是一场骗局。詹姆斯·吉尔雷[②](James Gillray)

---

① 约书亚·雷诺兹爵士:1723—1792,英国肖像画家,英国皇家艺术学院的创始人及首任院长。
② 詹姆斯·吉尔雷:约1756年—1815年,英国漫画家、版画家。

就此事作了一幅讽刺漫画，题为《提香复活，或七智者请教威尼斯新神谕》。

因此，威尼斯是一座以秘密、谜团及沉默著称的城市。亨利·詹姆斯将此处描述为"无尽秘密"之地，并且在《一位女士的画像》[①]中，在威尼斯发生的故事里，关于那些未说出口的部分总是充满了难以忍受的紧张感。这样的气氛与威尼斯人长于阴谋的天赋配合得天衣无缝。卡萨诺瓦称同时代的威尼斯人"最突出的特点就是故弄玄虚"。过去，威尼斯人制造出了政治之谜或爱情之谜；现在，他们乐于为了谜而造谜。用百叶窗或黑布覆盖着小小的船舱，贡多拉就是为了保守秘密而设计。一位威尼斯作家乔瓦尼·马利亚·梅莫（Giovanni Maria Memmo）于1563年写道，威尼斯的住宅"应该建造一些暗门，以便在无人察觉的情况下出入"。时至今日，威尼斯在某种程度上仍是一座秘密之城。它是当地居民的秘密之城，却不为那些占据着公共空间的数以千计的游客所见。这就是为什么好餐馆不易寻；威尼斯人对外总是有所保留。这里仍有看起来隐蔽、寂静而与世隔绝的街道。水的元素深化了这种隐蔽与秘密之感。运河的存在使街道之间遥远而陌生。

然而，秘密也伴随着焦虑与羞愧。那些保守着秘密的人也许渴望着展现他们真实的自我。秘密将人引向虚伪掩饰与逢场作戏。据说威尼斯人在世界事务中从不谈论自己的真实动机。但秘密也是权力的一个方面。说出口的话可以拒绝或否定。也可以验证或反驳。未说出口的才是最强有力的。

这座秘密之城呈现出一种迷宫的形状。这座迷宫可能会引起那些粗心游客的焦虑甚至恐惧。它为最简单的旅程增添了错综复杂的元

[①] 《一位女士的画像》：亨利·詹姆斯的代表作，小说叙述的是自强、自信、富于幻想，但涉世不深的美国姑娘伊莎贝尔·阿切尔被虚伪、贪财、好色的猥琐小人骗取了爱情，以至醒悟时已为时已晚的故事。

素。这座城市充满了死胡同与迂回的小巷；这里有曲折的水巷与隐蔽的转角；这里有低矮的拱门与空旷的庭院，寂静如薄雾般悬浮于空中。这里有延伸至水中的狭窄院落。本地人不会迷路，但游客却总会辨不清方向。想要不迷路是不可能的。可是突然，好像福至心灵一般，你发现了你一直在寻觅的——一座小教堂，一栋房屋，一家餐馆就这么突然出现在了你面前。这座城市赐予你一份赠礼。可是之后，你不见得还能找到此地。卡夫卡[①]（Kafka）应该十分理解威尼斯。

迷宫的概念古已有之。根据一些官方的说法，它是大地魔法的一部分，其设计是为了抵挡妖魔鬼怪。中国人相信，恶魔只能沿着直线行进。也有说法称，死者会被放置于迷宫的中心。这就是迷宫对人类想象力保持着控制权的原因。在古代神话中，天真无邪的年轻人可能会被迷宫困住并杀死。但威尼斯迷宫的真正秘密在于，你永远不可能观察与理解它的全部。要真正认识它，你必须来到这座城市境内。你无法从外部正确了解它。你得将自己封闭在它的小巷与运河间，以辨认其特性。

门牌号的规划十分难懂；在每个区，编号从一号开始，沿每条街道递增，直至终点。编号可

十九世纪末的威尼斯庭院。威尼斯是一座充满迂回街巷与死胡同的城市；这里有蜿蜒的水巷和隐蔽的转角；这里有低矮的拱道与沉闷的庭院，寂静如雾气般悬浮在庭院上空。

[①] 弗兰兹·卡夫卡：1883—1924，生活于奥匈帝国统治下的捷克小说家，西方现代派文学的宗师，表现主义文学的先驱。

达上千，却不会提及任何街道或广场。总之，街道的名称与印在城市地图上的似乎截然不同。事实上，威尼斯的实际情况与任何一本刊出的指南或地图无关。两点之间的最短距离从不会是一条直线。因此，威尼斯的道路网就像一个谜团。它能唤起嬉戏与玩闹、惊奇与恐惧的婴儿般的情感。你会很轻易地感觉自己在被人跟踪。你的脚步在这座石头迷宫里激起回声。突然出现的小巷或庭院的景象出乎你的意料；你也许会瞥见一道暗影或轮廓，抑或看到什么人站在门口。漫步于威尼斯常常就像一个不真实的梦，又或者是秩序不同的现实。有时候，往日的生活似乎触手可及——好像就在下一个街角。对往昔的亲密感体现于你身边围墙与道路的亲密感。在这里，你可以感受到这座城市是怎样"一块石头接着一块石头"自然发展而来的。你可以感受到这座城市的历史进程在你眼前展开。在T·S·艾略特（T.S.Eliot）的《小老头》(*Gerontion*)中曾有一种说法，大意为历史有许多巧妙的通道。这些迷宫就是威尼斯的通道。

消息总是在水巷中传播得很快。威尼斯位于从东到西又从西到东的消息中心。在近现代早期，这里是世界上主要的消息渠道。从十三世纪开始，商人的通信就是重要的信息源。最先得到消息的人——无论是一宗重大的交易，或者是某种商品的短缺——才会赚取最丰厚的利润。速度是核心。路况要尽可能优质，舰船要迅疾如风。威尼斯是第一批组建邮政系统的城市之一，其邮政局于十四世纪成立。不过，从纽伦堡寄信到威尼斯还是需要花费四天时间。

是消息与投机买卖产生了里亚尔托半数的生意。实际上，如果威尼斯不曾成为消息中心，它就不可能当上贸易的中心。消息来自方方面面——马背上的通讯员、外交官的报告、行政官的信件。信息源源不断地在市场上流通。人们一经得知消息就议论开来。威尼斯人会在一家叫金船的旅店中碰头，"互相交换情报……也有陌生的商人来到此处"。为了传递信息的特殊原因，威尼斯建起了一些最早期的咖啡馆。人类城市本身就可以被描述为一种接收与利用信息的媒介。威尼斯这座杰出的城市,在此也的确拥有着超然的地位。

所以,威尼斯人追逐着第一手消息与最新的灵感。昨天的消息毫无价值。十六世纪早期,马里诺·萨努多①(Marino Sanudo)的日记条目经常以"有消息称……"的字眼开头。威尼斯人"竖着耳朵"倾听最新的音信与信息。被称作"新闻"或"通告"的消息会被大声朗读给平民,他们则支付一枚小硬币以换得听取最新谣传的机会。不足为奇,对新闻如此的渴望会被一些人认为是一种疫病。亨利·沃顿爵士将"新闻"描述为一种"这座城市特有的疾病"。不过,有些消息确实是至关重要的。1610 年 3 月 31 日,沃顿致信他的雇主罗伯特·塞西尔②(Robert Cecil),讲述了"最奇特的一条新闻……传遍了这里的街头巷尾"。这条新闻就是伽利略洞察到的新世界。

一位威尼斯的居民被尊为,如果这么说适当的话,记者行业的鼻祖。彼得罗·阿雷蒂诺于 1527 年被罗马教廷放逐至威尼斯,并在其后的二十九年中投身于这座城市的公共话语领域。他撰写喜剧,色情对白与宗教作品,同时他也在当时威尼斯出版的周报上大展拳脚。一位早期传记作者描述他为"新闻界第一位伟大的冒险家"。他积极吸取公众自我形象的艺术,并用街头语言讲述当天的事件。他写的讽刺诗和传单散布城中各处,他还翻新了年鉴的形式。本地与即时新闻此时成为了公共出版物的主流。他按需写作。以威尼斯商人的风格,阿雷蒂诺将"新闻"转化为一种商品。他的作品嗅出了这座动荡之城的气息。他在这座城市兴旺发达,又用戏剧与书信中对他宿主毫不吝惜的溢美之词回报了恭维。因此他被接纳了。事实上,他在别处已无容身之地。

世界上的第一份报纸于十七世纪初在威尼斯出现,这或许并

---

① 马里诺·萨努多:1466—1536,威尼斯历史学家,在日记中详细记录了自己的经历见闻。
② 罗伯特·塞西尔:约 1563 年—1612 年,英格兰政治家,第一代索尔兹伯里伯爵。

不出人意料。一个世纪后，最早的现代记者之一的加斯帕罗·戈齐①（Gasparo Gozzi）先后出版了《威尼托观察家报》(*L'Osservatore Veneto*）和《威尼托报》(*La Gazzetta Veneta*）。后者于1760年创办，每周出版两期；编辑在城中的四个办公室里接收新闻及订阅。报上刊载新闻、广告、圣马可广场上听来的小道消息、菜单、读者提问及征婚启事。这里涵盖着威尼斯生活的一切，从醉酒搬运工自敞开的窗户坠下身亡的故事到汇率一览表。它是一众小报、报章与时事通讯之一。许多这样的出版物只宣传私人丑闻与反目成仇之类的内容；它们沉湎于谣言与暗讽；它们翻印私人信件，令那些要面子的威尼斯人在社交场上抬不起头。它们与威尼斯街头流传的时事讽刺诗是同一性质，是这座城市沉迷于自身公共生活的象征。不过，有一件事却被忽略了。这座城市的政治辩论悄无声息，无人注意。威尼斯的政府蒙着一层面具。

尽管如此，威尼斯仍旧充满了风言风语和阴谋诡计。处处潜伏着密探。青楼花魁是密探。贡多拉船夫是密探。国家审判官派出密探。十人委员会也派出密探。行会里有密探随时检举违反商业规则的工匠或劳工。政治密探则告发选举或统治过程中的贪污腐败行为。密探们也暗中侦查其他密探，并互相跟踪、监视。在码头上人与货物的入境处是有着严密的监控。对于外国人及其他利益相关方，保持缄默是永恒的规则。只要你别说话，你就是自由的。

有一个故事是，维瓦尔第与一位从德累斯顿（Dresden）来的小提琴家约翰·皮森德尔②（Johann Pisendel）在圣马可广场上散步。他突然停下了交谈，要求他的朋友立刻跟他回家去。在关上家门后维瓦尔第才告诉皮森德尔，他被四个官方人员监视着。维瓦尔第告诫他的朋

---

① 加斯帕罗·戈齐：1713—1786，威尼斯评论家、戏剧家。
② 约翰·皮森德尔：1688—1755，德国音乐家、小提琴家、作曲家。

友待在家中,直到他打听出皮森德尔对威尼斯的权威究竟犯了什么大不敬之罪。调查的结果原来是认错了人。然而,恐惧的心理却难以磨灭。这恐惧仅仅是由于被监视的经历引发的。

十人委员会曾有一位书记是破解代码与秘密暗号的专家。城中的每一处外国大使馆或外国住户都配有一位甚至以上的固定密探。外国商人的基地,如德商的德国商馆中,云集着大批密探;众所周知,上述地方的威尼斯人过磅员和经纪人都是以半官方身份为政府服务的。一位威尼斯贵妇伊丽莎贝塔·芝诺(Elisabetta Zeno)曾为几位位高权重的参议员举行沙龙;屏风的背后却隐藏着两名职员,为她今后的利益而记录下当晚的一切言论。当威尼斯人得知了这一阴谋,他们立刻暂停了几位参议员的全部公职。伊丽莎贝塔·芝诺本人则被终生流放至卡波迪斯特里亚①(Capodistria)。作为公民义务的一部分,每一个外国国土上的威尼斯人都被希望承担起密探的职责。身在罗马的威尼斯高级教士被寄予刺探教皇领地秘密的期待。旅居其他岛屿或城市的威尼斯商人更是格外有用;在一个商业国度,以商人的语言作为密码真是再贴切不过了。例如,在商品市场上,土耳其人被隐晦地称为"药",火炮则被叫做"镜子"。

暗中监视是威尼斯人的职业与消遣。他们过去总是窥伺着这座城市中的其他人,时至今日也依然如此。房屋的墙缝或地板缝里也可能有人在监视。权贵们的豪宅也不能幸免。三名青年被发现钻进了参议院的一块天花板上,以窃听一位从土耳其朝廷归来的使节的演讲。城中职业或业余告密者的例子比比皆是。这也是受到鼓励的;控告者提供的信息一经证实就能得到奖赏,他们的姓名则会依光荣的威尼斯方式予以保密。威尼斯人创造了一种特殊的骚扰方式,被称作检举或告密。时至今日,威尼斯人依然会在自认为有必要的时候互相检举揭发。在一个不大的地方,羞辱是最严酷的惩罚。有时,政府只需公布

---

① 卡波迪斯特里亚:即科佩尔,斯洛文尼亚西南部港口城市。

犯人被执行的判决就是对他们的"点名和羞辱"。

无疑，这座城市的管理是建立在对个体忠诚度的削弱之上的。为了国家的兴旺发达，人民必须牺牲小我。甚至检举揭发的习惯也可以被看作一种挫败与扭曲的公民自豪感与归属感。这一点体现在城中各处可见的"狮口"上。狮口通常刻在一个怪诞与凶猛的脑袋上，是控告任何一个威尼斯人的邮箱。控告者须在纸上签字，并附有两名为其名誉作证的证人签名；然而他检举的信息可以包含一切方面，从奢侈浪费到行为不端。匿名举报应该被焚毁，但如果其中牵涉到国家安全的事项，则会受到重视。显然，狮口是威尼斯人的另一项发明创造。它其实是这座城市之口，是窃窃私语与流言蜚语的宽阔出口。它意味着无处不在的监视，即使是在城中最私密的处所。甚至还有专为涉及偷逃税款或在油品中掺杂作假而设立的举报口。妻子可以告发丈夫，儿子也可以检举父亲。这样的惯例在威尼斯领土上延续。在一些威尼斯人位于大陆的乡村别墅中也设有"告密口"，告密者可以随时揭发在这里工作的个人。

公爵宫狮口的照片，人们将丑闻或恶行的证据投入此口中。这是众多投口中的一个，这些投口成为指控任何一名威尼斯人的信箱。狮口当然是威尼斯人的发明。它是这座城市之口，是流言蜚语的宽广排出孔。这意味着，此处存在着一种普遍的监视气氛，即便是在城中最私密的地区。

因此，八卦与丑闻就成了推动威尼斯的燃料。这是一张左邻右舍的关系网；单独来看，它们如同其他任何村庄一样，但它们却挤在一座谣言氛围愈加浓厚的岛屿上。"所有威尼斯人都会知道"成为了一种司空见惯的情绪。卡萨诺瓦抱怨道，自己沦为"全城的谈资"。谣言总是不胫而走，在官方正式公布之前，连街边的流浪儿都知道下一任总督姓甚名谁了。城中普遍有一种"窃窃私语"的风气。据拜伦所说，他的一位威尼斯情人的嫂子"将这件风流韵事告诉了半个威尼斯，她的仆人又将其传遍了剩下半个"。众口铄金，正如一位威尼斯贵族所言，"每个人都在随心所欲地发表议论，把夜里梦到的那点事拿到白天来大肆传播。"流言是威尼斯的排泄物。如果你将其传播得够广，什么事都可能随之而生。W·D·豪威尔斯在《威尼斯生活》（Venetian Life）中评论道，你必须"分辨出一个颇有天赋的浪荡子的炉边八卦中，那刻薄的机灵与机智的洞察力里包含着的卑鄙，你才能对威尼斯的流言蜚语有个真正的概念"。威尼斯的小道消息包含一切琐事。谈话有时被称为闲聊，这个词本身就表明了这种谈话的琐碎。毫无疑问，流言的受害者饱受羞辱。许多威尼斯的流行歌谣都是关于恶意的八卦与"作伪证的唇舌"造成的伤害。一些受害者呼唤神灵的庇佑；一位威尼斯人捐献了一幅"昏厥的圣母"像（swooning Madonna），以期他的妻子能够及时生子，以避免"恶毒的流言蜚语"。一位威尼斯国务大臣彼得罗·安东尼奥·格拉塔罗尔（Pietro Antonio Gratarol）认定卡洛·戈齐（Carlo Gozzi）的一部戏剧是在嘲讽自己，在试图禁止或修改该剧都告失败后，格拉塔罗尔在未获威尼斯当局许可的情况下逃往了帕多瓦，最终被判处死刑。然而即便是处以极刑的威慑也不能抵消威尼斯人对流言蜚语及沦为笑柄的恐惧。他实在不堪忍受恶毒的流言。

[92]

尽管如此，流言却在法庭上被作为证据采信。它具有特殊地位，并被认为是妇女与仆人的特权。不过，水果商贩、街头摊主及贡多拉船夫也会被传唤，为他们的所见所闻作证。证人们证明了什么叫"一传十,十传百"。一段婚姻中最亲密的隐私闹得人尽皆知,人们也颇为乐意在所有发生争执的夫妻中选边站队。而在这样的情况下,邻居们涌进当事人家中的事也屡见不鲜。威尼斯人"共同利益"的理念为此提供了依据。哥尔多尼[①](Goldoni)的喜剧正是这种不寻常的社会生活的完美反映。人们从一户人家赶到另一户。门窗永远敞开。酒馆与商店就开在附近,以便让人们的谈话毫无间断地从起居室延续到小饭馆。场或小广场(campiello)是重要的家庭空间。威尼斯的一个奇特现象就是,公共事务被列为不可侵犯的机密,而几乎与此同时,个人私事却是众所周知。流言八卦或许就是一种补偿的形式。

邻里与仆役会在法庭上为证言发誓。他们将自己的证词看作"公众应知"的。因此,人们日夜互相监视,互相研究。他们早就彼此面熟。在歌剧院中,观剧镜总是对准了观众而不是表演者。不过,从某种意义上说,观众席才是演出所在。威尼斯人至今仍以好八卦著称。寻常地方出现的陌生人会被盯上,如有需要,还会报告给警察。报警电话总是占线。

编 年 史

威尼斯属于最保守的社会。它敬畏传统。它崇尚权威。这座城市总是在追寻自身的起源,因此它慎终追远。它推崇往昔。对风俗习惯的尊重渗透在威尼斯文化的各个等级与方面。风俗代表着从先人处继承而来的遗志与天性。风俗是整个社群的体现。公告中有一句套话,大意为新的立法仅为符合该城"最为古老的传统习俗"。这是一种安慰的形式。风俗也被认为超越了明确与系统的法律。在威尼斯,经验总是比理论更重要。这座城市中从不会有革命。

风俗统治着人们的社会生活。在去教堂或招待客人时衣着不当会招致批评。在所有威尼斯人惧怕的情形中,最可怕的就是公开受

---

① 卡洛·哥尔多尼:1707—1793,意大利剧作家、现代喜剧创始人。

辱。这就是他们在私下里吝啬而节俭,在公开场合却如此慷慨大方的原因。

威尼斯艺术家使用的意象范围是普遍而狭窄的。这座城市的建筑显然也以其传统主义著称。房屋的形式,无论大小,许多世纪以来都不曾改变。其结构与装饰总是一成不变的。如果房屋倾覆了,人们会在原址上以同样的方法甚至同样的材料将其重建;先前房屋的遗迹会被运用在新房的建设中。地基总是被一再重新使用;石化木不会腐朽或烧毁。

建筑说明的一贯主题是——按最初的尺寸重建房间,不需要将墙面修得更高,只需修旧如旧。或许这就是流动性或移动性带来的恐惧——对水的恐惧——所引发的拘泥。卡萨诺瓦说,仅仅是新奇的念头,就会令威尼斯的贵族们恐惧发抖。权力本身就是一股保守的势力。保罗·帕鲁塔①(Paolo Paruta),一位十七世纪早期的威尼斯历史学家注意到,国家是由延续他们所赖以建立的传统而维持的。变革会导致堕落。

即使是在这座城市最为专精的商业活动领域,变革也是明显受到排斥的。人们常说是威尼斯人发明了复式记账的簿记法;事实上,该方法是在热那亚发明的。是热那亚人铸造了第一批金币,起草了第一份保险合同,绘制了第一张航海图;威尼斯人显然落后了五十年或更久。威尼斯总是借鉴他人。其自身并不创造新事物。对于创新,它畏惧并抱持怀疑。只有拿破仑的强势介入才结束了这个没有显著变革而存续了五百年之久的体系。直到1797年,此处仍可算是绝无仅有的中世纪城邦的范例。毕竟,这里是一座孤岛。

威尼斯人痴迷于自身的历史。他们产生了意大利世界最为庞大的编年史。现存的十四世纪以来的文本超过一千种。马里诺·萨努多的日志,详述了十五世纪后期到十六世纪初期一系列最为无关紧要而乏

[94]

---

① 保罗·帕鲁塔:1540—1598,威尼斯历史学家、政治家。

味冗长的事件，足有五十八个对开本之巨。据说，从八岁开始，他就在公爵宫里制作一份绘画清单。就像其他年代记录者一样，他也陶醉于这座身处其中的城市——它的律法、典礼、贸易、风俗、条约，都被认为具有根本性的重大价值。这或许是坐井观天，但也是可以理解的。经由他之口，该地区的精神得以体现。只有通过成为威尼斯表达自身的媒介，他才能真正找到自己的位置。

编年史之后是历史学。到十五世纪中期，已出现了类似题为《威尼斯起源与事迹》(*De origine et gestis Venetorum*)的书卷。"起源"与"事迹"同样重要。"起源"说明了"事迹"。1515 年，安德里亚·纳瓦杰罗（Andrea Navagero）被任命为威尼斯首位官方史学家，在这个岗位上，他被寄望于歌颂这座城市"坚若磐石、战无不胜的美德"。这也恰恰是"威尼斯神话"开始构想的时刻。鉴于这份工作无法任由随便打听的特性，这位国家史料编纂者的理念就尤其显得十分令人感兴趣。就像"官方"传记作者一样，其微妙处在于有所隐瞒而亦有透露。

不幸的是，纳瓦杰罗并没能完全实现他的目标，在遗嘱中，他下令将自己的笔记与文件全部烧掉。也许，他透露得太多了。接下来的一系列国家史学家，就像十六世纪的叙事画家一样，巨细靡遗地歌颂威尼斯的神圣历史。他们总是重修神话，以使其适应当下的情形。他们既描述事实，也编纂规范，因为他们坚信，自己正在为后世的统治留下一套行之有效的指导。一切都需要依照历史学的理想进行说明和理解。史料编纂者确信，记录与追踪历史将揭露历史命运的清晰轨迹。传统就是关键。在一座不断为自身在大海中的存亡而焦虑不安的城市，"持久"本身就被认为是值得尊崇的。如果一件事物能够持续，那么它将备受赞赏。

对风俗与传统的崇敬不一定都是良性的。这座城市在政治和经济上的衰退并不全是由于自身原因，而是和其当局内部的保守主义与传统主义扼杀了进步及革新的可能性息息相关。贵族们自满于优越的地位，经常作出明显灾难性的决定。他们伙同盟友对君士坦丁堡的剥削与洗劫直接导致土耳其人于1453年5月29日攻占了该城。威尼斯的工商业也因政府施加的限制性规定而受到伤害。正如约瑟夫·艾迪生①（Joseph Addison）所说，威尼斯人"因其强大的成见而墨守成规，然而一个商业国家必须保持灵活变通与计策得当，以应付各种各样的形势与意外"。譬如，他们希望确保自己生产制造奢侈品的声望。所以为了质量，他们牺牲了成本和数量。在不断扩展的世界经济中，这是一个错误。

威尼斯的统治者十分不情愿面对一个变革的世界。正因如此，其一度长期处于技术效率中心地位的兵工厂与造船业却在十七世纪惨遭过时的命运。这里没有革新，也没有真正的创新。可能正是由于对自身变革能力的不信任，威尼斯纯粹为了生存而发展出了实力。这依然是其最持久的吸引力。

所以，这座城市进行了一番历史上的包装，以适应时代的需要。它将自己改造为罗马人。在十六世纪的第二个二十五年间，建筑纷纷被修建成罗马公共建筑的样式。兵工厂的凯旋门是这一潮流的先驱；它是威尼斯的第一座纪念性建筑。1480年代，公爵宫的浅浮雕上出现了石盾与石盔的形象。面对着哈布斯堡王朝的查理五世与苏莱曼大帝统治的两大帝国的威胁，威尼斯声称自己继承了最伟大的遗产。罗马是其特殊历史使命的背景。甚至连其政体也是来自罗马。

这座城市的世家大族开始纷纷为自己寻找罗马祖先，以图有理有据地继承古代的文明。科尔纳罗（Cornaro）家族将祖先追溯至科尔内利（Cornelii），巴尔巴罗（Barbaro）家族则追溯到阿赫诺巴布斯（Ahenobarbus）。统治阶级所穿的黑袍被称为宽外袍，就好像威尼斯的参议员们在圣马可广场上如同在古罗马的公共广场上一样得心应手。这座城市的史学家们认定开国者为特洛伊逃出的流民，而他们认

---

① 约瑟夫·艾迪生：1672—1719，英格兰散文家、诗人、剧作家、政治家。

定正是同一批人建立了罗马。这一切不过是故弄玄虚，但在当时，为了支撑其身份认同，再荒谬夸张的说法也会被一个民族或民族国家全盘接受。因此，到十六世纪，威尼斯人已开始以"新罗马人"自居。

无论如何，威尼斯掀起了复古的风潮。无论是求来的、借来的还是偷来的，古迹遍布威尼斯城各处。古典雕像与奖杯矗立于公共场所。一批古董研究者应运而生。臭名昭著的伪造者也随之出现，他们可以毫不费力地拼凑出一件罗马雕塑或古典青铜像赝品。出于类似的精神，威尼斯的统治者有时会声称，某种活动——比如说教育——乃继承自"本城奠基之时"。通常这并不真实，但这一欺骗行为本身就与尊崇古典背道而驰。

威尼斯人是最先对古代希腊与罗马文化的残迹产生兴趣的；不过他们对知识才能却没什么兴趣。对于威尼斯人而言，希腊语是商业的语言而胜于柏拉图的语言。拉丁语是必不可少的通用语，而不是启示的媒介。在布克哈特的《意大利文艺复兴文明》（The Civilisation of the Renaissance in Italy）中，有相当长的篇幅论述"复古"作为道德与精神觉醒的媒介作用。该文并未提及威尼斯。布克哈特只是称赞其为欣欣向荣的出版业之乡，以及在墓地碑文上发表"做作与夸大之词"的中心。

可以理解，威尼斯人为自己的历史而自豪。"据我观察，"布莱辛顿夫人①（Lady Blessington）在1820年代写道，"威尼斯的导游与船夫经常谈及威尼斯的辉煌往昔，他们的口吻总是显得对这段历史颇有见地，并且对古时的显赫深感骄傲，对于这个阶级的人来说很不寻常。"这是一个建立在回忆上的城市，从前如此，至今亦然。这是一座适合怀旧的城市。它靠追忆与描绘从前而活。以同样的方式，游人们受邀而来瞻仰那些如此似曾相识的建筑与风景，就好像他们也能用某种方法"回忆"起来似的。

---

① 布莱辛顿夫人：1789—1849，爱尔兰小说家、日记文学作家、文学赞助人。

由此，完全可以想见，威尼斯的档案卷宗规模位居世界第二，仅次于梵蒂冈。然而论文档内容的丰富与详细，威尼斯堪称第一。有些记录可追溯到公元九世纪。一切都被记载下来，以期旧有的决策与规定沿用于后世。保存官方文件是一个国家必不可少的措施。在这一点上，威尼斯可谓高效。国家档案馆，仅为众多官方档案馆之一，保存的档案与文件就有 160 公里（约合一百英里）长。当德国历史学家利奥波德·冯·兰克[①]（Leopold von Ranke）在 1820 年代初次来到此处时，就被眼前如海洋般的卷宗震惊了，如同科尔特斯[②]（Cortez）登上达连湾[③]（Darien）的最高点。从他与这些文档相遇的那刻起，被称为"科学史学"的首次实践萌发了。这些档案至今仍是当代历史学家与社会学家的无穷源泉，他们在此发现的威尼斯生活的悲欢离合，比即兴喜剧里还要丰富多彩。

---

① 利奥波德·冯·兰克：1795—1886，十九世纪德国历史学家，近代客观主义历史学派之父。
② 埃尔南·科尔特斯：1485—1547，西班牙征服者，曾率领探险队入侵今天的墨西哥地区。
③ 达连湾：加勒比海最南部的海湾，西南邻巴拿马，东南接哥伦比亚，长约 235 公里，是大航海时代发现的天然良港。

第四章

商业共和国

威尼斯商人

威尼斯国的天赋在于工商业。贸易早已融入其骨血。"最初的资本主义经济"维持了这座城市,但该词需要完善。它代表着重商资本主义在欧洲的首次伟大胜利,是十七世纪的阿姆斯特丹与十八世纪的伦敦之商业模范。人人都参与到这个市场的买卖交易中;艺术家、教士与商人一起追求利润。贸易体系定义了这座城市的社会与文化体系;它将二者囊括其中。时尚与创新成为基本概念。理性计算,以及信用与交易的抽象关系塑造了一种全新的社会——一个商品社会,一个消费者社会。据说,现代经济的精神就起源于这座城市的经验。例如,巴黎只有在商人们定居于学校与修道院旁后,才开始出现城市的形态。

无论是宣战或议和,威尼斯的一切行动都是由商业利益决定。它的征战只为收益,不为荣誉,不管是十字军东征的虔诚志向还是君士坦丁堡的残忍洗劫,它都要冷眼算计一番从中应得的经济利益。它的外交条约总是包裹在"报酬"与"赔偿"的辞令中。在一份被称作《莫罗西尼抄本》(*Morosini Codex*)的十五世纪私人文档中,关于灾害事故有一句公式化的句子——"人员伤亡惨重,货物损失巨大"。贸易的精髓在于不断扩张,然而威尼斯本土不可能增大。因此,它开拓了从意大利大陆到塞浦路斯岛的海外领土。在其势力的鼎盛时期，威尼斯跃居欧洲第三大国。它也是最富裕的。正因如此，商业利己主义成为了国家意识形态的基础。

最早期的事例是关于盐。在威尼托的移民到来之前，潟湖上的居民们早已开始经营这桩买卖；四面环绕着低洼海的盐水，潟湖是盐田的理想所在。不过，威尼斯人在这项生意上可谓欲壑难填。他们决定在对大陆盐的供应上建立垄断。依靠武力与征服，威尼斯将靠近自身的另一个制盐中心的领土据为己有。随后，它忙于使自己成为整个亚得里亚海沿岸的盐制造商，并利用强迫或收买的方式让其他地区关闭制造厂；如果有任何海外领地生产盐（就如威尼斯的塞浦路斯殖民地），这些盐会被运往威尼斯，贮存在巨大的库房中，随后以垄断价格发售给消费者。这座城市有力地镇压了一切竞争的苗头。这就是威尼斯人的经商之道。以类似的方式，当地中海在十二世纪恢复通行后，它充分开发了再次兴起的香料需求。没用多久，威尼斯就控制了贸易。例如，在十六世纪，其每年要从亚历山大港进口近六百吨胡椒。甚至还设有自己的胡椒官。

[102]

最丰厚的利润源自长距离贸易；潜在风险越大，潜在收益也就越高。据计算，在十五世纪早期，这座城市的商船队拥有多达 3300 艘船只。威尼斯人的舰船用于护航；每年都有七次贸易远征驶往不同的目的地。例如，有的舰队前往克里米亚，有的前往塞浦路斯与埃及。威尼斯拥有自己的桨帆船，除了自己使用，还会将其高价出租。这是这座城市商业天性的最好例证。货物运费与航行日期都已事先安排妥当。国内商人还会投资外出客商的行程，其回报是在随后赚取的利润中抽取一大笔分成。外出经商确实获利颇丰。这些商船队归来时，威尼斯的码头上堆满了高高的地毯、丝绸与香料，丁香与肉桂装满了一袋又一袋。"商船队"（Argosy）的确是最恰当的描述。该词起源于拉古萨（Ragusa）（现今克罗地亚的杜布罗夫尼克），这里在十六世纪是威尼斯的一处殖民地。

十四世纪，威尼斯商人将蜡与胡椒，檀香木与生姜从印度、叙利亚、帝汶岛①（Timor）和马拉巴尔②（Malabar）贩运至欧洲。东方不知西方的市场价，西方也不知东方的。然而威尼斯商人通晓行情，并精于计算。金属与制成品被运往东方，并从那里运回棉花及调味料。威尼斯人充分利用了其他城市和国家见所未见或漠不关心的商机。威尼斯是我们所说的中世纪与近代早期间的支点。

世界上最早的几家银行就设立于威尼斯。从1270年起，官方记载中开始提及私人银行。同样是在十三世纪，威尼斯发行了第一个公募国债，称作"Monte"。"Monte"的字面意思是一"堆"硬币。十四世纪以前，放贷者可以在这座城市中自由经营，尽管在大多数其他城市，他们是被禁止的。十二世纪，收取高额利息的行为被称为"威尼斯人的古老风俗"。货币兑换商蒙着布或毯子的柜台就设立在圣马可广场的钟楼脚下。威尼斯人将金钱变为了一种名副其实的信仰。在交易单据上经常写有这么一句话，"愿基督眷顾你"。到1625年，城中出现了公共银行，比英格兰银行的建立早了107年。威尼斯成为了世界上最大的金银市场。

威尼斯商人是威尼斯的主人。威尼斯的创建者就是商人，或者不如说，他们不得不从事贸易以维持生计。历任总督也亲自经商。所以，这座城市异乎寻常的一点就是，其最早的贵族全部从商；这里没有依靠功勋封建体系建立的血统出身等级制度，取而代之的是一套完全由商业投机塑造的社会结构。正如一位英格兰使节于1612年所写，他们谙熟一切赚钱的途径。他们精通所有来钱的门路。财富并非来自地产，而是源于商业经营的技巧。这在一定程度上解释了威尼斯人与人之间明显的平等意识；在金钱为王的土地上，所有国民本质上都是平等的。金钱才不管什么责任与荣誉。

---

① 帝汶岛：东南亚努沙登加拉群岛中最大、最东边的岛屿，面积3.4万平方千米，南隔帝汶海与澳大利亚相望。
② 马拉巴尔：位于印度次大陆西南部的海岸。

因此，实际上，这是一个"富人有，富人治，富人享"的政府。威尼斯不设商人行会，只因这座城市本身就是一个大型行会。这是一个商人的政府。事实上，这座城市的大部分贸易都是由为数不多的几个长期从商的家族控制。以家族为单位，各家都有自己商业头脑的特点，如丹多洛（Dandolo）家族以冒险精神著称，朱斯蒂尼亚尼（Giustiniani）家族则以仁慈和善著称。这种兄弟或父子在一起经商的家族合作关系被称作"家族集团式"（fraterna）；其账簿可以传承许多代，就像一笔家族财富。家庭账目与商业账目不用分开。它们记录的都是一回事。参议院在本质上就是一个董事会，总督则是首席执行官。

　　这座城市的政府务实而高效；其开支适度，并注重审计支出。威尼斯在物力资源上的管理极其慎重。例如，威尼斯人擅长起草合同，几乎成了一门艺术。威尼斯不设常备军的开支；士兵只在需要时雇佣。十人委员会负责掌管铸币厂。银行家将他们的硬币放在国库的办公室中保管。

　　只有通过维护自由与安全，政府才能保障贸易；自由来自免除限制，安全来自主宰海洋。威尼斯统治的独创性在于其融政治与经济于一个新权力形式的独特能力。它可以被称作"国家资本主义""集体资本主义"抑或"企业化政府"。重点在于，这是一套行之有效的制度。在行政管理方面，它几乎具有点石成金的效用。威尼斯商人也可以从以赛亚[①]（Isaiah）关于推罗[②]（Tyre）的论述中获得慰藉：推罗"本是赐冠冕的，她的商家是王子，她的买卖人是世上的尊贵人……她的货财和利息要归耶和华为圣。"

　　要理解威尼斯，商人的形象是重中之重。甚至有人说，威尼斯人全都是商人。为什么这么说？商人，在某种程度上就是投机者，随时

[①] 以赛亚：《圣经·旧约》中的人物，是《以赛亚书》的作者，生活在公元前八世纪，在其生活的年代以先知的身份侍奉上帝。
[②] 推罗：古代腓尼基名城，位于今黎巴嫩首都贝鲁特以南约80公里。

准备冒一定风险以博取未来收益。他可能因挑战而崛起，也可能因轻举妄动而一败涂地。他雄心勃勃要成就一番霸业，对自己的对手即使不是高压胁迫，也堪称求胜心切。然而，他也是节制而谨慎的。如果说这是一对相悖的特质，那么这也是威尼斯的悖论。对商业的热爱，对利润的渴求，已是其本质的天性。威尼斯有许多关于金钱的谚语——"金钱是我们的另一种血液""钱生钱，虱子生虱子""人无钱就如身无魂"。

[105] 　　商人精于计算。他们节约时间，也吝于言辞。他们之中产生的是保守秘密与表里不一的源泉。对于文化，他们没什么作为，除非其中有利可图。他们对和平有兴趣；然而在本质上，他们对世界大事并不带感情色彩。毕竟，任何环境下都有可能出现商机。只要合理利用，战争也可以成为丰厚的利润之源。商人们可以从中开拓新市场，开发新资源。不过相较长期利益，威尼斯商人对短期利益更感兴趣。他们随瞬息万变的局势而变。因而他们被描述为狮子世界中的狐狸。威尼斯还有一句谚语："虚虚实实，货方可市。"

　　从十四到十八世纪，威尼斯成为了一座奢侈品之都。奢华也许可以被定义为一种欲望的展示，是对精炼感官的深度回应。它暗示着一种微妙而纯粹的愉悦。更不用说，它怂恿着人们越来越铺张地挥霍。我们离不开日常必需品，可我们还渴望着更多。欲望就藏在消费者大开的胃口中。一直以来，威尼斯都是一座以声色著称的城市，随处可见的交际花与威尼斯画家笔下奢华绮丽的画布无不显出这一点。交际花与艺术家不约而同地反映了这座城市潜在的真相，那就是光鲜的外表与物质上的价值才是神圣不可侵犯的。威尼斯的各种狂欢节或许也可以看作一种奢华的表现。

　　威尼斯自然资源匮乏，因此必须依靠制造业；要维持优势地位，唯一的途径是创造更多种类多样、质量考究的产品。无论是调味料、香料、染料还是黄金与水晶装饰品，奢侈品都是一种挥霍。威尼斯经营以上所有的贸易。它生产玻璃、丝绸与肥皂。它制造杏仁糖酱与蜡烛。威尼斯是制丝业的中心,而附近的布拉诺岛是蕾丝制造之乡,穆拉诺岛则是镜子与玻璃之乡。威尼斯的制造厂生产出了第一块玻璃窗面,这在当时无疑是一件奢侈品。1615年,威尼斯成为第一个在市场上出售咖啡的西方城市。餐叉也是威尼斯人的发明,是餐桌上的全套奢侈品中的一件。通常而言,威尼斯人家以装饰精美、家具奢华著称。整座威尼斯城是一个热闹的蜂巢,其运转在很大程度上依赖着迅速而小规模的执行处理。在画中,你能看到当年的那些商人,他们中的许多都是年轻而热切的,身边围绕着纸笔和天平。他们每人都沉浸在自己奋斗与冒险的小天地里。洛伦佐·洛托①(Lorenzo Lotto)于1530年代初完成了画作《年轻男子与账簿》;从各种标志与象征来看,很显然,这名青年在经历了一段失意的罗曼史后,正从细读日常账目中寻求慰藉。他正在翻阅一本复式记账簿。没有什么比这样一幅场景更辛辣地阐明了商业的赐福。

不过,我们还可以更加近距离地观察商人。进一步窥见他们的生活。现存有一份十四世纪的笔记手稿,被称作《运河琐记》(*Zibaldone da Canal*)。这份手稿由一位佚名的商人编成,充满了各种算术与几何符号,连同这位商人所称的"迷人而精妙的运算"。其中还有突出实用性的药方,夹杂着最恶劣的迷信。作者注意到,奶酪风干后会变轻,因此在一次航行结束时必须小心称量。他估算走私到突尼斯的黄金所能赚取的利润。他计算航程的距离。他推荐第一次登船的旅人祈求圣人奥里奥尔(Oriele)与托拜厄斯(Tobias)的庇佑。他还声称:"该威胁时绝不能手软。"商人的形象历历在目。

根据一位参议员的说法,在威尼斯,"一切都是拿来出售的"。他本是特指政府部门将国家变成了商业投机的对象,但在更广泛的意义上,他的评价也完全正确。威尼斯成为了世界市场。"的确,"一位

---

① 洛伦佐·洛托:约1480年—1556/57年,意大利威尼斯画派画家、制图员、插画家。

游人在 1494 年写道,"好像全世界都聚集到了威尼斯,全人类都在倾尽全力做生意。""全力"的概念诠释了商业释放的能量与动力,完美地形容了威尼斯的商业风暴。这里汇集了克里特岛的葡萄酒,东印度群岛的肉桂,亚历山大港的地毯,卡法①(Caffa)的鱼子酱,塞浦路斯的食糖与巴勒斯坦的海枣。摩鹿加群岛②(Moluccas)出产的丁香与肉豆蔻取道亚历山大港运抵此处;婆罗洲③(Borneo)的樟脑连同锡兰④(Ceylon)的珍珠与蓝宝石一道被运往这片潟湖;克什米尔⑤(Kashmir)披巾旁陈放着西藏的麝香,而桑给巴尔⑥(Zanzibar)的象牙则与产自孟加拉(Bengal)的昂贵布料一同卸货。威尼斯的使节们与埃及苏丹和鞑靼⑦(Tartary)可汗、阿勒颇⑧(Aleppo)君主和比布罗斯(Biblos)伯爵订立通商条约。贵族子弟纷纷出海。马可·波罗就是一位商人。

费尔南·布罗代尔⑨(Fernand Braudel)在《世界上的时间》(*Le Temps du Monde*)(1979)中将 1500 年的威尼斯描绘为世界经济的中心。1599 年,刘易斯·鲁克诺⑩(Lewes Lewkenor)则将威尼斯称为"全球的共同市场"。在科里亚特(Coryat)的《粗鲁》(*Crudities*)

---

① 卡法:又译咖法,埃塞俄比亚西南部边境省,与苏丹相毗邻。
② 摩鹿加群岛:又称马鲁古群岛,是印度尼西亚东北部岛屿的一组群岛,古时即以盛产丁香、豆蔻、胡椒闻名于世,被早期印度、中国和阿拉伯商人称为香料群岛。
③ 婆罗洲:又称加里曼丹岛,位于东南亚马来群岛中部,西部为苏门答腊岛,南部为爪哇岛,东为苏拉威西岛,南临爪哇海,北临南中国海。
④ 锡兰:南亚次大陆南端印度洋上的岛,西北隔保克海峡与印度半岛相望。
⑤ 克什米尔:南亚西北部地区,东面与中国交界,西面是巴基斯坦,南面是印度,北面与阿富汗接壤。
⑥ 桑给巴尔:位于坦桑尼亚,由温古贾岛(又称桑给巴尔岛)、奔巴岛及二十余个小岛组成,与坦大陆最近距离 36 公里。
⑦ 鞑靼:欧洲鞑靼广义指俄国境内使用突厥语各族(阿塞拜疆人以及北高加索、中亚、伏尔加河流域突厥语各族)的统称。
⑧ 阿勒颇:位于今叙利亚北部的古城。
⑨ 费尔南·布罗代尔:1902—1985,法国历史学家,年鉴学派的第二代代表人。
⑩ 刘易斯·鲁克诺:约 1560 年—1627 年,英格兰大臣、作家及军人。

(1611)中，圣马可广场本身就被称为"世界市场"。这座城市支配着亚得里亚海沿岸，并且坚持每一笔交易都必须经由自家的港口。威尼斯驳回了所有其他请求。这是一座纯粹的商业之城，是终极市场。

或许是遵循埃及与叙利亚的榜样，欧洲早期的贸易展览会在威尼斯举行。一年一度的"森萨"（Sensa）交易会起源于十二世纪，专注奢侈品；比如，会上有不下二十四家店铺是专为金匠和银器匠而设。交易会在圣马可广场举行，为期十五天，迎来几十万参观者。玻璃匠、画家与甲胄师也会参加；事实上，各行各业的工匠都会参展。贸易由此成为了一场狂欢与娱乐。它是一种节日庆典，就像乡村的丰收仪式一样，具有精神与世俗的双重意义。

伏尔泰有一句话强调了这种奢侈品交易的经济重要性——"奢侈，是必不可少的"（Le superflu, chose très nécessaire）；奢侈必不可少，是因为它刺激了贸易。例如，拥有奢侈品是有成就有地位的关键要素。有人认为，奢侈享受的增长与近代资本主义的产生息息相关，那么在这种情况下，威尼斯无疑是资本主义的先锋。在开采原料，在追求盈利，在合理组织贸易与生产，在其横跨已知世界的经营中，威尼斯都是资本主义企业的优秀楷模。这些城市里的商人与店主摸索着从事多种经营，创造新的行业与产品，并寻求简化交易形式。

奢侈是时尚的后母。城中不时出现种种"热潮"，威尼斯伟大的记录者蓬佩奥·莫尔门蒂①（Pompeo Molmenti）注意到，"没有一个民族像威尼斯一样显得如此痴迷于时尚。"在《贸易论》（*Treatise of Commerce*）（1601）中，约翰·惠勒②（John Wheeler）评价道，"整个世界都随着市场、行情和营销而削减与改变，追逐与咆哮，因此万事都汇集于商业。"这就是威尼斯的真实情况。所以，在这里我们可以看到所谓的"消费需求"的开端。消费者出现于威尼斯。时尚是这个千

---

① 蓬佩奥·莫尔门蒂：1819—1894，意大利画家。
② 约翰·惠勒：伊丽莎白一世及詹姆斯一世时代的英格兰商人。

变万化世界的女神。根据一位十八世纪的观察者所说,维瓦尔第被蔑视为过时的作曲家,"因为在威尼斯,时尚就是一切,而他的作品已经听了太久,去年的音乐又销路不佳"。后来,苏格兰小说家玛格丽特·奥利芬特①(Margaret Oliphant)形容威尼斯为一座"热爱轰动"的城市。威尼斯的名媛淑女们总是身着最新款式,而在被称为"默瑟里亚"(Merceria)的商业街上,有个洋娃娃总会被穿上最新潮的巴黎时装而这家店本身就叫做"法兰西洋娃娃"。时尚创造奢侈;奢侈促进贸易;贸易激励产业。

威尼斯由金子堆砌。这是一座黄金之城。发家致富的渴望导致了对黄金的痴迷。黄金既是一种安慰,也是一笔财富。它既是一种投资,也是一种防御。它是荣耀。它赏心悦目。在本·琼森②(Ben Jonson)的戏剧《福尔蓬奈》③(Volpone)中,主人公威尼斯人起床时恰如其分地说道,"早上好,新的一天;早上好,我的金子。"威尼斯铸币厂中曾竖立着一座阿波罗手持金锭的雕像。彼特拉克在一部威尼斯的赞辞中枚举了威尼斯商人所到过的所有荒凉偏远之地。"看啊,"他写道,"为了对黄金的渴求,人们做出了怎样的事业!"十五世纪早期的一位总督曾说过,威尼斯拥有着"黄金的统治权"。以耶路撒冷或天国之城的方式,威尼斯是一座黄金般的城市。

金色是威尼斯画作的主要光晕。威尼斯画家用金线、金粉和金片作画。在贝利尼的《圣方济会荣耀圣母圣殿三联画》(Frari Triptych)中,圣母玛利亚被烘托在一片金黄的马赛克之下;她周身弥漫着金色的光芒,仿佛包含着永恒不朽的恬静气息。这种光芒在威尼斯城中

---

① 玛格丽特·奥利芬特:1828—1897,苏格兰小说家、历史作家。
② 本·琼森:约1572年—1637年,英格兰文艺复兴剧作家、诗人和演员。
③ 《福尔蓬奈》:本·琼森的戏剧代表作,福尔蓬奈是一个威尼斯的绅士。他假装重病卧床去欺骗贪求他财产的沃尔特,科尔巴林和科维诺。他们轮流去到福尔蓬奈的家里,给他带来昂贵的礼物,希望能成为这无儿无女的绅士的财产继承人。

圣母马利亚的马赛克壁画,始于十三世纪初,出自托尔切洛岛上的圣母升天圣殿。马赛克是威尼斯真正的艺术。

就能见到。在贝利尼的另一幅画作《园中痛祷》(*Agony in the Garden*)中,基督被沐浴在一片金粉中。在圣罗科会堂(Scuola di S. Rocco)的《耶稣复活》(*Resurrection*)中,丁托列托为无花果树的枝条镀上了一层金色,以使奇迹的光芒仿佛触手可及,也美化了自然世界。黄金,被认为由太阳在地球内部造就,是一种神圣的商品。

威尼斯最具盛名的府邸非黄金宫莫属。它那建于1421到1437年的外立面上饰满了浮雕与镀金,就像一面闪闪发光的光墙。墙面上共计贴有22075片金箔。在威尼斯城中,只有德国商馆的"黄金柜"与圣马可"金色大教堂"可与之媲美。在大教堂中陈列的"黄金祭坛屏"(Pala d'Oro)上镶嵌着珍贵的珠玉宝石。威尼斯金匠素来享有盛名,他们的作品被誉为"威尼斯杰作"。黄金被用来装饰威尼斯的玻璃,也毫无疑问地被织入总督金衣的布料纹理内。身披金衣的总督成为了这座城市的象征与财富的证明。珍贵的材质代表着尊严与道德的力量。就连威尼斯戏剧的表演者也身披金衣。

论及土地则不那么令人愉快,威尼斯人在土地上实施了一种农业资本主义的形式。十五世纪,威尼斯在大陆取得了许多领土。一个世纪后,这些领土上的景观就成了另外一副模样。贵族们部分地避开了海上贸易,转而专注于土地上的投资。田间的劳工在监工的监督下劳作。牲口棚与酒榨机都被组织起来以达到最高效率。人们开垦土地,修建灌溉系统。威尼斯人充分运用了建造威尼斯城的技术。这标志着封建制度的终结,新的剥削者在这片土地上出现,并最终成为所谓的"资本家"。与此同时,人们对田园牧歌的趣味,以及对田间风光的喜爱也越发显著。文化紧随着经济发展。

十七世纪,由于时局动荡,做生意变得越来越艰难与不稳定,威尼斯贵族将土地视为主要的收入来源。他们出口稻米与玉米;种植桑树。到十八世纪,农业成为了威尼斯利润最高的一项产业。当时曾有人嗟叹,威尼斯从商贸沦落到了农业。为了土地的丰收而舍弃海洋,舍弃威尼斯之镜,这是错误的。或者说,看起来应是如此。然而威尼斯人总是追求利益多过荣誉。开发土地确实符合他们的第一准则。可是,这样的发展方向当然也导致了不利的后果。威尼斯逐渐退出世界贸易,这不可避免地导致了其影响力与地位的下降。威尼斯人变得更褊狭了。

不过,这座城市的交易市场一直位于里亚尔托。这里是威尼斯的动力之源。它是威尼斯的种子,是起源。就像伦敦金融城是伦敦的活力中心一样,只不过里亚尔托较为地方性,规模也更紧凑。据说,第一批移民在这里登陆,并且由于这座城市神奇的魔力,第一批交易者或商人也是在这里开始了他们的生意。从这片土地上,商业似乎如雨后春笋般涌现。公开记录上第一次出现里亚尔托的记载是在十一世纪末,当时格拉代尼戈与奥里奥家族让出里亚尔托附近的一块土地,作为公共市场;不久之后,这块地方一度成为了一处商业中心,主要为屠户所占用,好在威尼斯的社区意识到了这一事实。十二世纪,附近的民宅纷纷变成了店铺与仓库。这里成为了一座真正的集市。此处的商业活动是如此重要,以致于十人委员会在 1497 年宣布其为神圣区域。在圣灰节①(Ash Wednesday)与耶稣受难日(Good Friday),里亚尔托的两个主要教堂会举行公爵游行祈祷。对商贸的褒扬无以复加。它已封神。

里亚尔托不断发展壮大。边远的街道被清理拓宽;运河得到修缮,码头也建造起来。1280 年代,新里亚尔托(Rialto Nuovo)在老市场的西边建立,三十年后,里亚尔托广场得到了扩建。人们普遍希望将和谐与体面带进这处商业场所;于是主柱廊的墙上挂上了一幅宏大的世界地图。这里设立了监狱,还有一根张贴公告的圆柱。这里也有仓库与管理交易的政府办公室。贵族们在里亚尔托桥下的一处凉廊,或者说开边走廊里碰面并结交。在附近地区于 1514 年的一场大火中毁灭殆尽后,依照道路与街区互相平行的原样得到了重建。威尼斯人骨子里的保守主义使他们保留旧有的形式。里亚尔托的条条通道,就像东方的露天市场(souk)一样,已成了天然的交易场所。

主大街两旁排列着经营奢侈品的店铺,但也有从事银行业与船运保险业务的区域。不同的商品有各自的市场,也有诸如皮货之类的"专门"摊位。货品价格越昂贵,就越靠近里亚尔托的中心地带;这一中心点位于里亚尔托圣贾科莫(S. Giacomo di Rialto)小教堂。酒馆和妓院分布在该地区边缘,近旁还有卖破烂货的和二手贩子。这是一座上上下下都忙于赚钱的岛屿。这里是大威尼斯中的小威尼斯,是商业生活的鲜活化身。

---

① 圣灰节:复活节前七周(即前第 40 天)。在圣灰节,人们会洒灰于头顶或衣服上,以表明悔改或懊悔。

在此附近，早已有一座木桥连接大运河两岸；它曾分别重建过两次，但也无法抵挡进步的潮流。现存桥梁的第一块石头于1588年铺设，三年之内完工。两列店铺和货摊排在这座桥八十九英尺（27米）的跨距范围内，但它对商业贸易更高的意义不应忽视。桥的两侧雕刻着大天使加百列与圣母马利亚的形象。长寿，财富，满有恩典。

因此，这座城市的地形也是由贸易中心决定的。较大的场发展为露天集市。在连通圣马可广场与里亚尔托的"默瑟里亚"路两旁排列着276家各类商铺。据约翰·伊夫林所说，这里是"世界上最令人兴味十足的街道"。街边有许多小摊小贩、沿街叫卖的和流动手艺人；大街上的推销和拍卖则在门廊下或教堂的阴凉处进行。店铺本身就是人群聚集的场所。这是一场盛大的商业嘉年华。

这里有形形色色的生意人。他们成立了不下四十家行会，从药剂师到织布工匠，从酒店老板到赤脚医生。此外还有几百个不同的工种没有成立行会，从乳母到搬运工再到公厕清洁工。据推测，几乎所有的威尼斯人口都在劳动。这是贵族阶层以下的人民绝望的职责。这座城市现存的街道名称证明着被遗忘的工种与交易的世界——金属薄板工匠街，肥皂工匠街，蜡厂街，染匠街。金匠街在十九世纪末变成了菜贩街。裁缝和首饰匠则在同一片地区做工。雅各布·贝利尼（Jacopo Bellini），著名的贝利尼家族的创始者，对他的城市中的流动劳动力进行了许多描绘与研究。他认识到，店主与小贩才是威尼斯这座城市的灵魂。

很大一部分威尼斯人在纺织业谋生。劳作损害着那里蕾丝织工的视力。孩子们从五岁就开始入行了。蕾丝，这种艺术的精致浓缩，为欧洲的贵妇人所珍视，同时可以由人间苦难衡量。其他工人则将英国产的羊毛加工为成品。这座城市的织布机织造着锦缎与金丝织物。这里有织锦工，也有织棉工。当然，妇女和儿童也是这个庞大产业的一部分。工场才不管性别。尽管贵族女性的行动与自由受到限制，但下层社会的女性只被当作威尼斯经济的熊熊烈火中的一把燃料。女人会被雇佣为印刷工、制帆工、五金商贩以及烟囱清洁工。

威尼斯也有女性小贩。加埃塔诺·赞皮诺①(Gaetano Zompino)在其出版的《威尼斯的叫卖》(*Cries of Venice*)(1785)中列举了六十类不同的小贩。在伦敦和巴黎,也有人写作类似的书籍,但在威尼斯,这无尽的人声呼喊有着别样的特质。那里没有背景噪音,除了过路人匆匆的脚步与船夫的吆喝。木材商、椅子修理工与耍猴人的叫喊回荡在石铺的街道上,欢喜夹杂着悲凉,紧张中透着熟稔。"酸酸甜甜的番茄,拌沙拉可美味啦!""主妇们,做点儿柠檬水吧!""馋死人的梨子哟!"

布拉诺岛上的蕾丝织工,摄于十九世纪末。在许多个世纪里,布拉诺都是威尼斯的蕾丝织造之乡。蕾丝是威尼斯人的专长;就像马赛克壁画一样,这是一门精工细作、错综复杂的艺术。

---

① 加埃塔诺·赞皮诺:1700—1778,意大利版画家与雕刻家,其作品以描绘威尼斯下层劳工阶级著称。

在这样的风气中,一切都可以荣升为商品,一切也都可以沦为商品。威尼斯越来越富有,教堂的装修也越来越华丽,雕梁画栋、包金描银,仿佛威尼斯贵妇的首饰盒;据说,在威尼斯创建之时,人们向全能的主许下了"一百座黄金大理石神殿"的诺言。对炫耀显赫的崇敬早已有之。正因如此,威尼斯才成了世界的陈列窗。随着威尼斯成为书籍印刷业的中心,信息也跻身商品之列。的确,知识也可以像一批辣椒一样打包出售。在威尼斯居住过一段时间的阿尔布雷希特·丢勒①(Albrecht Dürer)曾画过一幅速写,描绘了书籍像面包一样批量生产的情景。这样的结果就是,威尼斯的文化人比意大利其他地方都多。早期资本主义有其自身的价值。为了阅读,威尼斯开始生产眼镜,这是十分合理的。

在威尼斯,人口买卖十分兴隆。到十二世纪,这座城市的奴隶贸易就已远远超过了其他城市与国家。威尼斯人是积习难改的奴隶贩子,里亚尔托与圣乔吉奥的集市就是贩奴的中心。他们渴望这种特殊的收入来源,只因每一笔买卖的利润据说高达 1000%。他们把俄罗斯人甚至希腊的基督徒卖给萨拉森人。男人、女人或儿童在黑海地区被收购或捕获——其中包括亚美尼亚人和格鲁吉亚人——随后被运往威尼斯,并在那里被一个个贩卖到埃及、摩洛哥、克里特岛与塞浦路斯。男孩和年轻女性被卖为娈童姬妾。一位总督,彼得罗·莫塞尼戈②(Pietro Mocenigo),就曾在七十高龄时蓄养了两名年轻的土耳其男人作为随侍。

许多奴隶都被交付给威尼斯家庭以供驱使。没有四到五名奴隶扈从的贵族家庭是不完整的;就连威尼斯工匠也购买奴隶在自己的店铺或工场中做工。威尼斯女修道院中有奴隶做家务活。大帆船上也备有奴隶。不过这座城市需要源源不断的新鲜供应;奴隶地位并非

---

① 阿尔布雷希特·丢勒:1471—1528,德国画家、版画家及木版画设计家。
② 彼得罗·莫塞尼戈:1406—1476,威尼斯总督,1474—1476 年在位。

世代相传。许多奴隶也会被主人释放，从而得到自由身。马可·波罗在1324年去世前就释放了自己的一个奴隶，鞑靼人彼得（Peter the Tartar）。1580年，这座都城中共计有奴隶三千人。在卡巴乔关于威尼斯的画作中，黑皮肤的船夫都是奴隶。

靠着交易圣坛、窗户与纪念性弥撒，教堂庄严的恩典也可以拿来买卖。1180年，圣马可广场上支起了一个货摊，出售炼狱中的赎罪券。甚至圣骨也可以买到。救世主的无缝长袍标价10000达克特。而整座克里特岛却还要便宜些。它被以一千个银马克卖给了威尼斯。

音乐与艺术，雕塑与歌剧，都以收益盈亏的标准评估。这一点在十八世纪典型的威尼斯艺术家詹巴蒂斯塔·提埃波罗①（Giambattista Tiepolo）身上显示得再明白不过，他建议画家应当"取悦贵族、富人……而不是那些出不起大价钱购买画作的人"。这可以被解读为一种道德上，同时也是经济上的必要性。在吸引富人的过程中，艺术家可能会"被引导向崇高、英勇，引导向完美"。在威尼斯，拥有财富与追寻荣光可以共存，这一点毋庸置疑。甚至也有人主张，发源于意大利城市社会与文化生活的文艺复兴运动本身，就是第一个导致西方世界商品化的运动；这场运动的一部分由可以定制与买卖的艺术品组成，这些艺术品可以由一个地方运往另一个地方，并非专属于某座城市或某个社会。在威尼斯，我们可以见证文化物质主义的兴起，该主义又反过来促成了第一次世界主义文化。音乐也是市场的一部分，维瓦尔第与加卢皮（Galuppi）在其中作着艰难的谈判。歌剧在威尼斯取得了巨大的成功，因为从一开始，歌剧就盈利丰厚。投机者甚至以出租包厢赚钱。在这座城市中，很难找到一项活动的起源或本质与商业无关。

在肖像画与更广阔的城市风景画中，威尼斯的画家们提供了一份奢侈品的清单。肖像画中人与他们所拥有的财产一同出镜，城市也被

[114]

---

① 詹巴蒂斯塔·提埃波罗：1696—1770，威尼斯画家、版画家。

装饰着华丽的光辉。贝利尼画作中描绘的细瓷与奢华地毯,至今仍可以在威尼斯的店铺中买到。这些画布被一一存放在镀金的精美画框中。毫不意外,威尼斯的住宅以挂满画作著称。一切都彰显着财富。

艺术家们来到这片潟湖,以学习粉化金的技法,运用到绘画与泥金装饰手抄本中。在威尼斯,他们也能找到产自东方的顶级颜料。同样地,威尼斯画家以描绘天鹅绒与缎子的纹理与外观著称,这些布料本身在威尼斯就有出售。在一位总督的肖像画中,贝利尼为画中人穿上了新近才从黎凡特进口的昂贵锦缎。将艺术符号作为商品仅是表面功夫。在许多情况下不过是徒有其表,或者更准确地说,事物的本质不得不从属于表面装饰与卖弄奢华的需要。客体的实质不再重要,取而代之的是其交易价值,这是资本主义企业的属性之一。在这里我们可以看到威尼斯绘画永久的特性之一。

[115]

将艺术视作一门生意的观念对于威尼斯文化史有着本质的重要性。许多作品都是直接受单个或多个赞助人委托创作,因此艺术家是直接对所谓的"消费需求"做出回应的。十五世纪,在艺术理论与实际贸易间成立了一所协会。协会的手册指导商人颜料与香料的正确运用方法,并教会他们与艺术家沟通的准确术语。在贸易与艺术的活动中,物体从世界中分离而出;它们被以更强烈的方式观察与评判。同样地,消费者也是通过感觉评判。

在商业计算与图画几何结构间,也存在着联系;毕竟,彼埃罗·德拉·弗朗西斯卡[①](Piero della Francesca)写过《论算盘》(*A Treatise on the Abacus*),也写过《论绘画透视法》(*On Perspective in Painting*)。当一位威尼斯商人计算货物的体积与外观时,他所用的方法与威尼斯艺术家如出一辙。塞巴斯蒂亚诺·塞利奥[②](Sebastiano

---

① 彼埃罗·德拉·弗朗西斯卡:约1415年—1492年,文艺复兴早期的意大利画家。
② 塞巴斯蒂亚诺·塞利奥:1475年—约1554年,意大利风格主义建筑家,参与了法国枫丹白露宫的修建。

Serlio）与安德雷亚斯·维萨里①（Andreas Vesalius）都生活在 1530 年代的威尼斯，或称威尼托。其中一人撰写了一本人类建筑学的专著，另一人则完成了一本人体专著；两本书中的精美插图显示出惊人的相似性。

在这座城市亚得里亚海沿岸的贸易线路上，一直有稳定的绘画供应；这是真正的"艺术随着商业前进"。譬如，威尼斯与荷兰间贸易关系的建立，为两个画派间的有利交流开辟了道路。威尼斯与德国进行商业联合后，二者的艺术也得以结合。奥格斯堡与萨尔茨堡的市民家里拥有许多威尼斯派的画作；威尼斯收藏家则藏有不少德国与荷兰画家的作品。

实用艺术也有其市场，如将板面画用于宗教场所的支柱，及架上画用于室内装潢。材料质量，而非审美品质，才是考虑的重要因素。到十六世纪，威尼斯已出现了在艺术家与客户或在买卖双方间斡旋操作的贩子。消费者与供应者间签订的合同经常指明画作中黄金或昂贵颜料的用量。合同也规定了作品的性质与尺寸。还有完工的"截止日期"与延期交货的罚金条款。一些合同中甚至包括画家承诺超越另一名指定画家作品的条款。出身于染工家庭的丁托列托具有商人的一切技能。他惯常与竞争对手压价，由此保证了稳定的委托量。他出货又快又经济。提香的信件中则充满了各种金钱往来，有讨价还价，也有要求与抱怨。两个世纪后的卡纳莱托精于出口贸易。提埃波罗则专注生产历史与寓言画，因为只有这二者才能为他提供可观的利润。

威尼斯人对收藏有着强烈的爱好；从罗马硬币到大自然的鬼斧神工，一切都可能被占据并存放入陈列橱或碗柜里。所以，这座城市可以成为另一重意义上的"市场"。私人收藏于十六到十七世纪在威

---

① 安德雷亚斯·维萨里：1514—1564，解剖学家、医生、人体解剖学最具影响力的著作《人体构造》的作者。

尼斯蔚然成风。它创造了新的需求形式,以及新的增益方法;它让拥有财产的行为从本质上产生了价值。消费者可以摆出鉴赏家的样子。享乐者则可以成为人文主义的圣徒。他被称为艺术品收藏家。第一个为人所知的收藏品是威尼斯的,始于十四世纪。不过,对古玩店的痴迷随后愈演愈烈。威尼斯贵族安德里亚·温德拉敏[1](Andrea Vendramin)的收藏包括雕塑与勋章,瓷缸与宝石,灯具与贝壳,植物与手稿,服装与动物干尸。整个世界都能被买来陈列。另一位威尼斯贵族,费德里戈·康塔里尼(Federigo Contarini),渴望拥有世间万物的标本;当然,这一点可不保证能成功实现。十七世纪,收藏变得愈加特殊和专业化。古董市场与风景画市场出现了;有自然奇观市场,如多头蛇标价 6000 达克特,也有古代乐器市场。硬币与勋章也颇受欢迎。比如,阿波斯托洛·芝诺[2](Apostolo Zeno)的收藏中包括 5900 枚勋章。不过,我们可不能忘了威尼斯人的商业天性。芝诺的勋章既是一个学术奇迹,也是一项经济投资。收藏也可以成为一种投资组合。也许这就是为什么收藏在这座城市中引起了持久而普遍的热情。最后一位伟大的威尼斯收藏家,维托里奥·齐尼伯爵(Conte Vittorio Cini)于 1977 年去世。

尼科洛·瑟尔佩特罗(Niccolò Serpetro)的《自然奇观市场》(*Marketplace of Natural Marvels*)于 1653 年在威尼斯出版,书中阐述了在一个与圣马可广场别无二致的假想露天广场上,陈列自然奇珍的高妙见解;这里,在门廊、店铺与货摊之间,人们可以买到世间奇迹。这座市场既是一个隐喻,也是现实。一切都在展出。展示,而不是任何内在价值,才是关键点。瑟尔佩特罗的幻想世界在十八世纪后期得到了再现,一个纯粹用于展示商品的巨大木制椭圆环在圣马可广场修建起来。威尼斯人以装饰门面的技巧著称,他们还创造了世界上第一个玻

---

[1] 安德里亚·温德拉敏:1393—1478,威尼斯贵族,1476—1478 年担任威尼斯总督。
[2] 阿波斯托洛·芝诺:1669—1750,威尼斯诗人、作家。

璃店面。因此，他们的市场也是巨大的展览场。从十二世纪的市集以来，这座城市一直在炫耀它的商品。后来，广场上出现艺术作品用于销售，古典与现代的作品露天并排悬挂。这也就无怪乎威尼斯艺术节、电影节与建筑节在二十一世纪初依旧繁荣兴旺。它们只是在延续伟大的展示传统。

第一家资本主义工厂是威尼斯的一家制丝厂；舰船装备齐全地从军械库的造船院中驶出，就像后世的汽车一样；玻璃与镜子制造业是全盛的工业企业，其分工与经济规模相匹配。这些也是家族生意，在父子间传承。

威尼斯当局也发明了"分区制"的概念，以此将各行各业分派到各自的位置。在一幅威尼斯地图中，每种买卖和产业都有独立的区域，如拉幅工在西而白铁工在东北。多尔索杜罗（Dorsoduro）区由渔民和织丝工占据，城堡区则居住着水手及造船匠。这种城市空间的合理划分一直较好地延续到了十九世纪，当时利多岛被宣布致力于娱乐业，成为一处海滨胜地。

十六世纪威尼斯的技术创新很快传遍欧洲，这一事实证明了其卓越的工业实力。法国的金丝织物制造技术由威尼斯的织工介绍而来。奢侈的肥皂制作也出自威尼斯。其他城市争相模仿威尼斯出版印刷业的字体。威尼斯工匠革命性地改造了细羊毛呢的织造。这座城市成为了不可思议的技术改革与创新之所。在一个多世纪的时间里，威尼斯都是意大利的第一座工业城市，并且是名副其实的欧洲工业中心。在其发展巅峰期的1550—1575年，威尼斯的人口达到了180000。

[118]

最终，这座城市的工业还是衰落了。人类世界所有衰落的本质都是有趣的。作为现象，它引人注目；作为教训，它是无价之宝。一个衰落中的国家总是比一个如日中天的国家更令人着迷。悲伤与谦卑总是比胜利凯旋更具吸引力。不过，威尼斯的情况也是如此吗？这里似乎没有什么悲伤，也根本不存在谦卑。

这座城市工业衰落的原因多种多样；可以说，这是人类世界整体变迁的一部分。新商路的发现，以及阿姆斯特丹和伦敦在十七世纪后期形成的霸权地位，一直被用来解释这一点。英格兰、荷兰与法国商人得以压下威尼斯供货商的价格。威尼斯政府拒绝对其奢侈品的质量做出妥协；它的竞争对手可没有这样的顾虑。北方的布料和金属价格更低廉。本质上，这是全球中心由地中海向北大西洋的转移。世界的范围变了。这正是羊毛市场——威尼斯贸易的主要产品——在十七世纪遭遇四面楚歌的境地、几近崩溃的原因。同样，威尼斯人在骨子里就反对创新；正如我们已注意到的，威尼斯贵族与商人都是因循守旧派。在威尼斯早期为求生存而进行的公共斗争中诞生的控制与规定的习惯，是不可能在一代之中就被改变的。其他的经济体却更开放、更灵活。于是，到十八世纪初，威尼斯工业已被削弱了。

　　不过，我们不能说威尼斯各地区老百姓的生活水平就因此受到了显著影响。用拟人化的"衰弱"或"腐朽"来谈论这一点显然是不正确的。毕竟，关于衰落的讨论也许是毫无根据的。可能，这一切只不过是转型。威尼斯仅仅是改变了自身性质，以适应变化的环境，并以另一种外表取得商业成功。这里依然是一座得天独厚的富饶城市。这里处处是节庆与游人。实际上，威尼斯推广与营销的是它终极的商品——它自身。它的历史与记忆化作了款待旅人和游客的奢侈品。它曾贩卖货物，也曾贩卖人口；如今，它最终贩卖起了自己。

永不落幕的戏剧

　　威尼斯也许可以被比作一系列盒状的舞台，依次打开。这里仿佛一个广阔无边的舞台布景，市民们在此上演着狂欢与游行。卡巴乔与隆吉[①]（Longhi）的绘画，雅各布·贝利尼的素描，将其描绘为一座神圣剧场的形式；在这些威尼斯派艺术家笔下，这座城市就是一幅"活

---

① 彼得罗·隆吉：1701—1785，意大利洛可可画风画家。

人画"(tableau vivant),充满了W·D·豪威尔斯在《威尼斯生活》中所描述的"剧场中愉悦的不真实感"。市民们成群展现,他们的动作与态度都取自舞台或表演。这里一向是尔虞我诈之所,就连自然也沾染了少许舞台的尘埃。这里光辉闪耀。房舍和教堂像舞台道具一般,专为吸引眼球存在。拱门和阶梯都只不过是为了达到戏剧效应。总督宫与圣马可大教堂被安置在圣马可广场的舞台前。

游行大师们充分利用了广场作为花车游行与静默列队的场地;在重大国家庆典上,这座城市的戏剧潜能被发挥到了极致。广场也是杂技演员与魔术师表演的地方。在这座经常被描述为提线木偶表演的城市中,木偶戏尤其受到喜爱。威尼斯欢迎小丑演员。在盛会与节庆期间,这里甚至还会搭起水上舞台。为了合唱剧表演,人们在大运河上修建了舞台。这里也有供歌唱家与音乐家演出的画舫。水既是最好的观众席,也是最美的舞台。

威尼斯教堂的外立面经常凸显着戏剧性,它们装饰着光怪陆离的石头饰物;装饰性的弧线与弯曲的圆柱相抗衡;盘涡形饰与尖塔、柱顶与飞檐都像婚礼蛋糕一般高耸。由亚历山德罗·特莱明农①(Alessandro Tremignon)修建于1688年的圣摩西(S.Moisè)教堂,张扬着天马行空的奇想。这一向圣人摩西致敬的杰作给人所带来的已远超过赞美,而是令人生发敬畏。威尼斯的宗教仪式在概念与执行上都颇为戏剧性,相较神圣场合,其音乐更适合演歌剧;圣会就是观众,在整个过程中喋喋不休地闲聊,仪式就是一场表演。教堂深处散发着一种真正的神秘气息;令人迷乱的光与影,大理石与宝石的光辉,焚香的气息,都是拉斯金所称的威尼斯所"迷信的舞台道具"。譬如,这样的气氛在圣马可大教堂就可以找到,拉斯金认为这是一种"任何其他欧洲教堂都无可比拟"的戏剧性特质。

不过,威尼斯的戏剧性风格有时也会招致威尼斯人自己的抱怨。

---

① 亚历山德罗·特莱明农:1635—1711,意大利建筑师。

当十六世纪末，广场上要新添几根柱子时，一位参议员——费德里戈·康塔里尼（Federigo Contarini）将其与剧场的道具作比。在二十一世纪，重建后的威尼斯凤凰歌剧院（La Fenice）则被一些威尼斯人批评为对被焚毁的原建筑物的生硬模仿。戏剧性风格无处不在。

威尼斯的女修道院成为了某种形式的剧场，修女们坐在格栅后，观看着眼前威尼斯的繁华盛景；化装舞会上，小丑与喜剧角色纷纷登场，取悦观众。威尼斯的那些不公开审判也以戏剧化的方式构成。宗教法庭在审讯时，室内的墙壁会覆上黑色；帷幔会被突然拉起，露出一具被扼死的尸体。十人委员会的审议决定常常是突然而意外的。密西尔·格兰多（Missier Grando），十八世纪后期的警察首领，总是一身黑衣。在公爵宫中举行的各类招待会与会议也是强烈戏剧化的场合。在一位大使的招待会上，总督身披黄金斗篷端坐席上，众顾问列坐其次。而在总督去世后，盛大的游行队列会环绕圣马可广场一周，每人手持一根大号蜡烛或火炬；圣马可大教堂前，装殓总督的棺材随着城市的钟声被起降九次。耶稣受难日，运河两岸的住宅与宫殿旁点起火炬，以使威尼斯所有的水道都被炽热的火光照亮。相较于任何其他欧洲城市，视觉景观的力量对威尼斯最为重要。

[122] 在威尼斯，美术与剧院的合作有着很长的历史。雅各布·贝利尼是一位布景大师、舞台设计者，也是一位美术家；在当时，根本不需要区分他的这些不同角色。他只是个简单的"社交家"，或称"节庆活动组织者"。委罗内塞与丁托列托的艺术在某种程度上都属于舞台艺术；他们的作品拥有强烈的戏剧性景象。委罗内塞的作品被称作"庄严的戏剧"。他被先后与两位伟大的威尼斯建筑家联系在一起——桑索维诺与帕拉迪奥①（Palladio），二者与其有着相似的空间与结构感。当十六世纪桑索维诺重新设计狭场时，他直观地将其定义为一个单点透视的舞台场景；从广场前的水池开始，两岸的建筑一路向着装饰华

---

① 安德烈亚·帕拉迪奥：1508—1580，意大利建筑家。

第四章｜商业共和国　　129

1787 年的一幅钢笔墨水画，展示了大运河上一家剧院的横截面图。剧院是威尼斯生活与生俱来的一部分，而威尼斯人以他们对戏剧的热爱闻名全欧。这是一份触动各个阶层的激情，从船夫到贵族概莫能外。威尼斯的舞台艺术也以其精妙细巧享有盛名。

丽的钟楼"没影点"①渐次缩小。在另一个方向，从狭场望向汇水盆地时，两根巨型圆柱则框出了水景。这里展现着威尼斯生活的几个重大场景。譬如，此处是公开处决的行刑地点。威尼斯的典礼仪式也在舞台火焰的环绕下进行。

丁托列托形成了将蜡或黏土制的小型塑像置于被照亮的匣子中的习惯。这是他想象中灯火辉煌的舞台，先于画布上的作品。但这光芒是舞台上的聚光灯。丁托列托和委罗内塞也设计并绘制演出服装的草图。他们需要从自己的画布上获得灵感。提埃波罗也对装饰性的戏装

---

① 没影点：没影点是焦点透视法中，纵深方向平行的直线在无穷远处最终汇聚消失的一点，也称为消失点或焦点。

流露出兴趣；他还喜爱夸张的戏剧手势与面部表情。他的画作中描绘的人物经常以戏剧合唱的形式聚集一处；他们真诚恳切，意志坚定，情绪饱满。他们有着演员般的举止，给人留下如即兴喜剧人物般感情强烈的印象。

这样的情形只会在不分自然与艺术，也不分真实与虚假的文化中产生。或者不如说，区别无关紧要。一切事物的重要性都取决于其外表的光鲜亮丽。措辞与行动比本质或品格更具意义。这或许是城市生活不可避免的结果，每个人都必须扮演自己的角色。但这一点在威尼斯尤为恰当。谙熟风景奥秘的瓦格纳立刻辨认出了这座城市的真相。他议论道，"一切都以绝妙的舞台布景般的方式冲击人的心灵"，这种不真实感产生了一种"特殊的快乐"，不禁感染了每一位游人。这里的"最大魅力"，他补充道，"存在于自我超然于万事万物之感，令人仿佛置身一场真实的戏剧中。"

"超然"是问题的关键。这正与柯勒律治所称的"自愿终止怀疑"相反。我们知道这是一座真实的城市，居住着真实的人民，但我们进入其中，却假装一切都是虚幻。经常引人注目的一点是，威尼斯的居民自己也超然于他们城市之外的世界。十八世纪，威尼斯政府被认为与世界的交往太过疏远，以至于无法产生任何重大影响。或许可以说，威尼斯被困在了自己的戏中。随着当时威尼斯国力的绝对下滑，其生活与炫耀也达到了空前的程度。狂欢与节庆掩盖了辉煌的过去与未知的将来。十九世纪初奥地利军队围攻威尼斯城期间，当艰难困苦和忍饥挨饿成为威尼斯居民面对的一切时，人们还是挤到了阳台与屋顶上观看炮击。钟楼与教堂塔顶满是架着大小望远镜的威尼斯人，以便更清楚地看到他们自己的城市是怎样遭受毁灭。

在外国作品，譬如在伦敦剧院上演的剧目中，威尼斯经常被当作舞台背景。1831年特鲁里街（Drury Lane）的圣诞哑剧中，包含一个题为"威尼斯与邻近岛屿"的布景。当拜伦的戏剧《统领华立罗》（*Marino Faliero*）与《福斯卡里父子》（*The Two Foscari*）演出时，威尼斯作为舞台背景被认为是最重要的娱乐因素。1858 年，当查尔斯·基恩[①]（Charles Kean）在《威尼斯商人》（*The Merchant of Venice*）中饰演夏洛克时，舞台设置被赞叹为栩栩如生。可是，除了公众心目中早已有之的戏剧印象，他们又反映了什么现实呢？这就是爱德华·李尔[②]（Edward Lear）对威尼斯的建筑物感到失望的原因，从中他得出，"亲眼见到它们一点也不比在布景、模型、全景画或其他什么景中所见的更令人愉悦。"他早就见过这一切了。

在威尼斯，没有一处风景不曾入画。没有一座教堂、房舍或运河不曾是画家笔下的主题。就连市场上的水果也像从静物画中偷来一般。一切都"似曾相识"。游客仿佛漫步于油画与水彩画中，徘徊于画纸与画布之上。毫不意外，威尼斯也成为了二十与二十一世纪小说和电影的经典场景。这里天生是情感与戏剧之乡。阴谋与谜团的故事通常被布局在这座城市的大街小巷中，威尼斯还是国际电影节的鲜明背景。与其说威尼斯是一座城市，不如说它是一个城市的代表。

所以，威尼斯人除了在声名显赫的幕前扮演角色，还能做些什么呢？亨利·詹姆斯在《阿斯彭文稿》（*The Aspern Papers*）中将他们描述为"无止境的剧团成员"。船夫与律师都身着各有特色的戏装；还有家庭主妇与乞丐。所有人都在公开地生活。他们乐于表现自我。他们有着同一套肢体语言与态度。他们滔滔不绝。他们互相描述与模仿。他们在小店与房舍的背景前互相观察。他们居住在紧张而局限的空间里。这是威尼斯人生活得很表面的又一例证，看得见的才是最重要的。因此，在威尼斯共和国存在的最后一个世纪，面具拥有着崇高的价值。

现存于威尼斯丰富档案中的审判记录，证明了他们在社会与家庭生活中发自本能的表演欲达到了怎样的程度。文本中记录了证人的举

[①] 查尔斯·基恩：1811—1868，爱尔兰男演员。
[②] 爱德华·李尔：1812—1888，英格兰艺术家、插画家、音乐家、作家及诗人。

止与证词。一位簿记员在作证的紧张状态下用手帕擦脸,又不停扭动身体。法庭上不时出现戏剧性的言辞。"我并不想答应他。我嘴上说着'愿意',心里却不愿如此。""我甚至没有与她或她的朋友说过话,因为她们根本不是我的菜。"据说,在各处广场上演出的演员,会被聘来培训证人讲话与手势的技巧。

将都市生活视作某种形式的戏剧总是合情合理的。华兹华斯在《序曲》(*Prelude*)中以戏剧化的隐喻描写伦敦;他写下了"变换中的哑剧场景"与"活人的戏剧"。于他而言,伦敦是一个"大舞台"。但威尼斯拥有的这些特质是无可比拟的。狂欢节的奇装异服融入了以这座城市为中心的巨型戏剧表演中。观众也是这出戏的一部分,是与这座活生生的剧场若即若离的人群漩涡。典型的威尼斯人贾科莫·卡萨诺瓦在回忆录中展示了这座城市的生活是如何自觉转化为戏剧的。除去了面具与斗篷,威尼斯人是轻盈多变的表演者。歌德曾在码头区注意到一个用威尼斯方言对一小群围观者讲故事的男人。"他的举止毫无突兀或荒谬之处,"歌德写道,"甚至称得上庄重。与此同时,其手势动作的变化性与精确性无不显示着艺术与智慧。"

威尼斯人热衷于服装。有时候,他们穿得就像一出特别复杂的城市喜剧的演员,并且,一册题为《威尼斯男女全套服装》(*Outfits of Venetian Men and Women*)的图画集在1610年出版。对于时尚与鲜明的色彩,他们目光敏锐。对装扮,他们表现出一种孩子般的热爱。威尼斯贵族女性尤其喜爱华服盛装。的确,这几乎可以称得上是她们必须履行的国家义务。1459年,为了一场向法国大使致敬的宴会,参议院要求所有出席的女宾必须穿鲜亮的衣裙,佩戴的珠宝越多越好。富贵与奢华的外表才是最要紧的。

伊夫林描述威尼斯女性的装束为"非常奇特,就像化装舞会上一般"。费恩斯·莫里森则作出了更形象的描述,他注意到,她们"露出光裸的脖颈与胸口,还有她们紧裹在亚麻布下的鼓胀的胸部"。她们的帽子上装饰着夸张的配饰,包括蝴蝶、鲜花与鸟类标本。但这就是威尼斯人对外展示的天赋。从某些暗示来看,威尼斯女性并不经常换内衣。不过她们在有一个方面却是一丝不苟。她们佩戴面纱,年轻女性戴白色,中老年女性则戴黑色。可是,威尼斯女性最声名狼藉或者说赫赫有名的,是她们的木屐。这种鞋子实际上是高跷,高达十八英寸(457毫米),穿上这种鞋子,她们需要在侍从扶助下才能保持平衡。她们看起来就像哑剧中的巨人。有人说,威尼斯女人半截是血肉,半截是木头。之所以会出现这样荒谬的鞋子,也许是因为街道上的泥污,或者是由于威尼

《裁缝》,彼得罗·隆吉绘。这幅十八世纪的画作描绘了威尼斯贵族社会中最重要的一群人物。威尼斯人拥有发现时尚与醒目色彩的敏锐眼光。对于穿衣打扮,他们显现出了一种近乎孩子般的欢乐。就像图中的女士一样,威尼斯贵族女性尤其热爱华服盛装。

斯男性对女性行动的限制。这里也允许夸张绚丽的装饰性裙摆出现。然而,更有可能的是,这种时尚已经失控。顺便可以一提,威尼斯女性曾普遍把头发染黄。其中使用的材料之一是人类尿液。

不过,对于美好形象的追求不分性别与社会阶层。经济较拮据的女性穿着朴素的长袍与披肩,但她们喜欢在手腕与脖子上挂一些小环链。渔民们穿宽大的褐色连帽斗篷,内含猩红的衬里。贡多拉船夫脚穿白鞋,身挂红色的肩带。女佣着深棕色或孔雀蓝连衣裙。乞丐们自认为是一道独特的风景,经常模仿更富裕的市民身穿斗篷。劳动者穿蓝色的束腰外衣,宽大的袖子收窄于手腕处,以及一种发源于威尼斯的"威尼斯裤"(Venetians)或称"男式马裤"。最受人们欢迎的颜色是天青色,译为"turchino",在十六世纪被卡西奥多罗斯称为"威尼斯

[126]

色"。从一个威尼斯人的着装判断出他在政治等级中的准确地位，这是可能做到的。

贵族遵从着关于着装的各类严格规则。只有总督才可以穿金色。他的衣袖也是最宽大的，因为袖子的宽度是地位的象征。威尼斯的贵族身穿庄严的黑色长袍，以凸显他们永恒的国家卫士的形象。他们是该政权的祭司。较高等级的贵族穿猩红、紫罗兰色或紫色；比如，参议院的成员就是穿紫色。不过这些同样属于庄重的官方颜色。在长袍外面，他们披上连帽斗篷。此外，他们还戴黑色的帽子。因为威尼斯的牧师、高等市民、医生与律师也穿黑色，我们不难看到一座服丧般的城市。许多女性，无论是贫民还是贵族，也穿黑色。本质上，这是一种制服，或者说戏服，以此传达一致性。

长长的袍子也阻碍了快速行动，因此贵族们的脚步总是缓慢而从容。1611年，英国旅行家托马斯·科里亚特记录下了"他们以谦恭有礼的姿态互相行告别礼，即鞠躬并以右手轻拍胸膛"。因此，黑色是庄重的颜色。黑色是隐匿的颜色。黑色也包含着恐吓的成分。它代表着死亡与公正。对黑色的偏爱延续了千年，其持久性显示了威尼斯社会风俗各项事务中强烈的保守主义。事实上，这样的审美品味存续至今。在二十一世纪的威尼斯街头，身着黑色长披风的年轻人并不鲜见。在当代威尼斯人的着装上，依旧留存着奇特与戏剧性的元素。

有一群威尼斯人惊人地喜爱炫耀。这座文艺复兴之城的年轻贵族分属于数个城市俱乐部或称绑腿行会，从"胜利"到"勇敢"，从"不朽"到"栋梁"。他们右腿上的绑腿由金银线缝制，珍珠和宝石在其上闪闪发光；它紧密贴合马裤，一直延伸到臀部。他们上身是一件光滑的丝绸衬衣，外罩天鹅绒紧身衣。他们长长的金发往往是染出来的。然后，还有香水。可以想见，在一座最不自然的城市里，一切都是香喷喷的——帽子、衬衣、袜子、手帕。就连金钱也散发着香气。

绑腿行会最著名的一点，是他们在宴会或婚庆仪式上戏剧性表演的展示，小伙子与姑娘（被称作"女伴"）在这样的场合会互相竞争。

[127]

"我们穿着协会的袜子，"其中的一员，贾科莫·康塔里尼，在1441年1月写给兄弟的信中说，"还有银丝织造的亚历山大天鹅绒斗篷，深红色天鹅绒广袖紧身衣，同色束带，头戴松鼠皮衬里的斯福尔扎式帽。"斯福尔扎式是一种来源于著名雇佣兵首领弗朗西斯科·斯福尔扎①（Francesco Sforza）的风格；在他功成名就之前，威尼斯人流行的是卡尔马尼奥拉式帽，以一位知名的将军命名。这显示了威尼斯人对浅薄与成功的热爱，一切都是以最为戏剧化的方式呈现。

《贩香水的人》，彼得罗·隆吉绘。香水是威尼斯人贩售的奢侈品之一。可以想见，在一座最不自然的城市里，一切都是香喷喷的——帽子、衬衫、袜子、手帕。就连金钱也散发着香气。注意狂欢节打扮的女士们，她们身上蒙住头与肩的斗篷被称作"面具"（bauta）。

最高贵的威尼斯贵族有着长长的鹰钩鼻与高耸的颧骨；他是苦行僧式的政治家。他肤色苍白。不过有一项非凡的改变发生了，时间可以被精确地追溯到1529年。那一年，威尼斯男子开始剪短头发，蓄起胡须。在那之前，他们蓄着长发，胡须仅被允许作为服丧的标志。一旦一两个人做出了试探性的改变，其他所有人都跟风起来。这里还有另外一些更普遍的变迁。譬如，十六世纪后期，一度程式化而贴身的服装变得更宽松丰满。其原因不甚明朗，埋藏在人类对于新奇与变革的渴望中。我无意撰写一部时尚史。重要的是要认识到，对威尼斯男女而言，服装的本

---

① 弗朗西斯科·斯福尔扎：1401—1466，意大利雇佣兵首领、意大利米兰斯福尔扎王朝的创建者、第四任米兰公爵。

质是戏装。

十八世纪的威尼斯，叫卖者走街串巷，吆喝新戏的演员阵容与演出时间。威尼斯人对戏剧的热爱闻名全欧。从船夫到贵族，这种热情贯穿了各个阶层，没有什么比即兴喜剧的非凡成功更能证明这一点。这种即兴的喜剧形式首先于十六世纪在威尼托出现，尽管不可否认的是它发源于古老的经典戏剧与节日庆典。其主要人物之一是潘塔洛内（Pantaleone），一个附属于清晰易辨的威尼斯人物的威尼斯名字，这是一个时而有些愚蠢的活泼老商人。（威尼斯实际上是由年长者掌控。）他穿着红色的衣服，披着黑色披风，脚穿红色土耳其拖鞋，象征着他与东方进行的贸易业务。由此，正如杰奎斯（Jaques）在《皆大欢喜》（As You Like It）中所言，六旬老人被"踏着拖鞋的干瘦老丑角"代表了。他总是说着威尼斯方言。据推测，他的名字可能来源于"栽培雄狮"（pianta leone）一词的讹误，该词本是指威尼斯商人旗帜上的圣马可之狮。他永远的恶习就是贪婪，是富人害怕失去所拥有的那种贪婪，而不是穷人想要得到更多的贪婪。他胆小怕事，是个和平主义者，却又希望通过贸易征服世界，他嫉妒一切，他是狂热的爱国者，不顾一切的求爱者与守财奴，他节操高尚却又狡猾，时常害怕被人欺骗以致一头扎进了骗局中。他代表着威尼斯惴惴不安的良心。

同样地，从"老丑角"（Pantaloon）衍生出了"哑剧"（pantomime）一词；我们应该感谢威尼斯人创造了这项流行至今的英国艺术。喜剧中的角色的确都是哑剧人物，如穿着方格戏服的阿莱基诺①（Arlecchino）与黑袍子的格拉齐亚诺医生②（Doctor Graziano）。女性角色则由年轻男性扮演。他们戴着面具，讲夹杂着希腊与斯拉夫语词汇

---

① 阿莱基诺：意大利即兴喜剧中的固定角色，以穿着方格戏服为特点，是无忧无虑、聪明机智的仆人形象。
② 格拉齐亚诺医生：意大利即兴喜剧中的固定角色，是阻碍年轻人恋爱的博学老者形象。

的威尼斯方言。阿莱基诺说贝加莫（Bergamo）方言，这是一座位于伦巴第的城镇，许多威尼斯脚夫与劳工来自那里。演员事先会得知戏剧的情节，但是，他们一旦踏上舞台，就要以完全源自天赋的才智与活力现编对白。这些对白经常是猥琐的，并且一定是戏谑的。他们在琉特琴与吉他的伴奏下跳着杂技般的激情舞蹈。

喜剧的表演者从不反对嘲讽时人时事。观众可以在这些喜剧中分辨出他们自己。每当一个似曾相识的典故出现，他们都捧腹大笑，鼓掌喝彩。喜剧角色中不乏交际花，而台下观众席中正是坐着许多交际花。这些即兴创作戏剧的主题——快快不乐的孩子，吝啬贪婪的

吉安多梅尼克·提埃波罗绘制的壁画，创作于十八世纪末，显示普尔钦内拉与杂技演员玩耍的场面。普尔钦内拉是"即兴喜剧"中的角色，而即兴喜剧是一种典型的威尼斯娱乐形式，最初出现于十六世纪，在随后的几个世纪里发展得越发粗野下流。普尔钦内拉身穿白色的戏服、戴着黑面具，以其长长的鼻子而闻名。在英国，他被人们称为"潘趣"。

父亲，背信弃义的仆人——都是威尼斯社会生活的组成部分。这是夸夸其谈与拙劣模仿、高声嗟叹与闹剧的古怪混合。这是角色扮演的戏剧。它堪称商业资本主义的喜剧，与十七世纪早期伦敦的"城市喜剧"有着相似的精神。喜剧因此成为了世界的镜子。

于是，自然而然地，喜剧形成了对真人真事的感知。有些在威尼斯出庭的案件包含着闹剧般的元素。一位十七世纪早期的法国外交官将庄严的威尼斯政治家嘲笑为"这些老丑角"。这些庄重的人物背地里却都在追逐一己私利，大概这就是可笑之处。

威尼斯人本身经常被嘲为"潘塔洛内"。拜伦也注意到威尼斯人的"天真质朴与潘塔洛内式的幽默"。至今，威尼斯还有一句习语，"潘塔洛内付账"；意思是国家或纳税人付账。卡萨诺瓦记述了他是怎样穿上丑角的戏服，"模仿傻瓜的步态"。在狂欢节的化装舞会上，你必须保持你所装扮角色的人物特征。最早一批来到狂欢节的游客注意到，当地市民喜欢装扮成其他国家的居民。一个威尼斯人可以毫不迟疑地化身演员。

[130] 有人认为，从喜剧的歌曲与场景中诞生了歌剧。那么，威尼斯成为欧洲的第一个歌剧中心或许就不足为奇。歌剧与喜剧体现了威尼斯人的精神与态度。它们出自同样的环境，满足了相同的欲望。两种艺术形式都发源于宗教与公民仪式的固有场面。歌剧在威尼斯的受欢迎程度得到了很好的记录。没有一项艺术与威尼斯人的性情如此相符。世界上的第一座公共歌剧院创立于威尼斯；1637年，贵族特龙（Tron）家族在其大宅内建立了一座公共歌剧院，并对涌入的观众收取入场费。第二座歌剧院两年后开张，在其后的五十年间，一共开了七座。词作者与作曲家生意兴隆。舞台监督的岗位应运而生。舞者与歌者以签约形式被雇佣。歌剧本身的结构也得到了标准化，每位主要歌者演唱五支咏叹调，其制作迅捷熟练得就像在穆拉诺造玻璃花瓶，或在兵工厂造船。在1680年到1743年之间，共有582出不同的歌剧制作并上演。

在许多方面，歌剧之所以在威尼斯蓬勃兴盛，是由于它是一门都市艺术。这是一门对比与多相性的艺术，存在于一座充满了贫穷与富裕、肮脏与光鲜之对比的城市中；这是一门风光盛景的艺术，存在于一座充满了节庆与狂欢的活力的城市中。歌剧与外部生活、与公开展示的生活息息相关，是以音乐和歌曲展现人类精神伟大而普遍的戏剧。通过仪式和感情夸张的言行，歌剧散发着活力与光辉。它完全是威尼斯式的。它也维持着威尼斯的神话。在一些歌剧中，威尼斯被赞颂为新特洛伊或新罗马；有将威尼斯起源于流亡者的经历改编而成的歌剧；许多舞台背景就是威尼斯本身。观众击节而叹，吹哨呐喊。贡多拉船夫也可以免费入场；他们通过跺脚及高呼"好极了！"来喝彩。一旦他们听到了喜爱的咏叹调，他们热情的跺脚会让歌者不得不返场致谢。一段咏叹调结束后，包厢中抛出的鲜花如雨点般落下，连同写着赞诗的纸片。有时候，甚至还有人在歌剧院中放出颈上系着铃铛的鸽子。一位外来游客记录下了包厢中一位威尼斯贵族的反应。"哦，我亲爱的，我要跳起来！我要跳起来！"

威尼斯的舞台艺术以其精微细巧闻名全欧。约翰·伊夫林赞叹道，"各种各样的场景以透视画法、空中的飞行装置的视角及其他奇思妙想绘制设计而成；汇聚一处，这是人类智慧所能创造的最华丽、最昂贵的消遣。"这一舞台艺术的诱惑力源于威尼斯人对童话情节与东方背景的偏爱。戏剧中有着船难与海怪，深渊中的喷火龙与缓缓降临自天边的古代神明。威尼斯的"造云机"尤其受人称赞。这是如同游戏的艺术。

布克哈特在《意大利文艺复兴文明》中引用了威尼斯人的一句话，大意为"布景的影响力带来了远近各处的观众"。但是接下来他也注意到，这些展示装置的技巧与效力仅仅只是用于"喜剧与其他消遣娱乐"。美景的展示促进了悲剧的消亡。在威尼斯从没有悲剧的一席之地。

欧洲第一家专门用于戏剧制作的剧院于1565年在威尼斯建立。到十七世纪末，这里已建成了18家公共剧院，对于不超过150000的人口而言，这是一个很大的数目。与此同时，伦敦只有6家剧院，巴黎也只有10家。十六世纪，据意大利作曲家吉罗拉莫·帕拉博斯克①（Girolamo Parabosco）所说，"当喜剧名角登台献艺时，市民们翻过围墙，砸开大门，游过运河也要赶来观看。"

---

① 吉罗拉莫·帕拉博斯克：约1524年—1557年，意大利文艺复兴作家、作曲家、管风琴演奏家、诗人。

观众与表演者一样，也是戏剧的重要部分。在上演过程中，他们窃窃私语，放声大笑，甚至互相打赌。为了找人聊天取乐，他们从一个包厢转移到另一个包厢。他们叽叽喳喳的噪声堪比灌木林中的鸟群。照明总是昏暗，包厢里几乎是一片漆黑；乐师的乐谱架由西班牙蜡烛照亮，舞台上则点着橄榄油灯。包厢里的观众朝着大厅里的观众吐唾沫。这是一项没有好精神就忍受不了的风俗。大厅里的观众可以戴帽子；包厢里的观众则没有这份特权。就像在歌剧院一样，贡多拉船夫——威尼斯的宠儿，可以免费入场。他们为某些演员或剧作者拍手喝彩。他们经常被人收买，在特定的时机鼓掌或起哄。其他人只是在后方等候，为他们的主人提着灯。在幕间，小商贩会在观众中穿行，兜售橘子与饼干，茴芹水与栗子，咖啡与冷饮。

大幕拉开，出现的也许是一座古代神殿，一座森林，或一座皇宫。演出中也许会有列队和游行，宴会和战争。不过，有一个主题最受喜爱。那就是这座城市本身。全体观众会为任何一个出现的威尼斯典故欢呼喝彩，以这座城市的街道和房屋为背景的爱情剧或佣兵剧大受欢迎。这是一种具有强烈地方色彩的戏剧。观众尤其偏爱更令人安心的家庭生活剧。如果一个角色或场景违反了现实生活中的礼仪，就会遭到观众的极力抵制。歌德曾目睹一出戏剧被观众叫停，当时剧中一名青年正要用剑杀死他的妻子，随后演员上前致歉，并保证这幕场景是皆大欢喜的结局。毕竟，就算不是全体观众的意愿，但也反映出大部分人对幸福婚姻生活的偏爱。

这一点在威尼斯最著名的剧作家卡洛·哥尔多尼（Carlo Goldoni）的作品中体现得再明显不过。他的作品是威尼斯社会生活的喜剧。像一面镜子般反映了威尼斯人的天性。他是如此得心应手，曾在一年内完成了16部三幕喜剧；在他从1734到1776年的戏剧生涯中，共创作了250部作品。如同同胞丁托列托、提香及维瓦尔第，他的创作十分高效。他浑身充满了热情与活力。在商业方面，他实现了迅速的转变。一开始，他创作的是建立在喜剧模式上的套路化戏剧，随后则凭着天才的直觉转向描写威尼斯生活的温和喜剧。他所塑造的船夫与差役、店主与主妇的形象深深吸引着大众的目光。一切都以如生活实景的样子被搬上舞台,并伴随着威尼斯人特有的紧密与整洁。典型的舞台设定为小广场,背景是常见的店铺与房屋。他极为忠实地再现了人们的语言与行为习惯。更广大的世界对于他笔下的人物则无足轻重。在他创作的某部喜剧中,一个伦敦人谈论起了自己家乡的运河,这显示出哥尔多尼认为伦敦应该与威尼斯差不多。他笔下的人物也并不关心本城的政治。那是其他人的任务。他们是一小群以争吵、误解及尴尬的家庭生活为主线的人。这些家庭会一度陷入动荡,随后他们恢复稳定,继续前行。

威尼斯戏剧家卡洛·哥尔多尼的肖像,亚历山德罗·隆吉绘。哥尔多尼是这座城市最伟大的剧作者。他创作的是威尼斯社会生活的喜剧。他为威尼斯人的天性竖起了一面镜子。通过对船夫与侍者、店主与主妇的形象刻画,他俘获了十八世纪大众的心。

在他最著名的作品之一《扇子》(The Fan)的第一段舞台指导中,他展示了一幅威尼斯的全景图。

> 埃瓦里斯特(Evarist)与男爵面向小桌前方而坐,喝着咖啡,里莫纳托(Limonato)在一旁侍候,克里斯皮诺(Crispino)在他的货摊上修修补补,在他的不远处,克罗纳托(Coronato)坐在自家门边,记着笔记。布茨(Boots)一家擦着餐馆的窗户。格尔特鲁德(Geltrude)与坎迪

达(Candida)在阳台上做着编织。在右边，托格尼诺(Tognino)扫着广场。妮娜(Nina)在家门前纺纱，在她的位置旁边，莫拉齐奥(Moracchio)用一条绳索牵着两只猎犬。蒂莫泰奥(Timoteo)不时将头探出药房张望；后方，苏珊娜(Susanna)在她的店铺前做着缝纫。

这是威尼斯的完美缩影。

同样，哥尔多尼的作品也忠实于人们的内心，他具有在严肃事件中发掘荒唐面的能力。他的幽默中多有嘲讽，偶现粗鲁，却从无怨怼。他的舞台上不会出现暴力。哥尔多尼小心克制着早期喜剧中那种直白的淫词亵语。他笔下的人物无所事事，说长道短；他们生气勃勃，诙谐机智；他们谈论新上演的戏剧与最近的丑闻。他们热衷于金钱。但一般来说，他们都是和蔼可亲，欢乐快活的。所有这些品质都可以说是十八世纪上半叶威尼斯人的性格特点。

这里没有对灵魂深处的探寻。这里没有沉思与独白。由此，我们或许可以认为哥尔多尼的剧作是肤浅的，但这并不意味着除此之外没有别的东西。这是关于表象的戏剧。舞台上的威尼斯人不需要被赋予个性；他们以集体的方式思考及行动。他们没有自己的癖好。他们也不抒发伟大的激情。每个人都被同样的情感打动，有着别无二致的特性。这就是为什么哥尔多尼的喜剧总是以家庭生活的和睦诗篇来表达。它们从不记录杰出个人或异类的功业与情感。一切都是光明而优美的。哥尔多尼歌颂的是寻常人性与生俱来的尊严。

那么，威尼斯人本身的特点又是怎样的呢？他们是公认的开朗愉快，有着与生俱来的兴高采烈与自然而然的能说会道。亨利·詹姆斯相信，他们天生就无欲无求，因此他们的生活可以用"阳光，休闲与聊天"衡量。他们有着自由的风俗，尽管这与他们被欧洲最严厉的政府体系所统治的情况相矛盾。在公共纪律与私人自由之间也许存在一定的联系。乔治·桑将他们描述为一群"不动脑筋的享乐者,如此诙谐机智,充满欢歌"。

他们也被描述为轻佻、善变而幼稚的。这或许就是开朗愉快的阴暗面。在其他意大利城邦看来,他们无能又靠不住。他们被认为善变而不义。他们倾向于忘记哪怕是最近发生的甚或最重大的不幸。这可能是过分活泼带来的健忘。不过,这种天真烂漫或许只是威尼斯平民的特点,而非贵族的。政府像对待孩子一般治理人民。所以,人民似乎是在对国家的信任与顺从的风气中生长的。艾迪生相信,威尼斯参议院在"平民"中鼓励体育运动与派系斗争,正是为了保持共和国的稳定。

同时,他们也是模棱两可的。他们难以被"读懂"。反映着这座水上之城模糊不清的地位,模棱两可或许才是问题的关键。在十八世纪,修女也可以同时是一名娼妓。船夫也可能是个富豪。衣冠楚楚的贵族或许一文不名。阿尔布雷希特·丢勒记述道,他们之中有"最无信仰的、欺诈盗窃的流氓混混,我几乎不敢相信世上竟有这样的人存在;然而,不熟悉他们的人还会以为他们是世上最友好体面的人"。值得商榷的是,这一点或许普遍适用于任何一片天空下的人群,但在一座属于面具与秘密的城市里,这种模棱两可渗透到了各个方面。它正愈演愈烈。

显然,这就是针对他们表里不一的指责的来源。在他们与其他国家的来往中,特别是法律与政府事务方面,他们具有掩饰的天赋。他们为自己的贪婪披上正直虔诚的外衣;他们将自己的狡诈掩藏在政治的面具背后。用一位英国观察者的话说,"将狐狸尾巴缝在圣马可之狮的外皮上"正是威尼斯人的天性。关于他们的表里不一有许多故事。十五世纪,匈牙利国王来到威尼斯,向圣祖利安教堂的教士们请求得到隐士圣保罗①(Saint Paul the Hermit)的遗体。他

[135]

---

① 隐士圣保罗:?—约341年,被认为是第一位基督教隐士。

们不愿触怒这位君主，于是将格里曼尼（Grimani）家族一位成员的遗体交给了他。从此，匈牙利人将这具毫无价值的遗体当作圣髑顶礼膜拜。

这座面具之城擅长隐藏的艺术。正因如此，威尼斯人总是彬彬有礼，展示着他们柔和的风格；他们因良好的礼仪受到称赞。他们在公共场合举止拘谨而保守，或许呼应了那句威尼斯谚语"爱上外国人就是爱上了风"。威尼斯贵族以谦恭礼让保持与外界的距离。回忆录与档案表明，他们礼貌、沉着，即使在私事上也是如此。他们热爱形式与外表，胜过其他一切。当众时，威尼斯人被观察到的是"僵硬呆板"的，完全依照行为礼仪从事。譬如，与其他意大利人不同，他们的手势与语言并不过度。在这座城市的官方文本中有几句重要的套话。政务会委员被称为"明智而审慎的"；国家官员则是"英明而周到的"。又如说，他们是虔诚的，但绝不是狂热者。威尼斯不会欢迎萨伏那罗拉①（Savonarola）。

不过，他们的幽默是毫不含糊地粗鄙不雅。有一句威尼斯俗话大意为，不粗俗则不可笑。一位著名的高产作者尼科洛·托马塞奥②（Niccolò Tommaseo）的雕像被称为"书籍厕所"。就像在英格兰一样，粗话在很大程度上与实用文化及直觉决断力有关。比如，在他们的治国策略中存在着严酷的现实主义因素。在这座"浪漫"之都并没有多少浪漫可言。幽默往往揭露虚伪与假装；它经常是黑暗的，有时甚至是尖刻而粗鲁的。威尼斯人总是戳破狂妄自大与洋洋得意的泡沫。他们习惯于公共生活中的虚伪与一心一意的假装，这一切或许就是他们的本能反应。这是一种反击的方式，表明他们并不曾真正被愚弄。

---

① 吉洛拉谟·萨伏那罗拉：1452—1498，十五世纪后期意大利宗教改革家、佛罗伦萨神权共和国领导。
② 尼科洛·托马塞奥：1802—1874，意大利语言学家、记者、散文家、词典编者。

轮内之轮

1605 年的威尼斯被称为"集世间之大成",因为世上的一切都可以在这里的某处找到;如果说世界是一枚指环,那么威尼斯就是镶嵌其上的宝石。在某些方面,这是一座典范之城,是反抗自然与自然世界的终极城市。这是一座最为都市化的城市,它与那些扎根泥土的地区有着截然不同的含义。以此,它成为了其他城市学习的目标。刘易斯·芒福德[①](Lewis Mumford)在《历史上的城市》(*The City in History*)(1961)一书中写道,"如果能够理解并仿效威尼斯的公民道德,那么之后的城市就可以被规划得更好。"例如,由快捷的大运河抄近路穿过通行较慢的小型运河的交通体系,就是同类案例中的范例。潟湖水域的存在也将城市规模保持在易管理的程度;它并没有无规则地延伸,唯一的郊区是拥有各自内部生活的其他岛屿。

这里也成为了欧洲文化的范例。你或许可以振振有词地断言,第一次工业革命不是发生在英国,而是在威尼斯,是关于造船业、制镜业与玻璃业的管理。这里是商品资本主义的首个中心,是遍及欧洲与近东的城市网络的焦点;它既依赖于其他城市,也支持着其他城市。它代表了一种从农耕到商业的新的文明形式。一直以来,这里都是一块标志性的地区。譬如,在十六世纪末及十七世纪初,这里被看作终极之城——堕落,违背自然,以及一些被贬至奴隶地位的居民。在我们生活的年代,它也可以被归类为第一个后现代主义的城市,游戏般的城市。由此说来,威尼斯也许是人类共同命运的先驱者。

威尼斯的政体本身就是其他国家的典范。霍布斯在长居威尼斯后写下了《利维坦》(*Leviathan*);该书随后被视为新兴市场经济的辩解。十七世纪清教徒共和国的政治改革者们将威尼斯视作现代共和政体的

---

① 刘易斯·芒福德:1895—1990,美国历史学家、社会学家、科技哲学家、文学评论家。

可行典范。美国的建立者们亦是如此。

从另一个方面来看，该国的行政管理也堪称典范。它成为了这座城市中一切其他形式的规则与命令的典型。各类行会的选举程序建立在选举总督的复杂规则之上。各兄弟会的会堂都是以公爵宫的大厅为原型，并饰以相似的历史与神话题材的油画。公爵宫外立面上的钻石菱形装饰紧密结合成了一张网。十六世纪的威尼斯小调以繁复的叠声著称，每位歌者的声音都融汇于密实而此起彼伏的歌声中。

这座城市的地形本身——连同其小桥、运河与窄窄的水巷——反映了共和体系错综复杂、纵横交错的从属关系。在威尼斯的监管下，地方行政官与机构的增加往往被描述为街巷一般复杂的"迷宫"。各类委员会的成员每六个月或十二个月改选一次，使该政体的变动模式就像海洋的运动。是地域决定了政体，还是政体形成了地域？这是一个无法回答的问题，它与人类行为的起源联系得如此紧密，以致肯定是永远无解了。

那么，这一政体渗透进威尼斯社会生活每一方面的秘密又是什么呢？十七世纪早期英格兰驻威尼斯大使达德利·卡尔顿曾将其与这座城市经营的一种商品作比。威尼斯共和国"是一台由许多机轮构成的时钟，它在轻微地运动，有时难免发生故障，但很快就会修复，继续毫无改变地运行下去"。这些机轮，还有机轮内的机轮，就是组成国家的各类机构。

从这片潟湖上初次有人定居开始，威尼斯的早期守护者是各岛上的护民官；他们由一年一度的选举产生。然而事实证明，这种松散的结构不利于运转，于是首任总督于697年选出；保罗齐奥·阿纳法斯托（Paoluccio Anafesto）在赫拉克利亚岛的大会上当选，并受到群众的欢呼。人们相信，罗马共和国的精神在此重生。不过，就像罗马一样，某个主要家族的权势会摧毁任何的早期民主精神。只有有钱有势者才理应得到官职。十世纪与十一世纪，贵族家族间龃龉不断；总督不时被暗杀或驱逐下野。十二世纪中叶，一个旨在辅佐与协助总督的

[139]

官员组织形成。它被称为"公社",尽管并不具备此词后来所包含的革命色彩。

不止于此。十二世纪末,一个由贵族家族组成的委员会正式成立,以牵制总督的行动。当时,领袖正是由他们选出,而总督只需出现在人民面前,由人民"批准"。他站在阳台上,宣布,"如果你们愿意,这就是你们的总督"。后来,就连这项对人民权力的承认也取消了。并且对政府的性质还加诸了进一步的限制。1297 年,一条法律获得通过,规定只有父亲或祖父已然列席其中的贵族绅士才有资格加入大议事会。大议事会成了少数人的高等俱乐部,威尼斯则成为了世袭贵族统治的社会。到 1423 年,公社的命名已经终止,自此以后,该国被称为代表权力与统治的"主权统治的领土"。

因此,到十五世纪初,威尼斯政府的基本结构就已成型。十六世纪曾有几次宪法的变迁,但是其原则一直保持不变,直到共和国于 1797 年灭亡。这种情况就如同十八世纪的英格兰还处在理查二世① (Richard II) 与亨利四世② (Henry IV) 政权的统治下一样。

这一结构历经了许多个世纪的进化,并且,就像澳大利亚的哺乳类动物一样,它是因相对隔离而产生的独特现象。它由一系列委员会与官方机构组成,每个组织中都有类似三位一体的三重神的神秘主义团体参与。在错综复杂的金字塔底部是全体大会,其召开只是为了批准基本的立法。全体大会之上是大议事会,理论上由他们选出各地方行政长官、次要委员会的成员以及总督本身。委员会包括"四十人",一个由贵族与公爵顾问组成的特殊机构。这些委员会的成员组成了参议院。金字塔的顶端是总督。进一步详细解释各委员会、大会与地方行政机关乏味而庞杂的组织会使读者不堪重负。就连威尼斯人自己对

---

① 理查二世:1367 — 1400,1377 年登基成为英格兰国王,1399 年被废。
② 亨利四世:1367—1413,英格兰国王,由 1399 年到 1413 年在位。由于受议会拥戴而即位,开创了国王尊重议会意见的先河。

此也不甚了然。

不过,通过描述总督的选举过程,我们可以洞悉威尼斯人迷宫般的内心世界。选举日一早,行政机构的分支——执政团中最年轻的一名成员会在大教堂中下跪祈祷;随后,他步出教堂,走进圣马可广场,拦下遇见的第一个男孩。这个孩子随即成为"选票员",将写有提名人选的纸片从公爵宫的瓮中抽出。在第一次投票时,大议事会将选出三十名成员。第二轮投票再从这原有的三十人中选出九人。反过来,由这九人选出四十人,其中每人须得到七次提名。随后新一轮的投票又从四十人中决出十二人,由这十二人选举出九人,由九人选出四十五人,再由四十五人选出十一人。这十一人又选出四十一人。最后由这四十一位投票者选举产生总督。再不可能有比这更繁琐复杂的程序了。其唯一的目的就是剔除个人诡计与特殊利益,但其显示出的对公共团结的专注是近乎痴迷的。

这种凝聚力由无数互相交叠的权力与政府机关维持;它培养了一种平衡感,这对于一座漂浮的城市而言无比重要,与之相伴的还有一种适应性。它同时也提供了一种公正监督的方法。它由辩论与协商管辖。它缺乏新颖与刺激性,代之以审慎和一贯性。它耐心而深入。这就是它长盛不衰的原因。地方行政官的迅速轮换,最长的只持续了六个月,显示了贵族在不同行政管理领域的训练有素。但这也无可避免地导致了低效与混乱,连同令人眼花缭乱的官僚程序,但这却被当作达到良好秩序值得付出的代价。或许,成功的秘密就在于这一奇特的事实:没有人知道真正的权力存于何处。这里没有单一的权威。

名义上,威尼斯是一个共和国,但实际上,用富豪统治来描述才更为恰当。只有区区一百个家族被允许参与到政府中;市民与下层平民被排除在外。威尼斯的政体也具有老人统治的一切特征。四十岁以下的贵族不得入选参议院;十五和十六世纪,总督当选时的平均年龄在七十二岁。总督总是比教皇还年长,而教皇是意大利唯一的另一个终身任免的官职。也许，这算是共和国拥有令人保持健康的清新空气的活广告，不过它也反映了威尼斯人对传统与经验的看重。通往领袖地位的漫漫长路需要耐心与服从；为共和国服务的年资培育了一致与妥协的精神。同时这也是一项预防措施，没有一位总督能统治太长时间或攫取太多权力。军队指挥官及政府要员也都由年长者担任。例如，多梅尼克·康塔里尼（Domenico Contarini）于 1526 年当选威尼斯军队将军时已达七十五岁高龄。而这样的情况绝非个例。一个年轻人的政府——我们可以中世纪的英格兰君主为例——会产生激情澎湃、尚武好斗的文化。但这从不曾在威尼斯出现。

当然，在威尼斯也曾发生对抗。十六世纪后期的几十年间，历史可追溯至共和国早年的"旧"家族与较晚定居威尼斯的"新"家族间的剑拔弩张。"新"家族反对十人委员会不断渗入的势力，并希望通过寻找新兴市场的方式使威尼斯的贸易焕然一新。实际上，这座城市行政管理的重点正在逐渐改变，但这是一个缓慢积累的过程。这里不会出现党派与小集团。人们互相依靠，以维持政府机器的平稳运转。没有任何个人野心或家族对抗可以被允许破坏国家的安全。

贪腐是普遍而广泛存在的。"每一间办公室，"马里诺·萨努多于 1530 年 10 月写道，"都塞满了钱。"竞争某一特定职位的对手们携几大袋黄金进入大议事会的场景司空见惯。"借贷"会被提供给个体选举人。有一句威尼斯老话说，助人就是助己。在这座城市中遍布着超过八百座这样的办公室，而贵族阶层的一个主要关注点就是通过游说得到这些官职；对于那些统治阶级中较不富裕的人来说尤其如此，他们被称作"小瑞士"（svizzeri），因为他们就像瑞士雇佣兵一样别无其他收入来源与身份。不断有反选举腐败的立法通过，而即使是甄选微不足道的官职也设计有一套错综复杂的程序，以避免较为明显的贿赂形式。但这些煞费苦心的防范措施本身也不过是个象征。它们使人深深地意识到贪腐的可能性。一座深陷贪腐泥潭的城市反而会愈加使自己显得清正廉洁。

[142]

关于阴谋与欺诈的"纠葛"(imbroglio)一词,正是来源于威尼斯的某个地点。该词中的"布罗洛"(brolo)或"布罗格里奥"(broglio)是位于公爵宫前的一座花园。贵族们会在这里散步,筹划下一步的行动。这是游说与密谋的场所,只需通过一个微笑或拉拉袖子就能传达暗示。

因此,总督是政府的最高级成员。早期的总督戴着四角帽或软布帽,就像古代弗里吉亚[①](Phrygia)的国王那样。他身穿带金穗的丝质斗篷,胸前缚着金色的纽扣。他脚穿红色的鞋袜。尽管一经当选即终身任职,但是他的身边却包围着限制与规则。威尼斯不会产生恺撒。总督不能亲自拆阅信件。他不能私下接待外国来客。不与顾问商讨,他就不能讨论政策事务。未经允许,他不得离开威尼斯。更有甚者,未经批准,他不得在城中随意走动。他不能购买昂贵的珠宝,或者在威尼斯境外拥有物业。他不得在公爵宫的范围以外展示公爵的武装。人们不会称他为"大人"(my lord),只会称他为"总督老兄"(messer doge)或"阁下"(sir lord)。在他面前无需下跪,也不用亲吻他的手。有人说,他本质上就是个风中摇摆的"酒店招牌"。他丧失的实权越多,承载的荣耀与礼仪就越厚重。

尽管如此,他还是拥有一种权力。毕竟,他是这个国家名义上的领袖。亨利·沃顿爵士宣称,"像太阳一样,他通过间接的方式达到自己的目的,而不是直接的权威。"他主持所有的选举委员会,包括参议院、大议事会与十人委员会的选举在内;他是一切政府机关的总监督人。他须每周两次出现在公众面前,各类礼仪职责也是繁重的。他是威尼斯国家的象征。从本义上说,他体现着民族的兴旺。他的衣着与行为会被人仔细观察,以发现重点的变化。在进行一场艰苦战争

---

① 弗里吉亚:安纳托利亚历史上的一个地区,位于今土耳其中西部。弗里吉亚无边便帽是一种与头部紧密贴合的圆锥形的软帽,其帽尖向前弯曲,典型的颜色是红色,古代弗里吉亚人曾经佩戴这种帽子。

的讨论会上,如果总督离席如厕,这一行为就会导致轰动。不过,总督的权力不止于此。他知晓这座城市的一切秘密。

在他死后,公告的话语总是千篇一律:"我们沉痛地听闻最尊贵的王侯,一位如此优秀而虔诚之人的噩耗;但是,我们需要选举一位新任总督。"他手指上的图章戒指被褪下并掰成两半。已故总督的家属须在三日内搬离宫殿,他们的家具也要迁走。三位调查人受命核查总督的一切行为,如有需要,还会为任何欺诈或恶迹惩罚其继承人。只有以这种方式,威尼斯才能控制家族权势的增加。

总督是贵族中的贵族。本质上而言,威尼斯的社会结构非常简单。贵族占人口的4%;市民代表占6%;剩下约占九成的人口都是平民。每个群体各司其职,也各有自己的特权。这是一个高度结构化与深深等级化的社会——一个财产与秩序都由法律规定的社会——由若干连锁网络与亲缘关系网构成,连同上帝与这座城市伟大的荣耀。

然而,仅占10%的人口是怎样做到对90%的人口进行有力统治的?他们收买;他们欺骗;他们创造内部对抗;他们以编造身份与起源神话的方式抚慰无权无势的人民。这本身就是一部人类史。

我们可以从占威尼斯人口最大比重的群体说起。平民由零售商、工匠、劳工与穷人组成。他们形成了一种社会种类,而不是经济种类;所以在平民阶层之中存在着财富上的差距,既有较为富裕的上层平民——地主和商人,也有店主与工匠之类的下层平民。事实上,这里的局部变化是如此多样,以致我们找不出一种可以描述"平民"的政治概念。这里不存在"团结"的感情。正如西班牙大使在1618年所说,平民"由如此庞杂的成分构成,我认为他们不可能掀起暴动,尽管他们的人数足够占领与充满整个威尼斯"。这些平民普遍被认为是忠诚而驯良的,他们对家乡的深厚感情远胜于抗议与反叛的倾向。

[144]

人民还有其他充足的理由维持社会秩序与稳定。除非遭遇紧急事件或饥荒等不同寻常的情况,威尼斯总有充足的廉价食物,几个世纪以来，劳工的薪酬也一直维持在相对较高的水平。这里没有地方性的贫穷，譬如巴黎或伦敦的下层阶级那样。在威尼斯是不可能写出《悲惨世界》(Les Misérables)①的。

不过，人民只有在内部才会互相争斗。较为贫穷的平民，渔民、船夫、仆役和劳工在城中形成了两大派系，分别叫做"卡斯泰拉尼"(the Castellani，亦称"阿森纳洛提"［Arsenalotti］)和"尼科洛提"(the Nicolotti)。这是一个古老的划分，从威尼斯移民开始定居的威尼托、耶索洛与赫拉克利亚联合乡镇间的敌意中诞生。进入二十世纪，尼科洛提派头戴黑帽，腰间系着黑腰带，而卡斯泰拉尼派则着红色。尼科洛提派有自己的政治权力机制，因为从十四世纪开始，他们形成了选举首领的习俗，首领被称为"大加斯塔尔多"(gastaldo grande)，能够庄严地位列公爵宫觐见总督的队列中。阿森纳洛提派也有自己的特权。在总理事会召开期间，兵工厂的工人会被委以站岗的职责，他们也担任总督的保镖。通过这些方式，平民被牢牢卷入国家命运之中。因此威尼斯人民不习惯政治暴动，甚至对此感到憎恶。

两派的领地泾渭分明，围绕着圣彼得罗·迪·卡斯泰洛(S. Pietro di Castello)教堂及圣尼科洛·代·曼迪克里(S. Nicolò dei Mendicoli)教堂的教区为中心，卡斯泰拉尼在东，尼科洛提在西。这样的分界明显地使人想起，这座城市最早就是一个个独立社区的集合。在共同的边界上横跨有一座教堂，圣特罗瓦索(S. Trovaso)教堂，卡斯泰拉尼派从南门进入，而尼科洛提派则从西门进入。两派经常发生街头斗殴，政府在"分而治之"的前提下对此予以容忍；通过内部争斗，反抗当局的城市暴动的可能性被降低了。在1639年的一系列恶斗中，超过四十名参战者死亡。但在以后的日子里，这些恶斗逐渐演变为类似平底船比赛的竞技赛事。以真正威尼斯的方式，攻击软化成了仪式。

---

① 《悲惨世界》：法国作家维克多·雨果在1862年所发表的一部长篇小说，讲述了主人公冉·阿让由苦刑犯转变为市长的经历，以此反映出当时的时代背景。

平民没有政治权力，但在行会或兄弟会中，他们拥有一套不同的等级与阶层制度。贸易生活中所有的普通行当都有各自的代表性组织。十三世纪，登记在册的组织数量超过一百个，为染工与修桶匠、泥瓦匠与木匠、制绳人与水果贩提供专有权。整个城市中共有两百个麻纺织工与棉麻织布工的行会，维持着一张复杂的职业网，使每个工人各司其职。因此，这是一条控制劳动人群的隐蔽途径。

就像遍及欧洲的其他中世纪行会，这些组织具有排外性且等级森严。它们行动起来反对在这座城市中务工的陌生人与外国人；它们为良好的做法设立标准，惩罚无视这些标准的人。它们有自己的督察官和法庭；它们组织市场，而且或许最重要的是，它们为任何因灾祸或疾病失去工作的成员提供经济援助。没有一个威尼斯男性能在不加入相应行会的情况下就业。没有人能在不宣誓效忠威尼斯的情况下加入行会，但当然，没有一个行会成员能在共和国的政治生活中占据一席之地。与此相关且至关重要的一点是，没有一项举足轻重的职业、比如律师和商人，是需要行会来保护自身权益的。国家已经为他们履行了这种职责。

行会维护着劳工的"权利"，但它们也坚持着其中所包含的义务。例如，劳工要应征到海船上服役。同样通过行会的作用，国家得以在各类不同的行当中强制执行律令。通过参与某些宗教仪式与游行，行会也被带入国家的信仰生活中。它们将一些圣人当作自己的庇护神，每逢节庆日就会在神龛前点上蜡烛。通过这些途径，国家权力的道德训诫铭刻在了大众意识中。所以，当我们说"行会维护着劳工的自主性与地位"时，这是事实，抑或只是一个巨大的幻觉？观察者自有判断。

［146］

平民们每天所经营的才是威尼斯生活真正意义上的支柱。在狭场上支撑圣马可之狮与圣西奥多的两根柱子的花岗岩基座上，镌刻着这座城市劳工的形象——酒贩、蜡烛商贩、铁匠、渔民、制桶匠、屠夫、水果贩子，都占有一席之地。如今，时光和风雨早已将这些形象

圣马可狭场的照片，圣马可与圣西奥多之柱守卫着这块神圣的空间。狭场在十六世纪被重新设计为一套舞台布景，双柱则是它的框架。

抹去。就像威尼斯街头的小商小贩们也已消失。现在的威尼斯手艺已成为了旅游表演。

当各行各业的劳工列队行进迎接新任总督时，他们有一套既定的顺序；领头的是玻璃匠，后面依次跟着铁匠、毛皮衣制作工、织布工、裁缝、羊毛起毛工及其他工种。最后是鱼贩、理发师、金匠、制梳匠与制灯匠。每个行当都有自己的制服、标志与乐队。据估计，十六世纪后期，在行会成员水平线以下的无技能劳工与工匠包含上万名男女；如果将他们的直系家庭成员也计算在内，其规模构成了总人口的四分之一。本质上，他们是供养着威尼斯商业资本主义的无产阶级。

平民之上的阶层被称作"市民"。二者之间的区别在于血统与居住地,以及一些纳税上的差别;二者的区别并非是在经济上。一个追求高位者要证明他的祖父与父亲都出生在威尼斯,并且家族在三代之内未遭任何形式的体力劳动玷污。一名男性只要在城中居住满十五年并缴清所有必需的赋税就能满足条件。一经获得确定,市民就拥有了譬如加入威尼斯国家机器背后的官僚机构的可能。市民大部分是这座城市的公务员,有着这一群体的一切优缺点;他们提供了政府事务必不可少的连贯性与效率。对于他们之中的个人,我们一无所知。在威尼斯的历史中,他们是默默无闻的国家公仆。他们的着装与庄重的举止都肖似贵族。

贵族本身则矗立在这一元化社会的顶端,他们是在整个共和国历史中占据统治地位的排他阶层。从来没有少数人可以如此和平地统治多数人。本书已在前文中描述了他们的黑袍与庄严的举止。在现存的肖像中,他们的动作与表情如出一辙——或者可以说,根本就谈不上有什么动作或表情。由于被描绘为没有私人生活可供谈及,他们显得高深莫测。据说一位总督的好恶是不为任何人所知的。不过,他们的庄严肃穆与自我控制换来了浮动世界中的一种延续和坚定感。在一个外观千变万化的世界里,他们岿然不动。

[147]

贵族有贫有富,但大多数贵族都希望保持自身等级的排他性。在十三世纪后期与十四世纪初期,大议事会向所有小圈子以外的人士关上了大门;这是一种依靠继承的政体形式。一份挑选出来的家族名单被记录在一本称作"黄金书"的登记册上。据1486年的记录,共有二十四个家族至少从七世纪开始就成为了威尼斯生活的一部分;他们包括布拉加丁家族(the Bragadin),波拉尼家族(the Polani),奎里尼家族(the Querini)和佐尔兹家族(the Zorzi)。到十七世纪,约有150个家族或宗族以各种非正式的利益集团方式联合在一起。这些多重派系确保了国家的稳定,因为没有一个家族或利益集团能够取得至高无上的霸权。不过,他们数量不多,因而彼此十分熟悉。他们洞悉渴求高位者的一切优点与弱点。

贵族阶层最后的遗迹依旧存在，就是那些威尼斯的豪宅大厦。直到十七世纪，即使是最宏伟的贵族豪宅也只是被称为寓所；在那之后，它们常被赋予更高贵的称谓——宫殿。有些的确是名副其实的宫殿，拥有尊贵的房间与富丽的家具。"我从未见过宫殿，"威廉·哈兹里特[①]（William Hazlitt）在1824年写道，"除了在威尼斯。"这些豪宅的外观在大运河两岸都清晰可见，而其他建筑已然湮灭在编织出这座城市其余部分的街巷与水道中了。

在十四和十五世纪，这些大厦具有实用功能。它们既是商栈，也是住宅。它们代表着家族的集体认同。它们代表着家族（男性）的世代荣誉。威尼斯法规鼓励同一家族的成员维持对住宅的所有权，这是一个浮动世界中不变的点。一些住宅的取景避开了水域，而是围绕在一块内部庭院的四周。一楼，或称中心运输点曾被用作库房及商业区，面向运河开放，以便运输货物；这里有水上入口，也有陆上入口。其上的楼层则是居住区。二楼有中央会堂——大厅向两侧的套房开放。这里也有无数的小房间供大家族的各类远亲居住，以及多道"私人"楼梯。十五和十六世纪，厅堂修得更为宏伟，陈设愈发考究，室内装潢也更加华丽。这一时期的贵族们正从商品交易转向大陆的不动产投资。

事实上，只有在十五世纪末与十六世纪初，当威尼斯将自身视为一座新兴的皇城时，具有宏伟外立面的豪宅才被修建起来，用作展示。其线条、柱顶与金银丝装饰都是强调这座城市之雄伟壮丽，这是全民努力的一部分。许多豪宅饰有提香、乔尔乔内等艺术家设计的壁画。其他豪宅，如黄金宫，则镶满了贵重金属。威尼斯看上去就像是一座大理石与黄金筑造的城市。可别忘了，这些是宫殿而非城堡；不同于意大利其他地区贵族的居所，威尼斯的豪宅不设任何防御工事。因为根本就没有这样的必要。

---

① 威廉·哈兹里特：1778—1830，英格兰作家、戏剧与文学评论家、画家、社会评论者与哲学家。

第五章

贸易帝国

狮　　城

随着威尼斯财富的积累，它的国力也愈加强大。一座城市需要统治的权威，而权威的取得会招致自大与好战。它鼓舞着进一步发展权力的决心。四面环海的威尼斯无法扩大自己的边界。不过，它可以通过在其他国度与城市扩展延伸的方式增大和丰富自身。它可以成为一个帝国。

这座最早期的"最宁静的城市"——处女城，被其公民赋予了男性的身份，成了一座狮城。它的生存条件使战争成为其历史进程中不可避免的一部分。既有抗争自然世界的战争，也有日后针对竞争对手的战争。它不得不为生存而战斗。威尼斯拥有弓箭手、划桨手和海军。海洋是永久的竞争地。虽然陆上力量可能接受领土的划分，海洋却不会有边界。只要有海的地方，就有互相敌对的战船。纵观其漫长的历史，威尼斯未尝有一日宁静。

在雅各布·贝利尼（Jacopo Bellini）十五世纪中叶的绘本中包含了许多关于骑士与弩手备战的研究。贝利尼一生中一半的时间都在与威尼斯其他势力的战斗中度过。"这个水手的民族"，彼特拉克写道，"是如此精通兵戈，又是如此骁勇善战，简直超过了其他所有的好战民族，无论海上陆上。"因此，威尼斯可以被解读为一座名副其实的阳刚之城。威尼斯的历史被构想为一部父权制家族的历史。威尼斯的政府构成的所有基础都是家长制的。威尼斯的社会被认为本质上就是父系的。这座城市的形象完全由家长式权威所决定。

[152] 贵族青年要经过射箭与指挥海船的训练。在骑士的战争准则受到全欧尊崇的时期,他们还要接受一切骑士美德的教育。据记载,圣马可广场上的第一场比武早在1242年举行。从此以后,这样的比武每隔一段时间就会定期上演。在贝利尼的绘本中,一对骑士在公开的比武大会上互相发起攻击。每当这样的场合,这座城市会彻底臣服于尚武精神,并沉浸在武德的颂扬之中。它提供了战斗的舞台。画家受雇精心修饰盾牌与盔甲,还有雕像与肖像。艺术家,其中包括贝利尼本人,常参于设计防御工事及绘制军事地图。在威尼斯的圣像中,我们往往可见圣人挥剑的场面。这座城市的庇护者之一圣乔治就是典型的军圣。这与威尼斯人精明的商人或严肃的政治家形象大相径庭。但骑士的英勇的确曾是其文化的一个方面。否则,威尼斯人又是怎样建立起一座帝国的呢?

因此,他们懂得如何在需要时动用武力。他们会抓住稍纵即逝的机会进行快速打击。一场胜利接着一场胜利。事实上,是一场胜利需要下一场胜利。在一个永无安全感的国家,世界环境总是危机四伏。失败的将军和舰队司令会被监禁、流放或处死。当他们使用一种新发明的大炮进攻一座负隅顽抗的意大利城镇时,一份古老的编年史记载道,"其景恍若上帝的雷霆之怒。"有一种大炮还被命名为"摧城拔寨的威尼斯女人"。

威尼斯的第一个殖民地就在潟湖中;小岛上原本有自给自足的自治社区。每座小岛上都曾有自己的修道院与教堂。但是很快,它们都被并入了威尼斯。那么这座城市的首领或许可以从《圣经·诗篇》第97篇的起始句获得安慰:"耶和华作王,愿地快乐,愿众海岛欢喜!""众海岛"正在被它们之中崛起的伟大城市吞并。或者说,它们只是消失了。

位于"最宁静的城市"以北七英里（11 公里）处的托尔切洛曾是一个繁荣兴旺的地方。在威尼斯城从水中兴起以前，这里是从威尼西亚来的流亡者重要的市政中心。他们最早在五世纪中期来到此处。一座拜占庭式的大教堂于七世纪修建于此。对于从大陆流亡至此的人们而言，这是一处庇护所，也是力量之源；教堂连窗户上都装着石制的百叶窗。富有的修道院在这片沃土上兴建。十世纪，君士坦丁七世①（the Emperor Constantine VII Porphyrogenitus）将这里称为"大贸易中心托尔切洛"。然而，威尼斯的兴起不可避免地导致了托尔切洛的衰落。一座潟湖上容不下两个繁荣的贸易中心。不过，也有些人认为是潟湖中有疟疾病菌的水导致了这座城市的中毒。海洋充塞着淤泥，岛屿四周环绕着一潭死水的池塘。这其中可能有些道理，但疾病的拜访只是漫长瓦解过程里的最后一击。不可避免地，托尔切洛失去了其在世界上的地位。在十九世纪，人们把冒牌或令人怀疑的贵族称为"托尔切洛伯爵"。现在，这座兴盛一时的岛屿只供养着寥寥数人；四处都是淤泥充塞的废弃溪流小河，以及拉斯金所称的"盐沼"。砖砌的钟楼和大教堂内的马赛克图案是往日辉煌仅存的残迹。市政广场上爬满了野草。这座岛屿的寂静，不时被风拂过芦苇的沙沙声与激起涟漪的潺潺水声打破，这场景正是威尼西亚人初次踏上这片土地时原始潟湖的生动写照。威尼斯世界的另一个象征也可以在这里找到。岛上有一座餐厅，来到托尔切洛的游人常常拜访，他们将其当作一处露天博物馆。除了这些，再没有其他可提的了。或许这就是威尼斯自身命运的预演？

大多数岛屿上都曾经可以找到一座高高的钟楼与砖砌的教堂；这里曾有一个小广场，围墙或柱子上饰有狮子的形象；这里曾有几簇刷成白色的小屋，整齐的红色围栏保护着花园不受腥咸海风的侵袭。后来，它们却遭遇了比海风更强大的对手。阿米亚纳（Ammiana）岛曾

---

① 君士坦丁七世：905－959，拜占庭帝国皇帝，912 年至 959 年在位。

以拥有八座教堂引以为傲；后来，它的人口减少，变成了一座盐场。居民去往什么地方了呢？他们迁去了威尼斯。所有这些如今废弃的城镇、城市与定居点都曾被认为足以替代威尼斯；它们本可以兴旺发达、繁荣富强，就像威尼斯那样。如果我们遵循伊塔洛·卡尔维诺在《看不见的城市》中所作的训示，我们或许可以在潟湖上建立起一系列可能的城市；每座岛屿上截然不同的风俗与方言也许能形成数座不同的城市，既类似威尼斯，又不似威尼斯。不过，现在，这一切不过是幻想。

[154] 一度曾在威尼斯控制下的其他岛屿也已消失。康斯坦齐亚卡（Constanziaca）岛被海水吞没。岛上曾有几座修道院与教堂。然而这里的景况变得十分悲惨，成了一座乱葬岗，死者的尸骨曝晒在阳光下。再后来，整座岛屿连同教堂与尸骨干脆一并沉入了大海。如今已无人知道它的确切位置。其他岛屿也遭受了相似的命运，其中包括马尼陆地（Terra dei Mani）与索勒里陆地（Terra dei Soleri）。环绕着穆拉诺的五座小岛被潮汐与洋流冲走。曾生长着高大柏树的地方如今只剩海草。一些岛屿被地震及海啸倾覆；其他则据说慢慢地被废弃。它们谁也不能与"最宁静的城市"匹敌。

威尼斯当局将这些兴盛一时的岛屿改造成了监狱和医院。这是将人口中的不受欢迎分子推向边缘的一种方式。这也是绝对权力的一种运用。圣瑟尔沃洛岛（S. Servolo）转变为一所男子疯人院，而圣克莱门特岛（S. Clemente）则成了威尼斯女子精神病收容所。赛索拉岛（Sacca Sessola）是一处流放瘆病患者的地方，而格拉西亚岛（Isola della Grazia）则收留高烧不退的病人。在波维利亚岛（Poveglia）上扎起了棚屋，供城中驱逐出来的麻风病人居住。所有这些岛屿都被威尼斯人统称为"悲伤之岛"（isole del dolore）。

现在被称为朱代卡岛的圣比亚吉奥岛（S. Biagio），曾经是一座果园与花圃的绿色避风港；这里有一所女修道院，是悔过妓女的家园与朝圣者的旅舍。然而威尼斯的世俗世界插了进来。这里在本质上变成了城市的郊区。其他岛屿成了为里亚尔托的市场提供服务的农业工厂。在十五世纪后半叶,现在所称的利多岛成为了威尼斯港口的延伸。它成为了环绕与维持着这座城市的经济区的一部分。

越过潟湖的威尼斯帝国开端于九世纪。那时的威尼斯还不具备领先的海上力量。这一地位由西班牙与北非国家占据。但是威尼斯亟需掌控自己的环境。它需要为国内不断增长的人口寻找与维持一处粮食供应的可靠之地。它需要保证水源与农业用地的安全获取。它需要控制自身贸易的生命线。因此威尼斯将目光瞄准了大陆。海上的人民不得不征服陆地。

九世纪末,威尼斯洗劫了意大利海岸的敌对城市,控制了阿迪杰河①(Adige)与波河(Po)的河口。这两条河为他们提供了通往意大利北部市场的途径;没过多久,威尼斯的船员就开始在伦巴第的首府帕维亚贩售货物了。威尼斯商人也在维罗那与克雷莫纳的市场上占据了突出地位。十世纪,西莱河与皮亚韦河的两岸建起了威尼斯人的市场及仓库。威尼斯人占领了一座利文扎②(Livenza)河边的城堡,以便与南下意大利的德国商人交易货物。到977年,威尼斯贸易商已在利摩日③(Limoges)建立了一处殖民地,一个世纪后,他们又扩散到了马赛与图卢兹。他们将特雷维索的谷物种植区和巴萨诺一并收入囊中。也是在这一时期,威尼斯人开始了收购大陆地产与领土的缓慢过程。一些威尼斯的世家大族,如巴多尔(Badoer)及提埃波罗(Tiepolo),拿下了特雷维索周边的土地。大型修道院纷纷购入沿岸平原的地产。威尼斯土地的这种逐步扩张持续了七个世纪之久。其中的关键,一如既往,是商贸,尤其是粮食供应。

一旦认为与意大利北部及欧洲大部的贸易获得了保障,威尼斯的

---

① 阿迪杰河:意大利第二大河,源出北部阿尔卑斯山的两个湖泊,流入亚得里亚海。
② 利文扎河:流经意大利波尔代诺内、特雷维索和威尼斯省的河流。
③ 利摩日:法国中南部城市,法国著名的历史文化古城,中世纪时为法国西部的宗教中心。

统治者即将目光转向了海洋。商人们已经有力地控制了东方货物的买卖,但这桩生意的成功离不开向东路线的强化和保护。威尼斯人让海洋成为了大宗货物运输的安全途径。与威尼斯隔海相望的伊斯特拉的主要城市屈服于威尼斯的统治。亚得里亚海北部成为了所谓的"威尼斯海湾"。随后,威尼斯海军又南下拓展。十世纪末时,它已实际控制了中部亚得里亚海,并着手征服达尔马提亚(Dalmatia)(现今克罗地亚的一部分)。这一地区的岛屿和城市纷纷投降于威尼斯人的强大军力与人数优势之下。达尔马提亚海岸边的小岛与水湾是海盗的老巢,一些遭受劫掠的城市主动邀请威尼斯总督与军队进入了自家的大门。其他城市则饱经居住在堡垒前哨里的小头领的折磨,宁愿选择威尼斯较为仁慈的统治。其他地方只是十分乐意加入这座强大的海洋城市稳定的贸易关系中。它们都被威尼斯当作同盟而不是从属来对待。但事实上,帝国已经诞生了。它击败了海盗。它赶走了在海岸边劫掠的斯拉夫人。998 年,总督在自己的头衔前加上了"达尔马提亚长官"的敬称。

[156]

海路的开通是为了与埃及,尤其是拜占庭间愈加频繁的运输往来。威尼斯已经成为了那座古城最为重要的贸易伙伴,为其输送奴隶与木材,换回葡萄酒、油和小麦。991 年,希腊和阿拉伯使者从东方前来向新任总督致敬,一年后的一份协议又确认了威尼斯享有拜占庭帝国授予的"最惠国"地位。其实这一事实早已人尽皆知。威尼斯已成为了在欧洲占有支配地位的贸易商,其商业霸主地位由一支强有力且不断扩张的海军维持。作为回报,威尼斯用自己的船只运送拜占庭士兵往来亚得里亚海。

实际上,这座城市也是不可侵犯的。九世纪末,当马扎尔人[①](Magyar)入侵伦巴第时,里亚尔托岛筑起了一道防御的石墙。一串巨大的锁链被置于水中,以防止敌舰驶入大运河。不过这样的防范措

---

① 马扎尔人:即匈牙利人。

施根本没有必要。马扎尔人无法接近这座海水围绕的城市。他们在潟湖的浅水区就被击退了,战船倾覆,沉入水中。防御石墙于十四世纪被拆毁,因为人们已经不需要它了。

因此,到十一世纪,威尼斯已经成了一座具有影响力的自治城邦。在该世纪后期,它与拜占庭军队并肩作战,对抗西西里(Sicily)的诺曼入侵者。冒险抗击诺曼人的理由,就像威尼斯在这一时期的其他政策与行动一样,是十分简单的。它绝不能容忍任何其他国家或城市阻挡亚得里亚的入海口,从而将威尼斯囚禁在自己的水域中。这是威尼斯人最大的恐惧,也是不变的重点。

人们习惯性地将十一世纪称为拉丁基督教取得胜利的时期。没有什么比十字军的历史更有力能表明这一点的了。那被解读为是对穆斯林世界的直接进攻,或是一种精神帝国主义的形式,不过威尼斯参与第一次十字军东征可不是出于这些动机。威尼斯正另辟蹊径地发动经济战争。他们既不关心十字架,也不关心刀剑,他们关心的是钱袋。关键点在于,他们的贸易对手城市——如热那亚和比萨——都已参战。威尼斯绝不能坐视自己的竞争对手在叙利亚与埃及的广阔市场中抢占先机。长久驻扎于安条克[①](Antioch)或耶路撒冷(Jerusalem)将带来源源不断的商业利益。因此,在 1100 年夏,一支由两百艘威尼斯舰船组成的舰队抵达雅法[②](Joppa);以威尼斯商人能够得到从萨拉森人手中收复的所有领土上的自由贸易权为前提,威尼斯指挥官同意为十字军提供帮助。这一笔实用交易的条款得到了接受。于是威尼斯人被分派前往围困海法[③](Caifa)的城镇,并在取得胜利后,于当年年底前班师回到潟湖。不过,对于这种单一而相对轻易的胜利,他们并不满足。他们期盼在这神圣的事业中获取更多利益。他们在叙利亚港

---

① 安条克:位于今土耳其境内的古城,第一次十字军东征时期欧洲封建领主曾在此建立亚洲的一个十字军国家。
② 雅法:位于今以色列境内的港口城市。
③ 海法:位于今以色列北部的港口城市。

口内建立起贸易站,并开始了往新占领的耶路撒冷运送朝圣者的暴利业务。

在去往雅法的路上,他们也在从事一种威尼斯人特有的生意。舰队在古代利西亚①(Lycian)城镇米拉(Myra)(即巴里 Bari)抛锚停泊,搜寻曾任该地主教的圣尼古拉(Saint Nicholas)的遗骨。这位圣人更为知名的身份是圣诞老人的原型,然而在十一世纪,他被尊奉为海员的主保圣人。威尼斯人想要得到他也是再自然不过的事。据称,他们来到这座城镇,严刑拷打看守神殿的四位基督徒。不过,从这种罪恶行径中他们一无所获,只能凑合着窃取了圣西奥多的遗骨。西奥多成为了马可到来之前的威尼斯守护圣人;他是个不错的第二选择。然而,根据安德里亚·莫罗西尼(Andrea Morosini)所著的威尼斯编年史记载,在他们离开之前,教堂圣坛下的隐蔽处散发出了一阵奇妙的芬芳。这就是圣尼古拉的气味。因此他也被胜利地带回了威尼斯,遗骨安放在利多岛上的圣尼古拉修道院内。至少故事是这么记载的。实际上,如果确实有尼古拉的遗骨存在,至今应该依然留在巴里。这个传说更多暴露出的是威尼斯人的虚伪还是贪婪,这是一个无解的问题。

威尼斯在十字军东征方面的投机大获成功,1108 年,威尼斯舰队再次打着十字架的旗帜出海。我们或许应该注意到,这座城市的统治者们对地中海沿岸的海港城市有着特殊的兴趣,于是威尼斯商人在阿卡(Acre)、耶路撒冷和他处都安顿下来。不过,总督与参议院的注意力并非只局限于中东地区的公国与政权。他们明智地意识到在大陆维持与巩固存在的重要性。他们控制了费拉拉与法诺,并对帕多瓦发起进攻。在这一过程中,他们再次主张了对该地区主要河流的权利。在亚得里亚海的另一边,他们与匈牙利人争夺达尔马提亚的海滨地区。现在,他们四面树敌。大陆的城市既嫉妒威尼斯的财富,又畏

---

① 利西亚:安纳托利亚的地区。

第五章 | 贸易帝国

惧威尼斯的强权。西西里的诺曼人王国早已将威尼斯视作劲敌。霍亨斯陶芬（Hohenstaufen）王朝[①]的德意志帝国依然宣称意大利北部是自己的领土。

随后，另一个令人胆寒的强敌出现了。1119 年，君士坦丁堡的新任皇帝宣布，威尼斯的贸易特权作废。他命令帝国境内的所有威尼斯居民——连同他们的生意一起——搬离他的帝国。他还提议与匈牙利国王缔约，从而承认匈牙利对威尼斯在达尔马提亚的殖民地的所有权。威尼斯的回应不算快，但却够笃定。威尼斯舰队突袭并洗劫了若干拜占庭领地；罗得岛（Rhodes）、希俄斯岛（Chios）、萨摩斯岛（Samos）、莱斯博斯岛（Lesbos）和莫顿岛（Modon）就在他们复仇的目标之中。他们已着手证明，在这片过去公认的君士坦丁堡的独占区里，如今他们才是最重要的海上力量。1126 年，拜占庭皇帝与威尼斯重新签订了贸易协定。

通过宣称自己的目标是贸易，而不是征服，威尼斯帝国可以证明自身的存在。利用开明的商业主义，它归化了从属的国民。其动机之一是具有建设性的自我扩张。这里并没有对帝国真正的狂热崇拜，就像在十九世纪的伦敦或三世纪的罗马那样。威尼斯人对丰功伟绩本身并不感兴趣。唯一对荣耀的渴望存在于这座城市关键点的门户建设上——其中包括钟塔（Torre dell'Orologio）、纸牌门（Porta della Carta）和福斯卡里拱门（Arco Foscari）。每本关于威尼斯的旅游指南上都介绍有通往兵工厂的途径。这些地点在威尼斯等同于凯旋门，在一座没有城墙的城市中更显瞩目。

而在君士坦丁堡，以及这座王国的其他市场中生活与经商的威尼斯人，变得越来越不受欢迎。他们被认定是傲慢而贪婪的。在威尼斯之外的地方，威尼斯人变得没有安全感并倔强易怒。他们对竞争对手

[159]

[①] 霍亨斯陶芬王朝：中世纪时期的德国王朝，于 1138 年—1254 年在位，并于 1194 年—1268 年统治西西里王国。

热那亚和比萨发动贸易战,并拒绝服从拜占庭法令。他们甚至将圣人的遗骸从君士坦丁堡的教堂中窃出。拜占庭国民普遍将威尼斯人当作唯利是图的粗俗商人。反过来,威尼斯人也瞧不起希腊人,认为他们未老先衰、好逸恶劳。于是 1171 年,随着拜占庭皇帝一声令下,所有居住在君士坦丁堡与其他各处的威尼斯人都被逮捕监禁。一支被派去威胁拜占庭的威尼斯舰队却因瘟疫爆发而萎靡不振。这次失败的远征的指挥官,在返回威尼斯的途中被人在街头刺杀。一旦失败,这就是应受的相应制裁。随后,拜占庭皇帝给威尼斯总督送去了一份消息,他在信中宣称,威尼斯民族已犯下了极其愚蠢的罪行。他称,他们"曾是穷困潦倒的流浪汉",却竟敢有觊觎帝国的野心。然而他们可怜的失败与"傲慢无礼的行为"早已使自己"沦为笑柄"。

威尼斯领袖的反应十分谨慎。他们与拜占庭皇帝的一些政敌结盟,并对拜占庭发起了阴谋行动。他们秘密会谈、暗中协商。终于在逮捕事件发生十二年后的 1183 年达成了一致,威尼斯商人最终获准出狱;威尼斯与拜占庭签署了一份正式和平协定。它代表了一种重大的危机,是君士坦丁堡与威尼斯间真实仇恨的生动写照;一座城市正在衰落,而另一座城市已等不及要赢得至高无上的霸权地位。在这之后的几年中,两座城市间又签订了一些条约、协议与互信消息。然而实际上,除非决一死战,二者的争斗绝不会结束。

[160] 威尼斯新赢得的显赫地位可由威尼斯擅长的戏剧场景证明。这一奢靡场面中的角色是拉丁基督教世界的各位领袖。其中一位是德皇腓特烈一世[①](Frederick Barbarossa),另一位则是教皇亚历山大三世[②](Alexander III)。腓特烈一世宣称有权获得伦巴第国,特别是米兰;教皇亚历山大极力反对他的主张,并与意大利各城市结盟。德皇被逐

---

① 腓特烈一世:约 1122 年—1190 年,霍亨斯陶芬王朝的国王(1152 年—1190 年在位)和神圣罗马帝国皇帝(1155 年加冕)。
② 亚历山大三世:1105—1181,罗马教廷第 170 位教皇(1159—1181)。

出教会。不过被教会开除的腓特烈一世却在战场上节节胜利。他攻下了伦巴第的城池。米兰陷落，毁坏殆尽。不过德国对意大利这一地区的统治权仍然不断遭受着内部叛乱，以及教皇领导下的其他意大利城市公开的敌对威胁。频繁的征战，连同胜负间的无限循环，最终导致了两败俱伤。教皇与德皇考虑起和解的原则。然而，他们应该在哪里会面以正式批准协定？

威尼斯一直在这场战争中保持置身事外的立场，在如此强劲的一对敌人间保持中立的确是个明智的决策。如果不直接触及自身利益，威尼斯是无论如何也不会关心意大利的事务的。因此，这座最宁静的城市成为了腓特烈一世与亚历山大三世和解的最适宜地点。1177年3月23日，教皇登陆利多岛，受到了圣尼古拉修道院的接待；毫无疑问，他也参观了所谓的圣尼古拉本人的圣髑。第二天，他乘船前往威尼斯，由总督接见。谈判双方在这里就和平条款进行了漫长而艰苦的协商，两方的使者都提出了反对意见，并提出了修改的建议。不过协定最终还是达成了。7月23日，圣尼古拉修道院迎来了德皇腓特烈一世。他于第二天驶往威尼斯，亚历山大三世正在那里等待着他。教皇庄严地坐在圣马可大教堂中心大门前的宝座上；他的四周簇拥着红衣主教，就像那个时代神圣剧里的人群一样。德皇从总督金光闪闪的游艇上下来，在肃穆的列队中走向教皇。走在他之前的是总督本人。圣马可广场上观者云集，翘首企盼大戏开演。德皇来到教皇宝座前，脱下自己的红色斗篷，五体投地，亲吻教皇的脚趾。教皇则流着泪扶起德皇，赐予他和平之吻。观众开始齐声高唱《赞美颂》（*Te Deum*），整座城市万钟齐鸣。这是一场盛大的演出。

[161]

这种戏剧性的场面也是威尼斯借以宣传自身力量与正义感的途径。这里是和谐之地。这座城市是公正审判与持守公平的地方，因为它只受上帝的支配。他在教皇与皇帝的强权政治中不扮演任何角色，除非是治愈二者的创伤。这些，至少是记述1177年夏天这一系列事件的威尼斯年代史编者所要传达的信息。从钟声敲响的那一刻起，威尼斯就成为了世界的中心。这些事件也带来了直接的好处。德皇授予威尼斯在他帝国境内的贸易特权，教皇则赐给威尼斯在达尔马提亚的教会统治权。

这一盛景本身或许就是威尼斯即将上演的更宏大戏剧的前奏。在之后的日子里，威尼斯步入了其帝国权力的下一个更伟大的阶段。它攻克并洗劫了君士坦丁堡。一场圣战开启了一个崭新的情节。教皇宣布发起针对异教徒的第四次十字军东征，于是在 1201 年初，法国王公带着十字架来到威尼斯，请求利用这里的舰船将他们运往圣地。他们受到了总督的高规格接待，并被邀请在大教堂对威尼斯民众陈述他们的请求。因此，在听取民众的意见后，其中一位来访者上前一步，公然宣称，"论海上力量，没有一个国家可以与你们匹敌"；紧接着这番奉承，他恳求威尼斯人民的援助。随后，法国王公们纷纷下跪哭泣。大教堂各处立刻传出高呼："我们同意！我们同意！"这是一出舞台管理的绝佳案例，以这座城市最优良的传统。

总督恩里科·丹多洛[①]（Enrico Dandolo）年事已高，几近失明。他于 84 岁高龄当选，可他是典型的威尼斯元老，这些元老的不屈不挠与一心一意是这座城市冷酷坚决特性的有形证据。据说自从 1171 年的大规模监禁事件以后，他就对君士坦丁堡怀恨在心。根据一位拜占庭的希腊人年代史编者记载，"他夸下海口，一旦为他的人民遭受的苦难复仇失败，他甘愿以死谢罪。"在之后的编年史中甚至有记载，在他作为使节出访拜占庭时，曾被那里的人弄瞎双眼；当然，这只是个传说。

兵工厂的木匠们赶工制造足够运输 4500 名骑兵与 30000 名士兵的船只。威尼斯为此要价 84000 银马克。造船院的效率在当时闻名全欧，所有船只都如期交付。然而问题出现了，十字军们找不出钱来支付费用。于是他们只好另做安排。如果十字军愿意协助威尼斯人平息

---

① 恩里科·丹多洛：约 1107 年—1205 年，第 41 任威尼斯总督，于 1192 年当选。

达尔马提亚海岸扎拉（Zara）城的叛乱，那么威尼斯就同意放弃全额报酬。这与圣地不在同一方向，但十字军的领袖认为确有必要。三百艘舰船于1202年10月从潟湖出发，伴着《求造物主圣神降临》（*Veni Creator*）的圣歌，沿着亚得里亚海航行。经过五天的攻城战，扎拉缴械投降。基督徒与基督徒为敌，而不是同仇敌忾地针对萨拉森人。这一令人不快的发展激怒了教皇，于是他将这支远征军逐出了教会。特别的是，没有记载说明威尼斯人受到了教皇怒火的恐吓与羞辱。

威尼斯人一经完全占领扎拉城，就惊讶地迎来了一位不速之客。君士坦丁堡被废黜的皇帝之子——阿历克塞四世·安格洛斯（Alexius IV Angelus）——来找丹多洛主持公道。他希望十字军推翻皇帝宝座上的篡位者，迎回他的父亲进行复辟。而他承诺为这支军队实现目标提供资金与其他援助。这是一个无法拒绝的提议。人们经常猜测，丹多洛在为十字军东征做准备的过程中一直怀揣着这一目标，他也早已下定决心，是君士坦丁堡而非叙利亚才是威尼斯舰队的目的地。毫无疑问，丹多洛在这场以君士坦丁堡为代价的战争中发现了进步与致富的绝佳机会。然而，人算不如天算。尽管丹多洛有可能提前预料到阿历克塞来到扎拉，他却万万没想到那支法国十字军竟无法兑现承诺。威尼斯人总是擅长抓住机遇，审时度势。不过从另一个方面而言，细细看来，世界大事总是由千百个单独的要素、事件与巧合组成。在这漩涡般的世界之中，找出规律绝非易事。所以我们只好说，"事情就这么发生了"。作为一系列事件的结果，拜占庭势力消亡，城市与帝国衰弱不堪。

威尼斯舰队在阿历克塞的协助下发兵君士坦丁堡。1203年6月24日，舰队驶临城下。法国军队在陆上的进攻似乎失败了，因此在丹多洛的指挥下，威尼斯人将战船绑在一起，形成一条统一战线；火力从船只甲板与炮塔上的军械里向城中倾泻而出。君士坦丁堡陷入一片火海。丹多洛亲自站立在第一艘靠岸的战舰船头。他身着全副武装，圣马可的旗帜在他身旁飘扬。在他的驱策下，威尼斯士兵从战船

威尼斯战船的细节，出自吉罗拉莫·米希尔（Girolamo Michiel）的陵墓，该陵墓建成于1559年。船的形象、以及围绕四周的海洋，在威尼斯随处可见。这座城市本身就可以看作波涛上的一艘船。

中一跃而出，攀登上摇摆的登城梯。他们在过程中遭到几次抵抗，不过拜占庭军队已被海上迅雷不及掩耳的攻势击垮。共和国的旗帜插上了堡垒。君士坦丁堡落入囊中。阿历克塞所代表的那位被废黜的皇帝从地牢里被救出，重新登上了皇位。阿历克塞自己则在圣索菲亚（Saint Sophia）大教堂加冕为帝国的共同统治者。

然而君士坦丁堡致命的衰落也重新启动了它不可避免的命运轨迹。阿历克塞对十字军许下的承诺超出了他的能力范围。他缺乏资金，而更重要的是，由于依赖十字军的力量夺取皇权，他在自己的国民中已失去了权威。君士坦丁堡市民在恐惧与谣言的煽动下，对新帝发起了叛乱。阿历克塞被缢死，他的父亲悲痛不能自持。

威尼斯与盟友不得不平息叛乱，令城市重新恢复秩序。他们的所作所为还不至引来逐客令。于是1204年3月，他们再次包围了这座城市。在发起攻击的前夜，丹多洛向他的部下声明，他们必须"英勇无畏。在耶稣基督、圣马可大人与你们自身骁勇善战的帮助下，你们明天必将攻下城池，必将发家致富"。

一经取得胜利，这支被贪欲与怒火烧红了眼睛的基督徒军队就开始在城中大肆洗劫。君士坦丁堡被劫掠与焚毁一空。这座充斥着艺术品与雕塑的世上最富庶之城，赤裸裸地暴露于众人眼前。市民惨遭屠戮，嗜血的狂暴仿佛掀开了地狱之门。入侵者不放过任何一座宫殿与宅邸。教堂也未能幸免。塑像被熔掉，画作则被一撕两半。陵墓被掘开，圣器被抢走。据说一名妓女被推上了圣索菲亚大教堂元老的席位，在那里她"羞辱谩骂耶稣基督，唱着淫词艳曲，在神圣之所大摇大摆地跳舞"。一位史家声称，这次掠夺比创世以来的任何一次都要惨烈。而威尼斯人就是这次劫掠的罪魁祸首。许多战利品被运回了威尼斯。如今凌驾于圣马可大教堂顶上的四匹青铜马就是这次野蛮胜利的果实。

[164]

战利品远不止这些。十字军宣布对君士坦丁堡拥有统治权，并与战胜方一起瓜分了这座帝国。威尼斯以一贯的商人做派热情投入到份额的谈判中去，获得了"罗马帝国四分之三的领土"；也就是说，它控制了旧日罗马帝国八分之三的地区。它已经占有了达尔马提亚与克罗地亚，现在又将爱琴海沿岸及海岛、连同地中海地区的一部分收入囊中。它控制了克里特岛与科孚岛（Corfu），还有莫顿岛和科隆岛（Coron）。它拿下了希腊西部及爱奥尼亚海（Ionian Sea）上的岛屿。它取得了色雷斯（Thrace）的海滨地区，以及赫勒斯庞特（Hellespont）的港口。它还夺取了爱琴海的内格罗庞特。当其他十字军还在为地形犹豫不定时，威尼斯的领导者已将自己的所欲所求铭记在心。随后，许多岛屿被分赐给不同的威尼斯贵族世家，作为共和国的封地。现在，威尼斯在君士坦丁堡内部也建立了自己庞大的殖民地，在所在城市中拥有很大程度上的独立自主性。甚至有记载称，新帝国的首都几乎要从威尼斯迁往君士坦丁堡，不过人们对其真实性多有怀疑。然而一个重要事实是明白无误的。广阔的东方市场正向着威尼斯人招手。一切对异教徒宣战的想法都被抛到了脑后，而且这支十字军也的确从未踏足圣地一步。这是最后一支十字军。

威尼斯的策略是坚定不移地利用海上力量巩固制海权。这正是其第一次重大胜利，即攻占黎凡特，或称地中海东部的原因，在那里，威尼斯冒充是"东罗马帝国的使徒国"的促成者，从而摇身变为那座查士丁尼与君士坦丁共同建立的东方基督教帝国的合宜继承人。这是威尼斯人花言巧语伪装策略的典型一例。战利品属于胜利者。因此威尼斯的统治权大部分仅限于岛屿与海滨地区。威尼斯人不需要拜占庭的内陆帝国，无论亚欧。这座城市永远也不可能成为另一个罗马。相反，它满足于在海上建立稳定的贸易路线，将连接潟湖市场与黎凡特市场的一系列港口控制在手中。这些地方与其说是殖民地，不如说是贸易港，从威尼斯一路延伸到黑海。威尼斯统治策略的偏好如今体现得一清二楚。君士坦丁堡的势力已一去不返。然而，威尼斯投机的成果也绝非有益无害。在火中诞生的，也会毁于烈火。衰弱不堪的君士坦丁堡成了土耳其人爪下的猎物；新建成的拉丁帝国只维持了短短六十年；威尼斯的殖民占领也将自身暴露在考验其真正实力的一连串漫长的战争下。在接下来的七十年间，这座"最宁静的城市"卷入了一场又一场的战事中，敌人既有叛乱的从属国，也有冤家宿敌，既有萨拉森人，也有地中海上出没的海盗。

碰撞中的城市

威尼斯还面临着另一个不得不解决的竞争对手。热那亚以"辉煌之城"（la Superba）的称号闻名于世。彼特拉克将威尼斯与热那亚称为"意大利的两支火炬"；不过火焰也会互相排斥。两座城市都以它们的贪婪与占有欲在欧洲臭名昭著。热那亚人更为个人主义及富于创造性；威尼斯人则更具公共精神与保守性。热那亚人的历史中充满了自相残杀的战争与叛乱；威尼斯人则安宁寂静。这样的两方能做到和平相处吗？

热那亚商人与威尼斯商人在东方市场的竞争持续了许多个世纪。不过威尼斯人的成功极大地牵制了对手城市商业的发展。君士坦丁堡在陷落后曾颁布一道法令，禁止热那亚人在帝国境内行商。但热那亚人作出了反击。他们同样精于航海，拥有一支足以在目前所知的海上世界对威尼斯发起挑战的强大舰队。两座城市在克里特岛沿岸及科孚岛爆发了一系列公开的冲突，那里的原住民都十分欢迎热那亚人的到来。1218年，双方达成休战，然而，这只不过是未来更加致命斗争的前奏而已。

两座城市间的紧张关系持续了整个世纪，在双方竞争的市场中时有冲突与攻击发生；1258年，在叙利亚的一起极为血腥的战斗后，威尼斯人将热那亚商人赶出了他们在阿卡的居住区。事态的发展对于威尼斯人来说，是不吉与始料未及的。1261年，希腊人在迈克尔·帕里奥洛加斯①（Michael Palaeologus）的领导下重新夺回了君士坦丁堡的控制权。当时威尼斯舰队正出海，整座城市几乎无人防守。在这样天时地利人和的条件下，拜占庭皇帝的军队对威尼斯的拉丁分遣队发起了快速进攻，夺下了城墙。三周后，迈克尔风光无限地走进了圣索菲亚大教堂。不过，他的成功可是多亏了热那亚人为他提供的五十艘战船；作为回报，热那亚人希望得到在君士坦丁堡市场自由行商的权利。他们要报被威尼斯人赶出阿卡的一箭之仇。当威尼斯人赶回时，一切都晚了，他们只能将那些店铺与住宅被付之一炬的同胞营救出来。

热那亚人并不是忠诚的盟友。据说，他们的商人自大傲慢、贪得

---

① 迈克尔·帕里奥洛加斯：1223—1282，拜占庭皇帝，巴列奥略王朝的开创者，1259年—1282年在位。

无厌。他们的舰队在威尼斯海军的挑战下不堪一击。更重要的是,他们在君士坦丁堡的代表被指控密谋推翻帕里奥洛斯本人。为了取代对手的位置,威尼斯秘密派出全权公使前往拜占庭皇帝的朝廷。他们缔结了一份新的贸易协定。热那亚人被驱逐出帝国,而威尼斯人获得了自由的特权。此外,威尼斯人还被允许保有克里特岛、内格罗庞特岛、莫顿岛与科隆岛的前拜占庭领地。这些条款足够慷慨大方,因为拜占庭皇帝认识到,如今威尼斯自身就是更为强大的力量。

威尼斯人对于自己的帝国已习以为常。十四世纪初,总督彼得罗·格拉代尼戈①(Pietro Gradenigo)在一场面向大议事会贵族的演讲中宣称,"每一位高尚正直的王公,每一位称职可敬的公民都有责任为国家开疆拓土,为共和国增光添彩,用尽毕生力量为祖国谋福祉。"国家也有义务抓住每一次扩张的时机。格拉代尼戈尤为惦念意大利大陆,威尼斯人当时正积极推行针对该处的侵略战争政策。他们曾一度在教皇与神圣罗马帝国皇帝对意大利城市的争夺战中保持中立。曾经他们只是希求保证商路的畅通。不过如今,帝国扩张的经历锻造了他们的钢筋铁骨。他们已变得更加好战。无论如何,意大利大陆挑战着他们的天性。那里的主要城市已不再将自身看作诸如教皇之类强权的附庸,而是主权地区或城邦。在意大利境内共存在着约八十个这样的政权。一些政权由单个家族控制,例如费拉拉的埃斯泰②(Este)家族,其他则是理论上的共和制市镇。然而,这一切的中心点在于它们的独立性。独立的城市渴求权力与疆域。它们为贸易与势力互相竞争。它们甚至互相争斗。

1308年,为了维持在费拉拉的商业权利及取得波河的控制权,威尼斯入侵大陆。它与佛罗伦萨及博洛尼亚结盟,以回击维罗那的扩张政策,在此过程中占领了大片的内陆领土。它与帕多瓦作战,胜利

---

① 彼得罗·格拉代尼戈:1251—1311,第49任威尼斯总督,1289—1311年在位。
② 埃斯泰:意大利帕多瓦省的城镇。

后将特雷维索与巴萨诺二省、连同帕多瓦市本身一并收入囊中。它战胜了维罗纳与维琴察。被威尼斯人占领的意大利城市并不算被征服。尽管威尼斯在这些城市中派驻了民事与军事指挥官，但市政府的日常工作一切照旧。威尼斯的统治阶级颇具行政与管辖的天赋。其威权松紧得当。尽管有一些帝国的迹象，但在海外殖民地，威尼斯统治者还是融入了当地的风土人情。他们的心中不存在"征服"的统治思想。他们从不曾试图为他人强加新的价值准则或信仰原则。他们并不是以征服者或传教士的身份到来，他们的本质是贸易商。他们的真正信仰是商业。他们都是讲求实际的人。他们的确不受欢迎，但人们对他们总是厌恶多于憎恨。

然而，如果认为这里不存在内在的张力，那就大错特错了。对于被征服者而言，眼前遭到征服的事实是很难承受的。克里特的例子就是一个代表。当地拜占庭富豪的土地被没收，分配给威尼斯人。由于岛上既没有资金也没有资源维持一支常备军，一些威尼斯贵族被作为殖民地开拓者送往这里，如果他们能承担起防卫任务，这里就是他们的封地。这些威尼斯人更倾向于在岛上的城镇与城市里定居。他们已习惯了城市。城市是他们的天然栖息地。自然而然地，原本占据主要地位的农业经济逐渐转变为几乎由母城单独主导的城市贸易。威尼斯当局也理所当然地对每一桩交易课以重税。他们鼓励以开拓为目的的贸易。而商人在岛上开始活跃起来。克里特肖像画师的生意也欣欣向荣。据估计，威尼斯帝国境内95%的肖像画师都是来自克里特岛。

[169]

威尼斯人的策略是，以威尼斯自身为范本改造岛上的统治。克里特被分区。一位脱胎于总督的公爵被设立担任要职。然而，关于安全与贸易的重大决策仍然归威尼斯参议院决定。更多显而易见的变化发生了。干地亚（Candia）——克里特的首府——的主广场被改名为圣马可广场。它成为了岛上的会场与市场，还拥有自己的大教堂与公爵宫。新的行政机构为它的改造与重建增添了高贵与严肃。它成为了节日与公共庆典的舞台。口岸入口与大教堂间铺设起了游行通道。威尼斯在新环境中重建起了它的贸易与政治剧场。拜占庭的宫殿与纪念碑被重新启用，它们的象征意义被巧妙地改变为反映威尼斯的强盛。其中一些建筑还按照威尼斯的方式改造了外观。

威尼斯将自己看作拜占庭的自然继承人。它们之间没有突然的断裂，而是有秩序的过渡。旧帝国的宗教传统与公共仪式被新帝国借用与改编。威尼斯一如既往地通过吸收与同化来谋求生存。克里特的例子同样说明了这一点。拉丁教会的教堂仪式，如典礼与游行，被融入于希腊教会的仪式中。威尼斯人还接纳了岛上对地方圣徒提图斯的崇拜。所以这里不会发生宗教战争。威尼斯人与西班牙人不同。只要为了维持本质上贸易政权的势力，威尼斯人可以接受无尽的和解与妥协。克里特人与威尼斯人通婚。威尼斯商人迁往克里特定居。一种融汇东西方的新文化诞生了。在拜占庭陷落后，克里特成为了西方希腊文化的中心。自然，反向的影响也是存在的。现代希腊语中依然包含有威尼斯方言词汇，比如钢铁、舰队、天鹅绒、金合欢树、结婚戒指等。在威尼斯的统治下，希腊文化的确复兴了。是威尼斯，而不是拜占庭，在现代早期保存了希腊本土文化。在政治上、种族上、精神上与文化上效忠威尼斯的人们谱写了希腊的诗篇。

地方不满与派系内讧也曾导致反抗与叛乱，但威尼斯依旧控制这座岛屿长达四个世纪。由此我们可以得出结论，威尼斯是第一个真正意义上的现代殖民国家。

然而在一个战争与帝国统治的世界，争斗与对抗永无休止之日。在十四世纪的信件与历史记载中，威尼斯人的乐观主义正在逐渐被阴郁忧愁所取代；世界似乎变得愈发飘忽不定，天意不明。自信的丢失使他们不得不在世上寻找更强大的庇护。帝国的建立也为他们带来了负担。1364年，干地亚（Candia）当地居民奋起反抗威尼斯督察官的统治；几名威尼斯贵族也参与了叛乱。暴动被镇压，首领被处死，但这依然给威尼斯带来了不小的麻烦。当凯旋的军队回到潟湖时，彼特拉克也在威尼斯城中。"我们看到了好兆头,"他写道,"因为战船的桅杆上挂着花环,甲板上的少年们戴着绿色的头冠,旗帜在他们的头顶上飘扬……"安慰与胜利一样,是这一天的集体情绪。教堂中举行了大型弥撒,广场上举行了大型的庆典。彼特拉克也亲临了这一场合,并对仪式的宏伟壮观作出了评价。随着威尼斯帝国的地位越发巩固,人们对场面与仪式的喜爱也越发强烈。

被从君士坦丁堡驱逐而出的热那亚人并没有认输。他们的贸易商在黑海地区占有优势。他们在叙利亚与巴勒斯坦地位出众。威尼斯与热那亚间一刻也容不下持久的和平。1350年,一艘威尼斯旗舰在内格罗庞特港口突然袭击了十四艘热那亚船只,并俘虏了其中十艘。剩下的四艘得以侥幸脱逃,那仅是因为威尼斯人正忙于掠夺其余船上的货物。威尼斯人与他们的希腊盟友随后又在博斯普鲁斯海峡与热那亚舰队狭路相逢,但这场战斗最后不了了之。1353年,威尼斯人在撒丁岛①(Sardinia)外击败热那亚人,但第二支具有毁灭力量的热那亚舰队已开始穿过亚得里亚海与爱琴海而来。一年以后,一支威尼斯舰队在莫顿港被热那亚人击沉;威尼斯指挥官与部下被羁押。对于热那亚人而言,这是一场标志性的胜利,不过即使是被击败了,威尼斯人也能证明他们是多么精于谈判。双方达成停战协议,保证互不侵犯。

对于威尼斯人而言,随之而来的和平根本不能算和平。慑于匈牙利国王的强大武力,他们不得不将达尔马提亚割让而出;在热那亚人占领塞浦路斯的法马古斯塔②(Famagusta)后,威尼斯商人也不得不撤出该地。威尼斯舰队保有亚得里亚海作为自己的领地,但却时常与热那亚人在黑海正面交锋。当威尼斯人夺取战略要地忒涅多斯岛(Tenedos),控制往来黑海的通道时,热那亚人再一次宣战了。第四次热那亚战争是最为凶残激烈的一次,尸横遍野。

---

① 撒丁岛:意大利岛屿,位于意大利半岛海岸以西200公里的西地中海上。
② 法马古斯塔:塞浦路斯东岸城市。

这场战争始于 1378 年，当时一位威尼斯舰队司令——维托·匹萨尼①（Vettor Pisani）率队西征，在热那亚海域大败热那亚人。然而在靠近威尼斯大本营的地方，情况却变得复杂起来。匈牙利国王邀请热那亚人将达尔马提亚海岸用作进攻威尼斯的行动中心。战机不容贻误。匹萨尼不得不撤回亚得里亚海，以保卫一个属于威尼斯的海湾中的护航队。他的基地位于伊斯特拉的普拉②（Pola），年底前后正是舰队的船只为来年作战进行装备和清理的时候。然而迫在眉睫的战斗等不及他们召集所有的船只。威尼斯人一开始便抢占先机，击毙了热那亚司令，然而热那亚舰队的后备力量却出其不意地出现，将威尼斯人一举击垮，数百人被杀或被俘。

舰队遭遇重创，运转失灵，这正是威尼斯人最为恐惧的时刻。他们已是四面楚歌。匈牙利国王关闭了亚得里亚海北部的航线；帕多瓦领主封锁了大陆上的西部贸易路线。热那亚舰队戒备森严，并且还在不断增援。他们甚至有能力攻入潟湖，将利多岛化为一片火海。这样的情况在共和国的历史上前所未有。当帕多瓦与热那亚组成联军，夺下威尼斯以南基奥贾的广阔港口后，围绕着威尼斯的武装包围圈就正式形成了。威尼斯人如今腹背受敌。他们甚至面临着沦陷的危险。里亚尔托的商业陷入停滞。公务员薪水停发。总督向穷人宣布，他们可以到富人家里寻找粮食。在威胁面前，威尼斯人上下齐心，宛如一体。威尼斯方面提出谈判，但热那亚人回答，在为圣马可之马套上缰绳之前，他们与敌人无话可说；在当时，从君士坦丁堡掠夺而来的青铜马已经成为了威尼斯人骄傲与贪婪的象征。

对威尼斯当局，这是千钧一发的时刻，他们清醒地认识到，威尼斯人需要众志成城，共克时艰。在众人的坚持下，他们将因在普拉作战失败而被监禁的维托·匹萨尼释放出狱。他现在成了人们的救星及

---

① 维托·匹萨尼：1324—1380，威尼斯舰队司令。
② 普拉：位于今克罗地亚，伊斯特拉半岛的南端。

这座城市的首要卫士。总督安德里亚·康塔里尼（Andrea Contarini）亲自协助其组建新的舰队，训练船员。

匹萨尼的计划是将驳船与小船装上石块，沉入基奥贾周围的深水航道中。这是将港口和热那亚侵略者，与大陆及海上的热那亚援军切断的方法。该方案获得了成功。热那亚人被困住，食物、饮水、火药储备日渐消耗。威尼斯人也受着物资匮乏的煎熬，不过他们有一个优势。他们的心中怀抱着希望。就在匹萨尼用计给热那亚人造成不小的麻烦，使后者不顾一切地想要逃离基奥贾之时，又一位威尼斯海军将领返回了港口。卡洛·芝诺（Carlo Zeno）完成了一次军事远征，在地中海缴获了大批热那亚船只上的货物及战利品。随后他收到指令返回潟湖，协助家乡与热那亚角力。

正是在他的帮助下，热那亚人日渐疯狂想要逃离基奥贾的企图遭到了挫败。双方在沙滩上爆发激战，热那亚军指挥官彼得罗·多利亚（Pietro Doria）在观战塔上被炮弹击中身亡。1380年6月，热那亚人投降。虽然他们在亚得里亚海和地中海还有些收尾工作要做，但热那亚舰船从未重返亚得里亚海，从此再也不敢挑战威尼斯。在战败这一年，一位热那亚修士向他的会众发表了训诫。他说，热那亚人就像驴，"当它们聚在一起时，一旦其中一头被棍打，剩下的就会一哄而散，四处奔逃"。而另一方面，威尼斯人则类似猪，"当一大群猪被困在一起，其中一头被棍击时，所有的猪会聚拢起来，共同对抗袭击它们的人"。

这场胜利为威尼斯带来了巨大的回报。十四世纪，威尼斯成为了已知世界中重要城市之一。尽管十三世纪时它在文化与商业方面与东方结盟，到十四世纪末，它已成功以欧洲力量的面貌出现。战争结束后，它继续着在都拉佐①（Durazzo）与斯库台②（Scutari），勒

---

① 都拉佐：今称"都拉斯"，位于今阿尔巴尼亚。
② 斯库台：位于今阿尔巴尼亚西北部。

班陀①（Lepanto）与佩特雷②（Patras），阿尔戈斯③（Argos）与雅典（Athens）征战或统治的步伐。这些地方是富饶的葡萄酒与小麦之乡。意大利大陆上的威尼斯帝国也在发展壮大，他们日积跬步。十五世纪初，维罗那与帕多瓦向威尼斯派遣使节，正式宣布臣服。随之而来的是拉文纳、弗留利与其他各市镇、城市的领主。北起阿尔卑斯山，南至波河，从西部的贝加莫④（Bergamo）和克雷马⑤（Crema）到大海，俱是威尼斯的天下。这座城市甚至再现了古代的威尼西亚省，那里正是威尼斯人祖先诞生的地方。

威尼斯派遣地方长官到治下的市镇与城市，并派遣一位指挥官管理军事事务。在大陆的多年任职经历成为在威尼斯本土获得政治权威必不可少的前奏。不过每座臣服的城市也保留了一些地方特权，连同例行的集会与地方官员。以及向着更加专业化与官僚化结构的缓慢转变，少数几个豪门家族的权势与日俱增。必然地，这些地方都在重复威尼斯的模式。大多数总是冲击着较少数。然而威尼斯这座统治的城市——所谓的"美丽的霸主"（inclita dominante）——并不追求将这些领地联合在一起。米兰人与佛罗伦萨人在隶属的城市中早已树立起一套权威。威尼斯人则更为谨慎，或者说，更为保守。当地方法律与威尼斯法律联系在一起时，不时造成混乱，但这也是不可避免的。大陆上的威尼斯帝国由实用主义与权宜之计驱动。没有什么威尼斯国，有的只是一个贸易联盟，它严重依赖间接归于威尼斯的税收。

[174]

威尼斯也极力抑制任何可能对自身商业霸主地位构成挑战的事业，比如奢侈纺织品织造业，以致一个英格兰人在1760年代观察道，"与威尼斯这座母城相比，共和国领土上的其他每一座城市都显得十

---

① 勒班陀：即"纳夫帕克托斯"，位于希腊西部。
② 佩特雷：希腊西部城市。
③ 阿尔戈斯：希腊城市。
④ 贝加莫：意大利伦巴第的城市。
⑤ 克雷马：意大利伦巴第的城市。

分贫穷。"威尼斯国与生俱来的保守主义也主动阻止了大陆地区大众经济的现代化。这直接导致了威尼斯最终的金融衰退。意大利人没有能力与复苏的英格兰人和荷兰人相竞争。这种对创立一个国家（并在此基础上建设现代化国家）的无能或不情愿也会导致意大利半岛上的分裂倾向加巨。从某种程度上说，统一与集权的机会已经被白白浪费了。因此意大利依旧是外国势力瓜分下的一块鱼腩。

不过威尼斯依然安全稳固。它有潟湖的保护，意大利北部的平原与丘陵为它迎战对手城市米兰提供了空间；阿尔卑斯山区的高山与深谷则是抵御北部敌人的天然屏障。随着领土面积越扩越大，这座城市的防御戒备也越发严密。自我防卫事务与商业利益一样，被作为吞并城镇与地区的考量条件。无为而治是再也行不通的。

因而，在十五世纪的前二十五年中，为了与米兰的维斯孔蒂（Visconti）家族斗争，威尼斯与佛罗伦萨结盟，这是其第一次违背自己引以为荣的孤立政策。在威尼斯国内，这次结盟招致了许多反对的声音。威尼斯商人在米兰领土上的生意红火兴隆，威尼斯的任何越界行为都将招致常备军的攻击。然而威尼斯的领导者还是执意与自由的佛罗伦萨共和国结盟，对抗米兰的暴君。这一策略大获成功，随着维斯孔蒂家族被铲除，意大利达到了大部服膺于威尼斯权威的平衡状态。当时，意大利仅有五个领土与资源不分伯仲的区域性国家——威尼斯、那不勒斯、佛罗伦萨、米兰与教皇国。每座被统治城市与其属地都被称作国家（lo stato）。该词的含义适时发展为"民族与人民的集中存在"。一开始，这些国家（stati）还仰赖统治者或统治家族的风格特性，之后随着它们的组织趋于政治化与科学化，最终成为真正名副其实的"国家"。于是，国家利益占据了至高无上的地位。关于这些新兴意大利强国，德国历史学家冯·兰克写道，"它们既不是民族也不是种族；既不是城市也不是王国；他们是世界上的第一批'国家'。"威尼斯正是其中之一，为现代世界秩序的发展开辟了道路。

米兰依旧统治着伦巴第地区，佛罗伦萨统治着托斯卡纳地区，但是用威廉·华兹华斯的话说，威尼斯也"掌握着迷人的东方之境"。与东方的联系在这座城市的大街小巷、房前屋后显露无遗；就连国家大教堂也蕴含着东方的灵感。到十五世纪，它已成为意大利最富有的城市，财政年度预算与西班牙或英格兰持平。威尼斯有着比其他任何一座城市更多的宫殿。其海军大概是世界上最为出类拔萃的。它也比其大陆上的对手城市更加稳固，其力量和坚韧源于早年为生存与大海进行的抗争。热那亚人饱受内战与自相残杀的困扰，而威尼斯则一直是坚定不移的典范，无论是遭遇瘟疫还是经济萧条。其体制的力量与安全使它强而有力。特别是在与印度和中国的交往中，这座城市的贸易也恢复了活力，里亚尔托的税收达到了前所未有的丰厚。威尼斯春风得意。

战斗的号令

当威尼斯在大陆势力的鼎盛时期，其国力足以维持一支四万人的军队。1423年，据当时在位的总督估计，这座城市拥有35艘桨帆船，300艘圆船，以及其余3000艘各类舰船；这些船只共需36000名船员，几乎是威尼斯总人口数150000人的1/4。一些船只被命名为"力量号"（La Forza）、"声望号"（La Fama）、"兴旺号"（La Salute）。它们被用来保卫在预定日期离开威尼斯、为贸易护航的武装桨帆船；它们也被用来打击海盗，以及骚扰贸易竞争对手。没有外国船只能在威尼斯据为己有的水域里获得安全。船上的官员从威尼斯的贵族阶层中选出。海上服役是年轻贵族教育不可或缺的一部分。

一开始，全体船员都是自由民，从威尼斯或威尼斯属地自愿征招。从十六世纪初开始，征用制开始启用。毫无疑问，这一做法降低了桨帆船劳工的地位，使之成为人人避之不及的负担。桨手被认为是一种"低贱"的职业。因此在十六世纪中叶，船员的组成性质发生了变化。据说其中不乏酒鬼、欠债者、罪犯与其他无家可归的人。威尼斯的法院有时会将犯人发配到桨帆船上服役,而不是投入监狱。到1600年,因犯已经成为了船员的主要组成部分。威尼斯法院的记录计算了他们的服役量——十八个月的桨帆船服役被视作相当于三年的监禁加一段时间的枷刑,而七年的桨帆船服役被认为相当于十二年监禁。他们在船上的口粮主要是饼干、葡萄酒、奶酪、咸肉和豆类。这样的食谱使他们养成了残暴的脾气。船上总是配有一名方济各会修士,用以激励船员。然而劳累与绝望造成的疾病和早逝仍然不时发生。十八世纪,卡洛·戈齐曾目睹"约三百名恶棍,身上戴着镣铐,被判在大海上自生自灭,每一项折磨都足以要了人命"。他当时注意到,"恶性发热的流行病正在这些人中肆虐。"不过,我们并不清楚与桨手相比,这些犯人的驾船熟练度是否普遍较低。不过在他们的帮助下,威尼斯取得了在勒班陀对阵土耳其人的巨大胜利。

[177]

兵工厂是威尼斯海军的奇迹,也是世界上最伟大的造船厂。该词源于阿拉伯语"dar sina'a",意为"建造处",这也佐证了威尼斯与东方的密切联系。它于十二世纪初建成,此后不断延伸扩展,直至成为一个技术的奇迹。它曾被誉为"奇迹制造厂""欧洲经济最伟大的一页"以及"世界第八大奇迹"。这些别名显示了新技术在当时所受到的尊敬。兵工厂著名的大门由罗马和拜占庭元素构成,建立于1460年。兵工厂成为了另一个帝国中心。它是贸易的发动机。它是海军力量的基础。它是工业企业至高无上的地位在这座最宁静的城市里的化身。

最终建成的兵工厂拥有2.5英里(4公里)长的围墙,14座防御塔,工作面积达到60英亩(24公顷)。它是世界上最大的工业企业。一批技工与劳工在周边繁衍。据估计,兵工厂的工人数量在6000到16000之间;无论如何都是个庞大的数字。这座位于威尼斯东部的造船社区成了这座城市清晰可辨的一部分,有着自己的成见与风俗。人们的生老病死、婚丧嫁娶都在圣马蒂诺(S. Martino)、圣特尔尼塔(S. Ternita)与圣彼得罗(S. Pietro)三个教区内进行。这里依旧是一个由狭窄的房舍、拥挤的公寓、小广场、死胡同与窄巷组成的地方。

十七世纪的兵工厂平面图。威尼斯兵工厂是世界上最大的造船企业,拥有自己的船坞网络与生产线系统。船舶装备周全地驶出造船场,这是资本主义工厂最初的雏形。

这里的居民被称作军舰修造厂工人,他们对国家的重要性在于,男性造船工人同时还是总督的保镖。他们也兼任消防员。只有"阿森纳洛提"才有资格成为造币厂的工人。只有他们才能为总督划动礼船。他们自恃地位高贵,从来不与威尼斯的其他工匠为伍。这是分而治之的一例。这也是威尼斯领导者以巧妙的方式团结城市组织中原本可能难以控制的群体的典型例证。"阿森纳洛提"的忠诚极大地促进了威尼斯的凝聚力以及提供了生存的保证。

兵工厂是第一家建立在现代工业装配线上的工厂,因而也是后世工厂生产制的先驱。一位游客在1436年描述道:

一进入大门,两旁各有一条宽阔的街道,中间是海水,一侧是兵工厂厂房向外开放的窗户,另一侧也是如此。这条窄窄的水道上漂浮着一艘桨帆船,由小舟拖曳,而从各式房屋的窗户中,零部件被源源不断地分发到装配工人手里,有的是绳索,有的是武器……

这些零部件被称作"机关"。武装桨帆船就是在这里建造安装的。相对不设武装的"圆船"(由帆而不是桨驱动)也由这里制造。生产效率的关键在于劳动力的分门别类、各司其职;兵工厂中有船木工和捻缝工,制绳匠和铁匠,锯木工和制桨匠。十天之内就可以制造装配完成三十艘桨帆船。当法国王于1547年到访此处时,在他用餐的两小时内,一艘桨帆船就建造完毕下水试航了。工业合作的整个过程都可以看作威尼斯政体本身的缩影。一切都与此类似。

造船家族马兰戈尼(Marangoni)的招牌,1517年绘于板上。理所当然地,造船会是一座四面环水的城市最重要的手艺之一。造船者提供了抵御水侵袭的防卫与保护。

但丁于十四世纪早期参观了兵工厂，并在《地狱篇》(*Inferno*) 第二十一章中留下了对此处的描写：

> 犹如威尼斯人的兵工厂里
> 黏糊糊的沥青沸腾在冬天……
> 有的敲打着船头，有的敲打着船尾，
> 这个造着划桨，那个拧着绳索
> 还有一个修补着主帆和后桅。

但丁将这一场景放在地狱第八层或许并非巧合，那里是腐败的公职官员接受永恒刑罚的地方。公然卖官鬻爵正是威尼斯统治的痼疾。

最终，兵工厂还是退出了历史的舞台。十七世纪制造技术的发展宣告了它的陈旧过时。当人们已不再需要桨帆船时，它依旧在生产着桨帆船。它的生产效率低下，工人薪水微薄、消极怠工。然而兵工厂直到1960年才宣告关闭，一万一千户家庭从他们祖祖辈辈生活的地方搬走。现在，厂房与生产线成了威尼斯举行各类节庆活动的展览场所。这是这座城市性质恰如其分的象征。

威尼斯军队在陆上与在海上一样作战迅猛。到十五世纪中叶，它已可以维持一支两万人兵力的常备军，还有额外的民兵组织为紧急情况随时待命。在下一个世纪初，这个数目增

兵工厂中劳作的制桨工人，大海中涌出的诸多威尼斯行业之一。船桨被运用在与自然世界的永恒斗争中，也用在与这座城市竞争者的战事中。

加了一倍。队伍由形形色色身份的人组成。威尼斯机械师以他们制造攻城武器的娴熟技术闻名,但是据说,威尼斯人自己并不是出色的士兵。因此,这座城市的防御在很大程度上依赖着雇佣兵。士兵们来自达尔马提亚、克罗地亚与希腊,还有德国与加斯科尼[①](Gascony);军队中有来自阿尔巴尼亚的轻骑兵和来自意大利其他地区的胸甲骑兵。1498年,当一群威尼斯射手在布蒂[②](Buti)被俘并被砍掉双手时,这些倒霉的士兵其实是来自英格兰和荷兰。

十五世纪初,成为陆上帝国是建立一支常备军的直接动力。然而这样一支军队也为这座城市的领导者制造了难题。军队可以堂而皇之地穿过大街小巷。军队可以对大陆上的地产造成威胁。正因如此,威尼斯人从不能担任将军或司令官。无论任何时候,威尼斯贵族可以指挥的人数不得超过25人。这是一项针对派系斗争的防范措施。取而代之的办法是,威尼斯人选出一位外国人担任司令,尽管他必须在两位高级贵族的密切监督下履行职责。这不是一个理想的安排,特别是在军情紧急时,但它充分照顾了威尼斯人的利益。

外国将军被称为"佣兵队长",该词源于意大利语中的"合约"一词。他们是由"合约"雇佣来的士兵。不过他们也是冒险家,有时还是强盗,这一点倒是十分契合威尼斯人的战场。他们渴求传统的罗马将军类型,作战时勇猛嗜血,和平时高尚和蔼;他们有勇有谋,善良明智。他们的薪资丰厚。威尼斯人是出了名的爽快大方的雇主。他们为佣兵队长提供大运河边的豪华住宅,还向他允诺大陆上的大片地产。威尼斯似乎离不开佣兵队长,不过也曾有人对这种雇佣行为提出质疑。只要贿赂足够庞大,佣兵队长或许会在游说下改变立场,他们有时也会作战不力或过分独立。马基雅维利将威尼斯的崩溃归咎于使用了雇佣兵军队和指挥官。如果威尼斯人不再能征善战,他们很快就

[180]

---

① 加斯科尼:法国西南部地区。
② 布蒂:意大利比萨的城镇。

会失去和平。亨利·沃顿爵士在十七世纪初评价道,"由于年轻人的荒淫,由于老年人的小心,由于长久以来耽于安乐、厌恶征战,以及由此导致的疏于管理,威尼斯国正在可悲地衰落。"然而即使是在其权势的最高点,威尼斯也一直被预言着衰落的命运。

第六章

超越时间的城市

钟与贡多拉

威尼斯人需要控制时间,就像他们控制自己遗世独立世界中的一切其他方面。钟声每天精确无误地响起,协调大众的日常活动。在圣马可广场的钟楼内部,有着一个五座钟组成的系统——宣布工作时间开始与结束的"工人钟"(marangona),报时的"午钟"(nona)与"三点半钟"(mezza terza),邀请贵族为各类集会投票的"马蹄钟"(trottiera),以及召唤群众围观最新公开处决的"丧钟"(maleficio)。钟声是社会控制的一种形式,建立了禁期的区域。1310年的一条法令宣布,"若无特别许可,夜晚第三次钟声后,任何人不得以任何理由外出。"

在这座城市的私人与公共机构中,每一阶段的活动都以钟声作为信号;人们应声醒来,洗漱,祷告,用餐,入睡。这是威尼斯社会家长式统治的又一印证。而由于钟声与宗教的密切联系,它也是将生活本身变为一种神圣活动的方式。在质与量上,它都是一个象征。

岁月在这座城市中流逝。不同时期的象征出现在一起,不同的时代又互相改变。威尼斯的时间是不按年代顺序的,年代顺序已被其他的力量压倒。的确,在有些场合,时间似乎暂停了。如果你走进某座庭院,在一缕阳光中,往昔时光都浮现在你身边。这未必是一种私人或独有的感受。威尼斯人相信,这座城市的构成是"连绵无尽"的。在这座城市的公共纪念物上,威尼斯人煞费苦心地累积下了不同层面与等级的时间,还有从早期文化中借用及改编而来的元素。他们从来无意为当下而建造,而是要结合往昔与当下而建。这座城市为来访者提供了一条管窥历史的途径。

[184]

这座城市中的时间感的确异乎寻常,任何一位来访者都能作证。没有人能在威尼斯"快进"时间;也没有人能"弥补"时间。这里唯一拥有的只是水上运输,如果一位行人想要快速前进,路上可谓障碍重重。这是一座让人类世界慢下来的城市。这是它引起迷醉或梦幻之感的另一个诱因。这里令人产生强烈的想要徘徊迷惘的意愿。官方的时制也与众不同。新的一天是从晚上的奉告祈祷钟敲响时,即六点钟开始的。因此平安夜里的 6:30 对于威尼斯人而言,就已经是圣诞节了。这一制度一直持续到拿破仑征服时期才告终止。

这座城市及其行政管理的连续性也为居民烙下了与众不同的时间感,时间对于他们来说,是以世纪而不是十年计算的。威尼斯以历史而不是年代衡量时间。那些世纪被封锁在了这座岛屿上,过去如是,而今亦然。它们被困在了水巷的迷宫中。大陆上的时间拥有向外延伸的空间,因此变得扁平而稀薄。在威尼斯,它一遍又一遍地反复回荡。爱尔兰作家肖恩·欧法奥

威尼斯铸钟匠的铺子,十八世纪末。威尼斯是一座钟之城,列队游行的时候,所有的钟会一齐鸣响。它们还有更实际的用途。钟会在日间的几个精确时刻敲响,协调民众的活动。

兰①（Seán O'Faoláin）将其描述为"叔本华意志的投射，一种超越了时间的本质"。

更准确的说法是，时间中贯穿着连续性。把一位十六世纪（如果不是更早）的威尼斯人放到当代威尼斯，他（她）也可以轻车熟路地穿行于大街小巷间。地球上没有几座这样的城市。教堂与市场依然在原来的位置上。渡船仍旧从五百年前相同的站台出发，横渡大运河。人们庆祝着别无二致的宗教节日。在所有城市中，威尼斯最为充分地体现了连续性。它已成为了自身存在的理由。它是可靠放心的，因为它代表着变化世界中的坚定不变。这正是为什么它的存在对英格兰与美国关心它的群体如此重要。卡巴乔与其他画家笔下十六世纪的城市风景在当代的城市中依旧可辨。卡纳莱托曾描绘过大运河边一座石匠庭院的景象，正是如今学院桥（Accademia bridge）的所在。在画中，大约是圣维达广场（Campo S. Vidal）和慈爱圣母教堂（S. Maria della Carità）附近，仍然依稀可辨至今犹存的房舍、一座小桥与一条不大的运河。这幅画绘于1727年，可见该地区的风貌已稳定维持了近三百年。

关于连续性，最显而易见的标志也是最稀松平常的。贡多拉已在这座城市的水路来往了千年，其形状与外观上的变化微乎其微。十七世纪时，约翰·伊夫林将贡多拉描述为"极尖极长，船颈与船尾是铁制的……有些船身上装饰着雕刻，其他则内衬有天鹅绒，通常是黑色的……划船时，船夫直立在小船的边缘，手持一支桨（身体前倾，好似要跃入大海），以不可思议的灵巧划动转弯"。

十一世纪末，贡多拉第一次出现在文献记载中，尽管它肯定在那之前的好几十年就存在了。"贡多拉"（gondola）一词可以追溯出许多词源，如拉丁语"cymbula"或希腊语"kuntelas"（二者都是"小船"的

---

① 肖恩·欧法奥兰：1900—1991，爱尔兰短篇小说家。

意思)。然而这种船的真正起源则可以从马耳他、土耳其，甚至令人难以置信的阿维尼翁①（Avignon）找到。逐渐地，它形成了自己明确而永不过时的外形。起初它比如今的样貌短且更高，在船的中部安排有一个船舱，往往由百叶窗或帷幕保护。这就是城中贵族的交通工具，一户贵族家庭可能雇有多名船夫。到十七世纪，这些船舱（称为"felzi"）成了幽会与密谋的场所，为威尼斯的传奇又添上了一抹秘不示人的欢愉。1930年代，船舱被拆除。另一项改变发生在十八世纪中期，即把船的右侧比船的左侧造得长出九英寸（225毫米），这一调整提升了小船的速度与机动性。于是贡多拉就这么划过了几个世纪，只是变得瘦长了些，以容纳日益增长的游客。如今它依然是一艘欢愉之舟，不过不再只是少数人的专享。

十六世纪，威尼斯已拥有一万艘贡多拉，其中许多都饰有装饰品与雕刻。这鼓励了威尼斯富人中互相攀比、炫耀的风气，平时他们不被允许公开炫富。当然这样的风气自然遭到了以集体之名抑制任何形式的个人主义的威尼斯国家的反对。因此1562年的一纸法令禁止了船上的装饰。正因如此，贡多拉变成了黑色。虽然威尼斯人并不觉得黑色有什么不吉利，贡多拉从此以后却经常被视作漂浮的棺材。雪莱②将威尼斯人比作从棺材的茧中挣扎而出的飞蛾。詹姆斯·费尼莫尔·库柏在乘船时觉得自己就像在乘棺材。在霍乱时期饱受惊吓的瓦格纳，每次上船时都要鼓足勇气逼迫自己。歌德将其称为宽敞的停尸架。拜伦则说：

就像个棺材扔在独木舟上，
谁也弄不明白你所言所行。

---

① 阿维尼翁：法国东南部城市。
② 珀西·比希·雪莱：1792—1822，英国浪漫主义诗人。

第六章 | 超越时间的城市　　　　　　　　193

贡多拉的照片，摄于二十世纪初。威尼斯向来被人们与"死亡"联系在一起，而贡多拉本身也常常被视作漂在水面上的灵车。

　　拜伦在这里描述的是可能会，也可能不会在船舱的私人空间里发生的偷情。贯穿威尼斯内部运河的船夫也被赋予了象征男性生殖力的价值，因此在威尼斯，性与死亡再次合并在了一起。亨利·詹姆斯这样描写贡多拉上的经历："每一次模糊不清的辨认与晦暗朦胧的吸引，都是你漂向死亡的悸动……"乘坐一次贡多拉就可能激起强有力的本能。

　　船首的金属喙——"ferro"——有着一段复杂的历史。有些人相信，金属喙上的六个齿代表着威尼斯的六个区。也有人认为这是复制自一种罗马桨帆船的喙；鉴于威尼斯人对仿古的喜好，这种猜测或许不失为事实。

　　贡多拉船夫是这座城市最著名的土著居民。他们的典型制服——草帽与黑白条纹上衣，连同红色或蓝色的领巾一起——其实在1920年代才正式形成。不过他们的自吹自擂可是有着悠久的历史。无论陆上水上,他们似乎都非常享受自己的声音。他们大喊大叫;他们咆哮怒吼;他们放声高歌。然而当他们安静下来,只余贡多拉滑行于水面的声响时,威尼斯深深的寂静开始统治一切。

从十六世纪开始,贡多拉就在歌曲与民谣中被反复吟咏。人们赞美它的谨慎灵活。当贡多拉成为幽会的场所时,船夫对客人的情况三缄其口;如果一名船夫把一位夫人的事告发给了她的丈夫,那么这名船夫就会被同行溺死。他们受雇递送密信。外国游客常谴责他们是满嘴脏话的骗子或恶棍,然而他们在自己的同胞那里却享有美名。比如,在哥尔多尼的喜剧里,他们以心地善良的主角形象出现。以下是他的剧作《好姑娘》(*The Good Girl*)中的部分典型场景:"两名贡多拉船夫从相反方向同时抵达……双方都坚持对方应该后退让路"。紧接着就是一段早年来到威尼斯的游客司空见惯的威胁谩骂的对话。不过他们高昂的情绪是这座城市空气的一部分。他们是水上求生意志活生生的体现。

贡多拉船夫的吆喝与歌谣被不断地记录下来。在《威尼斯的石头》中,拉斯金将书中的第一个附录献给了"贡多拉船夫的吆喝"。这或许是一出歌剧的标题。"Premi!"是左侧通行,"Stali!"是右侧通行,而"Sciar!"是停止前进。船夫们爱在水面上互相招呼,尽管这样的船上对答如今已更多的是一种戏剧性的行为,如唱着《你是我的太阳》(*O solomio*)或《重归苏莲托》(*Torno a Sorrento*)。尽管在本城中还是一股强而有力,甚至有时具有破坏性的势力,如今他们却主要是游客的乐趣所在。很大程度上,他们已成为当代威尼斯生活风格的一部分,他们的装束仅仅是戏装。据说威尼斯本地人死也不肯乘贡多拉,除非是那些从此岸到彼岸的渡船。

现如今,这座城市中只有四百艘贡多拉还在运营。每年只新造四艘。这样的小船并不能永远被使用下去。经过二十多年的服役,船上的木制部分会逐渐弯曲腐朽。于是它会被送往穆拉诺岛,在那里被用作引燃烧制玻璃的材料。它投入到了这座城市的另一项支柱产业中,其能量化作了威尼斯的玻璃。

公　正

在公爵宫三个敞开的拐角之一，有一座关于所罗门的判决[①]（the judgement of Solomon）的塑像。公爵宫的西立面上则是"正义女神"（Iustitia）的形象，她的手直握着正义之剑，同时还刻有"威尼西亚"（Venecia）一词。威尼斯与正义被结合在了一个永恒的形象中，镌刻着铭文"有力而公正，我登上王位，大海的狂怒在我的脚下"。在纸门[②]（Porta della Carta）的上方，是与其他公共建筑一样复杂精美的威尼西亚正义女神的形象，她手持宝剑与天平。宫殿里的最高形象也是正义女神。人们认为它古老久远。人们认为它经由天启。它以终极的形式与人类的审判救赎联系在一起。

威尼斯法律的实质并不那么光辉，但或许却更加有趣。正如威尼斯政体的方方面面一样，它是多种来源的传承。它的元素来自罗马法律体系，也来自拜占庭法律。其他元素则来自伦巴底与法兰克人的法典。缺乏稳固的领土基础，威尼斯不得不从其他民族改编借鉴传统。可以说，威尼斯人创造了一种不同法律原则的拼接合并，以灵活适用于任何情况下。威尼斯法律的效率胜过一切。对于一个漂浮于海上的民族而言，首要任务就是自保。

威尼斯第一部法典颁布于十二世纪末，所有的法律规则则于下一个世纪陆续收集在五本鸿篇巨著中。大多数法令，正如一座商人之城理当涉及的，用于处理财产与所有权事宜。商法所占篇幅最多。事实

[①] 所罗门的判决：两名以色列妇女都声称自己是一个婴儿的母亲，为了找出真相，所罗门拿剑威胁说，要把孩子割成两半，好让两人各得一半。孩子的亲生母亲立刻出于天生的母性选择放弃，而那位冒充的母亲却愿意看着孩子死于非命。

[②] 纸门：建于十五世纪上半叶，位于圣马可大教堂与公爵宫之间，是两座建筑的连接点。之所以叫做"纸门"，是因为从前这里用作张贴公文，也邻近公文存档的国家档案馆。

上，这五本律法书可以说体现了针对法律的商业态度。尽管对正义的惯有形象崇敬有加，威尼斯人的实践似乎却在很大程度上是经验主义与实用主义的。法律经常是对早已存在于实践中的所作所为的确认。不成文且有时基于个案的惯用方法似乎才是最重要的。甚至有人宣称，习惯高于成文法。这种对法律细节与诡辩的不信任，在某种程度上是商人精神的体现。违法者必须为向上帝所犯下的恶劣罪行，以及向这座城市做出的大不敬行为付出代价。这才是关键所在。

人们常说，威尼斯人爱空谈胜过爱行动。的确，再没有任何一座城邦有着比威尼斯更多的法律法规。这些法律的内容有时自相矛盾，使人晕头转向。有时，它们在通过后却并不颁行。有时，在法令全书中已存的法律又被重新发布一遍。威尼斯的领导者制定了太多法律。在他们摸索制定法律规则的过程中，有一种拍脑袋做决定的风气。有些大议事会成员相信或认为他们记得有某部法律，当事实上找不到这部法律时，他们就自己起草一份，将其通过。有一句俗语叫"七天时间足够埋没一部威尼斯法律"。

尤其值得一提的是禁奢法令，它对社会生活的规定巨细靡遗，以致于根本不可能有实际监督的办法。所以大部分人都选择无视这部法律。不过，它依然是威尼斯国家干预社会生活最奇异的例证。如果说这座城市是一个大家庭，就像常常宣称的那样，那么它也是一个严厉家长式作风的大家庭。因此，1562年颁布法令："任何一餐供应的肉食不得多于一道烤肉和一种煮肉。超过三种肉类和家禽的不在此列……"这一立法的初衷在某种程度上是为了遏制大家族对举行宴饮聚会的热衷，这些亲朋间的集会可以被当作对国家的威胁。正因如此，立法格外关注大量人员聚集的筵席与酒会。招待二十人以上的餐会不得出现牡蛎，对可以供应的甜点与水果数量也有规定，禁止食用孔雀和野鸡。宴会上服务的奴隶会被收买，用于暗中监视他们的主人。厨师必须向当局提前汇报他们被要求准备了什么食材。

十八世纪威尼斯的三位律师，彼得罗·乌贝蒂（Pietro Uberti）绘。他们身穿律师服，而的确，每一个威尼斯人都依据自己的等级与地位穿衣。律师在威尼斯人的生活中起着特殊的作用，据说在这里，人们爱说话多过爱行动。有一句谚语，大意为：七天时间足够埋没一部威尼斯法律。

威尼斯的立法也是为了禁止过度浮华的风气，面对富人的奢侈浪费，平民百姓可能会因此躁动不安。在威尼斯，即使不惜一切代价也要防止内部纷争。这或许就是禁奢令遭到普遍忽视的原因，因为它只不过被看作一个平息民愤的手段，而不是真为了执行什么法律。

有些法规也为了平息宗教上的争论。虚荣与贪婪的事会引发上帝的愤怒。有时在陆上或海上打了败仗，威尼斯人经常会归咎于一些市民低下的道德。当然，这一言论在中世纪与近代早期是普遍的，但在一座相信自己是由上帝选出的城市中，会被运用得更加恰当与尖锐。人们的着装上有着最为严格的规定。不论男女，每人拥有的毛皮斗篷不得超过两件。1696年，禁止任何人在领口或袖口装饰蕾丝花边。不许穿着锦缎或丝绸的服饰，手指上佩戴的戒指不得超过两枚。三名贵族被选为裁判官或称禁奢督查，以执行这些规则。当然，我们无从得知他们制止奢侈浪费的努力是否取得了成功。

威尼斯法律的实践在理论上是平等的。任何拥有财产者,无论贵族、市民还是工匠,都一视同仁。贵族不能以此为借口指望得到任何特权的关照。还有一套建立在公平原则之上的上诉制度。可以直接向总督本人进行恳求。威尼斯人有一句俗话,"面包在披萨里,公正在宫殿里。"威尼斯法律裁判素有严格之名,有时甚至达到残暴的程度,但也以不偏不倚闻名。国家为穷人提供法律顾问。甚至威尼斯的奴隶也有进入法院的权利,为自己的冤情讨个公道。1372年5月,一位威尼斯工匠安东尼奥·阿沃诺(Antonio Avonal)与一位制革工基亚科贝洛(Giacobello)在前往圣马可教堂晚祷的途中往一名路过的奴隶身上刺长针取乐,他们被当局抓获。阿沃诺被判处三个月,基亚科贝洛被判处两个月监禁。

威尼斯的法庭以本地语言办理各项业务,这几乎可以说在意大利是独一无二的。法庭记录充满了普通威尼斯人的声音:争吵,恳求,抱怨他们的邻居、雇主与仆人。法院像是专门为解决家庭纠纷而设。威尼斯人生活的一项内容就是几乎连续不断的诉讼。事实上,正是这样一个喧哗的法庭对在历史长河中巩固威尼斯的存在提供了帮助。

一幅十五世纪早期的蛋彩画,雅科波·德尔·菲奥雷绘,描绘了"公正与大天使"。威尼斯的公正成为了威尼斯神话之一。它被视为古风遗韵。它被视为受到神的启发。在终极形式中,它被人们与人类的公正拯救联系在一起。

这就是威尼斯人民以"遵纪守法"著称的原因。统治者与被统治者都对他们所在的共同基础心知肚明。克莱伏的圣伯纳（Saint Bernard of Clairvaux）据说曾告诉总督克里斯托福罗·莫罗①（Cristoforo Moro），"只要公正的风俗持续一日，共和国就存在一日。"

我们目睹了在混乱的法律理论基础上成功进行实践的有趣奇观。法律被制定或撤回，或被忽视，或被阻碍，或被违背。法律汗牛充栋，没人能全部记住。贵族法官从没接受过法律教育，除了那些从观察中拾得的零碎知识。他们是相对短期受雇的政客。所以他们依赖的是良心、推测与常识。在某种意义上，他们是非专业人员。无疑，滥用权力与准则的情况一定存在；贿赂与勒索的情况也一定存在。这就是人的本性。然而务实地应用建立在风俗习惯基础上的法律系统取得了胜利。法律面前人人平等的纽带将这座城市维系在一起。这就是威尼斯人性情的力量。

迎战土耳其

虽然热那亚已日薄西山，但1380年夏，一支新的劲敌又出现在了东方的地平线上，那就是奥斯曼土耳其人。威尼斯人已习惯于低估奥斯曼帝国的挑战，他们认为敌人会被困于陆上，在海上也是不足为惧的。可是随后，从未被彻底镇压的土耳其海盗夺下了黎凡特近海一带，奥斯曼帝国的逐步入侵也将威尼斯人的商路包围起来。土耳其人的步步推进威胁着威尼斯商人在塞浦路斯、克里特岛和科孚岛的聚居地，这些岛屿已被堡垒和舰队层层保卫。两大帝国的初次交锋发生在1416年的加里波利（Gallipoli）海域，经过一场鏖战，威尼斯舰队最终将土耳其人击垮。威尼斯舰队司令在之后的报告中称敌人"势如猛龙"，他们的海战实力不容小觑。1453年土耳其军队攻占君士坦丁堡即证明了这一点。经过威尼斯1204年的洗劫后，这座城市已是奄奄

---

① 克里斯托福罗·莫罗：1390—1471，威尼斯第67任总督，1462—1471年在位。

一息了,其防守面对势不可挡的土耳其大军毫无还手之力。奥斯曼王朝现在还被锁在欧洲的大门之外。君士坦丁堡,从此以后被叫做伊斯坦布尔,成为该地区的一支举足轻重的力量。

对于威尼斯人来说,生意还是要做,化敌为友才是再好不过。教皇也许对那些异教徒恨之入骨,但对威尼斯人来说,他们也是生意上的客户。君士坦丁堡陷落一年后,一名威尼斯使节被派往土耳其苏丹——"征服者"穆罕默德二世的宫廷,声明威尼斯人民期盼和平,希望与土耳其苏丹建立友好关系。言下之意是,威尼斯人希望能从他那儿赚到钱。威尼斯人如愿得到了在奥斯曼帝国全境行商的自由,一个新的威尼斯商人聚居地在伊斯坦布尔建立起来。

[193] 然而,这样的友好关系并不能持久。穆罕默德二世加重了向威尼斯商船征收的关税,同时与佛罗伦萨的商人们展开了谈判。1462年,土耳其人夺取了阿尔戈斯的威尼斯人聚居地。两国正式宣战。在陆地上,土耳其被认为人数占优,而在海上,威尼斯则会继续保有其霸主地位。威尼斯人希望能借此达到最终停战,并得到对方的让步。可是穆罕默德二世的海军远比威尼斯人想象的更为强大。经过一番激战,威尼斯舰队被驱逐出中爱琴海。爱琴海不再是拉丁人的海。在250年间属于威尼斯的内格罗庞特岛,一朝被土耳其人占领。土耳其人又征服了黑海地区,使其成为伊斯坦布尔的后院池塘。威尼斯人不得不奋起抵抗,后防战斗在十分接近威尼斯大本营的阿尔巴尼亚和达尔马提亚打响。

佛罗伦萨人告诉教皇,土耳其和威尼斯两败俱伤对各方都有利。然而威尼斯却是率先支撑不住的那一个。在这场战争持续十七年后的1479年,威尼斯人提出议和。威尼斯保住了克里特岛和科孚岛。十九世纪初,查尔斯·纳皮尔爵士①(Sir Charles Napier)还将科孚岛首府描述为"一座充满了威尼斯式的恶习与丑行的城镇",可是威尼

---

① 查尔斯·纳皮尔爵士:1782—1853,大英帝国军人,英国陆军驻印度总司令。

斯在黎凡特的真正势力从此不再了。土耳其人现在控制了爱琴海与地中海。土耳其的大维齐尔告诉前来求和的威尼斯代表,"你不妨转告贵国总督,他和海洋的缘分已经尽了,现在该轮到我们了。"一位当时的记录者吉罗拉莫·普列里①(Girolamo Priuli)就他的同胞们写道,"面对土耳其人的威胁,他们的境遇比奴隶还不如。"这话是有些夸张,但也反映出人们的惆怅之情。正是在这时,威尼斯人在东方的野心不得不画上了句号。这座城市将目光投向了意大利大陆。

意大利北部的平衡难以为继。地区势力纷纷结成各自的联盟,因为仅靠单打独斗难以与他们的邻国相匹敌。威尼斯所向往的和平只能以刀剑维系。尽管仍属一个帝国,意大利的国土上却争斗不休,永无宁日。欲壑难填的威尼斯令各城恐惧,这座城市已决意要征服亚平宁山脉以北的意大利全境。威尼斯和佛罗伦萨间的共和联盟分崩离析。佛罗伦萨人发表了无数长篇大论声讨威尼斯人的贪婪与狡诈。米兰公爵加莱亚佐·斯福尔扎(Galeazzo Sforza)在1466年的一次会议上向威尼斯代表声明,"你们破坏和平,觊觎他国国土。如果你们能感受到普天之下对你们的恨意,你们一定会吓得寒毛直竖的。"尼科洛·马基雅维利动容地评价道,威尼斯的领袖们"对教会全无敬畏之心,意大利满足不了他们的野心,他们志在建立一个比肩罗马的君主制国家"。

威尼斯周边的世界也在改变着。民族大国的崛起——特别是西班牙、法国和葡萄牙——改变了世界贸易的格局。土耳其帝国的强权,以及法国和西班牙在意大利大陆的介入加重了这座"最宁静的城市"的负担。法国国王查理八世(Charles VIII)1494年入侵意大利,拉开了一个世纪的民族纷争的序幕。尽管查理八世没能接管那不勒斯王国,其他欧洲列强的脚步却不会因此停下。哈布斯堡王朝的国

[194]

---

① 吉罗拉莫·普列里:1476—1547,威尼斯贵族,其日记是研究威尼斯黄金时代的重要史料。

王马克西米利安（Maximilian of the Hapsburgs）和西班牙国王斐迪南（Ferdinand）都对意大利北部的富饶城市垂涎不已。这些国家拥有规模庞大的军队，熟谙攻城炮和火药的新技术。意大利的众城邦对这种全新的战争环境毫无准备。米兰和那不勒斯遭到外族控制。随后，在1508年底，列强纷纷将视线对准了威尼斯。法国、哈布斯堡和西班牙的军队与教皇结成了康布雷同盟，其唯一目标就是夺取威尼斯在大陆的领土。法国代表谴责威尼斯人是"吸血奸商"和"基督信仰的背叛者"。德国皇帝则承诺要彻底扑灭威尼斯人"开疆拓土的渴望"。

该同盟大获全胜。威尼斯人的雇佣军在波河附近阿尼亚德洛（Agnadello）村庄边一场对阵法军的战役中全军覆没，杂乱无序地撤回了潟湖。原先威尼斯占领下的城市纷纷向新的征服者不战而降。

1509年春，在短短十五天之内，威尼斯失去了在大陆的全部领土。根据各种流传的说法，威尼斯人对此十分恐慌。市民们徘徊街头，饮泣哀鸣。这座城市已失去了一切。有说法称敌人会将威尼斯的民众放逐出去，让他们像犹太人一样四处流浪。"如果他们的城市不是由水环绕着，"马基雅维利写道，"我们应该已经见证它的灭亡了。"据当时的记载，威尼斯总督一言不发，"形同行尸走肉"。这位总督被怀疑是李奥纳多·洛雷丹（Leonardo Loredan），他的肖像由贝利尼所绘，至今仍悬挂在国家美术馆中，画上的他却是一派荣耀与祥和。

十六世纪早期总督李奥纳多·洛雷丹的肖像，乔瓦尼·贝利尼绘。注意画中人衣饰的豪华奢侈与凝视目光中绝对的平静无言。这份平静正是威尼斯国家官方形象的一部分。

当时的人们普遍相信,这都是上帝在惩罚威尼斯人的作恶多端,其中就包括鸡奸和华服。女修道院沦为妓院。富人的生活骄横而奢靡。这一切都触怒了天庭。因此这场战争的直接后果就是,为了使威尼斯求得上帝的原谅,总督和参议院提出立法禁止奢侈浪费,抑制富人们荒淫无度的行为。男性被禁止打扮得引人注目。女修道院被关闭。严禁人们佩戴珠宝。当时有人在日记中写道,人们需要"尽全力过起先辈们的生活"。这股复古热潮有着详细的标准。城中有些人相信,威尼斯人还是应该像从前一样以航海为生,觊觎大陆领土也许就是一个突兀而致命的错误。

阿尼亚德洛之战后,威尼斯面临着被逐步迫近的帝国大军包围的威胁,人们纷纷将食物和粮食囤积进临时仓库里。总督派全权公使前往哈布斯堡国王马克西米利安的朝廷,提出将威尼斯的全部大陆领土交由帝国控制。总督甚至还派遣使节向土耳其求援,以抵抗帝国军队。向异教徒求援抗击与自己同一信仰的敌人,可见威尼斯的统治者们已到了怎样山穷水尽的地步——除非,当然也的确如此,威尼斯人的真正信仰本身就存在于对她自己的崇拜中。

不过,一旦最初的恐惧平息下来,这座城市就会再一次团结在一起。它的种族天性苏醒了。它显示出的团结一致闻名于十六世纪。统治阶层精诚团结、融为一体。富裕的市民将自己的财产典当出去,以支援城市防卫。贫穷的市民则一如既往地忠诚。这个国家再次表现了自己的国家精神。它有能力在敌人的队伍中挑拨离间,制造不和。一些在法国或帝国控制下的大陆城市发现,自己宁愿选择威尼斯人更温和的统治。因为帕多瓦当地居民的积极抵抗,威尼斯实际上收复了这座城市。在战场上,威尼斯人也取得了胜利,到1517年初,它已经收复了几乎所有的领土,这些领土直到拿破仑时代才丧失。根据一位威尼斯红衣主教的训诫——"先答应对方条件,待日后徐徐图之"——它还就教会权力事宜与教皇达成了一份协议。以一种典型的模棱两可与阳奉阴违的办法,十人委员会早已秘密拟定,这份

[196]

协议由于受到武力强迫而达成,故被视作无效。威尼斯再一次跻身世界。

在黎凡特与其他地方,威尼斯丧失了许多有价值的领土,但它并没有失去全部。它得到了塞浦路斯,有组织地剥削了那里的农业财富,并维持了对波河沿岸城市的控制。里米尼①(Rimini)和拉文纳的粮食对于威尼斯的生存也是必不可少。而生存就是现在的关键。康布雷同盟成立之后,威尼斯再也无法在意大利半岛拓展其统治地位。它的近旁强敌环伺。再没有比这更虎视眈眈的扩张了。而威尼斯贵族依然在持续他们一有机会就尽量买进地块的政策。很快,以贸易的风险交换土地的安全的倾向蔚然成风。在人口日益增长,粮价不断攀升,且人们齐心协力提高产量的世界里,土地是一项良好的投资。然而它也代表了从世界大势中退出的另一种形式。在这一过程中,威尼斯人产生了一种新的乡绅阶层。对于国家本身而言,最佳的立场在于保持警惕的中立,在敌对势力间挑起争端又置身事外。唯一的选择就是和平。威尼斯人所有臭名昭著的诡计与修辞如今都致力于在土耳其、法国与哈布斯堡诸帝国间求得平衡这一目标。一直到近三百年后拿破仑·波拿巴的到来,该策略都是成功的。威尼斯帝国剩下的部分——在克里特岛,希腊南部与意大利大陆——都保住了。

1527年,未获报酬的帝国军队残忍洗劫了罗马,这使威尼斯的复苏得到了支援。军队对这座帝国城市的市民奸淫掳掠;他们偷盗财宝,偷不走的就一把火烧掉。一波又一波瘟疫与梅毒令整个地区陷入绝望,被蹂躏后的庄稼地颗粒无收。威尼斯再一次抓住了这一有利条件。罗马曾经是威尼斯最悠久,也是最强大的敌手。统治罗马的教皇曾不止一次地将威尼斯逐出教会。教皇国受到了威尼斯势力的挑战。因此罗马遭洗劫对于威尼斯领导人而言可谓是个大好消息。教皇宫廷内的许多艺术家与建筑家离开罗马,迁往这座绝不会发生如此暴乱的

---

① 里米尼:意大利东北部港口城市。

"最宁静的城市"。时任总督安德烈·古利提①（Andrea Gritti）已经断定，威尼斯将崛起为一个新罗马。他巴结讨好、盛情邀请作曲家、作家与建筑家来到威尼斯。古利提聘请从罗马来的流亡者之一——雅各布·桑索维诺改造圣马可广场，使其成为帝国城市的中心。另一位流亡者彼得罗·阿雷蒂诺则宣告威尼斯为"全世界的祖国"。

桑索维诺以罗马风格重修圣马可广场这一威尼斯的公共区域。他以粗琢拱门与多立克柱新建了一座造币厂。在狭场的总督宫对面，他以古典的长方形会堂形式修建了大图书馆。以同样的精神，他以传统的古典形式在钟楼的基础上建造了门廊。广场上商贩的棚户与摊位纷纷拆除，在他们的位置上建起了一座宗教仪式场所。多位行政官被委任监督其他区域的整修以及威尼斯周边水体的净化。四处都建起了新房。各码头也得到了重新设计。其象征意义不难解读。威尼斯宣布自己是新罗马，是罗马共和国与罗马帝国的真正继承者。她认为自己绝无理由对德皇查理五世或土耳其的苏莱曼大帝卑躬屈膝。整座城市都被构想为是其新地位的一座纪念碑。根据1535年参议院的一份声明，"它已从一处蛮荒的避难地一步步装饰与建设起来，为的是成为世界上现存的最美丽、最辉煌的城市。"这是一座狂欢与庆典之城。这里涌现了更多的游行与仪式、比赛与节庆。

无论是过去还是现在，不断有历史学家断言，威尼斯人自身在这一转变中失去了活力与坚韧。他们变"软"了。他们变"弱"了。在他们接受中立原则的同时，他们也失去了战斗的精神。他们沉湎于舒适生活的享乐中。采用人类心理学的语言描述这类事宜或许并不明智。一辈又一辈人的生活总是比任何个体都更坚定，也更不具个人色彩。它只服从于不同的法则。我们唯一大致可以肯定的是，威尼斯在十六世纪恢复了往日风采。这是个真正令人惊异的复兴，初生在战败与屈

[198]

---

① 安德烈·古利提：1455—1538，十六世纪威尼斯共和国总督，于外交和军事方面对威尼斯有杰出贡献。

辱之中。它充分说明了威尼斯人灵活机巧与实用主义的品性。

还有另一重重大考验。1570年的头几个月，苏莱曼大帝的土耳其军队控制了塞浦路斯的威尼斯殖民地。威尼斯向欧洲各国领袖请求援助，但以失败告终。西班牙国王腓力二世（Philip II）出于对土耳其人挺进北非的恐惧，派出了一支舰队。然而它来得太迟了，而且莫名其妙地不肯服从威尼斯人的战略。士气低落的威尼斯舰队在吉罗拉莫·赞恩（Girolamo Zane）的指挥下，还没看见塞浦路斯就掉头回航。塞浦路斯岛失守。一名威尼斯高官被土耳其人斩首，另有一人被生生剥皮。他的皮至今依然保存在圣若望及保禄（SS. Giovanni e Paolo）教堂的一个骨灰瓮中。当时赞恩已被命令返回威尼斯，在那里他被押入总督的地牢，于两年后死在了那里。

塞浦路斯被夺走一年后，教皇庇护五世①（Pius V）计划联合三大欧洲强国，牵制并对抗土耳其人。威尼斯、西班牙与教皇国本身组成了一个新的基督徒同盟，或称神圣同盟，公开宣布其目标为收复地中海控制权，禁止土耳其舰队驶入亚得里亚海。这是换了一个名目的十字军。一场海战在帕特雷湾（Gulf of Patras）的入海口打响。这场著名的"勒班陀战役"以基督徒一方的大胜告终。计有230艘土耳其舰船被击沉或被俘，而欧洲方面仅损失了13艘。15000名在土耳其人手下劳作的基督徒桨帆船奴隶重获自由。勒班陀战役还有另一个非凡的成果，它是最后一场由船桨主宰胜负的战役，往后的交战是风帆的天下。它也是最后一场以近身肉搏为攻击方式的战役，从此取而代之的是大炮，尤其是加农炮。

勒班陀之战后，当威尼斯人的桨帆船后面拖着土耳其旗帜返回母港时，整座城市欢欣鼓舞。圣马可广场上举行的阵亡将士葬礼致辞宣布，"他们用自己的例子教育我们，土耳其人绝非像我们从前以为的那样不可战胜。"这座城市大大松了一口气。威尼斯人认为在对土耳

---

① 庇护五世：1504—1572，教皇，1566年—1572年在位。

《勒班陀之战》，保罗·委罗内塞绘于 1571 年。该作完成于威尼斯军队（与其他军队一起）打赢土耳其的一场著名胜仗后几个月。230 艘土耳其舰船沉没或被缴，欧洲一方仅损失 13 艘。勒班陀之战是最后一场由船桨主宰胜负的战役。在往后的交战中，人们开始使用风帆。

其取得胜利后，接下来应该在攻击上更为谨慎，然而教皇和西班牙君主却不这么认为。第二年春天他们又发起了几场无果而终的战役，然而基督徒同盟的士气已经一蹶不振。威尼斯恢复了外交手段，与苏莱曼签署了一份协议。塞浦路斯永远地失去了。在威尼斯曾建立殖民地的所有希腊岛屿中，只有科孚岛未曾遭受土耳其染指。不过勒班陀之战还是为威尼斯的领导者壮了胆，他们开始考虑收回在地中海的商业霸权。新一代的年轻贵族开始主宰公共事务。

因此十六世纪末的威尼斯可以为自己骄傲，因为其在欧洲的入侵以及与土耳其的战斗中全都幸免于难。它已证明，无论和平还是战争，它都是一个令人敬畏的对手。其政府的稳定与人民的忠心是坚定不移的。在意大利北部，它是唯一一个未曾遭受叛乱或入侵之苦的城市。教皇将其比作"一艘从不畏惧狂风带来破坏与暴乱的大船"。为人所知的"威尼斯神话"由此应运而生。它的年深日久与古老的自由为历代威尼斯史家赞颂；它为自己披戴新建公共建筑的荣光。威尼斯共和国，绝无内讧，由圣贤领导，被相信必将永垂不朽。它摇身变为和平之城与艺术之城。正值其海外势力的缓慢衰退，整座城市的精神也显露出了不同的风格。这一点从贝利尼、提香与丁托列托的作品中可见一斑，在他们的时代，威尼斯的影响力开始衰落。然而，当这座城市产生了如此多的财富时，谁又能说它在衰退或腐朽呢？威尼斯只不过是改变了力量的性质。如今它追求的是印象的力量——是灿烂耀眼。因其帝国权势的衰落，它在世界上的形象就变得极其重要了。

第七章

鲜活之城

肉体与建筑

奥地利作家雨果·冯·霍夫曼斯塔尔曾将这座典型城市描述为"一道纯粹生活筑就的风景"。这纯粹的生活是否因此可以被看作一种鲜活的力量？威尼斯是否可以被一种本能的存在意识所塑造与统治，而这种意识比其全体民众更为强大？它是否不仅仅是一个集合体？

十六世纪，威尼斯已被比喻为像一个人体，"头是海岸所在的地方；朝向大海的地区是臂膀"。运河是这具身体的静脉。心脏就在这座城市本身之中。克里斯托福罗·萨巴蒂诺（Cristoforo Sabbadino）在1549年这样写道。威尼斯仿佛眺望着大海。英格兰游客詹姆斯·豪威尔说，从没有一个外国王公曾经"靠近她的私处"。这些"私处"是什么地方？想必就是公爵宫与大教堂。

而以上的所有引述都证实了一种信仰或本能，即威尼斯本身就是一个鲜活的生命体，有着自己生长变化的法则。它的存在与存活是否借助了某些无法言传的内在或天生力量？它吞并岛屿，组成自身的存在，它的消化系统布置在运河与水道中。万事万物都希望按自己的天性构形与表达，树上的叶子渴求自己的形状。因此在朦胧的预感与公共愿望的共同作用下，威尼斯生长着。正因如此，威尼斯的每一个部分——威尼斯的地形，威尼斯的构成，威尼斯的国内制度——都反映着整体。它的神经功能是彼此依存的。第一次来到威尼斯的人似乎能够感受到这座城市明确的"人格"。总是对个人情感的微妙与暧昧敏锐易感的亨利·詹姆斯称威尼斯"好像把自己人格化了，变得富于人性且拥有直觉，能够体会到你的情感"。这对他而言温和有趣，却又伤感。

这是否也制服了栖居于此的人们的生活与情感？这座城市是如此古老，又拥有如此多的习惯与传统，甚至可以说民众已契合了其现有的节奏。威尼斯人常常被描述为扮演着不同角色的演员。在反映威尼斯人生活的画作中，居民们与这座城市相比是那么渺小，以至于这座城市成了脱颖而出的主题。人们常说，威尼斯是不可能现代化的。更贴切地说，是它不愿现代化。它本质的每个细胞都在抵抗任何类似的企图。

在大运河边的达里奥宫（Palazzo Dario）较低的一面墙上，宫殿主人用拉丁文刻下了一段题词：乔瓦尼·达里奥（Giovanni Dario）向本城精神致敬。因此，如果"地方精神"（genius loci）真的存在，它又包含着什么内容呢？真的有一位城市的守护神吗？在其他城市中，公共价值的崇拜与地方崇拜和逝者崇拜联系在一起。在早先的几个世纪中，威尼斯的逝者被埋葬在教区的广场上。于是一代又一代来来往往的后人踏着他们祖先的遗骨。没有什么比站在教区建立的地点上更能为威尼斯人灌输敬畏之情。另外，祖先遗骨的存在真正确立了这片土地的领土所有权。没有陌生人能夺走这块埋着遗骸的土地。这或许就是一切城市起源的线索。它们始于墓地。

威尼斯起初是一座木头之城。这里的木匠如此之多，就连圣马可广场钟楼上的大钟也因他们而命名为"工人钟"。这座城市由木质房屋、临时广场、木造教堂、水道、登陆楼梯与连接两岸的浮桥组成。然而形成现代城市的过程也开始初具雏形：一张由拥有各自教堂的教区连接而成的网络正围绕着中心缓慢形成。人们建造木桥将邻近的岛屿连接起来，又在沼泽地区铺设行人小径。

十一世纪，这一工程得到了加强。在私人而不是政府积极性的鼓舞下，人们纷纷填平或覆盖池塘与沼泽，开垦一切可开垦的土地。新兴的政府将各教区系统化地组织起来，建立起一个核心地区，城市就从这里逐渐延伸。十二世纪初叶，有人提议在里亚尔托建立一个大型市场，在公爵宫旁建一座城市广场，并为威尼斯战舰的维修造一座兵工厂。这些公共工程改变了城市的面貌，也决定了其最终的形态。洪水、大火与地震一次又一次冲击着它。1106年的一场大火几乎将整座木制的威尼斯城毁于一旦。然而城市发展的进程势不可挡。往后也曾发生过几场大火，但这座城市每一次都能浴火重生。大型城市工程开始坚定不移地建造起来。威尼斯不断生长壮大，就像真正的自然之力。

［205］

到十三世纪，威尼斯参议院已接管了土地开垦。这座城市被定义为公共空间，而非单个社群的聚集体。该国成功驯服了水与土。政府任命了各堤岸、街道与运河的监督员。他们最终形成了一个委员会，每个教区里都有他们的官员。只有几条特定的运河被用来运输木料。染工只被允许使用潟湖的水，而不能用运河的水。威尼斯城市立法的洪流由此开始，与这座城市中生活的方方面面都有应对。垃圾处理系统建立起来。这座城市的街道开始铺上石板或鹅卵石。大运河上第一座永久性的固定桥于1264年在里亚尔托建成。

这次城市结构的不断扩张一直持续到十四世纪，当时威尼斯的人口数目已达十万。它已经是欧洲居民最多的城市之一。这座城市的主要街道延伸拓展，码头与桥梁不断兴建。大议事会新会堂的修建工程于1340年获准通过。在那时，几座大教堂已开始拔地而起，其中包括圣方济会荣耀圣母教堂（S. Maria dei Frari），圣若望及保禄大教堂，慈爱圣母教堂（S. Maria della Carità），圣埃尔维斯教堂（S. Alvise）与菜园圣母教堂。新的街道铺设而成。公共粮仓也设立起来。

该世纪中期，在黑死病疫情的重压下，建造活动有所减少，但十五世纪初期又新建了一大批私人与公共工程。这就是威尼斯的发展方式——在一波又一波建造活动中为城市猛然增温，获取新鲜活力。这一种以有组织的方式表达的诱惑是强烈的。约两百座宫殿，其中许多至今依旧矗立在大运河两岸，就是建造于这一时期。中世纪的木头城镇最终还是让位于文艺复兴的城市。

[206]　　这一进程终于在十六世纪永远地完结，固定下来。1527年，雅各布·桑索维诺被任命为公共建筑师，这是一个经过深思熟虑的公共工程计划的第一阶段，该计划意在创造一个威风凛凛、辉煌灿烂的第二罗马。第一次总体规划可追溯至1557年，其中的一项设想是，用伊斯特拉石修筑一道堤防，将整个城市包围起来。威尼斯成为了刘易斯·芒福德在《历史上的城市》中所称的"完全的城市"。它孜孜不倦地传播"威尼斯神话"，将其作为经久不衰、坚若磐石的政策方针。十六世纪中期，帕拉迪奥的工程为一座再也不愿改变的城市增添了更多装饰。以圣乔治·马焦雷教堂及威尼斯救主堂（Il Redentore）的概念，他重建了这座城市宗教建筑的外形。这座城市只缺一样——横跨大运河的里亚尔托大桥于1585年5月31日铺下第一块石头。威尼斯的创造至此完成。

然而，尽管外表壮丽宏伟，威尼斯仍然是一座极度本土性的城市。城市被划为若干分区，分区之中又有分区。最大的分区是依大运河分为"圣马可一侧"与"里亚尔托"一侧。其次是十二世纪建立的城中六个"区"。在十九世纪后期，人们仍普遍将其描述为国家，比如，有城堡国，也有卡纳雷吉欧国。霍雷肖·布朗[①]（Horatio Brown）在《潟湖上的生活》（*Life on the Lagoons*）（1909）中注意到，居住在不同地区的人们彼此间的"建筑与类型特点互不相同"，他们的口音也不相同，就连方言也是各种各样的。

---

① 霍雷肖·布朗：1854—1926，苏格兰历史学家，专研威尼斯及意大利史。

每个地区内部以教区聚集在一起。教区是威尼斯社会必不可少的基本单位；在官方文件中，平民以教区识别自己的身份。教区内有各自的节庆与仪式，教区的神父则由附近一带的不动产保有者选出。教区内设小型市场，教堂是危难时刻的庇护所；许多教区都有它们专门从事的生意。它既是宗教实体，也是行政实体。邻近教区间的互相竞争十分普遍。各个单独教区也充分形成了自己的身份特性。因此，从精神上而不是结构上说，这座城市依旧在反映着它由数以百计的岛屿集合而来的起源。

"场"是四邻八方的中心。它铺展在教堂前，曾一度是教堂附属的墓地。在每座场上——或在附近的水巷中——都有一个水果摊、一个菜贩、一家杂货店、一家意大利面店、一家咖啡馆、一家理发店，

[207]

格苏提广场上的保龄球比赛，加布里埃尔·贝拉绘于十八世纪。广场位于周边地区的中心。它在教区教堂前展开，曾经是教堂的坟地。这是一个独立自给的存在，其标志为广场上的水井与雕刻井口，教区里的妇女会到这里闲话家常。它是威尼斯的缩影。

以及从布贩到木匠的各类其他生意人。这是一个自给自足的实体,由水井及雕花的井口划分而成,教区的妇女们常常聚集在井边闲聊八卦。它是威尼斯的缩影。如果说在这座城市中的确有一种地方精神,这种精神至今仍能在这里找到。

房屋密密匝匝地挤在一起。教区居民对彼此的情况了如指掌。陌生人很快就会被注意到。换句话说,这座城市由纵横交错的个体边界构成。从一个区域或教区走到另一个区域或教区就像来到了另一座城镇。一个区域的居民可能对另一个区域的地形一无所知。这座城市中的有些地方是许多威尼斯人从来未曾踏足的。对于一个威尼斯人而言,终其一生都不曾踏出自己的居住区也不是什么稀奇事。有些威尼斯人从来没去过圣马可广场。最近以百岁高龄故去的一位卡纳雷吉欧区的老妇人曾告诉笔者,她这辈子只去过圣马可广场两次。

运河是分隔的标志与象征,它们本来是曾经在这片土地上纵横交错的古老溪流与江河。将朱代卡岛与这座城市的其他地方分隔开的连绵水域曾是布伦塔河的河口。共有170条运河穿过这座城市,随着超过62英里(99.7公里)的潮汐涨落。大运河本身长达2英里(3.2公里)。有些运河仅容单向通行,其他可容纳双向交通,有些运河则是走不通的死胡同。它们深刻地影响了威尼斯人的天性,就如同深刻地影响了这座城市的性质一样。人们常说流水的存在使人心神安定。这些水的分界也阻止了暴动或叛乱中的人们迅速集结。威尼斯的和平或许就得自这些运河。

如果说运河是分隔的标志,那么桥梁就是统一的象征。这座城市中有超过450座桥,将教区与教区连在一起。许多桥梁有自己的尊称或绰号,如"拳桥""刺客桥"或"贞女桥"。它们曾是战场,也曾是幽会的地方。最早的桥仅仅是用木板铺在木桩或小船的船身上,而第一座石桥直到十二世纪下半叶才建成。也是在那时,第一座横跨大运河的大型木桥,或称浮桥在里亚尔托架起。十六世纪是石桥大发展的时代,木质结构纷纷被更持久耐用的石头取而代之。这些桥梁由两侧向中间隆起，不设护栏或扶手。来往的行人或骑马者得足够灵敏且无畏。桥梁的建设还在继续。大运河上刚刚才架起一座新桥，将城市西部的两个交通枢纽罗马广场（Piazzale Roma）与铁道（Ferrovia）连接在一起。

因此，从这些各不相同的教区与地区的混杂中诞生了这座主权城市的奇迹。从差异中涌现同一性，从关联与无关的部分中浮现整体。这是这座城市整个生命的秘密。来到威尼斯水池的游客第一眼看到的，就是守卫着狭场的两根东方花岗岩石柱。在靠近公爵宫的那根石柱上伫立着圣马可之狮。从远处看，这是一个辉煌灿烂的组合。事实上它是由分开的部分组成，这些部分创作于不同的时期，由铁钳强力结合在一起。有些物件的年代已不可考，但大部分物件都可以追溯至十二世纪晚期。狮子的翅膀是修补时的作品，它最初精细到羽毛。所以在某些本能或强制力的作用下，石柱的建造者将狮子的不同部分拼接在一起，这代表了这座城市的创建。

另一根石柱上安放着威尼斯最初的守护圣人圣西奥多的塑像。如果你凑近了观察，就会发现这绝不可能出自一人之手。塑像的头是帕罗斯岛大理石的，被认为代表着本都①（Pontus）国王米特拉达梯（Mithridates），躯干则是哈德良大帝②（Hadrian the Great）时期的罗马作品，塑像上的龙或鳄鱼则属于十五世纪上半叶的伦巴底风格。这是一个辉煌而带有明显偶然性的历史集合。它值得被安放在石柱上。再一次地，它体现出威尼斯的形象。

这座城市的建筑是多种多样的，也显然是随意的，结合了哥特、希腊、托斯卡纳、罗马与文艺复兴元素，所有这些元素的混合可以被定义为威尼斯建筑。各种风格与格调同时并存，威尼斯的艺术就存在

[209]

---

① 本都：位于小亚细亚北部（今土耳其东北部）的古代王国。
② 哈德良大帝：76—138，罗马帝国安敦尼王朝的第三位皇帝，117年—138年在位。

于兼容并包之中。它提醒着人们，威尼斯的外观是多么奇特。它在物品与材料随意积累的基础上发展而来。它彻头彻尾地反映了折衷主义者的品味。这里不存在均匀一致。这正是威尼斯使游客眼花缭乱、心神疲倦的原因。它拒绝被解读。它否定单一视觉。清真寺的宣礼塔可以变成十字架。拜占庭柱可以竖立为科林斯柱。一座雕像的部件可以装到另一座上。泰奥菲尔·戈蒂耶在描写圣马可大教堂时观察道，"推翻所有关于建筑比例后的奇特事实是，这圆柱、柱顶、浅浮雕、珐琅与马赛克的混杂——融合了希腊、罗马、拜占庭、阿拉伯与哥特风格的集合体——产生了可能存在的最和谐的整体。"仿佛自相矛盾地，无数碎片只有在作为整体被感知时，才具有了意义。

"在这座最高贵的城市威尼斯，"建筑师塞巴斯蒂亚诺·塞利奥1537年写道，"以和其他意大利城市不同的方式建造是一种习惯。"这是一种在海岛上与世隔绝的建筑风格。这是建立在水上的建筑风格。自然而然地，它就会与众不同。威尼斯的建筑反映着这座城市的精神与本性。它们是这片领土的名片。拉斯金为他的高度评价冠以标题《威尼斯的石头》(*Stones of Venice*)。石头就是威尼斯的灵魂。

因此，威尼斯的建筑有着显而易见的轻盈、匀称与和谐的特点。它代表着市民的一切抱负。正因如此，威尼斯的建筑是独一无二、容易辨认的——低沉的中心窗，壁龛与阴影的样式，表面装饰物，错综复杂的风格种类，对弧形的偏爱，拱廊的围屏，对光线与空间的普遍强调。在这些建筑之间似有一种推力，其方向是水平而非垂直的，紧紧拥抱着潟湖的表面。威尼斯建筑的外立面并不承重。其效果富丽堂皇，却不像纪念碑般巨大。体积的存在感是被拒绝的，因为它总是被闪闪发光的效果分解。建筑的外立面仿佛能自由漂浮，好像建筑本身就是一场华丽的幻觉。

建筑往往看起来就像是许多零碎部分的集合，而不是由一个中心概念控制。就这一意义而言，这是一种十分实用的建筑风格。威尼斯的建筑者似乎从不介意不对称,他们将相隔一个世纪甚至更长时间的风格拼凑在一起,他们随机应变、因地制宜地缩短或加长建筑。他们追求的重点是对比与多样性,而非均匀一致。同一空间中可以采用不同的装饰系统,各种建筑"规则"规定的比例都被打破。这样的建筑有着天然的生机勃勃。这里没有庄严肃穆,没有自命不凡,没有盛气凌人。

威尼斯建筑物的基本形态之一是装饰着壁柱的三层正面,这是大运河沿岸房屋的基础外形。这种房屋的焦点在于外部而非内部。只要正面装饰得奢侈华丽,没有人会在意建筑的后方。这是一座面具之城。因此它依赖着外在的模式。这是一种装饰性及图画性的建筑。它拥有如画般的成分。建筑物的表面镶嵌着雕刻与彩色大理石,形成的装饰图案向四面八方延伸。这就像是蕾丝被刺绣在了石头上。

我们可以大致这样认为,这座城市的第一种建筑风格可以被称为拜占庭式。这种风格的特征有拱廊与圆顶,梁柱上的半圆拱与倒拱,还有覆盖着墙面的美丽马赛克。威尼斯的圆顶大教堂以东方样式为基础,圆顶完美地高悬于立方空间之上。这是"无穷"的景象。拜占庭风格在威尼斯可追溯至七世纪到十二世纪,在这五百年间,这座城市将君士坦丁堡当作自己的灵感之源。随后,这种风格在十五世纪后期及十六世纪前期有了革新。

十三和十四世纪,威尼斯将目光从东方收回,投向了西方,这种关注随即引发了威尼斯哥特式风格的崛起。重要的一点是,在这一时期末,威尼斯正跃跃欲试,要在意大利大陆建立起一个陆上帝国。这时的教堂有着拱形的中殿,尽管它们并不能盖得很高,威尼斯松软的地基无法支撑太大的重量。于是,随之而起的兴趣点在于形状与材料的相互影响,在于梁柱与壁柱的剥落,在于宏伟的大门,在于三叶拱,在于四叶窗花格,在于双尖顶窗。这是一种图案与装饰的风格,再一次与威尼斯人的精神不谋而合。不过,通过征用一种西方帝国风

[211]

格，这依旧是一个自我形象的问题，以及新的富丽堂皇的形式问题。

这一风格在十四和十五世纪占有统治地位，甚至延续到了十六世纪，为这座城市留下了至今犹存的哥特式外貌。许多哥特式教堂取代了自己所在地原先的拜占庭式教堂。它们的修建是为了向另一位上帝，或者说另一种概念上的上帝致敬。不过哥特式既是宗教建筑风格，也是世俗建筑风格。绝大多数声名远播的宫殿豪宅都是以哥特式建造的。圣马可大教堂是拜占庭式的实例，公爵宫则是哥特式的体现。

拉斯金轻视威尼斯在哥特式之后流行的文艺复兴建筑。他将其看作这座城市衰落的征兆。古典的圆柱与山形墙饰，以及绝对的对称，都与这个地方的生活与精神格格不入。威尼斯可以对古典文物做些什么？威尼斯可以对文艺复兴风格的核心，即纯粹、朴素、大规模的一致性做些什么？文艺复兴风的伟大典范——科度西[①]（Codussi）、雅各布·桑索维诺与帕拉迪奥（Palladio）本身都不是威尼斯人。他们以外国人的目光审视这座城市。帕拉迪奥甚至不喜欢威尼斯的传统建筑风格，认为其缺乏优雅与美丽。人们常说帕拉迪奥设计建造的大厦不适合威尼斯，它们与威尼斯并不合拍。然而在威尼斯，没有什么是不"合拍"的。

威尼斯建筑的某些特征是一脉相承的。例如，民众的家庭居所一直遵照着简单的式样。它们不属于威尼斯生活中引人注目的方面。普通的威尼斯房舍是个神秘的地方，作为城市生活中心的公共空间的相反面。这样的房屋通常狭小而阴暗。它不情愿招待来客，更不欢迎陌生人。这座城市的原始木屋只有一层，围绕着中庭而建，这种内向性的观念从未在威尼斯的土地上消失。这座城市与生俱来的保守主义是如此强烈，以至于十三世纪时后世所有房屋的基本结构就已形成了布局。

[①] 科度西：1440—1504，文艺复兴早期建筑家。

它们结构简单，只有两到三层，每层一到两个房间。正面环绕着木制阳台，屋顶则是被称作"柱承式阳台"的平层封闭式空间。在这里，威尼斯人可以呼吸新鲜空气，或者观察楼下街道上的同胞。这里没有几扇窗子，都是沉重地关着，或护以铁条，大窗则朝向内部的中庭。这里没有几件家具，仅有的却都有丰富的装饰。人们偏好平屋顶，烟囱也较普遍。百叶窗漆成绿色，威尼斯没有软百叶窗，当然也没有地窖。

[212]

有些小屋中开有朝向街道的商铺。还有一排排的连排房屋，每一间房或一层楼居住着一个家庭。在这座城市的某个角落，两排一模一样的房子隔着一条窄窄的街道彼此相望，出人意料地，其效果竟与英格兰东北部的工业住房十分相似——除了街中央的水井。在劳动阶级的居住区，隧道般的通道也很常见，这种隧道有着拱门，被称作"门廊"。

如果说建筑的多种风格代表了此地的精神，即与众不同、清晰可辨的地方精神，那也许是因为这些建筑都直接扎根于同一块地基。威尼斯的建筑是与大自然不屈不挠团结斗争的行动。在这座城市的水下铺着一层泥沙与粘土。这些建筑物的地基，即硬橡木桩，由沉重的落锤打进地里。木桩深入水下十到十六英尺（3 到 5 米）。随后，人们在上面架起交叉横梁，并在木桩间的缝隙里填上水泥与碎石。紧接着，他们在木结构的顶端用水泥砌上一块木板制成的厚面板，这才是这座城市真正的地面。就在这块平面下两到四英尺（0.6 到 1.2 米）的巨型木筏上，人们建造起了第二重地基。

威尼斯建立在这样的地基之上，赖以为生的是一座石化森林。无论怎样，它总是设法既对抗自然，又利用自然。这些橡木、落叶松与榆木的粗壮树干必须沉入水下，如果它们暴露在空气中，就会开始腐朽。然而在浸满水的条件下，它们却坚固结实，而且几乎不会腐坏。例如，圣马可广场的钟楼重 14400 公吨（14170 吨），但木桩地基依旧

[213]

能够承重。里亚尔托桥由 12000 根榆木桩支撑。1156657 根橡木与落叶松木桩支起了敬礼教堂。建筑物本身的重量也有助于木桩的固定。世上没有绝对的坚定。在潟湖的水中更是不可能存在。不过木桩即使发生了轻微的移动,也不会倒塌。许多木桩已延用了约千年。

有一首打桩工人的歌谣可以追溯至 1069 年,其最新的一个变体由一位英格兰人转录于十九世纪:

> 稳稳举,
> 举上顶,

《圣乌尔苏拉之梦》,维托雷·卡巴乔绘于 1495 年。图中圣人的室内装饰直接仿效了威尼斯人的内饰。画面里有两扇双拱窗,以及两个白色的希腊花瓶,每个瓶中都插有植物。墙的下半部蒙着绿布。有一张阅读桌,上面盖着红布,还有一张很小的三脚凳,盖着深红色的布。桌上摆着一本书和一个计时沙漏。

稳稳举，
举上巅。

建造的原材料是砖与木材，石头主要被用作装饰，而非结构必需品。建筑物的吃水线上置有一块不渗水的伊斯特拉石基。拉斯金将这种挖掘自大陆（威尼斯本土当然没有天然石）的石头描述为"光滑的片岩，如海浪般粼光点点，在拍打下发出铜钟般的声响"。石头之上是涂有灰泥的砖头，因此教堂或住宅也闪闪发光。由于不存在石墙，威尼斯被赋予了一种如织物材料般无与伦比的轻盈感。威尼斯是一个浮动的世界。

学院美术馆中展出着提香的《圣母进殿图》（*Presentation of the Virgin*），其悬挂的那面墙曾是一个知名社团大厅（albergo）的一部分，画中的前景是一条宏伟的楼梯，年轻的圣母马利亚正拾级而上。事实上，这条楼梯本身已走出了图画，进入了威尼斯的世界。画布的左边就是大厅的塔楼梯，仿佛要伸入画中。在圣母的随行人群中可以认出几个社团的成员。将地方性细节包含于整体设计中是威尼斯派画作的典型特征。《进殿图》背景的墙面由粉红与白砖以菱形图案砌成，毫无疑问是参考了公爵宫的外立面。

当卡巴乔需要在他关于圣乌尔苏拉（Saint Ursula）的组画中描绘科隆时，他简单地采用了城堡区的兵工厂的形象。丁托列托以圣马可广场作为圣经奇迹的背景。在他画作中的简陋房屋与店铺直接仿效自威尼斯内部。他将自己同时代的人阿瑞提诺（Aretino）的形象置于目睹耶稣受难的人群之中。在委罗内塞的《圣潘塔隆的皈依》（*Conversion of Saint Pantalon*）中，怀抱着被奇迹治愈的孩子的那位老人其实是圣潘塔隆教堂当时的教区牧师。这里并没有任何表彰这位牧师"个人"的企图，相反，他成为了受到上帝保佑的一员，以此反映出这座城市本身得到的赐福。

《着魔者的治愈》,维托雷·卡巴乔作于1494年。在画面中可以清晰地看见跨过大运河的里亚尔托桥。画家忠实地描绘了木桥、鲟鱼客栈的招牌,以及运河两岸的私人房舍与公共机构。他的作品是城市细节的诗歌,呈现了城中的一砖一瓦、阳台与烟囱顶。

当提香描绘《路加福音》中记述的"捕鱼的奇迹"时，他使船夫做出了威尼斯贡多拉船夫的典型姿态。据说，在丁托列托的《圣经新约》画作中，使徒们的动作都仿似贡多拉船夫。在《里亚尔托桥上的真十字架圣物奇迹》(*Miracle of the Relic of the True Cross on the Rialto Bridge*)中，卡巴乔如实描绘了这座木桥、鲟鱼旅店的招牌、大运河两岸的房舍与公共机构，还有与他同为官方画家的社团成员。以砖块、阳台与烟囱顶，它代表了城市细节的诗意。威尼斯人欣然描绘了他们家园的环境，这超过了世上任何一处的画家。没有一座城市与人民在艺术传统上会强加如此多的含义。

学问与语言

文艺复兴迟迟才来到威尼斯。这一人文学与古典学的欧洲复兴以缓慢而断续的方式进入这座城市。它未必与这片土地意气相投。威尼斯人从来未曾与"为了学术本身而投身学问与知识"相连，他们并不倾向于抽象的探寻或理论的勾画。一位大陆上的人文主义者乔瓦尼·康沃斯诺(Giovanni Conversino)于1404年告诉威尼斯人，"即使你们渴望变得博学，你们也做不到。你们拥有、你们掌握的一切都是源自苦工、天赋与风险。"对于威尼斯人，生存的绝对需求远胜对于抽象原则的疑问。关于威尼斯没有参与到意大利文艺复兴中，还有一个真实的原因是，它还不曾是古典艺术与文学繁盛一时的大陆的一部分。从字面意义上说，文学还不在其领土范围内。

青年贵族会特别接受实用政治艺术的训练。如果他们学习希腊语这种新兴人文主义的基本语言，那也主要是为了管理威尼斯的希腊殖民地。开明的威尼斯领导人做了些什么呢？他们编纂国家法典，修撰国家文件。人文主义一般是为行政管理服务，"学问"的领袖也是参议院和大议事会的领袖，他们的关注点在于产生维持与存续这座城市社会制度的政治价值。典型地，他们是地方行政官、驻外大使，甚至是总督。十五世纪末至十六世纪初，关于基督教历史上主动实践的生活与思辨的生活的矛盾主张爆发了一场辩论。威尼斯人一贯支持主动实践的生活。就连上帝的旨意也是一件具体待办的事务。

如果他们著书立说，那是为了解决特定的问题与情况。他们的理论语境，如果可以这么称呼的话，就是对于威尼斯国家的自豪。他们唯一关心的历史是他们自己的历史。这里没有挑战政治与经济正统地位的作品；没有关于个体灵魂追寻至福历程的赞颂；没有饱受审美哲学的纯洁火焰炙烤的证明。一切都是严谨、严厉与克制的。在佛罗伦萨，新柏拉图主义运动拥有一群狂热而令人难以理解的追随者。在威尼斯，人们对柏拉图的唯一兴趣源于对权威的普遍尊敬。当然，威尼斯也有钱币、手稿与古董的收藏家，然而鼓动他们的并非知识精神，而是逐利的思想。他们不是学者，而是商人。

当著名学者贝萨里翁主教[①]（Cardinal Bessarion）来到这座城市时，他深深地为威尼斯的富丽堂皇而折服，以致将自己珍本及手稿的收藏留给了该国。这些收藏保存在公爵宫的板条箱里，有些被偷出或变卖了。余下的也积了八十多年的灰尘。贝萨里翁于1472年过世，在此之前的四年就已将收藏遗赠给了威尼斯，然而为这些收藏建立的图书馆直到1550年代才建成。1374年，被誉为"人文主义之父"的彼特拉克将自己藏书的一部分遗赠给了威尼斯国。1635年，他的手稿被人发现堆在圣马可大教堂大门上方的一个小房间里。被找到时，这些手稿已经潮湿腐朽不堪了。

这座城市本身不设大学。对于任何城邦而言，这似乎都是一个奇怪的疏忽。然而伦敦，另一个贸易与商业中心，也没有大学。无论如何，说这里不学无术是错误的。这里有学校和学院供那些渴望知识的人学习。主要学科为数学、地理、物理、天文学、三角学和占星学。植物学也是一门重要的学科，主要侧重于园艺。在这里还有公共讲座、自由教导者与私人教师。一座教授修辞雄辩技巧的学校于

[①] 贝萨里翁主教：1403—1472，罗马教廷红衣主教，文艺复兴时期的杰出学者。

1460 年建立，旨在提高这座城市的公共演讲水平。六个区中都有文法教师，一些贵族家中还建有小型学校，不过他们学习的热情有多高就不得而知了。确实，很大一部分威尼斯人口都是受过教育、能写会算的（十六世纪末时约占市民的四分之一）但威尼斯人的教育很难谈得上文雅精细。实际上，威尼斯教育是为了提升国家效能的目标而设计。一位十五世纪的贵族告诉他的儿子，培养学问"既是为了国家的荣誉，也是为了光耀门楣"。

[217]

威尼斯一向是一座社团与兄弟会的城市，每个社团或兄弟会都是一个微型国家，有着自己的官员与节庆。因此，在这座城市中有超过三十座"学院"，受过高等教育的威尼斯人可以在这里会面交谈。例如，邻近的朱代卡岛上同时坐落着"哲学学院"（Academia dei Filosofi）和"贵族学院"（Academia dei Nobili）。这样的位置是恰当的，它意味着贵族们可以在这里逃离政治与经贸的中心，以谈论更高等的事务。潟湖的地理因素在威尼斯人的想象中总是占有重要地位。他们还会举办正式或非正式的沙龙，学者和知识分子在这样的场合与世家大族互相结交。沙龙是寻求赞助的地方，并且，在一座醉心于各类时尚的城市，沙龙也是传播种种奇思异想的市场。在沙龙上，人们唱歌、读诗、弹奏乐器，有时甚至还跳舞。不过，沙龙上的演讲水平到底能不能超过闲言碎语，那就不得而知了。

伽利略是慕名前来威尼斯的意大利学者之一。二十八岁那年，他被威尼斯当局任命为帕多瓦大学（the University of Padua）的数学首席讲师，该大学位于威尼斯的殖民地，此后的十八年里，他一直任职于此。在此居留期间，他投身于纯粹科学与应用科学的研究，发明了温度计和望远镜，他向威尼斯当局提出的赞助请求也是基于十分实用的决定。他透彻地理解了这座城市的本质天性。1609 年，当发明了第一架望远镜后，他在致时任总督的信中写道，该发明"可能对海上与陆上的各类商业产生难以估计的价值，因为它使发现敌舰及大大提高航程具有了可能性"。他在圣马可广场钟楼顶上展示了望远镜的威力，为威尼斯官员们留下了深刻的印象。短短几周后,他即被任命为天文学终身教授,收入高达帕多瓦讲师最高薪酬的三倍。

所以,我们或许应该赞美威尼斯讲求实际的精神。威尼斯没有空想主义。他们之中不会产生马基雅维利或柏拉图。这里没有乌托邦的冥思。这里不在乎教条或理论。就其本身而言,这里的人们对纯粹或系统的知识没有什么真正的兴趣。对他们来说,经验知识才是真理的关键。经验,而非理性,方为锻造对策的熔炉。在这一点上,他们与英格兰人十分近似。威尼斯人以他们的适应性和常识著称,在外交谈判中,他们倾向于让步并接纳不同的观点。在世界事务上,他们高效且不易感情用事。

这座城市或许没有什么伟大的诗作,但却产生了关于流体静力学与地理、关于水力学与天文学的重要著作。在玻璃与仪器制作的不同方面,威尼斯人拥有实践创造性。他们发明了架上绘画,还有统计学。不过,威尼斯在知识方面真正的成功在于书籍的实用生产。第一张印刷许可证发放于1469年。在约翰尼斯·古登堡[①](Johannes Gutenberg)发明活字印刷术仅仅十八九年后,威尼斯参议院即宣布"这一前无古人的、我们这一时代特有的发明,必须以一切方法加以发展与促进"。在这一点上,这些参议员们比威廉·卡克斯顿[②](William Caxton)领先了五年。

威尼斯当局已嗅到了商机,于是这座城市很快就成了欧洲印刷业的中心。1486年,他们为一些印刷作品设立了版权,由此,印刷厂商的投资得到了保证,这是世界上的第一部著作权法。威尼斯银行家纷纷为这些新企业提供经济担保。印刷用纸则来自加尔达湖[③](Lake Garda)附近的威尼斯领土。进行当今所谓的"大规模生产"与"大规

---

① 约翰尼斯·古登堡:1400—1468,西方活字印刷术的发明人。
② 威廉·卡克斯顿:1422—1491,英国第一个印刷商。
③ 加尔达湖:意大利面积最大的湖泊,约在威尼斯和米兰的半途之间,坐落于阿尔卑斯山南麓。

模市场销售"的一切条件皆已齐备。的确,印刷是大规模生产技术的第一种形式,以同一成本制造同一产品。威尼斯人成为这一行业的先锋无疑是再正确且自然不过的。1474年,威尼斯据说已"堆满了书籍"。在反宗教改革(Counter-Reformation)时期,威尼斯当局也维持着比其他意大利城邦更为自由的审查态度。十六世纪初,威尼斯已拥有约两百家印刷所,印制着占欧洲出版量六分之一的图书。

威尼斯长于印制,而非创造文学。其最著名的印刷商阿尔杜斯·马努蒂乌斯[①](Aldus Manutius)是一位来自罗马附近的巴萨尼奥的流浪学者。他是作为讲师来到威尼斯的,尽管学识丰富,却很快被灌输了这座城市的商业精神。他意识到,典籍中的知识可以像一捆捆葡萄干一样打包销售,他可以将学问转化为商品。因此,1492年,他组织了一家印制希腊著作的工作室。在这项工作上,他得到了从沦陷的拜占庭流离至此的希腊学者的协助,他们记得往日读过的内容。他们还带来了手稿与评注。几乎是无意之中,威尼斯发现自己站在了学术复兴的最前沿。它的商业精神在知识范围内产生了影响。

1502年夏,一部索福克勒斯戏剧集出版,末页上印有"威尼斯阿尔迪罗马学会"(Venetiis in Aldi Romani Academia)的字样,由此拉开了一系列精心编辑的重要希腊著作的辉煌序幕。书上的字体——有拉丁文、希腊文与希伯来文——印刷精美,事实上沿用至今。手稿被小心翼翼地复制下来,排版之美观可与编纂者的原始手迹媲美。印刷店成为了来访学者受雇编辑书稿、试读印刷物的"学会"。希腊学者也被聘担任排字工作。

于是渐渐地,致力于传播学术的"阿尔定圈子"(Aldine circle)发展起来,圈内的口头语言大部分是希腊语,这促使阿尔杜斯将威尼斯

---

① 阿尔杜斯·马努蒂乌斯:1449—1515,意大利人文主义者,出版人,阿尔定出版社的创办者。

称为另一个雅典。伊拉斯谟①（Erasmus）连同其他四处巡游的学者及人文主义者一起成为了该圈子的一部分，在日后他回忆道，那时约有三十三名雇员工作休息都在店内。他也发现，店里的食物简单，葡萄酒泛酸。阿尔杜斯结交了一批愿意当学术赞助人的威尼斯贵族，他们认为他能为威尼斯增光添彩。然而，来访印刷社的人数众多，络绎不绝，以致阿尔杜斯不得不在圣奥古斯丁广场（Campo di S. Agostino）一隅的门前张贴了一张告示，上书："无论您是何方来客，阿尔杜斯诚挚恳求您以最简短的语言说明来意并离开，否则，就像赫拉克勒斯使阿特拉斯疲倦不堪一样，您得帮我个忙。永远都有干不完的活儿等着您和所有这样的来客。"

然而，将知识与学问转化为商品还产生了其他影响。在当时，据说丰富的书籍会削弱人的好学之心。有人抱怨新技术带来的"通俗化"。在文化转型的时代里，那些依旧墨守成规的人们总是显得忧心忡忡。阿尔定出版社为将经典作者带到更广泛的读者面前做出了贡献，他们的版本是最轻便、最低廉的。对一些学者而言，这对他们的文化霸权构成了威胁。

威尼斯的印刷厂商也长于乐谱印刷、地图印刷与医学印刷，将信息传遍欧洲。关于人体解剖学与军事要塞的书籍得以出版。流行信仰、用方言写成的通俗文学、廉价小册子都是发行自这座潟湖上的城市。印刷将欧洲受教育的各个阶层连接在一起，否则路德的学说不会得到如此普遍的响应。而地图的出版帮助建立了一种新型的国际贸易经济。作为文艺复兴人文主义的结果，知识的商业化间接地导致了宗教改革与工业革命。

威尼斯人的确拥有一所大学，不过坐落在二十英里（32公里）之外的帕多瓦——那座占领于1404年的城市。威尼斯本身不会欢迎一

---

① 伊拉斯谟：约1466年—1536年，尼德兰哲学家，十六世纪初欧洲人文主义运动主要代表人物。

大群思想自由的学生存在于境内。它也十分关注自己的年轻人的忠诚度，禁止威尼斯人在帕多瓦以外的任何地方接受教育。因此贵族青年移民到大陆城市寻求启蒙，一同的还有来自英格兰、德国、波兰与匈牙利的学生。伊丽莎白一世时代赫赫有名的"间谍头子"弗朗西斯·沃辛厄姆爵士①（Sir Francis Walsingham），以及菲利普·西德尼爵士②（Sir Philip Sidney）都曾在帕多瓦求学。十六世纪，许多这样的外国人都是路德与慈运理③的改革宗的追随者，但是他们的叛教并没有惹恼威尼斯当局，无论怎样，当局都对世界上的各类信仰习以为常。

帕多瓦本身以其法律与医学学派而被广为称颂，用托马斯·科里亚特的话说，那是一座"美妙学问的商场和集市"。这里有农业教授的职位，还有一所兽医学校。这里有著名的解剖学系，威尼斯当局向其保证了充分的尸体供应。到十六世纪中期，帕多瓦已成为了欧洲科学学术最重要的中心。在一个制度性信仰与个体化虔信的世界里，它提供了一种世俗性的教育。这就是它成功的原因。"我们轻视，"一位十六世纪的威尼斯人写道，"我们认为没有用的知识。"

与绘画和音乐相反，威尼斯的文学艺术没有得到发展，这正是其原因。关于这一疏忽，既有社会与政治原因，也有实践上的原因。文学提出疑问、针砭时弊，相反，音乐却歌功颂德；写作可能会怂恿分裂甚至革命，相反，美术和音乐追求的却是和谐与平衡。弗朗西斯科·萨格雷多④（Francesco Sagredo）是一位威尼斯贵族与人文主义者，在十七世纪初成为了伽利略的同伴及合伙人。萨格雷多本人素有智者与学者之名。因此，他亲自所作的证词或许可以为我们了解威尼斯人

[221]

---

① 弗朗西斯·沃辛厄姆爵士：约1532年—1590年，英格兰女王伊丽莎白一世的首席秘书，被认为是女王的"间谍头子"。
② 菲利普·西德尼爵士：1554—1586，伊丽莎白一世时代的诗人、朝臣、学者及军人。
③ 胡尔德莱斯·慈运理：1484—1531，瑞士基督教新教改革运动的改革家。
④ 弗朗西斯科·萨格雷多：1571—1620，威尼斯数学家、伽利略的密友。

文主义的普遍情况提供线索：

> 我是一名威尼斯绅士，而我从不希望自己以文人的身份为人所知。我和文人们保持着良好的关系，也一直致力于保护他们。但我从不指望能从自己对哲学或数学的见解中获得财富或名声，而是从自己的正直诚实与治国才能中获得……

几个世纪以来，不断有杰出的文人墨客来到威尼斯，然而这座城市却并没有培养出许多属于自身的作家。两位最负盛名的本地才子为马可·波罗与卡萨诺瓦，他们的写作内容，从本质上说，都属于回忆录。卡萨诺瓦提供了一个有趣的威尼斯精神个案史。"我这辈子的主业就是纵情享乐，"他写道，"我从来不知道还有什么比这更重要的事。"这真可谓无可争议的威尼斯信条。他的学识从未将他引至自我反省的程度，除了他天性中无穷无尽的表里不一与矫揉造作。尽管曾许多次犯下试图勾引和强奸的罪，他从未表现出良心发现的迹象，也毫无悔意，卡萨诺瓦从不沉湎于任何形式的自我反省。他就像是个从即兴喜剧中走出来的人物一样，注定要在一幕又一幕场景、一场又一场戏剧中扮演一成不变的角色。无怪乎他被囚禁于公爵宫地牢以及后来出逃的故事，成为了威尼斯社会史的主要文本，他被囚禁于缺乏自我反省的"监牢"中。在威尼斯文学中，鲜见任何分析或自我批判的尝试。人们对这样的主题毫无兴趣，这是阻碍任何形式的个人主义的文化所结的果实。

威尼斯真正的文学绝不是悲剧，当然也不含什么忏悔。虽有几部史诗，但是令人感到乏味。实际上，威尼斯就没有多少诗歌，无论是何种形式，这再一次强调了自我表达被赋予的价值是多么微不足道。这里真正的文学不是流行通俗的，就是历史纪实的。历史传统严肃、详尽而平淡。流行传统则集中于爱情故事，充满幻想与迷信，奇迹与鬼怪，还有异域异想的元素。

否则怎样解释卡洛·戈齐的戏剧赢得的巨大人气？在他最著名的作品《橘之恋》(The Love for Three Oranges)中，三颗橘子被施魔法后变成了三位美丽的公主。这个故事取材于一则母亲安抚孩子的古老传说，戈齐说，他写下这个剧本只是为了"取悦如威尼斯人这般无思想的民族"。威尼斯观众对首演报以狂热的掌声，根据一位意大利批评家朱塞佩·巴雷第的说法，这促使他在《意大利的风俗习惯》(The Manners and Customs of Italy)中断言"威尼斯人……并不怎么在意追求真理，在他们的判断力裹足不前的同时，他们的想象力往往已经日行千里了"。戈齐的戏剧是十八世纪的幻想文学，充斥着魔法师与怪兽，马背上的骑士与红衣的魔鬼。它们是夸张与戏仿、悲叹与嬉闹的奇特融合，由此以一种更具轰动性的背景延续了威尼斯传统的即兴喜剧。这种形式就是这座城市文学文化的精髓之所在。

人们对书信与日记也抱有巨大的兴趣，就好像这座城市的日常生活有着无与伦比的重要性。给生活留下一份记录——这就是威尼斯人的作风。许多威尼斯贵族保持着记载日常生活事件的日记，横跨多年时间，连篇累牍。他们并不像其他日记作者那样在乎自己的个人反省，而只是记载着他们城市里的种种消息。事无巨细，都被他们一一记载下来。

其中一位日记作者，马里诺·萨努多，留下了约四万页手写笔记。这是一种歌颂与纪念这座城市的方法。一些关于这座城市历史的离奇文章也出现在他的记述中。1505年8月31日，萨努多写道：

> 今天，卑鄙地杀害了祖安·马可(ZuanMarco)的阿尔巴尼亚人被执行了死刑。首先，他在晚桥(Ponte della Late)上被砍断了双手。这导致了一件奇事：当他的妻子与他告别时，他移步向前，好像要亲吻她，但却咬下了她的鼻子。似乎是他的妻子向当局泄露了他的罪行。

[223]

如果说威尼斯没有什么诗歌，这里却有许许多多歌曲。不过，这座城市的民谣并不像其他的民谣那样表达着高涨不灭的激情。这里的民谣里没有遗憾，也没有悲剧。这里有哀婉伤感，也有多愁善感。"如果我逝去，你会否哭泣？"一位母亲问着她年幼的孩子。"为了在心中深爱着我的妈妈，我怎能不哭泣？"多愁善感是真情实感之敌，与这样一座戴着辉煌面具的城市倒是相得益彰。但是这里的民谣中也充满了兴高采烈与积极乐观，一种与这座城市的商业传统不无联系的欢快的及时行乐。其中还有异想天开，混合着少许的机灵敏锐。人们曾一度相信，城市不能产生或滋养民谣——这样的歌谣只有在乡村地区才能繁荣兴旺——可是威尼斯反驳了这一田园牧歌的神话。威尼斯的歌谣中有着许多当地爱国主义的成分，但却无关政治。歌中也不乏讽刺与亵语。就像威尼斯人偏好食物上的"甜酸"口味，他们的歌谣也是尖酸讽刺与甜言蜜语的混合。

世上没有一座城市像威尼斯一样产生了如此众多的谚语。它们随着威尼斯市民的利嘴与急智的本事而产生。许多非同一般的表达反映了商业文化的生活与精神。曾有威尼斯人自豪地记录道，"金钱是我们的第二条血脉。"人们的保守主义特质体现在诸如"只有输无可输的人才会喜欢新奇事务"、"生来胆大妄为是最大的罪孽"和"爱上外国人就是爱上了一阵风"的语句上。还有许多谚语是关于这座城市及其居民独特的情况与品质的。"先是威尼斯人，然后才是基督徒""大海之王也是大地之主""道高一尺，魔高一丈""威尼斯人生来疲倦，为睡眠而活""威尼斯是牧师与妓女的天堂""赌桌出老千，长毛似狗熊""上帝让我们受伤，但不让我们死去""葡萄酒就是老年人的牛奶"。这些陈词滥调可以连篇累牍地列举下去，不过有一条谚语是十分明智的，"发疯的第一个迹象就是记诵谚语"。

"发迹"的传说也是威尼斯文化的奇珍之一，在这种民间文学中，与贫困苦苦斗争的穷小子或姑娘通过和豪门（通常是皇室）联姻而飞黄腾达。这是商业社会的童话故事，梦想着奇迹的发生。其中的一个故事——"科斯坦蒂诺与他的猫"的传说——流传到了英语国家,演化成了"穿靴子的猫"①的故事。

这些民间传说通常以威尼斯方言写成,而这种方言中一直存在着一个问题。对于文学艺术而言,它被认为不够严肃、适当。十三世纪末,威尼斯的主要作品以之后流行的普罗旺斯语写就。这是同一时期风行于威尼斯的哥特式建筑风格的反映。这种书面法语随后发展为一种法语–意大利语的形式,1298年,马可·波罗正是以这种语言在热那亚的狱中口述下了他的异域之旅。威尼斯人以法语而不是某种意大利语写作似乎是件怪事,不过要解释这种奇特的文化现象,距我们的时代更近的例子可以帮助理解。十九世纪,由于认为自己的本国语言太过"粗俗",不适用于文雅的言谈,俄罗斯的上流社会选择以法语作为交谈及书写的语言。

同样,在十六世纪,威尼斯语让位于已经流行了三个世纪之久的、更书面化的托斯卡纳语。但丁使用的佛罗伦萨的语言成为了高雅文学用语。威尼斯方言被保留在大众戏剧与流行歌谣中。史诗与史书则以托斯卡纳语书写。文雅言辞的典范是彼特拉克及薄伽丘,证明古体外语相较鲜活的本地方言占据了优势地位。也许这并非完全出人意料。在其他文化中,同样不乏高度风格化、仪式性的语言征服通俗语言的事例。盎格鲁–撒克逊书面语和本土英语有着巨大的不同。不过,威尼斯方言依旧被用于公共场合。它是公共管理及法庭上使用的官方语言。法律本身就是以威尼斯语编纂发行的。

[225]

并且很自然地,从古至今,威尼斯语都在被这座城市的民众使用。它因地区而有所不同,不过就像其他欧洲语言一样,它一直在变得标准化与精简化。它确实是一门语言?或者是一种方言?这一问题的答案众说纷纭,但是威尼斯口语的确有着十分古老的根源。它是罗

---

① 穿靴子的猫:一则童话故事。一只聪明的猫要帮助它穷困潦倒的主人翻身,于是它向主人要了一双靴子和一个布袋,经历冒险,它用机智和勇敢打败了富有的食人妖魔,最终它帮助主人得到了国王的青睐和公主的爱慕。

马统治之初的几个世纪里,中古拉丁语在当地发展的产物。潟湖上的每一块地区都居住着土生土长的居民,使用着不同的通用语言。因此威尼斯人的口音无疑源自早期威尼西亚人的语言。确实,这是一门比意大利语更古老的语言。

威尼斯人的口音与众不同。据说海雾与北风改变了威尼斯人声音的音色,使其与其他意大利人清脆响亮的口音相比显得粗糙刺耳。比如,就连威尼斯人也说,十六世纪的托斯卡纳语"更甜美悦耳,活泼流畅"。然而威尼斯语,作为一门兴盛的商业社会的表达用语,却更有力量,充满活力。它的声音洪亮,人们常说威尼斯人有着全意大利最大的嗓门。它也可以变得沙哑,据十四世纪但丁的记载,威尼斯女人的声音像男人一样粗糙。它还有一种赞美诗或歌咏般的特质,被称作"抒情曲"。

所以,威尼斯语的发音与"标准"意大利语是不同的。"madre"(母亲)变成了"mare","signore"(先生)变成了"sior","figlio"(儿子)变成了"fio"。一些单词和短语连在了一起,因此圣乔瓦尼·格里索斯托莫(S. GiovanniGrisostomo)教堂的名称变成了"赞格里索斯托莫"(Zangrisostomo)。威尼斯语中有一种省略专有名词的最后一个音节的习惯。因此贵族名"法列罗"(Faliero)变成了"法列尔"(Falier),在此之前还经历了从"法勒特拉斯"(Faletrus)和"法勒德罗(Faledro)"的变形。"Santo"变成了"San"。"Bello"变成了"beo","casa"变成了"ca"。词汇的旋律性得到了增加。以这种方式,"sotto il portico"(在门廊)成了"sottoportego"。与其他意大利方言比起来,威尼斯语语速更快,或许也更有活力,它丰富的口头用语即是一例。

表达方式上的简练产生了另一种效果。它创造了被旁观者称为孩童式的或"稚气"的威尼斯人的言语特质。拜伦将其描述为天真烂漫的语言——他还将它与萨默塞特郡[①](Somershire)英语进行了比

---

① 萨默塞特郡:英国英格兰西南部的郡,北临布里斯托尔湾。

较——而法国作家乔治·桑则说它天生就适于婴儿之口。表达重要性时，威尼斯语不用最高级，而是连用两个形容词，就像孩子般喊着"好棒好棒"(bella bella)。复数主语也可以搭配单数动词，因此翻译成英语就是"the boys does this"和"the girls weeps a lot"。语法并不是威尼斯语言的强项。刺耳的辅音被省略，所以"fagioli"（豆类）变成了"fasioi"。"g"往往变成"z"，所以"doge"（总督）变成了"doze"，"giorno"（日子）变成了"zorno"。从某种程度上说，这是一种简单的语言，缺乏复杂性。但这绝不会使其魅力损失分毫。

色彩与光线

[227]

"美丽的威尼斯"闻名于世，这是艺术与生命无与伦比的结合。十五世纪的一位拜占庭历史学家将其比作一尊精雕细刻、比例匀称的雕塑。身处水面之上的背景中，它生来就是要入画、被镌刻的。一些人甚至认为，纸面与画布上的威尼斯比日光中的威尼斯更加迷人。从十五世纪中叶的雅各布·贝利尼到十八世纪的弗朗西斯科·瓜尔迪① (Francesco Guardi)，在反映威尼斯生活的画作中，这座城市的背景与建筑总是占据着比居民的活动更重要的地位。实体的空间与石头的面孔才是出类拔萃的。谁还能记起卡纳莱托画过什么人像？在威尼斯众多公众游行的图像中，旁观者与参与者也成了建筑的一部分，建筑自身似乎也体现了人的和谐与欢乐。石头是人类意志的纪念碑，不过，在这样的过程中，石头本身也受着人类的尊崇。石头的存在——墙、阶梯、栏杆与壁龛——在威尼斯的画作中十分引人注目。

这座城市也许由一位追求对称与对比的画家构造而成，精心斟酌垂直与水平，将形状与色彩以最和谐的方式组合在一起。拉丁与希腊元素、哥特与拜占庭元素相互平衡，以象征威尼斯在几大不同帝国间的摇摆周旋。视准线堪称完美，犹如一出戏剧或歌剧的舞台布景，远

---

① 弗朗西斯科·瓜尔迪：1712—1793，意大利威尼斯画派画家。

景精妙地渐渐消失。细节与图案小心翼翼地融合在一起。公共建筑的坐标依据文艺复兴的数论而定，使街景别有一番神秘魔幻的魅力。这是国力的另一种表现形式。

瓜尔迪的城市画被称为景观图，强调着城市中目光的重要性。一切都是用来展览的。威尼斯"景观"的第一本图集，由一系列相对廉价的版画组成，出版于 1703 年。一代又一代的游客都注意到，威尼斯的一尘不染使华厦与教堂保持着相对光亮洁净的外观。这座城市从古至今修建了如此多阳台与露台的原因，正是为了给人们观赏美景提供有利位置。有时甚至很难弄清，究竟是艺术模仿了现实，还是画作启发了建筑灵感。在陈列于公爵宫内重要位置的丁托列托作品《天堂》(Paradiso) 中，圣西奥多与圣马可、摩西与基督的形象，以他们在威尼斯的主教堂相同的位置依次排列。公民的审美在画中得到了不朽，公共空间也成了艺术空间。

在另一重意义上，威尼斯也如画一般，那就是丁托列托、乔尔乔内与其他画家在豪宅华厦的外墙上装饰的壁画。世界上早期的城市对壁画有一种特殊的偏爱，正如青铜时代克诺索斯[①] (Knossos) 的壁画，与世界第一座城市——美索不达米亚的加泰土丘[②] (CatalHuyuk) 遗址中发掘出的墙面画那样。似乎城市生活的环境催生了对色彩与展示的渴望。对于威尼斯这座本质之城而言，这种渴望得到了充分的表达。1495 年，来自勃艮第朝廷的一位来访者菲利普·德·科米纳注意到，绝大多数大运河沿岸的豪宅都拥有涂饰外立面；于是，他将威尼斯称赞为涂画的城市。

十六世纪早期，彼得罗·阿雷蒂诺描述威尼斯为"提香画笔下流淌而出的城市"。"自从上帝将它建立，"1537 年他写道，"再没有一座城市有如此可爱的光影图画为其增色……哦，这笔触是多么优美，自

[①] 克诺索斯：克里特岛上的一座米诺斯文明遗迹，被认为是传说中米诺斯王的王宫。
[②] 加泰土丘：安纳托利亚南部巨大的新石器时代和红铜时代的人类定居点遗址，是已知人类最古老的定居点之一。

然的画笔推开空气,将它与宫殿分离,就像提香描绘他画中的风景一样。"光明与暗影"创造了远近对比与主体凸现的效果"。于是这座城市成为了一幅活生生的画,一件自发形成的艺术作品。不过,如果说一座城市成了一件艺术品,在某种程度上它还能算是一座活生生的城市吗?惠斯勒[①]评论道,威尼斯的人与建筑物"似乎是为了某人的画而特别存在的——除此之外别无任何存在的理由!"当然,这是威尼斯近年来的命运,也对它的最终真实性提出了疑问。

  如果我们将这座城市设想为一件人工的产物,被创造出来却不是被建立起来,那么我们就能理解威尼斯的另一面天性。我们也许可以说,大陆上的城市,譬如伦敦或罗马,的确是被"建立"的。在凿出围墙与大门之前,它们是自然世界的一部分;它们是陆地上的一隅,它们发展为城市是数百代人定居于此、辛勤劳作的产物。威尼斯却不是这一种城市。它是被创造出来的。它是一件宏伟的发明。它是人类手中灵感迸发的即兴创作。它从一开始就是人造的,是与大自然抗争的产物。它的房屋不是拔地而起,而是一片片拼接而成。大陆上的城市总是需要拥有防卫的结构。因为威尼斯身处潟湖中的隐蔽位置,防卫的本能就被展示的欲望取而代之。因此,这里没有自然演进,而只有由进一步的人为干预才能保留的人工构造。

  这座城市的现代修复为这一人工产物的性质做了注脚。十九世纪下半叶,詹巴蒂斯塔·梅杜那(Giambattista Meduna)与他的继任者彼得罗·萨卡多(Pietro Saccardo)对圣马可大教堂的很大一部分进行了"修复",包括朝南与朝西的立面;曲线被拉直,老旧的大理石被换成新的;左侧廊的路面被彻底重建,而不是整修;柱子和柱顶也被刮擦干净。它成了中世纪结构彻头彻尾的仿造或赝品,以至于我们可以说,这座大教堂的一部分修建于1870年代到1880年代,而非十一世纪。建筑师的本意是想将大教堂恢复成最初的原状;可是,在一座由

[①] 詹姆斯·惠斯勒:1834—1903,著名印象派画家。

不断累加和吸收同化而建立起来的建筑物里，根本就谈不上什么"最初的原状"。这座教堂体现的是一种过程，而非一个结果。

威尼斯的新钟楼建造于二十世纪早期，十六世纪的旧塔倒塌之后。对一般观者来说，新钟楼看起来古色古香，但实质上，它却是个假货，它的设计一五一十地复制了游客心目中对漫步古城的假想。威尼斯人从不在建筑的实践工作上采用无为主义。他们从来不会"修旧如旧"，重建的事实阻断了这种可能性。城中的豪宅大屋经过整修，以更形似正宗的"威尼斯式"，正如我们已提到的，它们运用更鲜艳的色彩及更合规的饰物。这样的修复与胆魄的缺失、身份的迷失不无关联。当共和国于1797年在拿破仑手中沦陷之后，这座城市就失去了它在世界上的权威。它的经济与权势一同黯然失色。在过去的两个世纪中，它一直试图创造出一个辉煌往昔的幻影。在某种程度上，它已变成了一座虚幻之城。

用不好听的话说，这一过程被称作威尼斯的"商品化"或说它在迎合审美。十九世纪的法国建筑师欧仁·维欧勒-勒-杜克[①]（Eugène Viollet-le-duc）认为，修复建筑物应"以比从前任何时候都更完整的状态重构"。于是我们看到了威尼斯"丰富饱满"的公共空间（而非地方或私人空间），比以前的任何时期都完整，完美无瑕，理想化，概念化，超越了时代众生的苦难。威尼斯从来未曾像如今这般看起来"中世纪"过。然而从另一个方面来说，经过无数次改头换面，它就像一张浮肿而失真的脸。

威尼斯的光与它的空间和形式一样重要。水面上的光向上、向外投射照明。阳光闪烁在墙面与天花板上，不断泛起涟漪。它搅动空气，让一切仿佛跳起了舞。固体事物的光影漫射，建筑物在水面上闪着微光。石头在水上添了色彩。年久磨损的大理石与饱经风雨的砖

[①] 欧仁·维欧勒-勒-杜克：1814—1879，法国建筑师、建筑理论学家。

块,还有运河表层的烂泥,都在光线的魔法中变得美妙起来。冬天,城中散发着耀眼的闪光。不过最具威尼斯特征的是一种浅淡的柔光,就像一阵随风飘浮的薄雾,星星点点,半是波涛半是云烟。这是一种珍珠般的七彩光芒,轻烟缭绕。它取自地平线与大海上,也取自太阳。它给予万物和谐一致。

正因如此,威尼斯画家总是被水面上的粼粼波光和人与物的倒影所吸引。威尼斯派的绘画中有许多当地生产的镜子。贝利尼的艺术作品以其光度著称,也以其在空中弥漫光线的能力著称。漫射的天空与明亮的地平线容纳了一个炽热发光的世界。他的画布好像能发光,也能吸光。就如同在这座城市本身的大街上,即使阴影也成了光源。众所周知,在威尼斯派绘画中,色彩而非轮廓才是一切的关键。显然,这也和水中倒映的美景不无关系。

在任何语境中,光都是辉煌与高贵的代名词。在十二世纪的年代志里,圣母升天圣殿因其"圣光普照"而被歌颂,当人们看到该词就会产生一系列相应联想。威尼斯房屋内打磨光亮的地板被称作水磨石,由石灰与石头磨成的粉末混合而成,以其反光性能而为人所珍视。人们用亚麻籽油对其进行抛光打磨,直到其闪闪发亮,就像每个人都能作证的那样,"光可鉴人"。威尼斯房屋的设计一向以采光为先。十六世纪有人注意到,威尼斯房屋的窗户是以玻璃,而不是以纸或漆布做的。根据弗朗西斯科·桑索维诺的说法,这样的窗户"光明透亮,充满阳光"。当然,威尼斯的房屋中也难免有阴郁的幽深处、黑暗的庭院与隐蔽的通道。威尼斯人深受光明与阴影的明暗对比的影响。这是他们天性的一部分,这是他们绘画的一部分。

威尼斯人对人造光有一种强烈的爱好。威尼斯的枝形吊灯,看起来就像是漂浮在威尼斯人寓所宏大的上方空间中一样,以其五花八门、不可胜数的水晶而闻名,似乎要和窗外粼粼的河水争辉。1732年,威尼斯成为了欧洲第一座点起街灯的城市。伦敦紧随其后,于1736年开始使用街灯。当时,一位英格兰旅行者爱德华·莱特

[231]

（Edward Wright）记录道，"在游行与夜晚的连祷中，威尼斯人点起的白蜡烛之多，堪称奢靡无度。"当这些光芒和珠宝、黄金、水晶与银器交相辉映，产生了"无比炫目的光辉，几乎令人不敢直视"。典型的威尼斯效应，正是这光辉。它关联着四周海洋的光辉。光是赋予生命的力量，它鼓舞着生命。它是生气与活力的象征，而这二者正与威尼斯的精神气质息息相关。

超自然之物是带着光辉的。光是上帝创造的第一件事物。如果光被看作一种精神物质，那么可以说它改变着我们看世界的方式。街道与建筑物都被这天赐的恩泽照亮，因而自身也变得神圣起来。光总是被描述为上天恩典的标志。有神圣之光，也有愿景之光。威尼斯的文艺复兴教堂，由科度西与帕拉迪奥设计，内部不含任何壁画或马赛克，墙壁一律纯白。以这种方式，光的特质得到了保留。在阳光下，威尼斯的伊斯特拉石闪烁着耀眼的光芒。

正如对光的崇拜一样，对色彩的强烈爱好也是作为活力与炫耀的标志而存在的。色彩是本质的象征。色彩的和谐近似太阳的温暖。在威尼斯，色彩被称为"colorito"而不是"colore"[1]，暗示着色彩积极而善于表达的潜力。十九世纪的英格兰艺术家威廉·埃蒂[2]（William Etty）形容威尼斯为"色彩的出生地与摇篮"。同世纪的约翰·拉斯金注意到，威尼斯人与阿拉伯人在"对色彩的狂热上何其相似，他们不惜采用最昂贵的装饰来打扮普通的民居"。此外，他们拥有"完美的色彩本能，这使他们无论怎样搭配色彩，都能做到既在理论上正确合理，也在应用中绚丽灿烂"。于是他们以斑岩和黄金包裹宫殿，而北方的建筑师采用的则是橡木和砂岩。房屋的内墙面上悬挂着漆皮革或绿色与深红的锦缎。在他们建筑细节光辉的和声中、在大理石与马赛克中有着广阔的色彩。圣马可大教堂正是一曲色彩的赞美诗。我们可

---

[1] colore 即为颜色的意思，colorito 具有有色的、染色的意思，还有生动的、富于情感的引申义。
[2] 威廉·埃蒂：1787—1849，英格兰画家。

能也会猜测，这是一种感觉经验比我们自己更加深厚敏感的文化。在这一文化中，美丽的颜色与动听的声音对人类意识有着更为直接的影响。味觉、嗅觉、视觉与听觉被赤裸裸地显露出来，生命本身也愈加鲜明生动，世界从不曾失去光环。

这座城市本身就是欧洲的颜料贸易中心，这一点或许并非巧合。荷兰与意大利其他地方的画家愿意从威尼斯购买颜料，那里有专营这一行的商人。这里有用作黄色和橙色颜料的雌黄与雄黄，以及朱砂和铅白。那里有大名鼎鼎的"威尼斯红"，一种采掘自威尼托的红土，在十五世纪的威尼斯绘画中典型常见。据说它红似基督的鲜血。这座城市中对于奢侈纺织品的制造不可或缺的染色行业，为一种被称作"胭脂红"的颜料的供应提供了保证。色彩的流行史——比如红色在十五世纪末让位于橙色——也是一部人类感性的历史。

为了提高价值与稀有性，威尼斯画家经常追求使用最昂贵的色彩。譬如，贝利尼或提香使用的深紫罗兰色是从今天阿富汗地区的准宝石级青金石土壤中开采，银或硫磺中提取的红色颜料则被估以高价，威尼斯共和国是从东方进口藏红花的大本营。在《烹饪大辞典》（Grande Dictionnaire de la Cuisine）中，大仲马评价道，"在香料方面，我们得感激提香的大作。"

什么样的色彩又是专属于这座最宁静的城市的？这里当然有着自己的神圣色，那就是贝利尼的色彩——蓝与金。夜晚的蓝色苍穹装饰着威尼斯的一座座公共建筑，又被金色的星辉照亮。在金色围屏——圣马可教堂里镶满珠宝的祭坛屏——之上，半透明的蓝色瓷釉嵌板被放置于黄金的边沿以内。这是天堂的颜色。蓝是平和安宁的色彩，取自最宁静的城市。在十四和十五世纪的画作中，最常见的色彩就是深蓝。紫罗兰蓝用以描绘天空，蓝绿色象征着远方。浅橙、品红、橘色与白色辉映在蓝和绿的水面上。穿越世纪航行在潟湖上的渔船，则有着橙与绯红的色彩。

这里有绿色，一座石头城最渴盼的色彩。贝利尼沉迷于深绿。威尼斯的建筑者偏爱绿色的大理石。它是自然世界的暗示，于是我们可以说，这座城市中萌生出一座大理石森林。它让人们联想到青翠的汁液与树叶，联想到再生的奇迹。拉斯金注意到，威尼斯人最喜爱的色彩和弦之一"是紫色与各种绿色甜美而庄严的配搭"。这里也有黎明的粉红与傍晚的粉红。亨利·詹姆斯将其描述为"一种微弱模糊、隐隐闪烁、轻如空气而水光氤氲的粉红。明亮的海光好像因它红了脸，苍白泛绿的潟湖与运河似乎要沉醉其中"。

苍白泛绿，是对水色恰如其分的形容吗？在各种情况下，水的颜色究竟是什么？威尼斯近海的颜色曾一度因向其流入的港口不同而有所区别。所以利多排出的水是红色的，马拉莫科是绿色，基奥贾则是紫色。运河与潟湖中的水又是什么颜色？描述各不相同，有翠绿、丁香色、淡蓝、褐色、烟粉、薰衣草色、紫罗兰色、淡紫、鸽灰。一场风暴过后，水体变了颜色。在炎热的午后，水体变成了橘色。天空的颜色与城市的颜色折射在赭色与蓝色的小小水泡上。它是至色，也是无色。它反射颜色，自身却不曾拥有颜色。它就是它被看见的那样。

朝圣者与游客

[234]

威尼斯城需要受到关注。中世纪的朝圣者是第一批游客。他们在带领下参观游览，一些政府官员则负责检查旅馆，对出售给游客的货品进行检验。这些检查员想必会将外地游客带到最贵的商店，在那里购买玻璃珠或银十字架。威尼斯还有其他导游与代理人，被称作"托洛马齐"（tolomazi），提供从翻译到钱币兑换的一系列服务。各类桨帆船的船主在圣马可广场上支起小摊，并在显著位置展示着他们的船旗。船主为往来顾客提供零食小吃与一杯杯葡萄酒，同时"在朝圣者那里互相攻讦，造谣诽谤"。朝圣者们自己寄住在特定的旅馆与客栈中，诸如"小马"旅店与"龙虾"旅店。据一些十字军在去往圣地的途中说，他们从没跨出"月亮旅馆"一步，月亮旅馆位于狭场下的码头。1319年，这里挤满了住客。而"白狮"旅店已于五年后开张。

第七章 | 鲜活之城

威尼斯作为众人瞩目的焦点已近千年。一些数据显示，二十一世纪初的威尼斯每年吸引着 300 万住宿游客与 7000 万当日来回的短途游客。而另一些数据显示威尼斯年游客量差不多是从 1400 万到 1600 万的数目。由此，我们可以放心得出结论，百万复百万的人口正涌入这座居民不超过六万人的城市。无论什么时候，这里的外地人总是多于本地人。然而，自从 1840 年代游客数开始超过居民数以来，这已是一种司空见惯的情况。只不过这种失衡已经过于显著了。据说按现在的分散率，二十五年后，这座城市中就将连一个土生土长的威尼斯人也不剩了。这里将变成一座属于游客及旅游服务业人员的城市。难怪威尼斯人认为自己受到了威胁。然而几个世纪以来，威尼斯正是在这被动的共谋中造就了自己的命运。

十四世纪，在耶稣升天节举行的自由集市上，据称有二十万外地客涌入这座城市。当局设立了一个节庆集市季，从四月底延续到六月初，用来吸引更多游客。到十五世纪，城中已拥有超过二十家旅店，大多数都坐落在圣马可广场与里亚尔托附近。它们供应着美味佳肴、清爽干净的亚麻布床品与数不清的欢场风月。节日与游行的雕刻品作为游客纪念品出售。一座售卖一切的城市自然也希望将自己待价而沽。因此威尼斯的最终命运早已注定。十五世纪末，一位米兰牧师彼得罗·卡索拉①（Pietro Casola）抱怨道，这座城市"已在人们的口头和笔下描摹了那么多次……对我来说，似乎已经没剩下什么可说的了"。

十六世纪的一位游客费恩斯·莫里森说，威尼斯是"再来"（veni etiam）的代名词。当地人总是那么友善，十六世纪早期，理查德·托尔金顿爵士（Sir Richard Torkinton）谈及他在威尼斯住宿的旅馆时说，"那家的男主人说一看我的长相就知道我是英国人。他能用流利的英文和我交谈。"以同样好客的精神，威尼斯当局支持一切吸引游人前来威尼斯的娱乐形式，包括戏剧、歌剧与节日庆典。他们甚至赞

---

① 彼得罗·卡索拉：1427—1507，天主教教士，出生于意大利米兰。

成——即使不是积极鼓励——将这座城市当作非法性交易中心的想法。威尼斯交际花扬名全欧。除此之外的任何需求——从娈童到伪娘——都能在威尼斯得到满足。自然，威尼斯的殷勤好客要价不菲。十八世纪，一位胡格诺派[①]游客弗朗索瓦·米松（François Misson）评论这座城市的大量外来客时问道，"这些熙来攘往的游客究竟为威尼斯带来了多少财富？"据说每五栋房屋中就有一栋在招租床位，而蜂拥而至的客船已经到了"只要叫一声'贡多拉'，它们就立刻出现在你面前"的程度。第一本旅行指南《威尼斯，最高贵的城市》（Venetia, città nobilissima）出版于1581年。十七世纪，威尼斯成为了大陆游学的中心地点，而这正是在成为一名英国绅士的过程中必不可少的一环。

[236]　　十八世纪初，英格兰大使曼彻斯特勋爵曾在提到威尼斯人时说，"他们在这里打算承担的主要任务就是娱乐其他欧洲人，除此之外什么也不做。"在该世纪，威尼斯艺术家开始创作专为吸引游客的城市风景画。比如，弗朗西斯科·瓜尔迪像一位游客一样，将这座城市看作一处浪漫与类戏剧布景之都。卡纳莱托专长于理想化的地形景观，这类作品当时普遍出口到欧洲各地，尤其是英格兰。在那时，狂欢节期间到访的游客超过三万人，但是威尼斯旅游业在十九世纪才达到了真正的巅峰。上流社会的大陆游学已让位于上层中产阶级的旅行，他们将威尼斯当作最理想的目的地。到1840年代，关于这座城市的旅游指南纷纷付梓。第一次威尼斯"走马式观花游"于1864年成行。"今日的威尼斯，"亨利·詹姆斯写道，"是一座无边无际的博物馆，它容许你入内的小小旋转闸门永远都在吱吱嘎嘎地转动……"

对于维多利亚时代的英国人来说，这座城市成为了一处合意的旧日遗迹，一个文化上体面而令人尊敬的地方。它为他们提供了一处逃离工业主义恐慌的避难所，这种工业主义的恐慌当时甚至折磨着整

---

① 胡格诺派：十六至十七世纪法国新教徒形成的一个派别。

第七章｜鲜活之城　　245

十九世纪末，从巴黎至威尼斯的东方铁路之宣传海报。"大旅行"已让位于上层中产阶级的旅行，威尼斯是最理想的目的地。到1840年代，已有多部威尼斯旅游指南写出。第一次在威尼斯的"走马式观花之旅"于1864年成行。"今日的威尼斯，"亨利·詹姆斯写道，"是一座无边无际的博物馆，它容许你入内的小小旋转闸门永远都在吱吱嘎嘎地转动……"

个英格兰,同时威尼斯也是令人艳羡而倍加扼腕的安逸往昔时光的隐喻。英国人在这座城市的教堂与大宅中为十九世纪英格兰的"哥特式"建筑寻找到了几分意义和语境。这里早已成为了一处怀古之地。从某种意义上说,维多利亚时代的英国人是新的朝圣者,他们的祖先曾经踏上前往耶路撒冷的精神之旅。而今,朝圣之路在威尼斯走到了终点,他们所信仰的是艺术和历史。也是在这一世纪,威尼斯的形象特征深深印在了普罗大众的想象中——贡多拉船夫、鸽子、圣马可广场上的露天咖啡馆。它成了一幕西洋镜、一座立体模型、一个五花八门的市集。不过有人已经预料到,这座城市本身会在此过程中渐渐改变。1887 年,英格兰期刊《建筑者》(*The Builder*)警告读者,来到威尼斯的游客"没有权利要求任何古城居民为自己沦为博物馆保管人时仍要感到满意"。

在二十及二十一世纪,威尼斯的计划可以说已经得到了完成。这就是所谓的"迪士尼化"的威尼斯。威尼斯忠实于它早已注定的命运。一切不过如此。这依旧是一座运转中的城市,但它已获得了全新的特性。有人谈论着"败落"或"衰退",但这并没有什么真凭实据。就某些方面而言,威尼斯堪称世界上最为成功的城市。从本质上说,城市就是人工的产物。威尼斯简直要将城市的概念推向一个新高度。十九世纪的美国作家弗朗西斯·莫里森·克劳福德说得再好不过:"对于早已熟知她而与她突然邂逅的人们而言,这一点毫不令人惊讶——一切形式的人类生活都在她的内部发生,而与此同时,她独自前行,坚定有力,一如既往。"我们如果认为游客没有认识到"真正的"威尼斯,就像他们没有认识到"真正的"伦敦或"真正的"巴黎那样,这并没有什么好处,为旅游观光而存在的威尼斯,正是威尼斯的本质与精髓。

一些游客格外出名。精英的时代早已让位于大众的时代,不过在过去,大名鼎鼎与臭名昭著的各方人物都被吸引来到威尼斯,作为你方唱罢我登场的舞台。雪莱来此悲悼嗟叹，拜伦来此吟咏呼号。阿雷蒂诺歌颂赞美，拉斯金痛陈弊病。尼采、普鲁斯特与但丁也都曾到访这座城市。彼特拉克曾数度来此，宣称这里是"我所得见最绝妙的城市"。透纳与惠斯勒在画笔下描绘威尼斯，正如数以百计的外国画家一样。在惠斯勒描绘伦敦的作品《十点钟的演讲》(Ten O'Clock Lecture)中，画家脑海里显现的却是另一座城市的形象：

> 当傍晚的薄雾如面纱般覆上河畔，诗意盎然，破旧的建筑物消失在昏暗的天空，高耸的烟囱仿佛变成了钟楼，仓库也变成了夜晚的皇宫，整座城市飞上了天堂，仙境在我们的面前徐徐展开……

到十九世纪后期，威尼斯已没有一寸土地是不曾入画的了。

即便未必是一座文化气息浓厚的城市，威尼斯也算是一座属于文学的城。莎士比亚曾四十次提到威尼斯及其领地，其中并不全是赞美之辞。他将自己的两部剧作——《威尼斯商人》(1598)与《奥赛罗》(1602)——的背景全部或部分地放在了这座城市。《奥赛罗》的第一幕利用黑暗的街景与门窗紧闭的房屋，敏锐地捕捉到了威尼斯的特征，使读者身临其境。一些学者提出，莎士比亚曾亲自造访威尼斯，不过这几乎是不可能的。他并不需要亲身前往。威尼斯是一座无与伦比的想象中的城市。在本·琼森①的《福尔蓬奈》(1606)中，坡利提克爵士(Sir Politique)在到达威尼斯的一星期之后就自夸道：

[238]

> 人人都以为我是威尼斯市民：
> 我对威尼斯人的那一套了如指掌。

---

① 本·琼森：1572—1637，英格兰文艺复兴剧作家、诗人和演员。《福尔蓬奈》和《炼金士》为其代表作。

他也将威尼斯人掠夺成性的习惯摸得一清二楚：

> 对于威尼斯人，若他见到一个人
> 荒谬至极的是，他会直接将其据为己有
> 他会将他从头到脚地剥光。

十九世纪早期的英格兰诗人为所谓"威尼斯神话"的塑造起了推波助澜的作用。拜伦以这座城市为背景创作了两部史诗，不过他对威尼斯风情所作的经久不衰的贡献存在于类似《贝波》《唐璜》以及《恰尔德·哈洛尔德游记》第四章的诗歌中，他将这座城市与忧郁的放逐者、同时也是典型的浪漫英雄联系起来：

> 在威尼斯，塔索的回声不再，
> 贡多拉船夫于寂静中默然划桨；
> 她的宫殿剥落、坍塌殆尽，
> 如今再也不闻丝竹之声：
> 往日时光已逝……

而传奇也可以变成传奇化。十九和二十世纪陆续出现了一系列有些异想天开与自我放纵的游记及日记，都是关于这座城市风景如画的想象。许多作家曾在威尼斯的天空下写下相同的语句——贡多拉船夫庄重的动作，黎明时分满载水果蔬菜的运输船，美丽的孩子，佛罗莱恩[①]（Florian）的大理石桌面，斑驳墙面上攀缘的忍冬，广场大钟肃穆柔和的鸣响，钟楼上钟声的叮当……

然而，在较为严肃的文学作品中，威尼斯却是以另一种形象出

[①] 佛罗莱恩：威尼斯著名的咖啡馆。

现。它是隐秘生活的背景。它也是自我探索的地方,当外在与内在、私人与公共的惯常界限变得不再清晰,这里是潜意识中被压抑的欲望涌现而出的地方。这里是奇妙邂逅与不期而遇发生之处。第一部以威尼斯为背景的英语长篇小说——托马斯·纳什[①](Thomas Nashe)的《倒霉的旅行者》(*The Unfortunate Traveller*)就讲述了萨里伯爵为了在这座城市中寻欢作乐而不引人注目,与他的仆人互换身份、乔装打扮的冒险故事。在当时,威尼斯已被视作淫荡之城,也是两面派与暧昧不明的城市。安·拉德克里夫[②](Ann Radcliffe)的《奥多芙之谜》(*The Mysteries of Udolpho*)(1794)就发生在威尼斯。尽管作者本人从未踏足这座城市,她的想象却是如此精妙,以致她的描述如此逼真。在她笔下,这里处处是阴谋与杀机,恐惧与奢靡。

[239]

[①] 托马斯·纳什:约 1567 年—约 1601 年,英格兰伊丽莎白一世时代的剧作家、诗人、讽刺作家。

[②] 安·拉德克里夫:1764—1823,英格兰女作家、哥特小说的先锋。

第八章

生活的艺术

为狂欢节喝彩

尽管自我戏剧化地悲叹着威尼斯的堕落,通过狂欢节,拜伦还是参与进了他认为真实而经久不衰的威尼斯生活。"过去的一周里,我几乎没有合眼",1818 年,他在写给汤姆·摩尔①(Tom Moore)的信中说:

> 我们正处在狂欢节最后一日的极度狂热中,我定会一夜无眠,明天亦然。这次的狂欢节上,我已经历了几次戴着面具的冒险,不过冒险还没结束,我没时间说下去了。我要榨干我青春的矿藏直到最后一条矿脉,然后——晚安吧。我活过,我知足。

狂欢节创立于十一世纪末,已经不曾间断地延续了近七百年。在停办一段时间后,又在 1970 年代得到了恢复。"整个世界都成群结队地涌入了威尼斯,"约翰·伊夫林于十七世纪写道,"来目睹狂欢节的荒唐与疯狂。"狂欢节通常举行四十天,不过在十八世纪,有时会超

---

① 汤姆·摩尔:1779—1852,爱尔兰诗人、歌者,拜伦的挚友。

过六个月。它开始于 10 月的第一个星期天，一直持续到 3 月底或大斋期（Lent）开始时，此时也是戏剧季。在一座因超越自然而自豪的城市里，这是反抗严冬的一种方式。不过，当欢庆的活动持续了半年之久，"真实"的生活会由此变成狂欢的生活吗？事实上，据说威尼斯整年都因狂欢似的情绪而生气勃勃。它再也不是一座如伦敦般严肃的城市，也不是如布拉格般睿智的城市。

圣马可广场上有着乐队与管弦乐团的演出，还有木偶戏、假面舞会和街头表演。剧院里举行着化装舞会，最佳着装将被授予大奖。精心装饰的游园会上，驳船是镀金的，侍从身着金色与深红的制服，贡多拉上也堆满了鲜花。根据威廉·贝克福德在 1780 年代所说，威尼斯人"如此狂热地追求着欢乐，简直不给自己睡觉的时间。"在狂欢的季节里，人人都是自由自在。

[244]

伊夫林将狂欢节描述为"全体疯狂"的集合地，"不论男女老少都将自己伪装在复古的打扮后，和着放纵的音乐，肆意嬉闹"。然而亨利·沃顿爵士相信，疯狂之中也有条理，狂欢节的作用是"转移人们探讨国家大事的注意力"。另一位英格兰人观察后认为，对寻欢作乐乃至堕落腐化的宣扬是威尼斯政府的"主要关键点"之一。或许，这就是"面包与马戏团"的自明之理。不过节庆活动在吸引面向本地人的同时也吸引着外邦人。毫无疑问，它促进了贸易，狂欢节的存在维持着七家剧院，两百家餐馆和数不清的赌场。然而，威尼斯在展示着欢乐的同时也在展示着力量，展示着一种为彰显自身财富资产、独立自主及固若金汤而刻意设计的幻象。

狂欢节期间，街头会举行斗牛及奔牛活动。有烟火表演，威尼斯人的烟火制造技术享有盛名，斑斓的火花与焰火倒映在水面上，金光闪闪。有走钢丝的、算命的，还有弹着吉他或曼陀林的即兴歌手。有江湖游医，也有杂耍艺人。有野兽展，1751 年，犀牛被第一次带到了威尼斯。有恐怖元素，狂欢节期间会举行戏仿的送葬游行，并且在最后一天，一个模样像是被梅毒疮毁容的人偶会被装在手推车里四处展示。这再一次显现了节庆活动与死亡意识的古老关联。

威尼斯人最爱装扮成即兴喜剧中的人物。有除了红鞋和红色蕾丝之外通体雪白的马塔奇诺（Mattacino），他戴着一顶羽毛帽，向人群投掷香水炸弹。有威尼斯的象征潘塔洛内，穿着红马甲及黑斗篷。还有身着七彩戏服的阿莱基诺。有假面聚会与假面舞会。假面游行穿过这座城市的大街小巷。在事实上，狂欢节已与戴面具的习俗紧紧相连、密不可分。

[245] 公文中第一次出现关于戴面具的记载是在1268年，内容是禁止戴面具者参与赌博。面具起源于东方。在狂欢节上最流行的面具是"鲍塔"（bauta），一种丝绸或天鹅绒质地、覆盖头及肩部的斗篷。这种服装的兜帽上还要配上一顶三角帽。穿戴者的脸部则戴着一个半截面具，材质为丝绸或天鹅绒，有黑白两色。或者戴着一个白色鸟喙状面具，被称作"拉尔瓦"（larva）。有些面具需要用牙咬住，因此会让人无法说话。保密与缄默由此而生。戴面具者，无论男女，都会身着一件叫做"多米诺"（domino）的黑色披风。女性往往佩戴黑色面具，男性则佩戴白色。尽管面具的伪装作用差强人意，戴面具者的身份却绝不会被泄露，人们总是称呼他为"假面先生"（Signor Maschera）。这一切都是约定俗成的，与根植于古代崇拜的仪式相关。

到了距今不远的十八世纪，面具已变得不可或缺。在长达六个月的狂欢节期间，

一幅十八世纪的钢笔素描，展示了三个狂欢节打扮的戴面具者。狂欢节于十一世纪末创立，已经不曾中断地延续了将近七百年。最迟到十八世纪，面具已成为了必不可少的装备。就连乞丐也会戴上面具。

威尼斯城里的每个人都戴着面具——富人和穷人,店主和神父,官员和妓女。实际上,神父在公共场合如果不佩戴面具,就会遭到教区居民的指责。威尼斯城的要人会在公共仪式与游行中佩戴面具,只有货币兑换商不得戴面具。据说还有人曾目睹一位戴着面具的母亲为她怀中戴着面具的婴儿哺乳,就连乞丐的脸上也罩着面具。

总而言之,这是一场难得一见的奇景。面具隐藏着幽会,面具隐藏着背叛,面具隐藏着门后与街角的情不自禁。欢愉令人上瘾。它有着发烧的一切要素与特性。欢愉是一场梦。一个威尼斯人曾描述过"各种状态下的女人——已婚、未婚或守寡——毫不拘束地与职业妓女混在一起,因为面具抹平了一切差别。与她们有老有少的情夫一起,没有什么肮脏污秽的事是他们不敢公然实行的"。在面具下,人们也会从事一些与色情无关的娱乐活动。三、四名女性会走到各种各样的熟人面前,用叽叽喳喳的假声揭他们的短。这是一种乔装打扮的伪装,是孩子们爱玩的把戏。"鲍塔"这个词本身就被认为来源于幼童"啵……啵"的呢喃。无疑,人们往往会说,威尼斯人在本质上就是长不大的孩子。艾迪生相信,狂欢节上的阴谋与"秘史""足以编出一部供人娱乐消遣的小说集"。威尼斯似乎总是能激起讲故事的欲望。狂欢节为另一种世界,也为另一种现实提供了可能。对于那些在现实世界中感到苦闷失意的人们,它代表着另一个人生。

[246]

假面舞会被称为"i festini",只要戴上面具,人人皆可参加。舞会地点以一个挂着花环的灯笼为标志。舞会上可以听到大提琴和小型竖式钢琴演奏的音乐,宾客们跳着小步舞和加沃特舞。随后,热心的屋主会来到宾客中,向他们收费。在威尼斯,没有什么是免费的。几个世纪以来,关于面具的使用,政府陆续出台了各种各样的规定,不过大部分都被无视了。譬如,十九世纪时政府曾下令,除非经过明确许可,纵酒狂欢者不得触碰戴面具的人,也不得与戴面具的人同行。可是这又该怎么监管?

面具与威尼斯的联系如此紧密,已经成为了其非官方的象征,因此探讨面具的性质是恰当的。时至今日,在这座城市的桥梁与拱门上依旧能见到石头雕刻而成的假面。面具制造业,即使是在二十一世纪的今天,仍然是威尼斯利润最丰厚的行业。歌德在威尼斯写道,"面具,在我们国家如干尸一般死气沉沉、毫无意义,在这里却似乎表达着情感的交流与个性特色。"从某种程度上说,面具与威尼斯的面容十分相配。它变得善于表情达意。面具是这座秘密之城中保密的象征。它暗示着,这座城市本身就像戴面具的人一样,过着一种双重的生活。欢乐的节庆或美丽动人的外表下隐藏着贪婪的野心与表里不一,这是威尼斯众所周知的特点。在各种意义上,威尼斯是一座有着双重性的城市,倒影中又反射着倒影。面具是暧昧不清的符号。在威尼斯,据说没有什么意义是单纯的,从艺术到政府,一切都留给人无尽的解释余地。"狂欢节"一词的起源本身就不甚清晰。"carne vale"的意思究竟是"向肉身永别"还是"肉身很重要"?"vale"作两种解释都说得通。有些人认为该词起源于"弃肉"(carnem levare)。面具被称为"拉尔瓦"①或许也是重要的一点,它意味着人生的秘密隐线,以及破茧成蝶的蜕变。因此狂欢节也是对这座城市作为身份与乐趣能千变万化之处的歌颂。拉斯金曾瞥见"普罗透斯②潜藏在她海盐气味的皮肤中"。

面具本身就含有叛逆的意味。黑色的"鲍塔"与黑色的三角帽让人联想到死亡。它的后面或许隐藏着一具龇牙咧嘴的骷髅,它的后面也可能什么都没有。人们常把现代威尼斯描述为"一张空空的面具"。因此萨特③(Sartre)写道,"当我望着达里欧宫(Palazzo Dario)……我总是觉得,没错,它确实在那儿,可是与此同时,那儿也一无所有。"这里没有留下什么可供寻找的。这里没有留下什么可供描述的。

---

① 拉尔瓦(larva):意大利语,有鬼怪、幽灵、幻影的意思。
② 普罗透斯:希腊神话中的早期海神。
③ 让-保罗·萨特:1905—1980,法国哲学家、文学家、戏剧家、评论家和社会活动家。

狂欢节期间在圣马可广场举行的假面舞会。十七世纪的英国日记作者约翰·伊夫林，将这样的活动描述为"全体疯狂"的一部分，"不论男女老少都将自己伪装在复古的打扮后，和着放纵的音乐，肆意嬉闹"。

狂欢节的存在也服务于某种社会目的。在一座贵族与市民角色泾渭分明的城市里，能够暂时忽略身份地位的时刻大受欢迎。在履行职责的过程中，贵族们采取了一种庄重严格的态度，作为他们社会地位的标志。狂欢节则使这种不可避免的社会与个人紧张感得到了放松。于是，狂欢节稳定了民心，也巩固了威尼斯的社会体系。它促进了全民的共识。它让人瞥见了兄弟情谊与公正平等的永恒原则。它提醒着威尼斯人设想中的最初的平等，那还是当威尼斯人为寻找庇护而初次来到这片潟湖的时候。所以，狂欢节成为了一种社会复兴的形式。在其他城市与国家，狂欢节庆祝自由的活动往往演变为暴乱与叛变发生的场合。这样的事却从不会在威尼斯发生。

在 1970 年代后期，经过了一段衰落期后，布拉诺岛上的居民恢复举办狂欢节。这一活动随后又转移到了威尼斯本土，在那里，官员们很快意识到了其吸引游客的价值。在这项事业上，他们取得了巨大的成功。如今，狂欢节的参与者主要是游客，它也成了为游客而举办的。自然，狂欢节已严重商业化，各项活动都由法人组织赞助。2008年，狂欢节已在事实上完全交由私人手中，由一家临时命名为"威尼斯活动有限公司"的单位组织举办。威尼斯的赌场负责人宣布，"赞助商将在最好的酒店接待来宾，获得各类入场券，以及在赌场中独享赌桌及发牌的权利。"不过一直以来，狂欢节都是一项商业性活动，在某种程度上以外地人为目标。它只不过是将其本质特性发扬光大，而在此过程中变得虚幻与茫然。

狂欢节以外，威尼斯还有其他集市与节假日。贸易展览会，比如 5 月中旬举行的森萨节（Festa della Sensa），本质上是贸易与商业的庆祝活动。威尼斯的布商会展出他们最好的丝绸，金匠则推出他们最精美的金碟。各行业公会演出精心安排的游行，其庄严程度与宗教仪式无异。孩子们吹奏着玻璃小号。店铺被灯火与镜子妆点得光彩夺目。圣罗科（S. Rocco）行会的兄弟们举起一面大旗，上面题写着"物产丰饶，劳动愉悦，大众欢欣"。加布里埃尔·贝拉①（Gabriele Bella）的一幅画作展示了1770年代末的一次集市，圣马可广场上盖满了数不清的商铺、帐篷、展台、摊位及遮棚，恍若阿拉伯露天市场。

于是，威尼斯成为了一座举世闻名的各式江湖郎中、变戏法的和杂耍艺人的大舞台也就不足为奇了。圣马可广场上出了名的是各类骗子和卖艺人。他们不受威尼斯法律的约束，因而对此处趋之若鹜。他们身着奇装异服，在特制的舞台上载歌载舞。他们中的江湖郎中巧舌如簧，极力鼓吹万灵药和"无上圣水"的神奇功效。幻术师假装切开自己的手臂，而且血流成河，不料却因不让人触碰肉体而露了馅。耍蛇者、拔牙者，还有魔术师，根据科里亚特的说法，"演出的各类戏法之奇特，说出来简直令人难以置信。"奥赛罗被怀疑用"从江湖郎中那里买来的药"毒死了苔丝狄蒙娜。威尼斯毒药的种类之丰富在欧洲也臭名昭著。

狂欢节也是贪婪而难以停下的赌博之地。十二世纪末，欧洲第一个公共赌场由尼科洛·巴拉提厄里（Niccolò Barattieri）设立；这是他修建起狭场两根圆柱的奖励，他的赌场就坐落在这两根圆柱之间。这里不久后成为了执行死刑判决的地方，至今依旧照例被视为一处不祥之地。然而赌博的狂热愈演愈烈。十三和十四世纪，人们为组织和监管这种靠运气的游戏作出了各种各样的尝试。比如，人们发现有必要立法禁止在公爵宫和圣马可大教堂内进行赌博。然而没有什么能阻止人沉迷于赌博。正如有人所断言的那样，纸牌并不是在威尼斯发明的，然而威尼斯人却很快在纸牌制造业获得了垄断地位。

许多豪宅与交际花的住所内都设有私人"里多提"（ridotti），意即赌博室。在一份1598年的法令中提到，"赌博、醉酒与其他欺诈行为"的发生地是国家显而易见的耻辱。仆人被要求揭发设立赌桌的主人。贵族并不是唯一嗜好赌博的阶层。威尼斯民众也沉迷于此，旅馆与广

[249]

---

① 加布里埃尔·贝拉：1730—1799，意大利画家。

场、酒店与理发店、桥上，甚至贡多拉上，到处都是掷骰子与玩牌的人。任何游戏都可以用来下注，从国际象棋和跳棋，到九柱戏和壁球。最受欢迎的赌博是关于公共选举的结果，参与者选择一位竞选者下注，庄家则在里亚尔托支起摊位。人们蜂拥而上围观参议院或十人委员会的选举结果，但这并不是出于公共精神。他们关心的只是赌局的输赢。既然无法禁止，于是当局决定控制赌博活动，并从中获利。到十六世纪，"里多提"即公共赌场已经获准开业，为各类赌运气的游戏以及所谓的"诚实的交谈"提供场所。随后在1638年，威尼斯政府投资创办了一家公共赌场"里多托"（Ridotto），这就是欧洲所有赌场的原型。

十八世纪早期，赌博被视作狂欢节的一项核心要素。赌博也成为了一项贵族活动，在高级俱乐部中进行，完全商业化运行。有一种说法是"一无是处之人才不敢冒一丁点风险"。因此赌博被转化为一种慷慨与高贵的象征。一位英格兰来客在赌场注意到，"人群之拥挤往往使人很难从一个房间走到另一个房间，即便如此，这里却是比教堂更安静的所在……以无比的宁静与庄严眼睁睁地看着输掉大笔金钱，这可真是一件稀奇事儿……"威尼斯绅士一向被认为是宠辱不惊的。

在威尼斯，还有其他拼运气的公共游戏。十六世纪初，政府设立了本城的彩票。这是将平民的注意力从赌桌上的私人消遣转移到政府事业的安全范围中的一种方式。当然，这也是一种敛财手段。彩票在里亚尔托经营，奖品包括服装和家具、绘画和珠宝。1590年，政府曾为筹措新建的里亚尔托桥的开支而发售彩票，每张彩票售价两个克朗，大奖则为十万克朗。

每当公共彩票开奖时，威尼斯一切与此无关的事都停了下来。牧师、妓女和胆小鬼都不能免俗地陷入在对彩票的狂热中。彼得罗·阿雷蒂诺注意到，那些被彩票左右的人总是以最污秽下流的语言表达自己的感受。输家认为自己被"开膛破肚""钉死在了十字架上"。不过就算这样，他们下次还是会买得更多。

第八章 | 生活的艺术

在一座以海为生的商业之城,赌博是一项必不可少的消遣。商人永远憧憬着未来的巨大财富。然而这却要看喜怒无常的大海的脸色。一个人可以一夜暴富、富可敌国,也可以在第二天就家财散尽、穷困潦倒。威尼斯赌博业的兴起常常被视作是其愈加堕落的象征,不过毫无疑问,这是这座城市氛围与精神气质所导致的必然结果。本书已经断言,威尼斯是欧洲第一个资本主义诞生地,而资本主义的真髓就在于冒险,换句话说就是金融投机。在一个更狭小而紧张的空间内,赌博再现了经济波动的本质之谜。

其次,在威尼斯公共事务中,运气的概念具有重要地位。在将要导致两败俱伤的冲突中,威尼斯人总是希望国家避开"战争的命运"。十四世纪的一些证据显示,对于运气和冒险不甚乐观的态度在民众中蔓延。运气同样也是威尼斯人赌桌上的女神。"现在,一切都受着运气的支配,"威尼斯历史学家博纳多·朱斯蒂尼亚尼(Bernardo Giustiniani)于十五世纪后期写道,"各帝国间风水轮流转。是运气掌控着这场赌局,是不得不向之低头的运气。"

1774年,当最大的公共赌场因政府命令而关闭,有人记载道,"全民都陷入了忧郁……商人无生意可做;面具制造者饿了肚子;一些惯于每天洗牌十个小时的破落贵族也缩手缩脚、无所事事;对于一个国家的生活而言,恶习实在是不可或缺。"赌博是威尼斯的命脉,就像曾经的贸易一样。当帝国的一切风险都已不复存在,当一个伟大商业生命的一切风险已永远消失,除了纸牌和骰子,还留下了什么可以用来冒险?

威尼斯的运动与游戏对于国家权力的研究者有着特殊的意义。譬如,一种有名的威尼斯娱乐活动是"叠罗汉"。威尼斯人称之为"赫拉克勒斯的劳动",人们依次攀上他人的肩头,人数从底层向上逐渐减少,直至顶端只剩一人。这项活动通常在几艘小船组成的筏子上进行,因此凸显了其与该国政权结构惊人的相似性:通过复杂关联的国家机器,总督位居众人之上。叠罗汉也是威尼斯的真实写照。它是保

[251]

持平衡的壮举。

在威尼斯，轻盈与平衡的概念具有无与伦比的重要性。因此，或许颇为值得注意的一点是，狂欢节上最负盛名的娱乐项目之一即被称作"鸽子的飞行"。人们从一艘停泊的小船牵一根绳索到圣马可广场钟楼的顶部，又从钟楼顶牵一根绳索到公爵宫。随后，一位打扮成天使的杂技演员先是沿着绳索攀上钟楼的楼顶，然后向着公爵宫翩然而行，并在下降的过程中抛撒花朵。1680年，更大胆的壮举上演了，一位叫做斯卡特纳多（Scartenador）的船夫骑马攀上了通往钟楼的绳索。

狂欢节上会举行许多比赛与运动会，包括壁球和击剑，还有手推车赛跑、赛马及贡多拉船赛。十六世纪时曾举行过一项叫做"气球"的比赛，那是一种轻如空气的球。这些比赛，以及与此类似的其他比

大运河上举行的平底船比赛，卡纳莱托绘。这是一年一度的赛事，在狂欢节期间举办，受到全体威尼斯人的争相观看。该赛事在十四世纪正式创立，延续至今。画面展示了单桨轻型贡多拉的竞赛。

赛，素以暴力著称。威尼斯的年轻贵族则热衷射击比赛。一切娱乐活动的实质都是竞赛，最后会进行颁奖。威尼斯人是高度热爱社交的，因此也是极为争强好胜的人群。举个例子来说，同时期的伦敦人就不是这样，他们更青睐如"纵狗咬牛"和"纵狗咬熊"这样不会决出胜者，也不设奖项的比赛。

不过，有一项比赛尤其能代表威尼斯国家的稳固与强盛。这项比赛被称为"拳战"（la guerra dei pugni），在各个地区与邻近地区的居民间进行。里亚尔提尼（Rialtini）与卡纳若利（Cannaruoli）、巴里奥提（Bariotti）与格那提（Gnatti）互为对手。但最大的分区竞争在卡斯泰拉尼（位于西部的卡纳雷吉欧、城堡、圣马可与多尔索杜罗教区）与尼科洛提（位于东部的圣克罗斯与圣波洛教区）之间展开。尼科洛提中占有统治地位的派系为渔民，在卡斯泰拉尼一方则为造船工。本书已描述过双方两败俱伤的战斗，故此不予赘述。每个地区的一支代表队在一条选定的桥上会面战斗，而成千上万的观众挤满了运河边的街道与房屋。有街头小贩向围观人群兜售水果布丁和栗子。这是一项光荣的拳赛，目标是将对手掷入水中，夺取该桥的所有权。

拳战成了威尼斯最具代表性的运动，据一位十六世纪史家记载，"广受所有威尼斯人及外国人的一致喜爱和尊敬"。来访君主会受邀观看这种卡斯泰拉尼与尼科洛提争夺控制权的活动。当瓦卢瓦王朝①的亨利三世②（Henry of Valois）于1574年夏访问威尼斯时，为了供他消遣，两支军队共三百人进行了战斗。在当时，据说这是为了向法国人展示威尼斯人是"多么英勇不屈、一往无前"。他们头戴盔甲、手持盾牌。许多人武装有硬藤条制的棍棒。战斗可能持续几个小时。"凶暴的欢愉终以凶暴收场。"许多参赛者受伤致残，有时甚至会出人命。

毫无疑问，这是一种仪式化暴力的场合，平民中一切残暴的力量

[252]

---

① 瓦卢瓦王朝：1328—1589年统治法国的封建王朝。
② 亨利三世：1551—1589，法国瓦卢瓦王朝国王，1574年—1589年在位。

都在此时耗尽，大众的精力被开发为公开展示之用，以使其不会被用来进行更危险的事业。在节假日，这种战斗发生时，人们不会有其他话题。谁能夺取桥梁"顶点"的两块铺路石成了所有人着迷的话题。胜者是众人拥戴的英雄，败者只能迷失在羞愧中。获胜的教区会在自己的广场上点起熊熊篝火，跳起即兴舞。最强的战斗者是威尼斯全城的名人，他们教区的居民会在自己的家中悬挂他们的肖像。人们为他们起了诸如"沟渠跳跃者""食死者""大胆的摧毁者"等尊称。他们认为自己是"战士"，当然，威尼斯从没有军事意义上的战士。这或许是对他们窝里斗的一种解释。

加布里埃尔·贝拉的画作，展现了一场威尼斯桥上的棍棒殴斗。这种殴斗被称为"拳战"，在不同地区的居民之间展开。各地区的队伍在一座选定的桥上碰面战斗，数以千计的观者排列在运河边的街道与房屋旁。这是一种受到赞美的互殴，其目标是将对手抛进河中，赢得这座桥的所有权。

对这种战斗的记载最早出现在1369年,不过第一次在桥上举行的战役似乎上演于1421年。当然,该项赛事的起源更为古老,可以追溯至最早的流亡时期,当时,来自各个城市的群体纷纷在潟湖中彼此分隔的岛屿上建立家园。那时,为了争夺统治权,他们彼此间爆发的是真正的战争,拳战就是这种战争的象征。在最终囊括了威尼斯本身的群岛中,据说存在着两种人,"向陆"的人们将目光瞄准了大陆,而"向海"的人们则瞄准着其他岛屿。运河曾一度是真正的边界,河水将狭小的地块或教区相分隔,不同地区的居民间爆发着比仪式性进攻更猛烈的争斗。

[253]

在十五和十六世纪的威尼斯,不同派系间依然会发生冲突。一个教区的居民会在一座桥上聚集,向着对方教区的居民侮辱叫骂。教区里的年轻人甚至会向对方的营地发起"突袭",向当地人投掷棍棒或石块。在如此摩肩接踵的环境中生活的经历使人培养出一种强烈的地区忠诚感,譬如,据说拳战最死忠的支持者就是居住在教区边界或附近的居民。这种战斗也是歌颂桥梁在威尼斯社会生活中重要地位的一种方式。桥梁是这座城市运转的真正轴心。一直以来,这座城市都是挣扎求存的激烈斗争的象征,在《历史上的城市》中,刘易斯·芒福德曾提到"光明和黑暗两大势力所属的社团在埃及神殿区域内进行的血腥的仪式性战斗"。文明中总是保留着野蛮的成分。这就是文明生存的方式。威尼斯城的精髓就存在于竞争与进攻之中。

天赐的艺术

[254]

关于丁托列托,流传着一件轶事。1564年春,一家威尼斯行会——圣罗科会堂(the Scuola of S. Rocco)——为挑选本行会大厅里将要陈列的画作举办了一次竞赛。丁托列托和委罗内塞都加入了竞争。大家一致同意,由每位画家提交一份关于该房间中心顶棚镶板的设计。画家们各自离去,开始投入工作,然而丁托列托却全然没有为设计绘制草图的意思。他获取了镶板的尺寸,随后立即在一大块画布上开始了创作。在规定日期的早晨,各位画家带着他们的备选设计聚集在一起,然而丁托列托却已捷足先登。早在一两天前,他就带着绘制完成的画布来到了大厅中,并以秘密的方式将其固定在了将要展示的位置。当有人问他的设计在哪儿时,他只是向上指了指。行会的领袖责备了他,他却回答说,自己能够"设计"一幅图像的唯一方式就是将其画出来。根据瓦萨里[①](Vasari)的说法,他接着说,"设计和模型都应遵循这一方式,为的是真诚可信、童叟无欺,并且,如果最后雇主不愿为他的作品和劳动支付报酬的话,他情愿将其作为礼物送给他们。"瓦萨里总结说,丁托列托的言论"自相矛盾",然而不管怎样,"作品还是留在了那里"。这幅画作——《荣耀中的圣罗科》(San Rocco in Glory),至今仍保留在天花板上。那些失败的竞争者对此作何评价不得而知,不过想必也不会是什么溢美之词。本质上,丁托列托是将他们戏耍了一番。

瓦萨里的故事未必可信,然而有些书面证据支持了这一轶事的真实性。该行会的记录显示,1564年5月31日,一场"在威尼斯三、四个最杰出画家"间的竞赛结果揭晓,在弃之一旁四个星期之后,行会才接受了丁托列托的绘画成品。他已在几天之前就完成了这幅大作。毫无疑问,瓦萨里希望揭露丁托列托获得该项荣誉的不光彩的手段,尽管我们可以说,这位艺术家不过是以所有威尼斯商人或店主都能充分理解的方式行事而已。同样,他也有可能是受到了行会内部权谋之术的提示,阴谋诡计永远弥漫在威尼斯的空气中。在丁托列托的一生中,他是一位技巧娴熟、老谋深算的生意人,根据形势的需要,随时削减价码、改变条件。瓦萨里也决心要披露这位艺术家缺乏勤勉与准备的一面。他怎可以在拿起画刷前不先准备设计稿?然而这件轶事也显示了丁托列托个性的力量。它显示了他永不满足、勇往直前的创作手段,并沉醉其中。他笔下的人物如海豚般矫健,正是他自己技

---

① 乔尔乔·瓦萨里:1511—1574,意大利画家、建筑师、作家、艺术史学家。

艺娴熟、精力充沛的反映。

从早年起,他就是一个备受争议的人物。另一个故事将丁托列托和提香放在了正面交锋的位置。丁托列托曾短暂地做过那位年长画家的学徒。根据一些坊间传说,提香曾见过一些丁托列托画的人物。由于立即发现了画中熟练的技巧,又担心他对自己的名望造成威胁,提香命令这位年轻人离开自己的工作室。这个关于嫉妒的故事是未必确实的,不过丁托列托的一个儿子却在父亲去世后将其向外传播。它可能反映了提香与丁托列托艺术理念本质上的紧张关系——前者是一种全然的贵价艺术,主要为外国赞助人创作,而后者则是一种更为本土化与手工艺性质的精神。

毫无疑问的一点是,丁托列托的才华很快声名远扬。他于1518年秋出生于威尼斯,当时的名字叫雅各布·罗布斯提(Jacopo Robusti),他在这座城市生活,也在这座城市死去。他的生命属于这座城市。他天生具有极强的本土情怀,由于这种天性,城市本身就塑造着他。在所有画家中,他是最为彻底的威尼斯人。他是一名丝织品染工的儿子,因此作为一位艺术家,他将自己冠以染工之名。他喜欢被称作"小染工",因为这是他相对低微的出身的象征。终其一生,他只离开过这座城市一次,那是一次前往曼图亚①(Mantua)的旅程,他坚持要带着妻子同行。与其他威尼斯艺术家一样,他也是一位热情的业余音乐家。他为城中的剧院绘制舞台布景、设计演出服装。如果脱离了威尼斯的大背景,我们会无法理解他的艺术。时至今日,在威尼斯城中依然可以找到他的杰作。曾有一度,超过四十座威尼斯教堂内都藏有他的画作。只有在威尼斯,他那如火的激情与放纵的狂念才能真正实现。他的艺术就是威尼斯,是威尼斯最纯粹的灵魂形式。

一位同时代者记载道,"在他的手势、表达、眼神与言语中,无不流露出他是一个随机应变、反应迅速的智者。"因此,他的艺术体

---

① 曼图亚:意大利北部城市。

现了他的人格。他将司汤达（Stendhal）所称的"威尼斯人的活力"发挥到了极致。瓦萨里说他"头脑发热"。他的执行速度众所周知。用其他艺术家刚刚画完草图的时间，他就可以完成一幅画作。他的艺术是生动活泼、生机勃勃而鲁莽冲动的。他的心中充满了一种激情，连同一切创作的冲动与能量。他是一道雷电的闪光。当一群年轻的佛兰德斯艺术家来到他的工作室，他们向他展示了自己花费几个星期的努力才完成的绘画。他却拿起画刷，用三笔黑颜料就画出了一个人物。他又用白色添上几处强光，然后交给了他的客人。"这，"他说，"就是我们威尼斯穷人作画的方式。"这种威尼斯画法在欧洲被称为"快速法"（prestezza）。而威尼斯画家也同样以即兴创作的艺术形式著称。他们的创作速度闻名于世。提埃波罗声称，别的艺术家还在调配颜料的时候，他就能画完一幅画。两个世纪以前，瓦萨里议论道，在其他人下笔以前，丁托列托就完成了一幅作品。

不过，丁托列托的艺术并不完全是即兴的。他用蜡塑成小型模型，并将它们放置在木头和硬纸板制成的微型小屋中，随后他在小屋的上方与四周挂起灯烛。他那光芒四射、威严雄伟的创作正是来源于这小小的玩具戏院。圣徒在空中极速飞驰。而后他们突然停下，悬浮在离地面几英尺的空中。一长串人物的远景伸展进了无穷的永恒。光明淹没了尘世的逆旅。他笔下人物的动作总是充满活力，迅速而猛烈，他们围绕着一处中心的光柱旋转，他们的四肢和肌肉因离心的飞行而变形。在他晚年的作品中，光线并不跟随着结构，它接替了结构，它成为了结构。世界融化在四散的光辉中。戏剧是威尼斯艺术的要素之一，卡纳莱托曾接受过戏剧布景设计的训练，提埃波罗做过戏服设计师，委罗内塞将他的画布建立在十六世纪舞台的模型之上。

丁托列托本人凭借直觉和天性创作，捕捉一闪即逝又似乎永不枯竭的灵感。有些人在他的画作中感受到了一种焦虑——一种惴惴不安、一种心神不定，在那永远回旋的形式中。这与他无止境的活动与高产是分不开的。他永远也不能静止。如果事情确实如此，那么这和威尼斯身处大海之中的焦虑不谋而合，也与其在世界的荒原中对意义的无尽探寻不谋而合。丁托列托曾说过，"你走得越远，大海就越深。"1594年暮春，他因热病去世，享年七十五岁。

1581年，一位威尼斯收藏家写道，威尼斯的画作比意大利其余地方都更多。绘画，拉斯金说，是威尼斯人写作的方式。那么，一位笔迹学家能在威尼斯绘画的财富中找出一些突出的特点吗？一位艺术家与另一位之间是否存在着某种相似，而这可以归因于这座城市本身的天性吗？公爵宫与城中教堂内绘画的变迁显示，威尼斯艺术被当局认为拥有自身清晰可辨的历史与独特的个性。它有能力进行无尽的复兴，而不需要在自身的本质特性上作出妥协。对于威尼斯人自己而言，"威尼斯艺术"这种事物是真实存在的。它并不是艺术史学家的发明。譬如，在十五世纪的马赛克与宗教绘画中，混合了拜占庭、哥特与托斯卡纳艺术的正是独特的威尼斯艺术。这座城市吸收了东方与西方的传统。在威尼斯的历史上，各不相同的风格与风格特质混杂融合。这是一个熙来攘往的船只停靠的港口。

十三世纪的威尼斯艺术，在精神上是拜占庭式的。画家将基督普世君王、圣母马利亚和所有圣人的形象画在木板上，饰以黄金。在城中，至少有一家作坊专营仿制或伪造早期拜占庭原件。由此，通过模仿，威尼斯艺术获得了自己的身份。它别无任何过往。1204年对君士坦丁堡的洗劫，为在这座发动洗劫的主要城市中掀起拜占庭"复兴"创造了条件。在早先的几个世纪中，威尼斯的艺术是地方性的，有着中世纪的呆板僵硬。事实上，直到十五世纪中期，真正具有重要性的威尼斯派作品才出现。不过，这座城市中频繁出现拜占庭"复兴"，最显著的一次发生在十五世纪后半叶，当时对大陆城市的敌对状态使威尼斯人抛弃了古典式与哥特式风格。威尼斯希望与上亚得里亚地区建立一种历史与文化上的身份认同，那里曾是拜占庭人统治的地区。

[258]　拜占庭对威尼斯艺术的影响早在圣马可大教堂早期的马赛克壁画上就已显现。其中最早的一幅可追溯至十一世纪晚期，是从拜占庭引进的希腊艺术家的作品。然而，到十三世纪初，一种独具特色的威尼斯派马赛克艺术已经出现。由此，马赛克成为威尼斯文化认同的要素之一，它被描述为"不朽的绘画"。其材料不会随着时间的流逝而褪色或腐烂。马赛克反映了威尼斯人对外观与装饰图案的强烈爱好，这些图案就像布拉诺的蕾丝花边一样精巧繁丽。这体现了他们对奢华珍稀材质的喜好。马赛克的镶嵌片"tesserae"为黄金或釉面玻璃的小小立方体。它们具有珠宝与其他熠熠生辉之物带来的感官之乐，这对于一座贸易之城的想象是如此重要。马赛克满足了威尼斯人对色彩与细节的渴望。即使在圣马可大教堂后期的作品里，也不曾显露出一丝对十四世纪意大利艺术中线条透视的兴趣，透视使人想起堕落的世界。图案与色彩却是永恒不朽的。威尼斯画家对这个教训置之不理，似乎要在创作一个鲜艳炽热、五光十色的世界方面与马赛克工匠一较高下。在马赛克被意大利其他城市淘汰后，威尼斯就开始了对这项技艺历史悠久的传承，甚至在迟至1520年时成立了一家培养职业马赛克工匠的学校。

　　闪亮的玻璃与金面和神圣风格的细节及肖像的灿烂色彩交相辉映，而它们也建立起了一种光与影的跳跃，这是威尼斯精神与生俱来的。玻璃来自穆拉诺，那里的作坊以其产品的透明度（lucidezza）闻名。当科米纳于1494年来到威尼斯时，他注意到，圣马可大教堂的墙面上是"一种叫做马赛克或镶嵌细工的奇特作品，他们还自夸是这种艺术的创始人"。这种典型的威尼斯式"自夸"当然毫无根据，但是科米纳的评价显示，马赛克在外国人的眼中是多么古怪与异类。当托马斯·科里亚特在十七世纪早期来到威尼斯时，他谈到，"来威尼斯之前，我从未见过任何这样的图画。"因此，威尼斯与马赛克艺术建立起了密不可分的关联。

威尼斯是万众瞩目的焦点。这座城市是竞争与展示的大舞台。从丁托列托到提埃波罗的艺术间并不存在巨大的飞跃,尽管他们相隔近两个世纪之久。他们都是一望即知的威尼斯人,这座城市将他们吸收,这座城市赋予他们力量。伟大的佛罗伦萨艺术家——多纳泰罗、达·芬奇、米开朗琪罗——似乎都坚定地远离了自己的家乡,与此相反,威尼斯的艺术家却对他们与生俱来的一切感到理所当然、自在惬意。乔尔乔内、提香、丁托列托与委罗内塞不受其他城市或宫廷的赞助人所吸引,他们很少——如果曾经有的话——会离开这座潟湖上的城市。乔瓦尼·贝利尼一生都居住在附近的城堡区。提香极其不情愿离开威尼斯。他们似乎是热衷于家庭生活的男人,而佛罗伦萨的艺术家往往倾向于独身与同性恋群体。

不过,威尼斯的艺术还存在着更长远的延续性。贝利尼向来被人们代入其父雅各布·贝利尼作品的语境中。接着,乔尔乔内师承贝利尼,提香则师承乔尔乔内。提埃波罗被称为"委罗内塞再世"(Veronese redivivio)。这或许是一种常见的影响及传承模式,然而在狭小和相对与世隔绝的威尼斯城中,这种模式体现得更为充分和强烈。威尼斯市民对于社会政治与政策的保守性偏见,一定也对本地的艺术家产生了影响。在一切公共话语的场合,传统与权威的重要性被一再强调。如果圣马可大教堂的马赛克壁画褪色了,人们会代之以一模一样的替代品。如果公爵宫中的绘画遭到了破坏或损毁,人们会代之以相同历史或神话场景的图像。威尼斯画家的一切本能都传承或学习自过去。

他们的工作方式与同一时代中其他城市的画家们不同。在威尼斯,独具特色的是,艺术家被看作一种特殊的工匠。在一座以实用主义倾向而闻名的城市,艺术家接受的是完全实用性的训练。他们关心的是工艺技巧。人们不认为他们是什么英雄人物,或许提香是个例外。他们的心中并未充斥着神圣的灵感。本质上,他们是在为国家服务。画家隶属于一家由三位地方行政官监管的行会。与丁托列托和提香一同列席的是招牌画师和制作扑克牌的。人们也认为画家理应在与国家有关的其他事务上施展他们的才能，画家被雇佣做地图绘制员，或者设计节庆横幅及盾牌。就像其他手艺人一样，他们亲手制作工具。他们看重的是自己作品的材料，而不是其审美外观。他们打量画布，是以木匠打量木柜，或鞋匠打量鞋的眼光。

[260]

同样，威尼斯贸易的专业化程度远远高于其他城市。这又是威尼斯商业传统的一项遗产。框架雕刻师成立了自己的行会，而镀金工人形成了"画家的支柱"行会。金匠经常合伙进行艺术创作。在威尼斯，有家具面板画手，也有箱柜画手。有象牙雕刻师，他们的技艺最初发源于拜占庭。关于供应与需求的询问总是源源不断。譬如，彩绘风琴帘就是一种威尼斯特产。无论如何，在一座极力迎合奢侈品欲望的城市中，绘画也必然是不同寻常的。奢侈代表着对物质世界的热爱。这不正是贝利尼和提香的作品中所展现的吗？

在帆布取代木头成为首选油画基料的过程中，我们可以窥见商业不可抗拒的力量。材料的供应由繁荣兴旺的航海事业所保证。无论采取怎样的措施，海上的空气都会腐蚀木料。而在城市及一座以难以通航著称的潟湖上，帆布也更便于运输。审美与经济偏向间的界限是微妙的。在一切城市中，很难获知哪些因素在威尼斯占据着主导地位。同样值得注意的一点是，就在威尼斯开始在大陆定殖的同时，威尼斯的画家纷纷转向了风景画创作。

因此，威尼斯画家的工作室或作坊（被称作"bottega"）正是为了响应这座城市的贸易生意而设。比如，丁托列托的工作室是最高效的工作室之一，建立在威尼斯人家族传承的天分之上。他的两个儿子充当他的助手，并在他们的父亲去世后很久，仍继续生产父亲作品的复制品。在遗嘱中，丁托列托将他的"一切财产，只要与我的职业有关"，全部留给自己的儿子。他的妻子负责管理资金收入，而在一位年轻人证明了自己卓越的艺术才华后，丁托列托的女儿嫁给了他。正如她在遗嘱中所解释的，"如果这位塞巴斯蒂安证明了自己是个有才干的画家,我愿意嫁给他,让他做我的丈夫。以这种方法,凭借他的才华,丁托列托的名声将被延续下去。"的确,丁托列托的事业持续了超过一个世纪,历经三代人。在一座建立于家庭第一基础上的城市中,艺术家同样也要子承父业。贝利尼的儿子也做了画家。提埃波罗与雅各布·达·巴萨诺、委罗内塞和祖卡里①(Zuccari)都经营家族事业。显然,他们以这座城市中商人家族的模式创建,将生意从父辈传承到子辈。一个人成为画家的原因,可能仅仅是他出身画家家族。

在威尼斯,艺术事业被视作是公共的,而非个体的。画作经由许多人之手完成。一位类似贝利尼的大师会画出人物的头像,作为徒弟模仿的"样品"。在其他工作室中,人物和手势也是这么画出来的。在一座开拓了流水线生产模式的城市,在兵工厂的造船厂中,这样的事不足为奇。因此,正是作坊创造了威尼斯绘画的身份与一致性。从十四到十九世纪,这是一种一清二楚、与众不同的威尼斯现象。意大利的其他城市中没有与之可比的情况。艺术首先是一门生意,而且是一门有利可图的生意,这或许解释了威尼斯的艺术变化总是十分缓慢的原因。

于是,通过迂回的方式,我们或许可以勾勒出威尼斯艺术家的基本面貌。他或她(威尼斯也有女性艺术家)勤奋而积极,为身为社会的一分子而感到满意,也乐于服务社会,不关心美学理论,而关心贸易生意,目标是合同和收益。意味深长的是,没有一位威尼斯艺术家曾完成过一部绘画方面的论著。而在佛罗伦萨,这样的作品却有许多。

或许,普通威尼斯人对艺术一无所知也就丝毫不足为奇了。当然,人们对圣像画的需求是巨大的,但是关于此类产品的质量却没有什么讨论。几个世纪以来,对于本地愈发卓越的艺术作品,威尼斯人却普遍秉持着一种漠然的态度。正如 W·D·豪威尔斯在十九世纪

---

① 费德里科·祖卡里:？—1609,文艺复兴时期意大利画家和建筑师。

中期出版的《威尼斯生活》一书中写道,"关于艺术,威尼斯人无知无觉、视而不见……我想,问一条鱼对水有什么想法,和问一个威尼斯人对建筑与绘画有什么见解,是差不多的。"在举办双年展的当代,这样的评价大约依旧适用。

从十四世纪后期到十八世纪末,威尼斯城中有两个占据统治地位的学派。一个学派强调感官上与装饰性的效果,另一派则依赖叙述性的展示。前者包含着威尼斯人对奢华外观与绚丽质地的热爱。后者则服务于威尼斯人对展示风景的热情。然而通过二者,我们可以追溯到同样充满韵律的优美天性,同样流畅的线条。当威尼斯贵族彼得罗·本博[1](Pietro Bembo)将威尼斯方言描述为"更柔软,更具想象力,更急促和更活泼"时,他或许也在描述着威尼斯画家笔下的作品。这些作品中充满着动感与韵律的展示。威尼斯艺术一向体现着一种感官上的敏锐与享受,这一点在提香的女裸体像中体现得尤为明显。曲线取代了平面与直线。在马奈[2](Manet)来到威尼斯期间,他决定画下大运河上的年度赛舟会的场景。在一家威尼斯咖啡馆里,他告诉一位朋友兼法国同胞——查尔斯·托什(Charles Toche),"在一切都是运动的事物中,没有清晰的轮廓,没有线性结构,如果观察到位的话,用色调值就能构成真正的物体体积,构成基本而内在的格局。"这也是关于威尼斯绘画自身性质的有趣观察。

叙述的本能在某种程度上就是戏剧的本能。威尼斯的舞台以其华丽的装置与宏大的场面闻名于世。威尼斯的公共空间是精心编排的游行场地。圣马可大教堂中最早的马赛克壁画就是以叙事为目的,而第一幅重要的叙事画由保罗·韦内齐亚诺[3](Paolo Veneziano)的门生绘

---

[1] 彼得罗·本博:1470—1547,意大利学者、诗人、文学理论家、医院骑士团成员、红衣主教。
[2] 爱德华·马奈:1832—1883,法国画家,十九世纪印象主义的奠基人之一。
[3] 保罗·韦内齐亚诺:十四世纪的威尼斯画家。

制于 1345 年春。在这些早期作品中，人类的存在被看作一系列公共事件。从这种意义上说，这是一种公共艺术。叙事画里，人们总是成群结队。这就是威尼斯自身的体验。这样的艺术为公共档案增添了连贯性，令人印象深刻。它赋予这座城市的日常生活以重要意义。譬如，当卡巴乔描绘这座城市街道与运河上的奇迹降临时，他的作品被拿来作为这些事件曾真实发生的铁证。

威尼斯的艺术家与这座城市的光荣息息相关。他们惯于与社会现实，而非个人现实相适应。有启发性的是，他们并没有表现出因叙事循环本身而感到满足，而是因迎合了国家的需要而满足。如果国家没有为他们提供赞助，那么城中的各类社会与宗教机构也会委托他们来做。同样，贵族政治家也希望为自己的家族在整个政体与日俱增的荣耀中起到的作用留下纪念。因此，威尼斯的艺术中没有多少自我交流的成分。这或许有助于解释，为什么这种艺术中充斥着强烈的保守主义，或者说对传统的依赖。

艺术也是政治生活的一种形式。威尼斯的一切都与政治息息相关，裹缠在将国家与行会及教会维系在一起的权力关系这一错综复杂的网络中。例如，公共艺术就可以作为社会控制的典型。这一点对于十六世纪的威尼斯与二十世纪的苏联同样适用。在威尼斯，人们的基本概念是这座城市在风俗与传统方面深刻而紧密的一致。一位总督的死不会使当时正在进行中的艺术委托关系发生任何改变。而一位米兰王公之死，或一位罗马教皇之死，对当地的艺术却意味着彻底裂变。

在大议事厅的墙面上庄严地列成一排的总督画像，就是旨在代表一种平静沉着的延续性，职位代代传承，忠诚则与个人无关。他们代表着稳定的形象。他们的表现对得起自己，也对得起身上的国家礼服。他们澄澈的目光从不受犹疑与内心沉思的困扰。威尼斯是第一座不是以个人，而是以城市的保护人及代表的名义保存统治者形象的城市。这些国家肖像画的创作者本身被称为"国家画师"（pittore di stato），他们也要修复国家收藏的绘画，为庆典盛会设计横幅与舞台装置，并为圣马可大教堂设计马赛克壁画。为了国家（la patria）的利益，收藏家们经常将自己所得的藏品遗赠给这座城市。

在1570年代两场烧毁部分公爵宫的大火之后，一项新的公共艺术规划开始了。这项规划中的象征是如此复杂、解释又是如此重要，以至于在1587年专门出版了一本书，题为《关于近期陈列在投票大厅与公爵宫大议事会的绘画所含历史事件的公告……》，长长的标题以"威尼斯人对世界各国所取得的最重大胜利"的蓝图结尾。如果以宗教术语解释历史，那么历史画就可以成为不亚于圣像或三联画的供奉对象。他们占领了先机，在葬礼纪念碑以及宗教绘画上，总督总是在圣人的伴随下出现——即使是在圣母马利亚与被钉在十字架的基督面前。从而，这座城市受到了神的恩惠与保护。

于是，用绘画术语来说，"威尼斯神话"一直在被不断补缀和重新设计。在乔瓦尼·贝利尼的作品中，圣母和圣婴的形象在某种程度上是威尼斯统治大陆的宗教性象征。一个多世纪后，在委罗内塞的作品中，亚得里亚海女王成为了天国女王。约两个世纪以后，詹巴蒂斯塔·提埃波罗描绘海神尼普顿对威尼西亚的效忠。所有这些形象都效力于同一目的，这是一项社会与政治的工程，它深深渗透进了威尼斯艺术家的作品之中。

我们可以将威尼斯画派色彩的生机活力与光辉灿烂理解为文化之光的象征。关于这一主题的著述卷帙浩繁。威尼斯画家将一种颜色铺陈在另一种颜色上。他们反复尝试，求得色调的和谐，为世界带来绘画上的振动与变化。这是一种关于生命本质的直觉。这也是一种思考的形式。当鲜红与绿色结合于一处，力量就在这个世界上产生了。可以对此进行形容的词是"丰富""奢华""鲜艳炽热""光芒四射"。正因如此，从1470年代中期开始，威尼斯画家成为了使用油彩的开拓者与创新者。油彩的概念或许来源于佛兰德斯，然而却是在威尼斯达到了顶峰。威尼斯艺术家运用从浅到深的色彩,铺叠了一层层颜料,轮廓在其中闪烁微光又渐渐淡去。颜料带来了光亮。有人说,色彩似乎在彼此"渗透",从而产生和谐的效果。这一说法似乎也同样适用于威尼斯本身的统治。

瓦萨里不赞同威尼斯的色彩主义。他注意到,威尼斯画家总是直接在帆布上作画,"不打草稿"。他阐述威尼斯画家的普遍规则为"只用色彩本身作画,不需要在纸上绘制任何草图,这才是最好的方法,也是真正的方法"。乔尔乔内从不画草图。抽象地说,这是素描法(disegno)与着色法(colorito)的区别。瓦萨里将素描法看作艺术、建筑与雕塑之父,威尼斯人则认为着色法是绘画之母。他们享受着色彩温暖而广阔怀抱的赐福。色彩柔软、亲密而和谐。正因如此,人们常常将威尼斯绘画与裸女联系在一起。可以说,裸女是十六世纪威尼斯画家的发明。威廉·德·库宁[①](Willem de Kooning)曾评价道,"肉体是油画被发明出来的原因。"这句话也许并不准确,但却具有提示性。设计是智慧与训练的产物,而色彩却是情感与感官愉悦的象征。在此背景下,英国画家威廉·布莱克与约书亚·雷诺兹表达了他们对威尼斯绘画的不赞同,他们是以道德说法,而不是美学说法表述自己的评价。

威尼斯人的这种作画方式导致了几种必然的后果。曾有人暗示,这样的结果是,威尼斯的艺术家不那么关注世界的"内在意义",而是更关注各种各样的表象与结构,他们没有明显的对理想和深度的关注。然而在颜料与画布的语境下,这些宏篇大论又有什么意义呢?正如王尔德所说,佩特尔暗示的那样,只有肤浅的人才不会以貌取人。威尼斯艺术从不博学精深,甚至在表达历史上也并不精确,可是却反而难以捉摸、引人遐思。在被描绘的外表中可以准确地找到威尼斯画家的情感与热情。他们的深刻存在于色彩与色调的关系之中。色彩、

---

① 威廉·德·库宁:1904—1997,荷兰裔美国抽象表现主义艺术家。

《梳妆打扮的年轻女子》，乔瓦尼·贝利尼绘。这幅 1515 年的画作证明，威尼斯画派相信"色彩"（colorito）是绘画之母。他们在色彩温暖而宽阔的怀抱中享受极乐。色彩柔软、亲密、和谐。正因如此，威尼斯绘画经常被人们与女性裸体的描绘联系在一起。可以说，裸女画是十六世纪威尼斯画家的发明。

光线、阴影，不就是来自于眼睛的偶然组合吗？正如阿雷蒂诺评价提香，"他将万事万物的感觉融汇于笔端。"空气中洋溢着乐观积极、感情充沛的因素。例如，提埃波罗笔下的人物随着一阵清风飞升空中，掠过苍天，表现出一种轻盈之感。这或许可以被描述为威尼斯的欢乐精神：认为永恒与时间的产物是相亲相爱的。瓦萨里对于提香一再重复的评价是，这位威尼斯人的作品似乎是"活生生的"，它捕捉着生命的动作与外观，它捕捉着转瞬即逝的效果，它燃烧着炽热的情感，它用不着计算与理论。它的光芒照耀与包围着观众，就像已经超越了平面维度。它成为了这个世界的一部分。

《乌尔比诺的维纳斯》(局部),提香绘。威尼斯艺术的感官与声色在提香的裸女画中展现得最为淋漓尽致。平面与线条被曲线代替。他的艺术是活生生的。它捕捉生命的动作与外观,它捕捉转瞬即逝的效果,它燃烧着炽热的情感,它用不着计算与理论。

[266] 某些时候，这会产生一种变形的后效，它是这种戏剧性天赋不那么令人愉悦的一面。在威尼斯艺术中，似乎有一种对超凡的喜好。一些人指责委罗内塞和提埃波罗创作的舞台布景太过广阔浮华。对于威尼斯艺术显而易见的俗丽与矫饰，亦不乏批评之声。有人注意到，威尼斯画家所喜爱呈现的几近是货物、布料、陶瓷、装潢，甚至最新时装潮流的商品目录。他们有着商人的眼光。他们展示着挂毯、布匹与幔帐，就像市场上的小贩。我们几乎可以用字面意义来说明表面的丰富性。在提埃波罗的笔下，就连乞丐也身着锦衣华服。约书亚·雷诺兹总结道，"他们的主要目标就是追求纯粹的典雅，因为他们更愿意耀眼地绽放，而不是潜移默化的影响"，许多威尼斯画家的作品"被创作出来，除了让人赞美他们作画的技巧与专业，以及炫耀，再无其他目的"。然而威尼斯除了一场无尽的炫耀，又是什么呢？

[267] ## 永恒的女性

阳台上的女人是谁？这是威尼斯艺术作品常见的主题。在威尼斯公共庆典的绘画中，我们能看到女性在形形色色的阳台与露台上俯视着游行队伍的画面。这是一个符号，不是为了突显她们的出现，而是她们的隔离。她们身处家庭的牢笼之中。然而在这露天阳台的模糊地带——半是公开半是遮蔽——却存在着其他种种可能。拜伦在《贝波》中写道：

> 我说就像乔尔乔内的一幅画
> 威尼斯的女人从前如此，至今亦然
> 总是在阳台上被人瞻仰
> （因为美人有时最好遥遥相望）

这些女性或许是可以追求到的，因此她们也就越发迷人。透纳曾画过许多威尼斯的窗户与阳台。他的《杰西卡》(Jessica)，源于《威尼斯商人》，画的正是一扇敞开的窗户，这幅画还配着透纳改编自莎士比亚的文字，"杰西卡，把窗关上，喂"。窗户是一个性展示的机会，它是展出货物的途径。这样的凝视是威尼斯与生俱来的。在马可·波罗关于中国社会生活的记述中，他对中国闺中女子的羞怯颇为赞赏。"她们不会，"他写道，"游荡在窗边，扫视着过路人的面孔，或把自己的面孔展示给他们。"从这里不难看出他对自己家乡的影射。

威尼斯向来被称作一座阴柔之城。亨利·詹姆斯注意到，"通过在此日复一日的生活，你会感受到她十足的魅力，你让她精妙的影响渗透入你的精神。这生物性情多变，就像一个紧张不安的女人…"随后，他详述了这座城市多变的"情绪"，最后思考的事实是，"你渴望拥抱它，爱抚它，占有它"。这句话，从一个很可能从没占有过任何真正女人的男人口中说出[①]，显示了威尼斯能使人的性情产生多大的移位。在行动与态度上，威尼斯被认为是放纵的。毕竟，这是一座触感之城，一座视觉之城，一座肌理之城。它对感觉直言不讳。它揭露自身。水的存在也被认为怂恿了肉欲。奢侈品，这座城市的存货，代表着对感官愉悦的崇拜。从古至今，世界各地的情人来到此处。这里是众所周知的无限欲望与恣意放纵之都，威尼斯人将其看作国力的体现，就像贸易与艺术一样。威尼斯人的对话是出了名的淫荡粗俗。法国诗人纪尧姆·阿波利奈尔（Guillaume Apollinaire）称威尼斯具有欧洲的性别。

在诗歌与戏剧中，威尼斯经常被塑造成一个受人爱慕的女人，因为不时身处险境而越发迷人。用荣格的术语，我们可以说，当这座城市在1797年因投降于拿破仑而丧失其阳刚身份时，它就成了一座十九世纪以来为流亡者与游客所青睐的阴柔之城。比如，在最近两个世纪的报章杂志与文学中，包含了大量将威尼斯称为"凋落的红颜"的表述。它一向歌颂自己吸引游客的实力，将游客诱惑至它温暖而充

[①] 亨利·詹姆斯是同性恋者。

满安全感的怀抱。狭窄曲折的街巷本身就唤起了情色追逐与意外撞见的意象。这座城市总是不约而同地被以女性作为象征,无论是威严的圣母还是海中升起的维纳斯。传说中,威尼斯建立于421年3月25日,天使报喜节的那一天,也正是这一天,维纳斯从海中冉冉升起。这座城市受到了双重的保佑。它怎能不天下无敌?

所以,威尼斯是维纳斯之城。这位女神从大海中诞生。她与大海密不可分。据说,她是由尼普顿洒下的洁白泡沫所化,而这些泡沫正是洒向了威尼斯诞生的岛屿,赋予这座潟湖中的城市深深的性暗示。在从马可·波罗机场涉水而来的游客眼中,这座城市真的就像是奇迹般地升起于波涛之上。这是世界上的原始景象之一。在读音上,"威尼斯"就让人不由想起"维纳斯"。这座没有围墙的城市代表了赤裸的维纳斯。"维纳斯与威尼斯都是伟大的女王,"詹姆斯·豪威尔在他的《威尼斯执政调查》(Survey of the Signorie of Venice)中写道,其中的"女王"(queen)其实是"妓女"(quean)的双关语。维纳斯是爱之女王,而威尼斯是策略女王。因此在《愚人记》(Dunciad)中,亚历山大·蒲柏(Alexander Pope)顿呼:

> 然而她的主神殿中供奉着赤裸的维纳斯,
> 且丘比特骑着深渊之狮;
> 在那里,亚得里亚海为舰队所平息
> 飘荡着无须的阉人与陶醉的情郎。

可是威尼斯也是一座圣母之城。圣母领报的形象可以在里亚尔托桥、圣马可大教堂的外立面、公爵宫的墙面上,以及城中的各类其他场所找到。对圣母的崇拜引发,甚至唤起了对国家的赞颂。共和国的长治久安是其神圣起源的另一个证明。就像圣母本人一样,这座城市已被带离了时间的长河。或许至今仍是如此。在由丁托列托、提香及众多不知名威尼斯画家共同完成的,圣母马利亚在报喜天使加百列面前昏厥的绘画中,圣母被描绘为一位威尼斯少女,周围的场景是典型的威尼斯房屋。

对圣母马利亚的崇拜渗透在威尼斯社会的方方面面。根据一位十六世纪史家的记载,总督会"在每一个圣母马利亚的节日"出席圣马可大教堂的弥撒。威尼斯人会举行诸如"十二马利亚"(Twelve Marys)的游行与庆典,这一活动以十二尊圣母像沿大运河的仪式性巡游而达到高潮,庆祝活动要持续八天。十五世纪,威尼斯城中有超过三百座供奉圣母的祭坛。在荣耀圣母圣殿中,有不少于八座独立供奉圣母的圣坛。著名的《尼科佩亚》(nikopeia)是一幅拜占庭的圣母像,相传由圣路加亲手所绘,人们会在圣母升天节时庄重地抬着这幅画像围绕圣马可广场巡游。这件遗迹成为了共和国的守护神,保护与守卫着威尼斯,至今仍陈列在圣马可大教堂中,它也是预言之源。据说,任何人如果想知道朋友的生死,只需在这幅画像前放上一根点燃

《圣母的加冕》,乔瓦尼·巴蒂斯塔绘。圣母崇拜渗透在威尼斯社会的方方面面。十五世纪,有超过三百座祭坛用于供奉圣母。威尼斯同样是一位童贞女,因为她还从未被攻陷。她未遭亵渎、洁净无瑕,大海的波涛保卫着她,就像一条珍贵的腰带。马利亚代表着和平,而和平就是稳定。

的蜡烛,如果朋友还活着,蜡烛不会被风吹灭,如果朋友已经故去,一阵最轻微的呼气或叹息就会将其熄灭。

[270]　　威尼斯也是童贞女,因为她从未被染指。她未遭亵渎,洁净无瑕,大海的波涛环绕着她,就像一条珍贵的腰带将她守护。圣母马利亚代表着宁静,而宁静就是稳定。詹姆斯·豪威尔在他的《国外旅行说明与指南》(*Instructions and Directions for Forren Travell*)中,宣称"常常有人企图玷污威尼斯这位美丽的少女,一些人向她大献殷勤,一些人试图将她收买,还有人意欲对她用强,然而她还是守住了自己绝对的贞洁。"没有一座其他城市能保持如此长久的纯粹。于是,在绘画与诗歌中,威尼斯人用基督在天堂为圣母加冕作为威尼斯胜利的形象。天堂的女王也是海洋的女王,"就像拂晓时分,皎洁如月、灿烂若阳、令人生畏如战旗"。一直到1746年,共和国灭亡前的五十年,一位威尼斯修道士弗拉·弗朗切斯科(Fra Francesco)还在向圣母祈祷:"哦,伟大的圣母,请向下看看这座城市,你曾将它选为在地上施展母亲之爱的主要对象。"

　　对圣母的信仰是普遍的。水巷的拐角处修建有许多神龛,圣母像前点着供奉的明灯,这些神龛由近旁的居民维护。无论环境怎样简陋,没有一户威尼斯人的家里是不供奉圣母图的。有些艺术家专门绘制廉价的圣母像,他们被轻蔑地称为"圣母像画手"(madonnieri)。不过,他们其实只不过是追随着贝利尼流传下来的

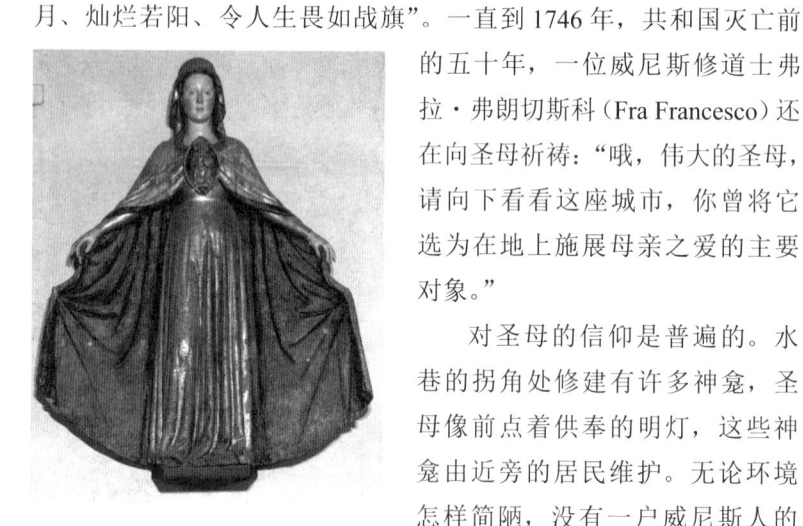

慈悲圣母木像,雕刻、涂绘于十六世纪。圣母像在威尼斯各处皆有展示。圣母崇拜十分普遍。水巷的角落里有许多神龛,圣母像前点着供奉的灯。无论怎样简陋,威尼斯人的家里都有一幅圣母图。

传统。当宣告"万福马利亚"(Ave Maria)祈祷的钟声响起,威尼斯人会纷纷跪倒在街道与广场上。

圣母像备受尊崇,被认为能够施展奇迹。圣马里纳(S.Marina)教区一幢老屋外部壁龛里的圣母像被认为具有治病疗伤的力量。圣像前堆积的供奉明灯、香烛和鲜花与日俱增,窄巷里聚集的礼拜者摩肩接踵,以致人们不得不将雕像转移进一处内院中。在原址上,一座叫做奇迹圣母堂(S.Maria dei Miracoli)的金碧辉煌的教堂修建起来,用于珍藏这尊圣母像。十七世纪早期,一位英格兰的福音派信徒威廉·比德尔(William Bedell)写道,"大量用于崇拜的雕像、绘画、圣物充斥着每一个角落,不单是在教堂中,而且在房舍、内室、店铺甚至大街上……大海本身并不自由,它存在于舰船、小舟与水位线中。"

圣母马利亚也是原始意象的"母亲",在她宽广的怀抱中,威尼斯的儿女得以安歇。在威尼斯民歌中,这座城市被描述为一位母亲。在威尼斯人的想象中,"母亲"是如此令人敬畏的形象,恐怕是有其他更久远的力量导致了这一点。威尼斯人渴望母爱,有可能是因为他们的城市并非建立在坚实的土地之上吗?大地母亲既不曾生育它,也不曾养育它。根据荣格的理论,"母亲"代表着起源之地。但在某种意义上,威尼斯没有起源之地。"母亲"也代

《两位虔诚者为圣母圣子举行登基仪式》,保罗·韦内齐亚诺绘于十四世纪。这幅画具有圣像的形式与特质,而的确,圣母像在威尼斯被尊崇为奇迹的产物。圣母也是典型的"母亲",威尼斯的子女们能够在她宽阔的怀抱中得到休息。

表着生命的种种方面,以及威尼斯人在物质上与感觉上所渴望的意识。这座城市的艺术与文化是否可能是一种无母状态的补偿形式呢?

于是,十六世纪,作为"圣母之爱"功效的活生生的证明,一个在事实和传说中被称为"威尼斯的圣母"的神秘女性出现了。人们不知她来自何方。她开始每天在一座公共广场上为数以百计的无家可归者做饭,她向富人募款,接济穷人,在她榜样力量的影响下,一家名为"流浪者收容所"(Ospedaletto dei Derelitti)的永久性救助机构建立起来。她还为威尼斯的命运作出预言,第一个预言的开头就宣布,"世界改革将自威尼斯开始。"她将自己和这座城市称为"西方的耶路撒冷",因此在十六世纪的文学作品中,威尼斯开始被称为"新耶路撒冷"。人造之城也变成了典范之城。

迈克尔·凯利(Michael Kelly),一位早于亨利·詹姆斯一个世纪居住于威尼斯的爱尔兰男高音歌唱家,断言威尼斯是"女人的天堂,而威尼斯女人也配得上一个天堂"。要注意的是,于他而言,威尼斯是一个享受女人的天堂,而不是让女人享受的天堂。同时代的斯雷尔夫人(Mrs. Thrale)关于威尼斯女性的评论则更为尖刻,"政府对她衣服上的每一根别针都一清二楚,不分昼夜、无论何时,都知道她身在何处。"这种警惕性与密切监视之感,的确是事实的一部分。贵族女性置身大众的视野之外,她们只有在仪式典礼的场合才公开现身,而如果她们要外出闲逛,则必须由仆从陪伴。她们总是戴着面纱。她们就像东方女子一样,隐居于深闺。

中下层女性拥有相对更多的行动自由。农妇将她们的农产品运往市场售卖,"小康之家"(用过去的话说)的女性则往往在自己丈夫的店铺或作坊里帮忙。女性以亚麻织工、面包师、香料贩与补鞋匠的身份被列入公共档案之中。人们常说,威尼斯的女性比男性更坚强有力、吃苦耐劳。

在威尼斯,从法律上说,妻子并不被视作丈夫家庭的一员,她仍被保留在自己的娘家。婚姻由两个家庭之间安排,而不是男女双方协商。在公文中,女性只有在关系到自己的父亲或丈夫时才会被记载。女性身上还承受着更严厉的限制。在一条十五世纪的法令中,犯有通奸罪的女性,有时会被处以死刑。

不过法律规定并不是一切。广为人知的一点是,威尼斯女性在家中掌控着相当高的权威。从遗嘱遗赠中可以清晰地看到,在丈夫或父亲去世后,中上层阶级的女性往往可以积下一大笔财产。也有一些机构,比如歌唱学校,巩固了这座城中女性的存在度。威尼斯神父的女仆或情妇常常成为地方教会的女家长,照料着整个社区。邻里街坊也总有大家熟知的接生婆或巫医。在威尼斯这样一个迷信的地方,她们总是生意兴隆。

女性之间还有着许多其他社会关系。譬如,一个地区的贵族女性可能扮演着年轻或贫穷女孩庇护人的角色。哥尔多尼的戏剧以及威尼斯市民的回忆录揭露了一个紧密结合的教区社会,仆人、邻居与朋友正站在自家门边或簇拥在水井旁,交换着种种消息与八卦。这里不存在英格兰或北欧的隐私意识。如果一个丈夫过分或无理地殴打自己的妻子,根据那时的标准,他就会变成众人唾弃甚至起诉的对象。在威尼斯,是社会决定着个人的行为。本质上,教区是一座男性城市的女性专属地。公共区域由男性统治,而私人与家庭空间则是女人的领地。教区是她们讨价还价、买进卖出、交换服务的地方。这样的安排使各方都满意,在很大程度上维持与巩固了威尼斯社会闻名遐迩的稳定。

不过,女性还有一项重要的优势。那就是她们结婚时的嫁妆。无论怎样,女性出嫁都会有一笔嫁妆。这是婚姻交易的核心特征,无论劳动人民还是贵族商人皆是如此。一首古老的威尼斯歌谣提问道,"多少商人从嫁妆里挖到了第一桶金?"尽管丈夫在世时嫁妆一直控制在丈夫手中,不过在其过世后,嫁妆会被返还给妻子由其自由支配。大多数女性在十四或十五岁时就会嫁作人妇,她们的配偶往往为

[273]

二十九或三十岁。由于女方更年轻，她们也很可能去世得比男方更晚。一些女性因此变得十分富有。所以，尽管她们不为人知，却仍然在默默施展着自己的影响力。

精明的母亲会利用这笔财产增加自己女儿的嫁妆，以此扩大她们在择偶上的竞争力。事实上，到十四世纪晚期，威尼斯出现了一种被称为"嫁妆膨胀"的现象，一桩婚事的开支与收益是如此巨大，以致一个家庭中只有一个女儿可以被交易出去，也只有一个儿子可以收获丰厚的嫁妆。如此一来，威尼斯城中积累了大量未婚男女，男性与他们的家庭居住在一起，女性则往往会被送进女修道院。

公元前五世纪，希罗多德写道，在威尼西亚人的部落中，人们习惯于将自己的女儿放到开放式拍卖会上待价而沽。迟至公元十世纪，威尼斯本地出现了年度婚姻市场的记载，该市场于圣马可节（4月25日）时在城堡区的圣彼得罗（S. Pietro di Castello）举办，年轻姑娘们会带着她们的嫁妆参加。这是威尼斯坚持传统的例证之一，用另一种手段得以持续。在一座市场之城中，未婚女子是最重大的商品。女性的肉体与财富被交易，以换取贵族地位与政治势力的增加。本质上，这是一种从有形资产到无形资产的转移。当一位新娘嫁入夫家，通过这种方式，交易得到了公开说明。它代表了国民间资本的自由流动。由于此种货品可能轻易被毁，年轻姑娘往往会被送进女修道院一段时间，女修道院成了一种仓库。

签订婚姻契约的那一天，在贵族人家，新郎将前往未来岳父家中，当新郎与伴郎们集合后，依照传统身着白色礼服、佩戴灿烂珠宝的新娘会在横笛与喇叭的伴奏下绕场两周。随后，她行入庭院，受到全体女性亲属的致意，然后乘着贡多拉探访被禁闭在各家修道院中的朋友。新娘的船夫必须穿着红色的长袜。在修道院墙后，即将嫁作人妇的年轻女孩被领到修女们面前，修女们的心中恐怕五味陈杂。婚礼日的黎明时分，在新娘梳妆打扮、准备前往教区教堂的过程中，她家屋外会进行一场小型管弦乐演奏会。婚礼仪式结束后将举办公开的喜宴，出席的客人都要带来贺礼。

至于其他阶层的婚礼习俗则不那么严格。踌躇满志的新郎穿着天鹅绒或绒面呢衣，他会在腰带上佩一把短剑，还为自己精心做了发型，喷上香水。他先是在爱人的窗下唱歌示爱。之后，他会托人向女方的家庭转达正式提亲的意图。如果他被认定是合适的，双方家庭将在餐会上见面，彼此交换手帕与杏仁饼的礼物。随后，严格依照习俗与迷信的规定，还有一系列礼物要送。圣诞节，男方要送给女方水果酱及生芥籽，圣马可节要送挂在扣眼上的玫瑰花蕾，此外还有其他礼物收送。此外，送礼也有禁忌。不能交换梳子，因为这是女巫的工具。也不能送剪刀，因为它象征着剪断舌头。说来也怪，圣人的画像也是不能送的，这被视为凶兆。

婚礼总在星期天举行，其他的日子被以各种各样的理由认定为不吉利。新娘的娘家负责布置新人的卧房，依照惯例，卧房中应包括一张胡桃木床，六把椅子，两个五斗橱以及一面镜子。胡桃木是唯一被认为可以使用的木料，这是人们顽固守旧的又一个例子。没有哪一类人群会有丝毫发起社会或政治变革的愿望。因此，在这座城市中，婚姻生活并不一定是快乐的，这只不过是一项社会与家庭责任。或许这就是一句威尼斯谚语的来源：爱情走进婚姻，就像葡萄酒变成醋。

女性在威尼斯社会时常隐姓埋名这一事实，得到了女性肖像画较少这一现象的印证。丁托列托一生完成了139幅男性肖像，却只完成了11幅女性肖像。提香所绘的男性肖像现存103幅，女性肖像只有14幅。在葬礼纪念碑上的家族"集体像"中，提香也将女性排除在外。这并不单单是父权社会的结果。例如，佛罗伦萨就有着大量女性肖像画。这种将女性从公共记录中消除的做法是威尼斯特有的。这与当局重视国家而非个人的理念有关。这也和约束与抑制的概念有关，这种概念被视作典型的男性美德。正因如此，裸女像有许多，衣着完整的女性画像数量却远远不及。女性被认为是感性与乐趣的主题，而与严肃的思考无关。无论如何，出现在威尼斯画布上的女人几乎总是匿名

[275]

的。甚至,她们可能不是威尼斯人。于是,我们得到了一个悖论:关于圣母的研究数不胜数,关于真实女性却寥寥无几。这或许就是问题的关键。女人的形象被理想化与神圣化了。它不能被关于当代女性的研究所玷污。

当商人或富裕店主之妻开始抛头露面时,她们成为了众人议论的话题。十五世纪后期,彼得罗·卡索拉注意到,"威尼斯女人竭尽所能地展现自己的美貌,特别是胸部……当你打量她们时,你简直要惊讶于她们的衣服竟不会从身上滑下来。"他也观察到这样的事实,"她们不会放过任何提升自身外表的巧计"。1597年,费恩斯·莫里森将她们描述为"木材垫高,布头丰胸,颜料添彩,白垩增白"。这里的"木头"指的是她们所穿的大厚底鞋。所以,在一座非自然的城市,她们就是非自然性的化身。在一座贸易之都,时尚是消费的重要元素。威尼斯的女性对时尚的追逐比意大利任何一地都快。

对于许多前来威尼斯的游客而言,这里是一座广阔无边的露天妓院,是一位游客所谓的"欧洲肉铺"。就连薄伽丘在《十日谈》中也不雅地宣称,这座城市是"各种各样邪恶堕落的温床"。两个世纪之后,罗杰·阿斯克姆[①](Roger Ascham)说,他在威尼斯九日之中所目睹的"罪恶放纵之事,比在我们高尚的伦敦城九年里听说过的还要多"。有人议论道,到威尼斯进行大陆游学的年轻人无一不是带着赠给未来妻儿的礼物——梅毒——回来的。在威尼斯,没有传为佳话的爱侣,只有臭名昭著的浪荡子与交际花。

十七世纪初,托马斯·科里亚特估计威尼斯约有20000名妓女,"其中一些被认为极其放荡,可以为任何箭头敞开箭鞘"。听起来,这像是一个义愤填膺的卫道士的言论,不过真实数字或许并没有这么夸张。一个世纪之前,一位威尼斯年代史编者马里诺·萨努多估计的

---

① 罗杰·阿斯克姆:约1515年—1568年,英格兰学者、作家。

数量为11654人。一百年间，该数字可能大幅增加，特别是在一座愈发以欲望和放荡臭名昭著的城市里。我们也应该将萨努多提出的数字放到十六世纪初十万人口的语境下衡量，根据这一证据，每五个威尼斯女人中就有一个是妓女。有人称，与自己的妻子相比，威尼斯男人更中意妓女。妓女如此普遍的一种解释是，大量未婚贵族的存在。通奸，据费恩斯·莫里森在十六世纪后期所载，"被认为只是小奸小恶，轻易就可被告解神父宽恕。"圣尼古拉既是海员的主保圣人，也是妓女的主保圣人，这是威尼斯不可或缺的两大行业。

有几块特定的区域专门从事唯利是图的生意。几条适于开设妓院（共有三四十条街）的街，都选在城中的"卡斯特雷托"区。在一栋房屋内，十三名妓女同住一间房间。从十五世纪开始，该行业主要的中心位于圣卡西亚诺广场（Campo S. Cassiano），被称为"卡兰潘"（Carampane），靠近里亚尔托的旅店客栈。圣马可广场本身也曾被威尼斯母亲们当作肉体市场——"每一个想要摆脱自己女儿的母亲"，十七世纪的一位法国旅行者表示，"每天都会带着女儿到那里，就像带去市场……你不用担心会买到上当货，因为你可以任意检视、摆弄她。"在卡萨诺瓦的回忆录中，有一段关于此类交易的记述。卡萨诺瓦在一家咖啡馆中遇到一对母女，在明白他的意图后，母亲开始要价，"除非卖个好价钱"，她的女儿是不会失去贞操的。卡萨诺瓦为她的处女之身开价十个金币，但需要首先保证他没有被骗。于是，以他自己那套独一无二的方式，他接着就验了货。这是一个威尼斯民间日日发生的故事。

上流社会的交际花，或称"雅妓"，是威尼斯的特产。她与普通的妓女不可混为一谈。她被视作拥有"自由之身"，文雅又精致。已成为皮肉生意"专家"的科里亚特，描述交际花道，"（她们）装点着许多黄金与东方珍珠的项链，就像克利奥帕特拉[①]再世（只不过她们的

[①] 克利奥帕特拉：即"埃及艳后"。

项链很小），各式各样的金戒指因钻石及其他贵重宝石而熠熠生辉，她的双耳戴着价值连城的珠宝。"他建议旅行者随身带着一种叫做"欧洲黄花蒜"或"尤利西斯香草"的草药，这是一种大蒜，以此阻挡交际花的诱惑。然而，交际花的魅力并不仅限于肉体。她还擅长知性交谈，诗文唱和。她被认为是文艺复兴理想的体现，即使不是通往庄严崇高，至少也是引人登上大雅之堂的感官享受。她也成为一种新型女性的体现，以及一种新形式的女性意识，威尼斯的交际花是举足轻重的人物，在社会与知识领域取得了其他女人无可比拟的优势地位。正因如此，她们的声名传遍了整个欧洲。如果威尼斯一定是一座女性之城，那么交际花就是她最好的代表。

性还通往画家的画室。我们完全无法确定威尼斯绘画中无名女子的身份——尽管有推测说，譬如，提香画中的裸女就是交际花。从良的妓女——抹大拉的马利亚（Mary Magdalen）的形象可能就是以真实原型为基础。费拉拉驻威尼斯大使在一封致本国君主的信中透露，"我怀疑他常所描绘、摆出各种姿势的女孩们激发了他的欲望，使他达到了超越自身极限的程度。"

这座城市的市场几乎售卖一切货品，所以，为什么不卖肉体呢？做买卖总要眼见为实。"就着蜡烛的微光，"威尼斯谚语有言，"你没法判断女人或绘画。"鼻子附近的"虚伪痣"代表着贪得无厌，裂开的下巴则预示，她是个不安分的女投机家。

国家本身宽容并鼓励这些风月之事。城中的妓女有自己的行会，她们在公共卫生部门的保护下做生意。容忍的原因更多是由于金钱，而不是道德。从卖淫业征得的税收可抵十二艘保家卫国的战船，这是出了名的。妓女的存在也推动了现在所谓的"旅游业"。慕名而来的成年男性也会消费其他商品，由此促进了这座城市的普遍繁荣。在此过程中，女性有助于炫耀威尼斯名声在外的"自由"。她们构成了"威尼斯神话"的一部分。当奥赛罗对苔丝狄蒙娜说，"我误把你当作那威尼斯的狡猾淫妇"，所有观众都能明白其中的暗示。

第八章 | 生活的艺术

　　起作用的还有其他社会因素。有人争辩说,妓女的存在使城中的良家女更安全、纯洁。也有人暗示,随时可得的女人是一种保护下层阶级秩序的手段。她们也被认为可以防止同性恋的发生。十五世纪,在一段荒淫无度的时期,威尼斯的妓女被要求袒胸露乳地探出窗外。然而,她们中的有些人却决定打扮成年轻男子。

　　由此,这座城市也以同性恋及同性卖淫中心而闻名。许多人认为这是一种"东方的"恶习,而毫无疑问,威尼斯深受东方文化的浸染。用一位十八世纪批评家的话说,人们相信威尼斯男人"因柔婉的意大利音乐而变得软弱无力、毫无阳刚之气"。这座城市的细腻柔情与华丽富饶被认为具有腐化堕落的作用。可是,这里也有陆地与海水、边界与大陆的模糊地位。任何敏感性不强的人或许也会因此被唤起或激发出越界的欲望。托马斯·曼的《死于威尼斯》中反映了对少年的恋慕之情,书中,年长的阿申巴赫(Aschenbach)被塔齐奥(Tadzio)的美貌诱惑至死。在这部中篇小说中,曼恰如其分地描绘了这座城市性感的特征:"我们的冒险家感到,这一声色的感官享受劝诱着他的感觉,体验着他的秘密认知,这座城市是病态的,又因贪婪而隐藏着自己的病态,并向面前滑过的贡多拉越发恣意放纵地抛着媚眼。"

　　对于那些性向暧昧不清的人们——普鲁斯特、詹姆斯、柯弗男爵①('Baron' Corvo)、佳吉列夫②(Diaghilev)以及其他许多人——而言,威尼斯极具吸引力。正如法国作家保罗·莫朗③(Paul Morand)在《威尼斯》中所说,"在威尼斯,同性恋不过是最精妙的美术。"然而,在十四和十五世纪,同性恋却是一切性犯罪中最被人恐惧,也是惩罚最重的。药房和糕点铺子被指为这种犯罪活动的中心,一些教堂的柱廊与体操学校也被认为是危险的。无论怎样,威尼斯充斥着幽暗的小

---

① 柯佛男爵:原名弗雷德里克·威廉·罗尔夫,1860—1913,英格兰作家、艺术家、摄影师。
② 佳吉列夫:1872—1929,俄国艺术活动家。
③ 保罗·莫朗:1888—1976,法国作家。

径,所多玛也许要在此重现。人们相信,同性恋行为或许会"吞没"这座城市。人们相信这是违背天性与自然法则的,可是,威尼斯本身不就是如此吗?

十八与十九世纪的威尼斯被刻画为一名娼妓。它以显而易见的"堕落"与唯利是图的贪婪而广为人知。海洋女王已面目全非,变形成了"亚得里亚海的娼妓",就像拜占庭也曾被嘲笑为"博斯普鲁斯的娼妓"一样。奢侈华丽与轰动一时的城市中,似乎存在着某些令人深深困扰的因素。十六世纪的伦敦曾有一家妓院,直白地被人称为"威尼斯"。威尼斯是一位年老色衰的交际花,玩弄着她金光闪闪的小饰物。未来主义者马里内蒂①(Marinetti)在二十世纪初称威尼斯为"沉浸在奇异的淫荡中"。英国诗人鲁珀特·布鲁克②(Rupert Brooke)将它描绘为"俗丽而肉感的中年人"。或许,这是无法避免的。一个不断坚持自己是神圣中心、是圣母玛利亚之城的地方,难免会招致耻辱与幻灭。不过从那以后,它的名声又开始逐渐好转。威尼斯已变成了一座博物馆之城,这是一种降格吗?没有理由支持人相信这一点。

卖淫的普遍性,或者说接受度,可能导致了社会风气的转变。至少到十六世纪末与十七世纪初,威尼斯已出现了一种明显更为放纵的文化。当威尼斯的女性穿着袒胸露臂的低胸装时,她们是在模仿自己更加纤弱的姐妹们。早年使威尼斯赖以生存的磨练已经失去。

特别是,蓝颜知己或情夫的存在,在贵族圈子里引人注目。他是已婚女子的亲密伙伴,是他,而不是她的丈夫,陪同她参加节庆活动,或于戏院包厢中坐在她身旁。他和她一起进餐,一起旅行。他是她忠心耿耿的仆人。这不会招来贵族丈夫的抗议。事实上,丈夫鼓励

---

① 菲利波·托马索·马里内蒂:1876—1944,意大利诗人、编辑、艺术理论家、未来主义运动的发起者。
② 鲁珀特·布鲁克:1887—1915,英格兰诗人。

这样的联络，一个没有情夫的妻子会失去威望。特定的婚姻契约规定了情夫在家庭中的存在。这样的关系也许与性无关。许多情夫可能其实是同性恋者。然而这是一种标志，女人的欲望并没有完全被忽视。

威尼斯女人的敏感是外来游客的谈资。"威尼斯女人的吻技比任何一国的女人都高超，"拜伦写道，"这是出了名的，并被归因于圣像崇拜，以及随之而来的接吻的早期习惯。"于是，天主教徒的虔诚与放荡联系在了一起。没有什么比威尼斯修女的名声更清楚表明这一点的了。

1581年，威尼斯拥有2500万修女，几个世纪以来，这一数字会略有上升或下降，不过近似值总是差不多如此。譬如，一个世纪之后，城中的33家及潟湖上的17家女修道院共分散着3000名修女。这些女性成为裹着头巾、紧包身体的修女的原因之一是因贵族家庭倾向于将未婚的女儿囚禁起来。超过50%的威尼斯贵族女性都在女修道院中终老此生。在理论上，她们代表着统治阶级的纯洁与不可侵犯，但这只不过是虚伪的表象。一位十七世纪的威尼斯修女阿尔坎杰拉·塔拉伯蒂（Arcangela Tarabotti）写道，修女们的存在是为了"国家的原因"，换句话说，过于沉重的嫁妆会掏空统治阶级。为了金钱，女青年们被牺牲了。她们被强迫归隐，于是适婚女性的财务状况也随之改善。圣母崇拜所神圣化的，是保证统治阶级排外性的一种本质上的商业交易。宗教是一项划算的投资。1580年初，参议院声明，共和国的修女被"聚集与保护在宗教场所内，就像保藏在保险仓库中"。

无论如何，在这些城中未婚女子的小型监牢或孤岛的建立上，总有一些典型的威尼斯元素。这座潟湖之城的理想生活，是一种强迫性的共同体。女修道院的生活本身就是以国家构造为蓝本，身处几股统治力量的混合之下，包括女修道院院长，以及一群年长者，或被称为"女性长辈顾问团"。女修道院院长，就像总督一样，由选举产生。年龄，以及财富，是为人所崇敬的。一家女修道院的墙上铭刻着这样的训诫："希望与爱将我们留在这温馨的监牢。"这或许也是威尼斯市民的座右铭。

[281] 　　更圣洁崇高的修女们的生平被记录在这座城市的编年史中。收集在类似于《基督圣体圣血节亡故者名录》(*The Necrology of Corpus Domini*) 的虔诚书卷里的同时代见证中，有许多关于圣人生平与逝世的内容，其中提及了"纯洁处女"以及"至纯处女"，她们的死亡伴随着幻觉与奇迹。威尼斯痴迷于处女的童贞。在修女们临终时，一条经久不衰的悼词就是希望"脱离牢狱"，这里的"牢狱"当然是指此生的桎梏，但这一愿望从威尼斯城中发出，却越加显得发自内心。

　　对于其他修女，纯洁童贞的光环早已化为泡影。事实上，一些修女以妓女或交际花为第二职业。一位十八世纪中期的英国游客记录道，"他们的女修道院是轻松明亮的，会客室宽敞而开放，女士们气氛欢快，面色红润，举止与谈吐相当自由……我就不提威尼斯修女那些所谓更大的自由了。"1514 年夏，当官员被派遣关闭圣扎卡里亚(S. Zaccaria) 的女修道院时，修女们从墙头上向他们投掷石块，直到他们不得不撤退。还有修女姐妹们之间互相斗殴的报告。一位女修道院院长与一位姐妹为了一名绅士争风吃醋，拔刀相向。狂欢节时，修女们会扮上男装。有一名修女因拥有十个情人而闻名。在收到珍贵的教皇赦免令后，她们中的幸运儿可以被允许一次几周甚至数月的"请假"。女修道院的大门外贴着布告，禁止"一切赌博、喧哗、骚动、污言秽语、行为不当、玷污净地"。然而，在一个大多数修女被迫压抑自己意愿的社会里，我们又能指望什么呢？她们的心中充满着怨恨与嫉妒。阿尔坎杰拉·塔拉伯蒂声称，威尼斯的女修道院"象征着一座戏院，最黑暗的悲剧在此上演……一切都是惑人眼目的浮华、远景与阴影"。值得我们注意的是，在不同的时代，所有形式的威尼斯生活都是如何被抨击或歌颂为"戏院"的。

　　十六世纪初年，一位日记作者吉罗拉莫·普列里指责修女为"公共妓女"，而女修道院是"公立的妓院"。至少十五家女修道院不啻为"窑子"。这是一个常见的主题。1497 年，一位在圣马可大教堂讲道的方济各会修士宣称,"每当一位外国绅士来到本城,他会被带去参观女修道院,实际上这根本不是女修道院,而是妓院与公立窑子。"在讲道坛上公然宣布这一事实,表明此事的确是众所周知的。十六世纪中期,从良妓女修道院的修女接待着来自墙外的绅士,她们的告解神父也兼任皮条客。为了掩人耳目,男客们常常装扮成修女。在回忆录中,卡萨诺瓦记述道,贞女修道院院长的价码是一百金币。

[282]

在公众的想象中,修女与妓女的形象有着深层的一致。一些妓院就是以女修道院为范本组织的。鸨母被称为"院长",妓女则被称为"姐妹",她们的行为受到严格限制,就像修女一样。众所周知,妓女们时常出入女修道院,与修女们自由攀谈。她们之间存在着一种"同是天涯沦落人"的情谊,这或许是建立在威尼斯社会内部她们的奇特地位上。修女与妓女都是"无依无靠"的,没有配偶也没有家庭。她们或许配得上被描述为古代著名的"寺院妓女"。在近现代世界,威尼斯是她们合适的家园。

威尼斯圣扎卡里亚女修道院的会客室。这幅弗朗西斯科·瓜尔迪的画作显露了十八世纪威尼斯女修道院中优雅奢华的氛围。威尼斯的女修道院本质上是未婚贵族女性的家园,她们已习惯于外面世界的舒适生活。威尼斯的女修道院成为了某种形式的剧场,修女们坐在格栅后,观看着眼前威尼斯的繁华胜景。

以何为食？

[283]

有一个四海公认的事实是，从古至今，威尼斯的食物都算不上意大利的最高水平。"威尼斯人是拙劣的厨师，"1771年，一位英国女子写道。珍·莫里斯[①]（Jan Morris），威尼斯生活最敏锐深刻的观察者之一，在两个世纪之后评价，"威尼斯人的烹饪乏善可陈。"至少可以说，威尼斯的菜式是十分有限的。不过，这或许是一切小岛的宿命。譬如，科西嘉与马耳他的食物也同样是出了名的贫乏。

若是论量不论质，这座城市的食物则没什么好担心的。充裕的面包、水果、蔬菜与鱼类曾给游客留下深刻印象。托马斯·科里亚特在十七世纪早期曾评论过威尼斯拥有"供养人类生命的令人不可思议的充沛物资"。他进一步描述了"三到四种最好的葡萄、梨、苹果、李子、杏子、无花果"。威尼斯绘画中的宴会场面，特别是委罗内塞和丁托列托的作品，以慷慨丰盛著称。"最后的晚餐"曾无数次出现在威尼斯画家的笔下。丁托列托本人就有六幅以此为题的作品。这些，至少在理想化的形式上，是科里亚特所谓"供养物"的缩影。食物上的成就代表着贸易与商业上的成就。这也可以被解读为帝国的成就，威尼斯的殖民地不得不向它们的"母国"进贡食物。在一座痴迷于展示外表与不敌市场诱惑的城市，食物的色彩也十分重要。牡蛎被镀上了金。藏红花在厨房与画室中同样必不可少。

然而，一切并不是看上去的那样。卡索拉教士观察评论道，尽管威尼斯的鱼类供应丰富，他却从没见过一条像样的，也没吃过一条美味的。当然，威尼斯处处是鱼。可是运河里的鱼从来没人吃，那就像是在吃老鼠。

[284]

总之，威尼斯人被认为是节俭的民族，简单的食物就可轻易取悦他们。十九世纪，威尼斯人宴请的典型邀请是，"来和我吃四粒米

[①] 珍·莫里斯：1926— ，威尔士历史学家、作家。

吧。"他们从不狼吞虎咽。他们极少——如果曾有的话——喝得酩酊大醉。威尼斯人禁酒也是由于一套社会与饮食准则在发挥作用。醉酒会使整座城市蒙羞。在巴黎或伦敦,醉酒被认为是一项必然的人生经历,没什么不光彩的,而威尼斯却向其公民饮酒的肚量施以自己特殊的控制。

几个世纪以来,贵族的饮食总是一成不变又毫无新意,包括肉类和蔬菜,譬如卷心菜、萝卜,以及水果与奶酪。不过,贵族们嗜食巧克力和冰淇淋,这些,在一座奢侈品之城中,也许被划入奢侈品之列。在烹饪方面,威尼斯人还有其他形式的炫耀。威尼斯贵族是世界上首个使用餐叉和玻璃器皿的人群。他们食用的酱料总是甜腻得令人倒胃口,但他们也喜食醋及其他口味浓烈的作料。与此相关的是,威尼斯人垄断了全欧洲的盐糖贸易。

人们已有了娱乐,但他们也需要食物。这是一种预防市民动乱的措施,用一句威尼斯俗话说,"吃人家的嘴软。"许多人家中都有面包炉。政府囤积了大量谷粟以备短缺,不过这种情况不太可能发生,它唯一的优点是可以长期贮存。1539 年,玉米从陆地引进威尼斯。此举获得了成功。根据费恩斯·莫里森的说法,威尼斯人"大量消费面包和油,就连脚夫也吃着最精纯的白面包……我不记得曾在威尼斯见过黑面包"。只有对于面包和葡萄酒,威尼斯人才可称得上是鉴赏的行家。白面包是他们生活的必需品。

穷人也有他们的食物,用白燕麦片加水熬成的、随处可见的麦片粥。从古至今,这都是一种淡而无味、让人没胃口的饭食。大米在 1470 年代被引进,由此诞生了第一道意大利式烩饭。当召唤工匠们吃午饭的钟声响起,伙食通常为鱼、面包和水果,有时佐以猪肉或禽肉。南瓜和甜瓜被切成片出售。劳动人民喜食生的水果蔬菜,而这些是上层人士所不屑的,生食被认为有害健康。在威尼斯的大陆领土,豆类和黑麦是穷人的典型口粮。有人声称,这样的饮食使农民羸弱而顺从。

[285]

一幅十八世纪的水彩画，显示威尼斯贵族光顾咖啡馆的情景。威尼斯的咖啡馆向来比餐厅更著名。十八世纪，咖啡馆的数目计有200家，圣马可广场上就有35家。顾客在咖啡馆中享用杯装的咖啡与巧克力，或者玻璃杯内的柠檬水与糖汁。

威尼斯人有一句谚语，大意是说，不爱喝葡萄酒的人，上帝也不会给他水喝。威尼斯历史上有着数量众多、各式各样的葡萄酒，尽管到十六世纪，许多葡萄酒都产自威尼斯在克里特与塞浦路斯的殖民地。然而外国的旁观者却对威尼斯葡萄酒的整体质量不屑一顾，还有人将其与醋和水相比。威尼斯的香槟绝不是这样，这种酒被称为"普洛赛克"（prosecco），由一种产自威尼托地区的白葡萄酿成。从古至今，一小杯被称作 ombra 的白或红葡萄酒，加上适量奶酪或绿橄榄，通常就会令威尼斯人感到惬意满足。这是一种古老的饮品，它的名称意为"影子"。这与十四世纪后期的一种风俗有关，当时，圣马可广场上的葡萄酒贩会将他们的摊位从骄阳下挪进钟楼的阴影中。这是招徕顾客的一种方法。

与餐馆相比，威尼斯的咖啡馆更负盛名。十八世纪，其数量据计算多达200家，其中35家就位于圣马可广场。事实上，威尼斯是欧洲第一座青睐咖啡的城市，而咖啡是从土耳其的君士坦丁堡传来。贵妇人们有自己偏爱的咖啡馆，她们的丈夫也是一样，政府秘书频频光顾另一家店，并且，就像伦敦，城中的各行各业都有自己的咖啡店。其中最著名的佛罗莱恩（Florian's）咖啡馆，1720年以"胜利威尼斯"之名开门营业，经营至今。威尼斯人似乎更喜爱户外的休闲，就着咖啡与可可，柠檬汁和糖水。人们也可以坐在理发店或书店里品尝佳饮，药店也是交换小道消息的好地方。这座城市时时在观察着自己，也在议论着自己。

酒馆、酒店与葡萄酒商面向贵族和商人、船夫和工匠开门营业。早上，这里是来小酌一杯的人们常常出没的场所。晚上，这里则成了穷人吃饭的地方。这里也可以充当典当代理商与赌场的角色。政府总是对哪怕再普通不过的集会也心存疑虑，害怕有人要颠覆国家，于是在较著名的酒馆、旅社，如"黑鹰""白狮"中雇佣密探。参议院也立法缩减这些场所的规模。结果致导许多小酒馆最多只能同时容纳五到六名顾客。葡萄酒桶堆放在店后，而桶的上方悬挂着圣母像，散发着历久弥新的圣光。

[286]

第九章

圣　城

圣　与　魔

威尼斯是天堂之门。在十六世纪中期宗教危机期间，一位牧师写道，基督即将再临意大利，而且"我相信，威尼斯就是基督之门"。威尼斯统治者与审判员的等级被比作天使与大天使中的序印天使和统治天使。以"上帝应许中的永恒幸福"鼓舞市民，是威尼斯的秉性。这是丁托列托绘于公爵宫中的宏伟天堂美景的创作环境。即使未必相信，威尼斯人宣称，这座城市的体制与法律是遵从"上帝的旨意"。于是，威尼斯帝国的胜利与扩张被看作天意在现实世界的作用。一座水上城市能生存下来是个奇迹。威尼斯人自己将他们的家园称作"我们神圣的土地"或"圣城"。

1581年，威尼斯作家弗朗西斯科·桑索维诺[1]提出，威尼斯"被每一个人作为受人礼拜的人间圣物而尊崇，如果可能的话"。当然，这是不可能被容许的；这也许会激起与崇拜金牛犊[2]的以色列人的比较（威尼斯绘画偏爱的题材之一）。然而，这也并不全然是奇思异想。

---

[1] 弗朗西斯科·桑索维诺：1521—1586，意大利学者、文人、出版人，建筑家雅各布·桑索维诺之子。
[2] 金牛犊：据《圣经》记载，金牛犊是当摩西上西乃山领受十诫时，以色列人制造的一尊偶像。因以色列人拜金牛犊而引致上帝的愤怒。

第九章 | 圣 城

譬如，在美索不达米亚的古代宗教中，城市本身就被视为神圣的本质。它几乎不需要鼓动专制与独裁的大规模崇拜作为加持。正因如此，在威尼斯，教会与国家的同一性是如此强而有力。它使威尼斯的统治者与罗马及罗马教皇的管辖保持距离。总督是威尼斯的教皇，参议员就是他的红衣主教。在棕枝主日（Palm Sunday），总督会在圣马可大教堂的门口放飞白鸽，以纪念诺亚方舟在大洪水后停泊下来。这是为威尼斯城自身保全于波涛之中的祈祷。不过，这是一个宗教仪式，还是一个政治仪式呢？在威尼斯文化里，二者没有什么区别。

[290]

威尼斯成为朝圣者乘船前往圣地的出发地，或许是个地理上的偶然。朝圣者来到威尼斯采购远航的物资补给，慢慢地，这座城市本身就被视为了朝圣之旅不可或缺的一部分。朝圣者们参与威尼斯教会的一切神圣仪式。他们在相同的祈祷室与小教堂中做礼拜。他们崇敬一样的圣像。圣马可的神龛吸引着成千上万，甚至数以百万计的外国来访者。这座墓地染上了几缕威尼斯贸易的味道。威尼斯与东方的密切关联，也有利于传达这座城市作为圣地之一部分的形象，它暗示，又使人得以窥见上帝，本身就值得前往朝圣。

这座城市是一处神圣之地，含有许多宗教世界的暗示。在它幽暗的通道里有数不清的圣人画像，以及圣母像。画像前的蜡烛与灯火点起了一小块明亮的区域，驱逐堕落罪恶。威尼斯有超过五百座街边神龛，但是它们既有宗教目的，也有政治目的。它们是一种抑制民众骚乱的方法。圣母不会仁慈地坐视市民动乱。大天使米迦勒拔剑出鞘，守卫着公爵宫的西南角。仿佛鸣响着"圣哉！圣哉！圣哉！"的钟楼一览无余地俯视着整座城市。威尼斯的教堂选址，就像修道院一样，都是精心安排的。譬如，奇迹圣母教堂位于两块北部区域卡纳雷吉欧与城堡区的边境。威尼斯最古老的教堂之一——圣贾科莫教堂，坐落在里亚尔托市场的正中心。商业合同正是在这里签署。马基雅维利写道，"我们意大利人比所有其他人更堕落而无信仰。"威尼斯人却不是如此。他们堕落而虔诚于信仰。

有神的地方，就有魔。它们总是相伴而生。有许多民间故事，讲述魔鬼在这座城市大摇大摆地走过桥梁、穿过水巷。比如，人们传说，他奚落在里亚尔托桥上做工的泥瓦匠，宣称没有人能建起如此宽的石拱。他提出由自己来施工，以第一个经过桥上者的灵魂为交换。结果，第一个经过桥上的人正是泥瓦匠年幼的儿子。

威尼斯是一部待人阅读与思索的神圣之书。在十四与十五世纪，这座城市第一次被视作一个需要仔细架构的整体。根据天意，它已生存下来，现在正应该被精雕细刻。被认为保存在大教堂内的圣马可的遗体，是公爵宫、市场与兵工厂间的结构中心点。这就是威尼斯权力的神圣几何。

在威尼斯绘画中，值得注意的是，《圣经》中的奇迹往往发生在威尼斯的场景中。对于丁托列托，《新约》里的事件被看作威尼斯寻常生活的一个方面。在《祈祷花园》，一份写给威尼斯年轻女孩的信仰手册中，作者教导读者"选择一座你熟知的城市……将耶稣受难的情节可能发生的主要地点牢记心间"。于是，基督徒的悲恸被涂画在了"最宁静之城"的水巷与广场之中。

威尼斯本身就是一座奇迹之城。没有一座欧洲城市曾见证如此多的奇迹，就连罗马也不例外。威尼斯的每一个教区都有自己的神圣事件。在成书于十四世纪中期的《威尼斯纪事》(*Cronica Venetiarum*)中，编纂者惟妙惟肖地描述着奇迹与征兆，就像描述世俗事件与活动一样。这座城市的当局以令人瞩目的频率宣布奇迹的发生。这是重申其神圣命运的又一方式。一位天使拯救了从圣马可大教堂外脚手架上跌落的工人。一位神圣处女穿行过大运河的水面。圣马可广场上，圣马可本人亲自挽救了一个本该遭受惩罚的奴隶。同样是圣马可，与他的基督教兄弟圣尼古拉与圣乔治一起，驱除了以洪水威胁这座城市的恶魔。奇迹事件在1480年代发生得尤为频繁，当时正是土耳其战争之后，威尼斯失去了地中海的控制权。在这些奇迹中，圣母成为了上帝干预的代理，因此在理论上恢复了威尼斯"海上女王"的地位。

第九章｜圣　城

卡巴乔创作了《里亚尔托桥上真十字架圣物的奇迹》，圣物的出现使一个疯子恢复了正常。十五世纪初年，圣利奥（S. Lio）也发生了这样的奇迹，在该教区，圣物不愿与一名道德败坏男子的葬礼产生联系。于是它变得十分沉重，以至超过了教堂承受的极限。1494 年，乔瓦尼·曼苏埃蒂就这一事件完成了一幅画作。2009 年，我们依然可以辨认出事件发生的地点，以及几座较大的房屋。这是另一个威尼斯奇迹。

[292]

威尼斯的神圣场所是可以列举的。其中首屈一指、一致公认的是圣马可大教堂。它是脐，是中心点，是核心。它是上帝与人的相遇之处。一开始，这里的场地上建有另一座供奉圣西奥多的教堂，但是，当被认为是圣马可的遗体运抵潟湖后，一切都改变了。829 年，遗骸刚一来到威尼斯，一座仿造君士坦丁堡圣徒教堂（church of the Holy Apostles）的木制圆顶教堂就开始兴建。这座教堂大半毁于 976 年的一场大火，随后又得到了修复。最终改建的教堂，拱顶砖砌，呈现出今天我们所见的圣马可大教堂的外形，始建于十一世纪后半叶。它以一个早已存在五百年之久的原型为基础的事实，是个实实在在的祝福。它强调了威尼斯宗教传统想象中的古老性。这座城市没有自己真正的宗教历史，所以它将它的所见借用改编，为自己所用。譬如，大教堂波浪状起伏的路面并不是意外或失误。它是有意仿造建于五世纪的拉文纳圣乔瓦尼·伊万杰里斯塔（S. Giovanni Evangelista）教堂的地面。路面被建造得高低不平，"就像被风搅动得焦躁不安，如同将掀起一场风暴"一般。人们期望它为威尼斯身处危险海水之中的位置而祈求上帝的保佑。

十三世纪，一项马赛克工程被正式引进，以圣徒教堂为范例，但特别引入了威尼斯的图案。这些马赛克曾被依次抹去，直到十七世纪才得以重建。十四世纪，圣马可大教堂的外立面被部分地改造成哥特式风格。因此，这座教堂在一个不断添加与调节的过程中建立，几个世纪以来历经涂饰修改。大理石与雕塑——无论是购买还是窃取而来,这并无区别——几乎是被毫无章法地加入其中。

圣马可大教堂是独一无二的。有些人说,它有一种摩尔式风格;也有人说,它仿佛是拜占庭的遗迹;还有人赞美它的窗饰与巨屏为哥特风的奇迹。溯源并不重要。重要的是,它也许是世界上最美丽的建筑。它从广场上拔地而起,像一个幻影,环绕着碧玉与斑岩、欧泊与黄金的浮云。它是一块五彩斑斓的装饰,无与伦比。柱子、门廊与穹顶一个高过一个,装饰着讲述上帝与人类世界故事的马赛克和雕刻。外立面上光与影的跳跃因紧密排列的圆柱而越发鲜明。它散发出一种原始的光彩。

进入教堂的内部,参观者会迷失在蒙眬的光线中。整座教堂就像一个海面下的巨大洞穴,充满沉没的宝藏。它被修建成十字交叉的形状,不过其中也有幽暗的走廊与壁龛,被蜡烛的火焰或圣像的光芒点亮。教堂中有500根斑岩、蛇纹石及雪花石膏圆柱。屋顶是一片黄金的海洋。覆盖面积达40000平方英尺(3700平方米)的马赛克壁画,是一连串投过墙壁与拱门的虹彩。圣光比自然光更显著。教堂的内部充满了丝绸与珐琅,黄金与水晶,就好像它本身就是一个宝光璀璨的圣物箱。这是一座商人教堂,他们经受着一种敬畏与惧怕的折磨,一位英国访客称之为"宗教恐惧"。这是一座物质财富与奢侈炫耀的教堂。这也是一座拥有各种稀世珍宝的教堂。这里有圣路加所绘的圣母像。这里有来自他泊山①(Mount Tabor)上的花岗岩石,基督曾在其上训诫民众。这里有刽子手的垫头木,沾满了施洗者圣约翰的鲜血。这里有所罗门神殿的大理石圆柱。在这里的圣依西多禄(Saint Isidore)礼拜堂中,安放着圣马可的遗体。这里是仪式性崇拜的完美舞台布景。

---

① 他泊山:以色列圣山,据《圣经》记载,曾是女士师底波拉与巴拉战胜西西拉伟大战役的古战场。

第九章｜圣　城

现存形式的大教堂钟楼建立于十六世纪的最初，位于一座已在此矗立七百年之久的古老瞭望塔的原址之上。1008 年，人们曾试图建起一座新钟楼，然而这座建筑物却沉入了地面以下。现今的钟楼成为俯瞰城市的制高点，以及巡视大海的防卫站。它曾频繁被雷电击中，直至引进了避雷针，然而没有哪一次雷暴比 1902 年巴士底日[①]的那次造成的损害更严重，当时它垮塌倒下，彻底内爆成了一大堆瓦砾。用威尼斯人当时的话说，它"像个绅士一样"倒下了。事故没有造成什么伤亡，除了看守人的猫。钟楼上最大的一口钟，"工人钟"，从两百英尺（60 米）高度落下，安然无恙。随后，人们决定以"原址原样"（dov'era, com'era）的方式重建钟楼。十年后，钟楼再度矗立，其外观与原先别无二致。这就是威尼斯的方式。据说，如果一位游客伴着"工人钟"的钟声来到威尼斯，那么这位游客就拥有了一些故去威尼斯人的灵魂，被欢迎着重回家园。

圣马可大教堂一旁的公爵宫，是这座城市的另一处神圣场所。普鲁斯特的祖母在临终时来到威尼斯，只是为了一睹公爵宫的风采。普鲁斯特写道，"如果她不曾感受到，她从公爵宫得到的喜

[294]

钟楼的废墟。钟楼坍塌于 1902 年 7 月 27 日。它塌陷下来，对折在自己身上，整整齐齐地内爆成了一大堆碎石瓦砾。用当时威尼斯人的话说，它"像个绅士一般"地倒下了。坍塌没有造成死亡，除了看管人的猫。

---

① 巴士底日：又称法国国庆日，是在每年的 7 月 14 日，以纪念在 1789 年 7 月 14 日巴黎群众攻克了象征封建统治的巴士底狱，从而揭开法国大革命序幕。

悦——以某种我们还不完全理解的方式——比死亡生存得更长久，并且，至少吸引着我们中一部分未被死亡统治的人们，她就不会如此看重这份喜悦。"

公爵宫最初兴建于九世纪，但在 976 年毁于威尼斯历史上为数不多的几场市民暴乱。它被不断扩大改建，侧翼被推倒重建，又加入了大厅、走道和画廊。据拉斯金《威尼斯的石头》所述，十四世纪初，原本的"拜占庭式宫殿"被"哥特式宫殿"取代，后者与取得最终胜利的贵族统治政体不谋而合。这是一座正对着水池的建筑。这里成为了政府的所在地。一直以来，建筑是权力的宣言。这座哥特式宫殿自身不断发展，以新建的厅堂来容纳愈加复杂的政府机构。拉斯金将其比作一条最终首尾相连的"大蛇"。

总督的套间仍位于所谓的"旧宫"，亦即衰败的拜占庭式原楼之中。1422 年，它被下令推翻，拉斯金所称的"文艺复兴宫殿"在其原址上建立起来。拉斯金相信，拆除拜占庭式原始建筑是一种故意破坏文物的野蛮行为，从拆迁开始的那一天起，"威尼斯建筑、连同威尼斯本身的丧钟就敲响了"。他那世界末日般的悲观态度如今大概无人买账。然而渐渐地，如今所见的整个复合体建筑开始成形。几场火灾毁坏了它的内部，因此需要不断修复改建，但它最终保留了下来。如今的公爵宫最终定型于十六世纪中期。就像这座城市与它的政府一样，公爵宫的发展是渐进且务实的。

[295]

公爵宫并不仅仅是总督的家。这里是政府驻地，组成威尼斯国家的大议事会、参议院及各种委员会都在其中拥有房间。这里隐藏着监狱和马厩。然而，最值得注意的却是这里所"没有"的东西。这里没有防护。这里没有围墙或碉堡。十世纪初，为抵御匈牙利人入侵的威胁，公爵宫外建起了一圈围墙，不过在两个世纪后就拆除了。政府被认为是安全无忧的，无论内外敌人都对其构不成威胁。

这座宫殿是一个轻盈的奇迹，或者说看上去如此。欧洲人已习惯于建筑沉重的基底与轻盈的顶峰。在公爵宫，这样的期待却会落空。

一楼的双层拱廊产生了一种空间与通风的错觉。拱廊内深沉的暗影充当了基底的隐喻。幽暗给人一种体量之感。公爵宫外立面的上部由粉红、白色及灰色的细小大理石碎片铺成，形成锦缎的式样，在潟湖的光芒中微微闪烁。建筑的整体结构是一个精确的立方体，可却是一座光的立方体。可能有人说，这座宫殿就像威尼斯城一样会漂浮。用普鲁斯特的话说，它不受死亡的统治。

1574和1577年的两场大火包围了参议院与大议事会的大厅。贝利尼、提香、丁托列托和其他画家的作品付之一炬。不过，这些画作的毁灭，可以说是为十六世纪威尼斯的神话缔造者们留下了一幅空白的画布，使他们可以创作自己的奇观。一系列新的画作受托完成。当

一幅十七世纪的绘画，被认为由约瑟夫·海因茨（Joseph Heintz）所作，描绘了总督在公爵宫的一间接见室内进行正式会见的场面。威尼斯政府已发展出了一套完善的自我表现艺术。每一个政治行动都有自己的礼仪。国家的一切行动与决策都被传统神圣化，得到神圣权威的认可。

时的官方艺术家（其中包括委罗内塞与晚年的丁托列托）没有创造任何艺术方案。他们服从于政治雇主的意愿。他们被要求以胜利的话语重构统治阶级的意识形态。这就是他们所从事的工作。他们发明了一个完全虚构的威尼斯历史。他们明确了它的权势。他们为它歌功颂德。他们有意复制了前几个世纪的威尼斯艺术，以凸显持久一致的理念，他们修复缺失的图画，重申过去的象征。这是威尼斯保守主义的本质。艺术家描绘了威尼斯取得胜利的战役。他们画下了历代已故总督奉献的形象。他们宣布威尼斯为"正义女神"与"解放者"。这些作品并不被视作个人的杰作，而是连贯整体的一部分。宫殿中的画作以一种更兼容并蓄的理念代表着威尼斯社会的精神气质。这一工程持续了二十年。它是这个国家自身的寓言。

位于公爵宫前的是圣马可广场，也许更确切的称谓是"广场"（Piazza）。它是威尼斯唯一真正的广场。这里曾是两座岛屿的所在地，面向圣马可水池（Bacino di S. Marco），被一条窄窄的运河一分为二。现今广场的一大部分，在当时是一座名叫"伊尔·莫索"（Il Morso）的岛屿上的草地，其土质坚硬粘稠。这里是第一座公爵宫及公爵礼拜堂的原址。这座岛上还有两座教堂，以及一座接待前往圣地的朝圣者的招待所。这些后来发展为今天广场的核心。当时的政府决定，应该为威尼斯修建一处集会场所。为了司法行政，也有必要建造法院。于是，权力与权威逐步归于此处。

十二世纪，广场被扩建到接近现在的规模。树木和葡萄藤被清除，新址上用光亮的砖块铺成了人字形图案。新建的人行道覆盖了曾一度分隔两座岛屿的古运河。（河水至今仍在广场下流淌。）至此，一切都已连成了整体。广场的三面环绕着遮阳棚步道，房屋修建在步道之外，以留给圣马可大教堂空阔的视野。据马里诺·萨努多所说，其效果"就像使人置身于剧场中"。这样的效果并不是由某一位建筑师或设计师规划而成，它是集体意志的奇迹。

广场的重要地位得到确定是在 1171 年，从君士坦丁堡运来的两根巨型圆柱被安置在水池边。其实还有第三根圆柱，但不慎掉进了潟湖里。剩下的两根从此矗立于广场，顶端盘踞着狮子及圣西奥多的形象。然而，圆柱与大教堂是中世纪竞技场仅存的遗迹——或许还有广场上的家鸽，或者按有些人喜欢的说法称为和平鸽。这些鸟儿从一开始就在广场上徘徊不去。

十二世纪，新建的拱廊下出现了店铺，随后以威尼斯人的方式垄断了该地区。广场成了一个贸易地点。各式各样的棚屋与摊点，售卖着食物与商品，杂乱地聚集于此。货币兑换商的摊点设立在钟楼下，一个肉体市场在公爵宫的窗户下面进行着交易。如今游客排队乘坐水上巴士的地方，曾是一排排销售奶酪、蒜味腊肠与水果的店铺。今天著名的圣马可图书馆所在地，过去曾有许多面包房。在狭场，也就是面向潟湖的一小部分广场上，有五家旅店互相竞争，争夺客源。公爵宫的柱子曾被用作公共厕所，有人注意到，贵族们撩起自己的长袍，趟过小便汇成的水池，毫无怨言。事实上，据观察，威尼斯人可以在任何地点、任何时间使自己心安理得，只要他们愿意。

自然，乞丐也聚集在拱廊下，展示着自己的伤病。这里是这座城市举行大型宗教与市政庆典的地方，这里也是斗牛与赛马的竞技场。这里是行刑地。囚犯被吊在笼子里，从钟楼运到此处，在两根纪念柱之间进行斩首。1505 年夏，绞刑架被移出广场，取而代之的是大教堂前的三根旗杆。这是官方将此处神圣化的最后一次行动。公爵宫与大教堂之间矗立着公告石，这是一根被截短的斑岩石柱，总督在其上宣布法庭判决。换句话说，威尼斯就像任何一座大型的中世纪城镇一样，除了它为自身赋予的至高无上的威严。这里的秩序与这里的混乱，这里的美丽与这里的肮脏，都是理解十四至十五世纪威尼斯的关键。

1530 年代，一位建筑师对圣马可广场如今面貌的塑造起到了最为重要的作用。雅各布·桑索维诺被委以重任，将中世纪的大杂烩改造为一个古典主义空间。在与圣马可大教堂相对的广场另一侧,他修建了圣热米尼亚诺(S. Geminiano)教堂,后来因拿破仑之命而遭拆除。他建造了朝向水池的大图书馆与造币厂,他还重建了钟楼底部的凉廊。他得到一座砖瓦的广场,将其转变为大理石广场。用托马斯·科里亚特的话说,圣马可广场"令人赞叹、无与伦比的美丽,我认为没有一处地方可以与之媲美"。

圣马可广场是这座城市的中心点,无论有意无意,游客们总是被引导至此,或漂泊至此。一个十八世纪的英格兰人注意到,"一大群混杂的犹太人、土耳其人与基督徒;律师、流氓与扒手;江湖郎中、老妇人与内科医生……形形色色的人们汇聚于此。"在1797年攻占威尼斯后,拿破仑下令将圣热米尼亚诺教堂夷为平地,以修建第三块豪华公寓群。这一行动以胜利的形式补完了广场的三边形状。他还拆除了青铜马,将其运到了巴黎。青铜马于1815年归还威尼斯。

历经几个世纪的动荡,圣马可广场依旧是碰面与幽会的场所。拉斯金之妻埃菲(Effie)将其描述为一个"广阔的会客厅,被广场四周拱廊的煤气灯光照得足够亮堂",拱廊上游荡着"以男人、女人、孩子与士兵为主的密集人群"。埃菲·拉斯金的丈夫则用更末日论的方式理解这一切。他将这里描绘为"充满了整个人间的疯狂",充满了"空虚的中产阶级威尼斯人"与军乐队,在拱廊的深处躺着"最下层的人,无所事事、无精打采",而在他们周围,野孩子在乞讨——在这座"充斥着绝望与铁石心肠的堕落"之城中。而引发了他的愤怒的却是这一点——没有一个威尼斯人瞥一眼美轮美奂的大教堂。"你连一个抬眼望向它的眼神也找不见,更不用说一张因它而熠熠生辉的脸庞了。"这依然是这座城市的一个悖论。人们常说,如果你在佛罗莱恩咖啡馆或夸德里咖啡馆的桌边坐得时间够长,每一位你生命中的故人都将最终经过你的面前。如果说对于曾经的中产阶级英格兰人或德国人是如此,现在的情况却绝非这样了。你所能看到的,只有烈日下成群结队的各国游客。

关于信仰

教皇格里高利十三世①（Gregory XIII）曾坦言，"我在各地都是教皇，除了在威尼斯。"1483 年，一位威尼斯历史学家提醒本城的红衣主教，"威尼斯才是他们的生身父母，教会不过是继母罢了。"正因如此，在罗马，威尼斯的红衣主教常常被教皇当局认为与间谍无异。因为圣马可的遗骨被保存在威尼斯的中心，这座城市便宣称自己拥有与罗马平等的使徒地位。它的力量与权威无不有力地表明，它已继承了神圣基督教帝国（Holy Christian Empire）的衣钵。

因此威尼斯的教会是非常威尼斯化的，完全服从于国家的控制。在人们心目中，总督的宗教地位不亚于其世俗地位。当大陆上，威尼斯殖民地的主教接到了教皇直接发出的指示，他们会转递给十人委员会，以待批准。神职人员被禁止进入任何国家档案馆，持有教会圣职的贵族也不得介入教会事务。人们深信不疑并广泛宣称，这座城市所谓的神圣起源意味着其权势直接来源于上帝，保留传统的国家权威于教会之上也就顺理成章了。

国家监督着一切与教会有关的事务，包括布道的内容与弥撒的管理。主教由参议院任命。无论怎样，主教们从不会质疑这一过程，因为他们全部来自显贵家族。没有政府许可，不得修建教堂。在每一时期的官方文件上，都曾提及"我们在格拉多的主教教区"或者"我们的奥利沃洛主教"。威尼斯也有类似于国家神学的事物。它被漆在公爵宫的墙面上。威尼斯国家有自己的礼拜仪式，与别处所用的不同，其祷文中对马可的崇敬高于所有其他圣徒。因此，异端主要为反国家罪。有人认为，威尼斯教会是受到了拜占庭国家教会的启发，在那里，宗教被认为是需要恰当管理的一个方面，但是，威尼斯教会也直接来源于这座城市自身的经历与情况。它不是意大利大陆的一部分。

---

① 格里高利十三世：1502—1585，罗马天主教教皇，1572—1585 年在位。

它从头创造了一套自己的体系。它拒绝服从于任何外来权威。

因此，威尼斯的宗教是具有实用性的迷信与解决实际问题的智慧极为有力与高效的混合。1399 年，当一群意大利的狂热传教运动者——因他们所身着的白色长袍而被称作"比安奇"（Bianchi[①]）——来到威尼斯时，他们被禁止在公共场合游行或讲道，他们正在一个新时代的前夜散播末日的预言。当一个团体试图进入圣扎尼波罗（S. Zanipolo）教堂前的广场时，十人委员会的领导者早已在那里等着他们。十人委员会从教徒首领手中夺过十字架，掰断架臂，将十字架的残片向教众扔去。游行队伍顿时一片混乱，据史书记载，"侮辱和伤害事件比比皆是。"威尼斯当局就是以这种方式处理所有对自身造成威胁的少数派。他们无法容忍任何异议或不守秩序，无论这些行为的初衷是多么虔诚。

不过，对于那些不构成威胁的行为，威尼斯却的确予以了宽容。在十六世纪宗教改革时期，当局并未反对帕多瓦大学新教徒学生的存在。威尼斯成为了欧洲宗教改革者闻名的避风港，这些改革者是从更正统的诸多北方王国逃离出来的。这座城市一直向世界各地的游人商贾敞开着大门。因此它并不排斥外来信仰。它与异端国家，如英格兰与荷兰，保持着重要的贸易关系。一切以商业优先。威尼斯需要保证一个开放的港口。旅居该城中心的德国商人是路德派信徒。这也没有什么关系。詹姆斯一世时期的英格兰驻威尼斯大使亨利·沃顿相信，这座城市或许实际上加入了改革派国家之列。这只不过是一厢情愿。威尼斯也许与罗马教皇素有嫌隙，但它绝无可能放弃信仰圣母马利亚与圣人的代祷。加入改革派是不可想象的。当然，他们乐意改革天主教会。他们乐意将教皇赶下台。

无论如何，威尼斯人民总是极度虔诚的。他们的身上表现着笛福所谓的"惊人愚蠢的偏执"。以一种更温和的口吻，菲利普·德·科

[①] Bianchi：意大利语"白色"。

米纳写道,"我相信,因为他们在服务于教会的事业中所显示出的崇敬之心,上帝一定会保佑他们的。"威尼斯有超过一百座教堂可供选择。每个角落都供奉着雕塑与圣像。教堂的走廊里挤满了礼拜者。各类游行络绎不绝,每一个都有自己独特的仪式——在基督圣体节(Corpus Christi)的游行上,一位参议员和一名穷人并肩走在众人的最前方,游行队伍还要沿途抛撒玫瑰花瓣;在耶稣受难日(Good Friday)的游行上,豪宅大屋前要放置灯、火炬与蜡烛;棕枝主日(Palm Sunday)的典礼上,圣马可大教堂前要放飞无数鸽子;复活节(Easter Day),总督的游行队伍要前往圣扎卡里亚(S.Zaccaria)的女修道院。每个庆典都有各自的社会与宗教目的。在一个集权社会的内部,公众游行的文化是十分普遍的。

埃菲·拉斯金评价普通的威尼斯人道,"他们似乎并没有什么明确的信仰,但却习惯性地受迷信支配。"这,大概就是威尼斯式虔诚的最佳定义。当一个参观威尼斯教堂的英格兰人没有向着举起的圣饼下跪时,他就遭到了某位威尼斯参议员的责备。这个英格兰人表示,他并不认同真在论①的教义,对此,威尼斯人则答道,"我也不比你更认同。但是请你要么像我一样跪下,要么离开教堂。"民众的忠诚也是国家自身所可能拥有的最坚固的壁垒。

圣像与圣髑的运用,意味着这种忠诚将所有人紧密结合在了一条虔诚的纽带上。圣马可的遗体保卫着所有威尼斯公民。然而其他圣人也是看得见、摸得着的。至少五十位已故圣人组成了防卫阵型。在一座没有围墙的城市中,他们被认为必不可少。一家修道院保存了十二位圣人的遗骸。圣人们的数量竟然足够分配,这可够令人惊讶的。1981年11月,两名持枪歹徒闯入圣杰雷米亚(S. Geremia)教堂,命令神父与会众躺倒在地。他们随后夺走了圣露西(Saint Lucy)的遗

---

① 真在论:基督教神学圣体论学说之一。按照天主教的传统观点,在弥撒中经过祝圣的饼和酒内,耶稣的肉体、血、灵魂和神性真正存在于其间。

骨，将其塞进了麻袋。这位圣人的头颅不幸掉了下来，滚进了走廊。遗体佩戴的银面具也被丢下了。一个月后，有人发现，这位可怜的圣人被遗弃在威尼斯附近的一座猎人小屋内。

[302] 威尼斯人极为青睐所谓的"全身"圣髑。他们需要"全身"，是因为骨子里的不安全感使他们渴望着完整。不过在特殊情况下，一条胳膊或腿也算聊胜于无。圣乔治的头颅被保存在圣乔治·马焦雷岛的本笃会修道院内。他的胳膊在几十年前就已被送到威尼斯。圣彼得、圣马太、圣巴尔多禄茂与福音传道者圣约翰的部分圣髑零散地保存在这座城市的不同圣祠中。从鲸腹中得救的先知约拿的头颅，也被通过某种方式带到了这座潟湖上的城市。圣塔拉休斯（Saint Tarasius）的遗体受到了加倍的赞颂，因为其曾奇迹般地免于被毁。来自另一城市的两名盗贼试图拔走他的牙齿，但圣人没有让他们得逞。整件事传遍了威尼斯。十七世纪，当一位荷兰游客前来瞻仰一具圣髑时，他发现这具圣髑"完整无缺、未遭破坏，她的胸部和肉体外表就像熏肉，还有手和脚，因为这具圣髑曾经历火灾"。或许，另一种可能是，某个大胆的商人烧焦了另一具遗体，以使其乱真。

希俄斯（Chios）的圣依西多禄埋葬在总督的礼拜堂内。圣芭芭拉（Saint Barbara）不幸分离的身和首被威尼斯人从君士坦丁堡的圣祠窃出，运来了潟湖。当威尼斯人被土耳其人赶出克里特，他们一并带走了圣提多（Saint Titus）的遗体。两名威尼斯商人将先知圣西缅（Saint Simeon the Prophet）的遗体从圣索菲亚大教堂（Saint Sophia）附近的一座教堂内走私到了威尼斯。据传，他们在走私过程中还遇到了"一些麻烦"。

有人说，不论何时，当一个威尼斯人走进一座著名的神殿，他的首要问题总是："我们能为圣马可大教堂偷来点什么？"他们会贿赂外国修道院的修道士，以使其将光荣的逝者拱手相让。还有些圣人是直接抢来的。因此，曾有人将圣马可大教堂本身比作一个金盆洗手的海盗之家。当然，打着虔诚的幌子，盗窃是可以被谅解的。据说，这样的迁移——我们或许可以称之为借用——是要一直维持下去的，因为圣人们自己希望在威尼斯受到尊崇。他们希望接受更多的祈祷与敬奉。否则他们就会拒绝离开原先的圣祠了。圣人们可是非常顽固的。因此，一具偷来的圣髑被运抵威尼斯，也是上帝恩典的另一种迹象。这是一种非常简单方便的理论。

遗骨搜寻者是另一种商人。从某种意义上说，遗骨也是一种商品。遗骨可以收集。遗骨是从外来朝圣客手里赚取收益的来源。遗骨本身就价值连城——曾经佩戴在基督头上的荆棘"王冠"被估价高达七万达克特。

圣马可大教堂内有一尊容器，盛放着几滴基督蒙难于客西马尼（Gethsemane）园①时流下的血。这里有荆棘"冠冕"，真十字架的碎片，以及救世主曾被缚其上的鞭打柱的一部分。这里还可以找到圣母的几缕头发，及一点点乳汁的样品。圣马可大教堂是一座庞大的圣物箱。通过这种方式，威尼斯的教会可以在精神上与早期基督教的英雄们产生联系。就如习以为常的那样，通过捏造圣物，威尼斯当局为自己发明了一套宗教的历史。可是他们却无法提供本地的圣人以完成交易。威尼斯的艺术家比圣人还多。

威尼斯也有不多的几位本地圣人，然而足够典型地，在某种程度上，他们全都与共和国政治地位有关。十世纪的圣彼得罗·奥尔赛奥洛（Saint Pietro Orseolo）在退隐入一所修道院之前，曾是一位总督。圣马里纳（Saint Marina）为共和国收复了帕多瓦。圣洛伦佐·朱斯蒂尼亚尼是这座城市的宠儿，密切参与了重建圣母无染原罪说的斗争。圣母的圣光环绕着他。

一些人不无惊奇地观察到，在缺乏本土候选圣人的情况下，威尼斯当局以《旧约全书》中的先知来为许多教堂命名。事实上，威尼斯

[303]

---

① 客西马尼园：榨橄榄油之地，在耶路撒冷东、汲沦溪旁、靠近橄榄山，据说是耶稣基督经常祷告与默想之处，也是耶稣被他的门徒犹大出卖的地方。

的圣人历中有四十位《旧约全书》人物。这并不是西方基督教的特征。但却是东方教会必不可少的方面,威尼斯从中借用了许多崇奉的细节。威尼斯有圣摩西教堂、圣约伯教堂、圣但以理教堂、圣撒母耳教堂和圣耶利米教堂。威尼斯人将自身定位为上帝的选民,曾与以色列一样地流浪于荒野,找寻一片命定的家园。

也曾有圣人游历至此。毕竟,威尼斯从最早开始就以旅游业闻名。这些神圣的旅行者中最为著名的莫过于圣方济各(Saint Francis),在尝试劝说苏丹皈依基督教后,他于1220年代的某个时间来到了威尼斯。他住在威尼斯城内,很快觉察到了在沼泽中的几棵树上鸣唱的鸟儿。他和同伴划船前往该处,在他们下到沼泽地后,圣方济各开始高声祈祷。可是鸟儿依然在鸣叫。于是圣人命令它们安静。它们服从了,并且在获得他的允许后离开。后来,人们在原址上建起了一座方济各会的教堂和修道院。

威尼斯人自己对于教皇或威尼斯国境以外的天主教信仰并没有什么特别的热爱。被视作教皇代理人的耶稣会会士,在威尼斯是不受欢迎的。孩子们习惯跟在他们后面,大喊"滚回去,滚回去,空手而归别再来"。庇护二世(Pius II)将威尼斯人称作"商贩""蛮夷"和"伪君子"。他声称,威尼斯人"从来不考虑上帝,除非为了他们的国家,他们将自己的国家奉若神明,他们眼中没有神、没有圣"。反过来,威尼斯人也将教皇视作敌人,视其为意大利国土上的统治者,而非上帝的代表。这座城市是一个戏弄教皇的舞台。有一个著名的故事是,一个威尼斯囚犯在听闻教皇西斯笃五世(Sixtus V)登基的消息后拍手庆祝。"我就要被放出来了,"他说,"因为在我小时候,他鸡奸过我。"这就是威尼斯人津津乐道的那种故事。十六世纪,他们很高兴地从一位驻英格兰大使那里听说,伦敦的报纸上出现了教皇拉屎拉出奖章、主教冠与念珠的消息。

因此,在威尼斯,宗教法庭的权力是受到约束与限制的。对于此事，威尼斯没有西班牙与罗马的热情。威尼斯人坚持，在法庭上，三位世俗法官应发挥作用，以和三位神职人员达到平衡。宗教法庭成立于 1547 年，不过有趣的是，在一座素有"迷信"之名的城市，其调查的主要对象是那些被控施展巫术的女人。这些审判的证据显示，讯问的方式是自由散漫的。威尼斯当局有记录下最琐碎细节的倾向。所以我们可以再一次听到人们的原话——"她一边说着，一边哭泣……""哦，他说道，还有一件事忘了说……""由于无言以对，他沉默了一首祷告曲的时间"。

我们不能假设威尼斯人是和蔼的审判官。有直接证据表明，这座城市里早已存在着一种市民彼此告发的文化。威尼斯公民习惯了互相指控。然而严厉的惩罚却十分罕见。与其他天主教国家相比，这里几乎没什么被判死刑的异端，也不怎么施用酷刑。那些被宣判犯有巫术罪的女性，一般仅仅会被判处一段时间的枷刑。

威尼斯教会能够拥有独立的权力，是因为它的权威坚定地立足于人民的意志。神父由七十个教区各自的地产业主选举产生。这是一个相对民主的体系，示范着宗教与社会是怎样不可分割地融为一体，令人回想起早期基督教的管理模式。据估计，四分之一的威尼斯神父为贵族身份，但这一数字意味着，占据压倒性多数的约六百名神职人员都是普通市民，甚至可能出身平民。威尼斯方言中称呼教区神父的词"pievano"源自拉丁语的"平民"（plebs）一词。因此，教区中神父的独特地位或许在根本上源于第一批来到潟湖的定居者们的早期民主社会。这确实有助于解释威尼斯大众信仰的根深蒂固与牢不可破。神父活跃于教区的各个层面。他们行使着公证人的职责，起草遗嘱与婚约；他们要理财，安排教堂的工资与开销；他们还是社会纠纷的仲裁者。神父还有可能要扮演律师或会计的角色。

他们的教区居民无疑是全意大利最为迷信的。审判女巫的文字记录本身揭露了人民是多么容易受骗。这是一座充满了预兆和预言的城市。1499 年，参议院向一道被称为"费拉拉之灵"的神谕求教，提

[305]

出的问题包括"我们应该与米兰宣战还是议和？"以及"我们会失去比萨吗？"等等。1506年，有人报告总督和十人委员会，城中生出了一个长着翅膀的多毛怪。1513年，十人委员会审议了一条占星家的警告。威尼斯有着无数迷信与迷信行为。死于星期六是吉利的。如果死者的棺架上落了雨，灵魂就能得救。走过狭场的两根圆柱之间是不吉利的，坏运气必会跟上你。在宴席上弄皱餐巾的宾客再也不会回到这一桌。如果在你问时间时钟表刚好报时，你听到的就是自己死亡的丧钟。你在新年第一天遇到的第一个人掌握着你运势的线索。遇到驼背者是好运的迹象，遇到跛足者则是霉运的预兆。这些迷信，以及与此类似的许多其他迷信，在十九与二十世纪依然通用。

威尼斯的巫术与大陆上的不同。威尼斯的巫术属于一个紧密结合的城市与商业社会，这个社会向东方与西方所有迷信敞开大门。据说，女巫们乐于在夜里解开贡多拉的锁，划船去亚历山大港。当孩子剪头发时，母亲要仔细将头发收集起来，以免落入巫婆手里。你可以认出那些曾被女巫或恶魔诅咒的人。他们面色青黄，眼缝变窄。落入诅咒中的人会经历一连串不愉快的感受：有些人觉得像有狗在吞食他们的肉体，或如鲠在喉，或身上寒风入骨。海上的风暴被归咎为魔鬼的代理，正因如此，圣马可与其他圣人才要在潟湖边守卫着。

而女巫也是这座城市宗教文化的一部分。她们祈求圣母与圣人的保佑。一个臭名昭著的女巫，阿波罗尼亚（Apollonia），告诉宗教法庭，她"以上帝与圣母马利亚之名"祈祷，"圣母将她的双手放在我的手前。"要止住流鼻血，必须念诵一段仪式性的话语——"流血坚强，如主耶稣基督临终坚强。血留血管，如主耶稣留存受难。"卡萨诺瓦最早的记忆之一就是关于流鼻血的。他的祖母立刻带他乘贡多拉去找穆拉诺岛上的一名女巫，在那里，他很快就被治好了。这是一种有着非常古老根基的天主教民间文化的迹象。它在威尼斯得到了保留。

然而，威尼斯巫术的关键在于获取钱财。在这种文化中，博学的巫术被用来寻找隐藏的财宝。发现财富是威尼斯人全神贯注的对象。

第九章 | 圣 城

在宗教法庭的记录中，对魔法黄金的追求一再重现。一名贵族悄悄向朋友透露，他知道在一座幽深的山洞中，幽灵把守着一块巨大的黄金。这其实就是一个童话，与威尼斯人的胸无城府与轻信易骗相称。炼金术师在威尼斯总是受到欢迎，点石成金总是那么诱人，令人难以抵挡。十六世纪末，伦敦就居住有一位著名的威尼斯炼金术师，詹巴蒂斯塔·安杰洛（Giambattista Angello）。

而当然，商业精神也在与超自然力量的交易中显露无疑。譬如，要让魔鬼给你服务，你就得支付盐或一枚硬币。交易必须被双方一致认定公平合理。魔法可以被用于政治目的。许多次，魔鬼被召唤而来，以透露将要成功入选大议事会者的姓名。赌徒们则使用符咒与象征。这里也有一种春药蓬勃兴盛的文化。其中一种春药是将鼠尾草与经血混合；将其掺入男性的食物与饮品中，他就会难以抗拒地被给他下药的女人吸引。在一座如此紧密地挤满了人的城市，激情可以变得汹涌澎湃。

比意大利其他地区更甚，威尼斯是幽灵鬼怪的港湾。几乎没有几座意大利城市将鬼故事作为文化传统的一部分。而在十八世纪，威尼斯成为了幽灵与幻影之乡，一直延续至今，如出版于2004年，阿尔贝托·托索·费（Alberto Toso Fei）所著的《威尼斯传说与鬼故事》(*Venetian Legends and Ghost Stories*)。真正意义上地，让往事在威尼斯阴魂不散。威尼斯想要抓住旧日的时光，还有什么比在街角看见鬼魂更能表达这一点呢？据说在万灵节前夜，逝者会离开他们长眠的圣米歇尔岛（S. Michele）墓地，穿过潟湖，来到城市。随后，每个幽灵访客会回到各自的家中，以看不见的形象坐在厨房的炉火边。要怎样才能看见鬼魂？只有那些洗礼仪式被打断或错误进行的人，才拥有这种能力。金钱对威尼斯人的诱惑，也可以在灵界被发现。出现最频繁的一类鬼魂正是曾在死前藏有财宝的。

一些豪宅因闹鬼出名。几条水道时常隐匿不见。关于尖叫的骷髅、活起来的雕像以及深处的奇怪生物的故事比比皆是。威尼斯人总

[307]

是爱匪夷所思与异想天开。水上的生活将心灵向着超自然与无意识的联想敞开。在这片海水孕育的土地上，代表着人类美梦与噩梦的奇特形状将要浮现。因此在威尼斯，人们对魔法有着强烈的敬畏。

第十章

历史的影响

衰落与消亡？

十七世纪初的威尼斯已不再建造许多船只，它在近东的进口贸易份额正在缩水，荷兰与英格兰的商人利用新近发现的好望角航道，和印度做起了生意，部分由于三十年战争①（Thirty Years War）的影响，德国市场也不景气。君士坦丁堡只剩下了三名威尼斯商人。海盗的掠夺也使商路经常受到威胁。

面对来自其他欧洲国家的经济竞争，威尼斯政府认定，其首要责任是维持产品水准，因此导致成本居高不下。面对挑战与竞争，这座城市回归了固有的传统主义。它保留了一切现存行会的严苛制度，制造者的生产实践总是一成不变。在威尼斯港口对威尼斯船舶给予优先权的法案获得了通过，销往威尼斯的货物必须由威尼斯拥有的船只承运。它的保守主义与新保护主义意味着，它无法有力地直面1630与1640年代瞬息万变的商业世界。低价制造商削弱了威尼斯人在染色与印刷等领域的市场。威尼斯保住了在奢侈品贸易上的控制权。在所有其他方面，它却都已落后。编年史上充满着一个曾一度辉煌兴盛的

---

① 三十年战争：1618年—1648年，由神圣罗马帝国的内战演变而成的全欧参与的一次大规模国际战争，以波希米亚人民反抗奥地利哈布斯堡王朝统治为肇始，以哈布斯堡王朝战败并签订《威斯特伐利亚和约》而告终。

经济与帝国强权在撤退时悲哀而久远的咆哮。

十七世纪的头十年,威尼斯被教皇置于严正的禁令之下,因此实际上是被逐出了教会。禁令未能起到作用,很大程度上是由于威尼斯人民对教皇的反对漠不关心。当一位政府成员告诉一位高级神职人员,教皇印玺是不可能在威尼斯共和国的土地上被使用的,这位神职人员回答道,"我应该像圣灵启示的那样,继续我的职责。"威尼斯官员对他说道,"圣灵已经启示十人委员会,将一切违令者绞死。"当一名神父依照教皇诏书关闭了教堂,他的门廊外第二天一早就竖起了一座绞刑架。在发生此事的五十年前,"你们参议院里的那些领导者,"一位教皇曾告诉威尼斯大使,"个个都是硬骨头,不收拾不服软。"对教皇的成功抵制极大地阻止了教皇对意大利其他地区的野心,但是逐出教会的威胁给人增加了这样一种印象,即这座城市的独立自主并不是轻而易举的。

对所谓的"西班牙阴谋"的发现以及近乎歇斯底里的反应,戏剧性地表现了威尼斯人受到威胁后的感觉。据说,在1618年,一名来自诺曼底的雇佣兵与西班牙政府及其在意大利的代表接洽,提出一个毁灭威尼斯的计划。在某个特定的日子,他的特工会纵火点燃兵工厂、造币厂与公爵宫。与此同时,他会派人屠杀所有的威尼斯贵族,并由西班牙舰队接管进出该城的一切通道。威尼斯将臣服于西班牙。这就是这份计划的主要内容。据报告,该计划得到了西班牙驻威尼斯大使、贝德马尔侯爵(the marquis of Bedmar)及法国当局的热情接纳。那不勒斯的西班牙总督奥苏纳公爵(the duke of Osuna)也积极参与了共谋。

然而,就像常常在威尼斯发生的那样,阴谋者遭到了秘密举报人的背叛。十人委员会得到该计划,于1618年5月17日采取了迅速的行动。巧合的是,这一天正好是选举新任总督的日子。因此城中挤满了外来游客与感兴趣的观察者。

5月18日早晨,威尼斯人民一醒来就发现,两具男尸悬吊在狭场两根圆柱间的绞刑架上。接下来的三天,两具死刑犯的尸体一直在众目睽睽下与新任总督的选举庆典遥相呼应。关于这两人,当局没有进行任何说明。后来人们得知,他们是法国人。他们的同胞居住的旅店也被发现早已人去楼空。据说,那一夜,五百名其他同谋被溺死在了运河中。贝德马尔被迫出逃。同样受到怀疑的法国大使借前往洛雷托(Loreto)朝圣之机逃之夭夭。

当局的沉默无言或许可以被解读为难堪。极有可能,真正的阴谋根本是子虚乌有,十人委员会在错误信息的基础上出于恐慌而采取了行动。然而,他们的反应显示,这座城市的领导者认为,威尼斯正处在迫在眉睫的亡国危险中。

在历史文学中,"西班牙阴谋"是与"火药阴谋"①及"圣巴托罗缪大屠杀"②齐名的标志性事件。根据亨利·沃顿爵士的说法,这一事件是"这座城市建立以来为人所知的最邪恶与最令人恐惧的事"。关于该阴谋,人们进行了各种各样的解读与分析,却没有一种能完全令人信服。譬如,有人宣称,威尼斯当局与奥苏纳密谋勾结,要将那不勒斯据为威尼斯领土,然而威尼斯一方害怕阴谋败露,于是杀死了城中所有的奥苏纳密使以掩盖证据。一个阴谋套一个阴谋,伴随着盘根错节的阴谋中一切的诡计,与一座多疑而戏剧性的城市完全相称。以最夸张的性质,它成了戏剧和小册子的主题。在它的启发下,奥特维③(Otway)创作了他最伟大的作品《得救的威尼斯》(Venice Preserved)。威尼斯一直在保卫之下。在未来,它也将永远固若金汤。有一句"常常崩溃,从未倒下"的威尼斯谚语讲的就是这一点。威尼

---

① 火药阴谋:发生于 1605 年,是一群英格兰天主教极端分子试图炸掉英国国会大厦,并杀害正在其中进行国会开幕典礼的英国国王詹姆士一世和他的家人及大部分的新教贵族的一次并未成功的计划。
② 圣巴托罗缪大屠杀:法国天主教暴徒对国内新教徒胡格诺派的恐怖暴行,开始于 1572 年 8 月 24 日,并持续了几个月。
③ 托马斯·奥特维:1652—1685,王政复辟时期的英格兰戏剧家。

斯总是处在崩溃的边缘，可它却从来没有彻底陷落。

十二年以后，对促进市民和谐构成重大打击的事件发生了：在1630年的大瘟疫期间，城中约有50000居民死亡。政府为医疗保健与环境卫生作出了巨大的努力，在国力虚弱的时刻，政府决定不惜一切代价也要防止市民恐慌及骚乱。然而威尼斯的人口仍然锐减至102000人，并且在随后的一个世纪中都没能恢复至先前的水平。对于当局而言，这并不是一个需要长久抱憾的问题。当然，税收收入会下降，但与此相关的人口减少意味着，幸存者拥有了更多的工作机会，薪酬也会大幅提高。收入上涨，物价下跌。即使是在危急关头，这座城市也依然能证明它的容易满足。

那么，我们怎样才能在一座依旧完整无缺的城市谈论失败与衰落？十七世纪末，威尼斯的政体仍是行之有效的。1612年，英格兰

为运河清淤的工人，十八世纪一景。在威尼斯历史上的各个时期，政府都为医疗保健与环境卫生投入了大量努力。

大使将威尼斯参议员描述为"倔强易怒、报复心强、放浪形骸、不知检省的成年人",即便如此,他们却仍团结一致。事实上,在该世纪末,威尼斯经历了一次商业复苏。与德国和君士坦丁堡的土耳其人的贸易得到了复兴。在十七世纪的后三十年间,从航运取得的税收收入增长了百分之七十。这座城市的生活水平一点也没有下降。也许,威尼斯已不再是一个国际市场,而它却成为了一座服务于波河谷地的重要地区性港口。一项公共工程的宏伟计划得以制定,以增强沿着阿迪杰河的交通运输。潟湖边缘修建了新的道路。法律、教育与技术革新的计划纷纷形成。这座城市的功能已经改变。它适应了新的环境,生存了下来。在各种意义上,它成为了一个地方性的——而非西方的——势力。

[314]

十八世纪,到了最后,这座城市失去了一切关于其帝国地位的幻想。它只掌握着达尔马提亚与爱奥尼亚群岛的一部分。但这并不是什么需要惋惜的事。在二十世纪,有人说英格兰已经输掉了一个帝国,却还没有找到新的角色。威尼斯不是这样。这座城市发挥着转口港的作用,帮助将货物运往西欧大部,特别是北海沿岸。每年有三十艘英格兰商船及十五艘荷兰商船来到该口岸。十八世纪后半叶的贸易兴旺程度绝不亚于十五世纪时。人们加深河道以容纳更大型的船只,还在大陆开挖新的运河,使威胁潟湖水位的河水转向。在地区事务上,威尼斯有意保持中立,因为它已经意识到,任何战争与开战的传闻都不利于意大利大陆的生意。这座城市适应了和平,虽然依照后续发展来看,这是并不明智的。然而远离战争也有助于维持其睿智仲裁者与持守良好治理标准的声望。威尼斯的体制绝不会被改变或修订。

正如我们已经观察到的那样,十八世纪的威尼斯力求将自己打造为一座艺术之城、欢乐之城。它将自己重新定义为对外国游客最具吸引力的避风港。公共建筑经过整修改建,教堂也修葺一新。新的剧场和医院拔地而起。这是一个卡纳莱托的时代,他对这座城市的见解创造了一个优雅都市的完美神话。但是,这也是1696年出生,1770年去世的詹巴蒂斯塔·提埃波罗的世纪。他继承了一切威尼斯先人的活力与力量，因此恰如其分地代表着这座城市不死不灭的精神与荣耀。在新的环境下，他们再次苏醒，生机勃勃。同样，十八世纪的前半叶也见证了维瓦尔第的音乐。创作音乐难道不比发动战争更加光荣吗？威尼斯绝不是一座垂死的城市。这座城市充满着前所未有的生命力。

这样一个欢乐的国度并不能永存。灵动灿烂的事物往往终结于混乱。到十八世纪末，威尼斯已失去了自由。它没有失去自己的根基或传承，但它失去了作为共和国的地位。大祸临头前的二十年，威尼斯的空气中就已经出现了紧张不安的狂热。当卡洛·康塔里尼（Carlo Contarini）在1779年向大议事会发表演说时，他宣称，"一切都处于混乱无序状态。我们的商业日趋衰弱，频繁的破产证明了这一点。食品价格居高不下。曾足以养活全家还有余裕支援国家的收入，如今已不够糊口。"在这之后的第二年，总督保罗·雷尼尔[①]（Paolo Renier）表达了大体相同的观点，"我们缺乏武装力量，"他告诉大议事会，"无论是在陆上海上，我们没有同盟。我们靠着运气苟且偷生，仅仅依赖于其他国家对威尼斯人一贯审慎的态度。"1784年，贵族安德里亚·特龙（Andrea Tron）补完了这一长串的诉苦："创造了一个伟大的国家，并且至今依旧适用的箴言与法律已经被人遗忘……"威尼斯的贸易如今只局限于"安慰性的、过剩的奢侈品，徒劳的表演，所谓的消遣和堕落"。

以上三人以他们不同的方式凭直觉感知到了别人还无法预见的未来。谁能预言拿破仑帝国在欧洲的崛起，以及威尼斯会投降于一人之力？不过，威尼斯的沦陷当然不是一个人造成的结果。在《战争与和平》（War and Peace）中，托尔斯泰（Tolstoy）就拿破仑现象发问道，"战争与革命为什么会发生？我们不得而知。我们只知道，时势造英雄。我们说这是人类的天性，是法则。"

[①] 保罗·雷尼尔：1710—1789，威尼斯第119任总督，也是倒数第二任总督。

第十章 | 历史的影响

威尼斯的"沦陷"只是它历史身份的改变。我们无法断言这是耻辱还是胜利，因为我们不知道，到最后是谁扬眉吐气，又是谁颜面尽失。这是一切历史事件说教式解读的缺陷。除了充分发挥的盲目本能，我们必须对人是否有可能调察人类事务的目的持怀疑态度，而且我们不得不承认，任何终极目标都是永远不可能被我们所理解的。威尼斯为什么会"沦陷"？我们若是回到《战争与和平》，就会明白这是一个无解的问题。"一枚成熟的苹果为什么会坠落枝头？它是被地心引力牵落？还是因为茎的枯萎？因为骄阳而干缩，因为分量太沉，或者被风吹落，又或者是站在树下的小男孩想要一饱口福？"

结局来得很快。卢多维科·马宁①（Ludovico Manin）于1789年当选威尼斯总督。这在威尼斯历史上是迄今为止花费最为昂贵的一次选举，成本比1779年进行的前一次选举多了50%。如此高昂的代价却几乎是白费了。马宁，自公元697年以来威尼斯第120位总督，也是威尼斯历史上的最后一位总督。在他就职的八年后，这座由贵族统治的城市被骑着流行革命的快马的征服者动摇摧毁。二十六岁的拿破仑·波拿巴对威尼斯感到恼火。惹怒他的是，威尼斯的一些陆上领地成为了法国流亡分子的活动中心，而且威尼斯还允许拿破仑的敌人奥地利从其领土过境。当他抵达波河地区，他向威尼斯城派出特工，传达"解放"的消息。拿破仑的军队并未被看作嗜血的平民革命者，而是一支致力于将不公与无能的过时失信政权赶下台的队伍。的确有一些威尼斯人是会欢迎拿破仑的。

当拿破仑穿过波河，结局就已拉开了帷幕。威尼斯任命了新的领土守护者——监督，官方说辞是"完好无缺地保护共和国的宁静，并为国民带来慰藉与安抚"。这一语句的转折是不明智的，暗示着恐慌的开始。当拿破仑占领维罗那，"监督"和他的手下与拿破仑开始了谈判。对方表面上是温和甚至友好的，然而从他那里却得不到丝毫让

---

① 卢多维科·马宁：1725—1802，威尼斯末代总督，1789—1797年在位。

步。据说,用最友善的言辞,他以威尼斯的安全为要挟,索要六百万法郎的赎金。威尼斯人没有军队,只有一支残缺不全的海军。面对一切进犯的意图与目的,他们手无寸铁。与此同时,拿破仑继续在威尼斯的领土上攻城略地。

[317] 威尼斯在法国与奥地利间宣布中立的政策,如今反倒成了这座城市的威胁。法国指责威尼斯参议院为奥地利人提供帮助,当然反过来,奥地利政府也抨击威尼斯协助拿破仑。总督与参议院无所作为。就好像他们因为恐惧而哑口无言。一位帕多瓦作家伊波利托·涅沃①(Ippolito Nievo)针对这一时期说,威尼斯的贵族阶层已经是一具彻底死去的僵尸了。

当法国和奥地利宣布停战后,拿破仑就等着威尼斯落入自己手中。他试探过威尼斯的反应。1797年4月20日,他派遣一艘舰船进入利多港,引来了威尼斯桨帆船对其的攻击。这足以成为战争的信号。参议院召开了永久会议。拿破仑在大陆城市煽动起反抗威尼斯统治的民众起义。4月25日,两名威尼斯贵族被派往拿破仑处。他拿出一幅冠冕堂皇的愤怒模样。他指责威尼斯人对他的士兵施以暴行。"我要取消宗教法庭,取消过时的野蛮行径。"结尾他说道,"我要做威尼斯国的阿提拉。"他对威尼斯的历史有所了解。在宴会过后,他向威尼斯国库索取两千两百万法郎的巨额赔款。

4月29日,法国军队占领了威尼斯边境。第二天,当这座城市的守卫者们忧心如焚地集合起来时,法国人的火炮声已经近在耳畔了。他们为了安全聚集在总督私人套间的大厅内,在那里,总督四处徘徊,并告诉他们,"今夜,我们就连在自己的床上也不得安全了。"随后检察官站了起来。"依我看,我们的国家大势已去,"他说,"我确实是回天乏术了。对一个正直的人而言,处处可为他的国家,我们可以轻易在瑞士找到安全。"他被说服暂时不要轻举妄动,用鼻烟使自

---

① 伊波利托·涅沃:1831—1861,意大利作家、记者、爱国者。

己宽慰了一点。贵族们之后一致同意,采用拿破仑要求的一切民主改革措施,只希望可以预先阻止一场入侵。

大议事会在第二天,即5月1日召开会议,总督向他们发表了讲话。他告诉他们,必须不惜一切代价求和,而且他们只能寄望于祈祷。于是事态暂缓了几天,威尼斯使者不停往返于拿破仑的营地。他们全盘屈服于所有条件。大议事会在5月12日开会批准了他们的事项。出席人数没有达到法定的六百名成员,但他们决定,不管怎样还是现行召开会议。当他们刚开始讨论接受"拟建临时代议制政府"——一个法国人的政府——的措施时,耳畔响起了步枪的射击声。其实,这是一些驶离利多的水手举行的告别礼,但贵族们以为是军队入侵的声音。他们陷入了恐慌。总督大叫"分组表决!分组表决!"以结束投票。他们匆匆表决,然后迅速离开了议事厅,再也没有回来。伊波利托·涅沃记录道:

> 直到六十年后,我的眼前依然能够浮现其中几张害怕、沮丧而惊恐的脸。在我的印象中,一些人的脸上是死一般的苍白,另一些人的外表显得焦躁不安、几近醉酒,大多数人都是一派紧张的匆忙,就好像他们情愿从窗户跳出去,以逃离这可耻的场景。

据当时的历史记录记载,总督回到了自己的套间,将自己的公爵帽递给了仆人。"拿着,"他说,"我再也用不上它了。"威尼斯共和国就此寿终正寝。灭亡前的最后一届狂欢节被认为是这座城市整个历史上最华丽,也是最昂贵的。

法国军队于5月15日占领威尼斯。为此呈递给拿破仑的一份官方报告记载,威尼斯的普通民众"躲在家中,闭门不出,大放悲声——威尼斯亡了!圣马可倒下了!"。圣马可之狮的确被人从圆柱上推了下来,广场上栽起了一棵"自由之树"。公爵徽章,以及记录贵族身份的"金册"被仪式性地付之一炬。前总督与大议事会的成员一起参加了围着"自由之树"举行的舞会。于是，一个延续了超过一千年的政权就此灭亡。全欧洲最古老的政府也成了法国大革命的又一个间接受害者。

拿破仑也掠夺了这座城市的艺术品和财宝，就像威尼斯曾抢劫了君士坦丁堡及其帝国其他领土一样。四匹青铜马被运往巴黎显得颇为恰当，它们本是六百年前被威尼斯人从君士坦丁堡抢来的。它们一直是获胜的战利品。后来，拿破仑将威尼斯本身交易了出去。1797年秋，作为《坎波·福尔米奥条约》(Treaty of Campo Formio)的一部分，他将威尼斯转交给奥地利。八年后，击败奥地利人的拿破仑又将其收了回去。1805年，威尼斯成为了拿破仑手中统一的意大利王国的一部分。对习惯于远离大陆的威尼斯而言，这是更进一步的耻辱。它从未在意大利人迅速成长的民族意识中占有一席之地，只是不情不愿地接受了自己作为一国边缘之地的地位。1814年，威尼斯再一次回到奥地利的控制下。它顺从地经受了这一连串政权的更迭。它低下了自己骄傲的头颅。现在，它成了自己命运的旁观者。

十九世纪伊始，拿破仑创立了一项公共工程的政策。圣马可广场的西端建起了一座新的皇宫。兵工厂前的教堂与修道院被推倒，以建设公共花园。一条新的道路——尤金尼娅街(Via Eugenia)，现称加里波第街(Via Garibaldi)——沿着通往花园的河滨修建起来。公共工程在奥地利人的占领下继续进行。人们对潟湖加筑了防御工事。横跨大运河的第二座桥梁——学院桥，修建于1854年。不过最根本的改变要数连通威尼斯与大陆的铁路桥的建成，这座城市不再是一座孤岛，它失去了自己作为世外桃源的神圣地位。这也意味着，水的主要意义一去不返。威尼斯成了一座机械时代，而非自然时代的城市。或许，早已有人预言了这一切。在1500年代早期，总督安德烈·古利提曾求讨德尔斐神谕(Delphic oracle)。在此之前，他受到了关于威尼斯即将面临崩溃的谣言的非难。阿波罗神像边出现了一幅画卷，在上

第十章｜历史的影响

跨越潟湖的新建铁路桥，绘于十九世纪中期。这座桥梁或许代表着威尼斯历史上最为重大的变革。威尼斯变成与大陆连在一起。这座城市再也不是一座孤岛，它也失去了自己作为避世之地的神圣地位。这同样也意味着，"水"的头等重要性已一去不返。它成为了一座机械时代之城，而不再留在自然时代。

面，环绕着威尼斯的是绿地而不是海洋。祭司告诉他，这预示着一件事：当威尼斯成为大陆的一部分时，共和国就会灭亡。

事实上，在该时期，威尼斯经历了一场直到二十世纪才恢复的加速经济衰退。贵族阶层衰微，三分之一的家族直接消失。一些保留下来的贵族被奥地利政府授予荣誉头衔。可是这只不过是徒有其名。这些头衔糊弄不了任何人，除了头衔的持有者。由于传染病和向外移民的作用，总人口也减少了。威尼斯总是少不了乞丐，然而到十九世纪伊始，贫穷和乞讨成为了城市生活最显而易见的方面。据估计，三分之一的威尼斯人口靠救济维生。而这恰恰是英格兰的浪漫主义者对威尼斯产生兴趣的时期。衰落与废弃吸引着他们。

在某些方面，这是威尼斯历史上最有趣的时期。杂草在广场上肆意生长，各式各样的豪宅宫殿变成了穷人破败的租住房。石阶与桥梁覆满了绿藻，系船柱的木料腐烂衰朽。房屋纷纷崩塌。"看起来，威

[320]

尼斯确实奄奄一息了，"一个英格兰人在1816年冬写道，"如果不做什么解救或支援她的措施，她一定很快就会埋葬在自己诞生的沼泽中。至今存在的一切往日辉煌的痕迹，仅仅只能用来显示她今日的衰败。"

不过，一代人的时间过后，这座城市的某些方面又恢复了繁荣。它回到了原状。威尼斯再度成为了旅行者与观光客的天堂。十一家大饭店，以及数不清的小旅店开门迎客。煤气灯的引进增加了这座夜生活之城的浪漫魅力。这是透纳画笔下描绘的威尼斯。人口开始上升。商人、玻璃匠和贡多拉船夫生意兴隆。到1850年代，威尼斯城中有不少于八十二家鞋店以及一百家丝绸零售商。不过这座城市依然部分地处于哈布斯堡王朝的统治下，主要的社会与经济决策都出自遥远的维也纳。威尼斯仅仅成了一个庞大帝国边远的附属分支。当然，威尼斯人怨愤于自身地位的丧失。关于高税收与压迫性的审查制度，人们怨声载道。奥地利士兵尤其不受欢迎。他们甚至比他们的前任法国还要不得人心。"几乎没有一户威尼斯人家愿意对奥地利人敞开大门，"英格兰驻威尼斯总领事写道，"被认为倾向于政府的人士会遭到众人唾骂，他们的名字会被写在墙上，作为卖国贼公开。"

雪莱相信，威尼斯人在法国与奥地利军队的占领下，已经被剥夺了自己的身份。"我对于人性所能承载的过度贪婪、怯懦、迷信、无知、无热情的欲望与一切无法形容的恶行全无概念，"他写道，"直到我在威尼斯人之中生活了几天。"

[321] 不过，如果说威尼斯人已经完全失去了自己的灵魂与活力，那就大错特错了。这些人顽强而坚毅。在1848年的几个月间，一场考验来临时，他们奋起迎接了挑战。这就是威尼斯围城时期。

该时期开始于"革命之年"——1848年，当时，奥尔良王朝覆灭，法国建立起第二共和国。自由的思想如传染病蔓延至整个欧洲。最重要的是，奥地利帝国的中心——维也纳发生了重大动荡，皇帝被迫在全部领土上实行新政。一艘来自的里雅斯特（Trieste）的邮船将这一消息带到了威尼斯，威尼斯人立刻奋起反抗奥地利军队的占领。

第十章 | 历史的影响

他们聚集在圣马可广场，要求释放一名犹太律师——丹尼尔·马宁（Daniele Manin），他因表达威尼斯人的爱国情绪而遭到监禁。当地民众占领了兵工厂。面对普遍性的暴动，奥地利军队焦头烂额，同意撤出威尼斯，由海路退守至的里雅斯特。3月22日，马宁被宣布为新建立的共和国总统。当有人告诉他，威尼斯人民游手好闲、任性放纵时，他回答道，"你们这些外人不了解威尼斯人民。他们一直被误解。我可以自豪地说，我更了解他们。这是我唯一的长处。"在当时看来，威尼斯似乎已经再一次从低谷崛起。《威尼斯报》的一篇社论宣告："我们自由了！"它高呼古老的口号"圣马可万岁！"

只可惜，人算不如天算。人们预言的没有发生，世事总是无法预见、出乎意料。1849年，奥地利击败了意大利大陆上的民族主义武装，再一次占领了威尼托。威尼斯不得不再一次独自面对整个虎视眈眈的世界。这样的危机是威尼斯从古至今一直最为惧怕的。如今，他们的恐惧成了真。奥地利军队包围了这座城市。围城一直持续了十七个月。

然而，人们普遍的情绪是要求不惜一切代价反抗到底。古老的独立精神在一座被蔑视为衰朽而可耻的两个世纪的城市里再次苏醒。威尼斯人做好了准备，为了保卫自己免遭外族压迫，他们甘冒一切风险。他们毁家纾难，支援拯救威尼斯的崇高事业。就连最穷苦的威尼斯人也捐出了自己细小的手链和银簪。兵工厂的工人日夜不休，赶制更多战船。曾有传言称，这座城市将遭到空中气球的轰炸，但这一威胁遭到了连环画和街头海报的无情嘲笑。奥地利人在7月12日果真放出了一些气球，不过结果不出连环画所料，这些气球要么落进了潟湖，要么飘回了奥地利一边。

然而，到7月底时，奥地利军发动了一系列严重炮击，一直持续了二十四天。大运河沿岸的所有宫殿都遭到攻击。大多数奥地利炸弹落入了北卡纳雷吉欧区，但炮火与硝烟弥漫了整座城。许多市民在自家屋顶上建起瞭望塔或角楼，以便一边吃饭或休息、一边观看战争场面。威尼斯人一贯爱看烟花。威尼斯人民，就像 1940 年"伦敦大轰炸"期间的伦敦人一样，保持着乐观和坚定的精神状态。据说，他们会一直坚持下去，"直到最后一滴玉米粥"。孩子们追逐着落地的奥地利炮弹，想将其送上威尼斯炮台再利用。

许多文件详细地记载了这一时期的惨状。面对着饥荒与霍乱，威尼斯人拒绝投降，高呼"圣马可万岁！"以鼓舞士气。可是，到了最后，抵抗已是不可能了。8 月 24 日，马宁在投降书上签字。奥地利军队重返这座千疮百孔的城市，马宁遭到了逮捕。他被流放至巴黎。他那基于这座城市的遥远历史而产生的想要建立共和独立的梦想，已经化为泡影。不过曾有一度，威尼斯再一次成为共和式自由的象征，并受到了所有鄙视哈布斯堡帝国主义的人们的钦佩。当然，这种支持缺乏物质上的实际益处，对于拯救威尼斯是远远不够的。然而威尼斯人民的勇气与坚韧足以永远消除那些认为他们没有骨气和灵魂的偏见。

为了报复叛乱，奥地利取消了威尼斯作为自由港的地位。这是这座城市航海岁月的最后阶段。围城战之后，奥地利人在威尼斯占领了七年。整座城市陷入了悲悼。"无论在陆上还是海上，"美国驻威尼斯领事在 1865 年写道，"没有比当今的威尼斯社会更严重的萧条与更深切的悲哀了。"这里是个"意气消沉"的地方，它如同"一座活人的坟墓"。在早期的照片中，这座城市的外表就像贫民窟，女人裹着披巾，男人戴着破旧的帽子。

尽管威尼斯人对外部世界的风云已变得漠不关心，不久之后，世界局势却为威尼斯带来了新的生机。1886 年，奥地利军队撤退，伦巴底－威尼西亚省成为了新兴的意大利王国的一部分。徘徊在威尼斯上空的阴郁沉闷、自暴自弃的空气开始消散。从 1880 年代到二十世纪，利多作为娱乐休闲胜地，成功为这座潟湖展开了贸易与繁荣的新未来。两座豪华酒店在岛上拔地而起。威尼斯再一次成为了名流富豪的乐园。这里云集了数不清的退位皇族、王公贵族、流行歌手、电影明星，还有过去所谓的"花花公子"。阿斯特（Astor）家族与德斯博勒（Desborough）家族来到了威尼斯。中产阶级随之而来。1895年，第一届国际展览会在此举行。很快，这一展览会发展为著名的威尼斯双年展，开创了一项现已彻底成为威尼斯传统的艺术、财富与名流盛会。

从此时开始，每个人都心知肚明，这座城市的唯一未来在于旅游业。二十世纪初的几十年间，意大利大陆在梅斯特雷（Mestre）与马格拉（Marghera）建成的工业区正位于威尼斯范围内，但这只是加深了威尼斯人的一种观念，即现代生活的发展应该被控制在边缘位置。拒工业于境外，是这座城市古老天性的最新表现。威尼斯完全依赖于自己的历史，真实与想象的历史。实际的过往并不明确。这座城市提倡的只是一种"过往"之感。

被称作"土耳其商馆"的十三世纪宫殿，当时只剩破败腐朽的结构，被市政当局（延续至今）购入，修复出了一种前所未有的匀称典雅之美。用建筑历史学家的话说，这是"极度威尼斯化"了。1907年，以十五世纪风格筑造的新建鱼市场在里亚尔托建成。在威尼斯，"哥特式"复兴与"拜占庭式"复兴并存。新开业的酒店却以"古典式"或"文艺复兴"式风格建造。大运河两岸矗立起新建的宫殿，其外观看上去又像是十二或十三世纪设计建立的。

〔324〕

第一次世界大战期间，威尼斯的旧主奥地利曾危险地逼近这座城市，军队不断向潟湖边界进发。在钟楼上可以看到一串串防空气球，港口也为避免敌袭而关闭。然而这座城市并没有陷落。事实上，它在两次世界大战的破坏中都幸免于难。这里几乎没有受到爆炸损伤，历经多年争战，只造成了两百人死亡——其中大多数人都是在灯火管制期间不幸跌入运河身亡的。

然而，受害者另有其人。威尼斯的犹太人注定会因墨索里尼及希特勒的命令而饱受摧残。1920年代，这座城市很快地投入了法西斯主义的怀抱，墨索里尼支持者组成的团体迅速成为城中一股强大的势力。1938年的种族法案，以及1943年至1945年间对犹太人的积极迫害，对威尼斯犹太人造成了巨大的伤害。犹太人被开除工作，甚至被禁止享用利多岛的沙滩。公共建筑门外挂着"犹太人与狗不得入内"的指示牌。威尼斯人民宽容的历史已经到了头。

当德国军队于1943年接管这座城市时，约两百名犹太人被围捕并驱逐至大陆上的集中营内。一些人被送往奥斯维辛集中营。精神病患者被人从医院岛上领出处死。威尼斯以外的世界，那个真实的世界，接管了威尼斯。

二十世纪下半叶以威尼斯人大批迁往大陆为标志，在大陆上，工业扩张提供了高薪的工作与低价的住房。梅斯特雷和马格拉的工业生产活动也造成了潟湖水质的污染，凸显了威尼斯城市环境的脆弱性。

这座城市依旧被官僚主义的懦弱与失职所困扰，时至今日也是如此。詹弗兰科·珀尔托特（Gianfranco Pertot）在关于现代威尼斯的研究《威尼斯：特别养护》（*Venice: Extraordinary Maintenance*）（2004）中，记录了许多年间威尼斯当局一方因"未履行的责任，失败的规划与计划，以及由此导致的后果"。这就是这座城市的"惯性，所谓的'保守主义'"，容忍，甚至鼓励"可耻的剥削、投机、破坏和腐朽"。贿赂与普遍的贪腐据说在这座城市是司空见惯的事。不过，哪里有没被贪腐入侵的社会呢？这是人性使然。这也是威尼斯许多个世纪以来的环境使然。

同样，几个世纪以来，鉴于权力一直被分配在重叠的统治实体中，要定位权力的源头与中心也几乎是不可能的。权力的中心是总督还是参议院？权力的源头存在于十人委员会还是大议事会？这座城市现行的官僚排布就继承了这种复杂性与模糊性。再次引用珀尔托特的话说："谁是威尼斯的掌管者，至今还是一个悬而未决的问题。"事情一贯如此。十五和十六世纪，新法律附加在旧法律之上而产生。这样的历史依然在周而复始。二十世纪后期，关于保护城市的"特别法"

一条接着一条地颁布。过去，国家机器内处处是推脱延误与混乱模糊。现在，有关各方对威尼斯的未来依旧没有达成共识。应该把威尼斯建成一座博物馆城市及研究中心？应该把它建成单纯的旅游天堂，以及慕名在此举办的各大国际展览的背景？抑或应该努力重现昔日生机勃勃的居民城市？

最后一个提议或许提得太迟了。威尼斯人口向梅斯特雷的大迁徙始于 1950 年代，此后一直未曾停止。到二十一世纪初，威尼斯已成为整个威尼托地区内居民收入最低的地方。三分之一的人口年龄在六十岁以上。死亡率高达出生率的四倍。正是因为这样，在夜间，如今的威尼斯看上去空空如也。它确实是一座空城。很难想象，曾几何时，这里还是一座挤满了当地居民的城市。当然，今天的威尼斯挤满了外来游客。然而荒谬的是，游客却以他们的存在掏空了这里。他们将此地变成了一场毫无深度的壮观演出。现在，威尼斯城内居住有约六万居民，人口学专家预测，最后一个威尼斯人会在 2030 年左右离开。

大多数的威尼斯年轻人都已迁往大陆，那里能够提供除了"服务行业"以外的工作。威尼斯的物价水平对于他们而言太高了。外国人一直在购入或租赁房屋公寓。因此房价被抬到了买不起的地步。许多房屋被改造成了廉价膳宿公寓或旅馆。不少当地的商店都变成了仅仅面向游客的纪念品小卖部。肉贩和面包师都走了，而冰淇淋店却成倍增加。从另一个方面说，现代威尼斯人正身陷重重包围。

然而，在远离主要旅游线路的地方，这座城市的构造似乎被忽视了。私人房屋的木桩正在下沉与渗水的双重作用下不断退化。大陆上马格拉的化工厂与炼油厂造成的污染也导致了砖石的损坏。裂纹出现，墙面移位破裂，石雕从建筑物上脱落下来。石膏在充斥着盐分的空气里剥落。约翰·伯兰特① (John Berendt) 为他最近所做的一项针

---

① 约翰·伯兰特：1939—　，美国作家。

对威尼斯的研究冠以《堕落天使之城》(*The City of Falling Angels*)的标题，该标题源自安康圣母圣殿外张贴的一块标牌。从更广泛的意义上说，在这座城市剩下的居民中，不难察觉到一种愤世嫉俗的情绪。

1966年的大洪水时，午后的潮水涨到了比平时高六英尺（1.8米）的水位，这使威尼斯人意识到，他们的城市依旧处在风雨飘摇中。全球都为威尼斯感到忧虑，诸如"危亡威尼斯"的组织纷纷成立，为威尼斯的修复筹集资金。由于这座城市在不断下降，洪水的发生日趋频繁。据估计，圣马可广场每年会被淹没五十次。

海洋依然在上升；淤泥继续在潟湖底部堆积，从亚得里亚海中抽取沼气的行为与"全球变暖"一起，构成了更大的威胁。海洋正在夺回它的领地，只有勤勉刻苦、积极有力的人类行动才能将其阻止。比如，有一项方案目前正在实施，即在海洋与潟湖交汇的进潮口建造七十九个隔离屏障，通过压缩空气，这些屏障可以在危险的高水位时升高。但是，该提议是有争议的，遭到了许多威尼斯人的反对，他们声称，无潮汐的潟湖有变成死水塘的危险。也有人反对说，在这项工程上已投入了如此巨大的资金，以致城市本身的需求都被忽略了。可是不论好坏，威尼斯如今都已是意大利的一部分。当它失去自己的自治权时，它也就失去了权威。它已不能掌控自己的命运。并且，当它失去了自己的独特性时，是否也一并失去了自己的活力？佩姬·古根海姆①(Peggy Guggenheim)曾说过，"当威尼斯被洪水淹没，人们会更爱它。"就像奥菲莉娅②(Ophelia)般，它奄奄一息地漂在水面上，那么绝望无助，又是那么满怀期待。

不过，纵观全书我们就会发现，威尼斯其实一直处在危急之中，它的存在是如此脆弱。它是一个人工的构造，依赖于沧海桑田的自然

---

① 佩姬·古根海姆：1898—1979，美国艺术收藏家、社交名流。
② 奥菲莉娅：莎士比亚悲剧《哈姆雷特》中的女性角色，哈姆雷特的未婚妻，因父亲被哈姆雷特杀死而发疯落水致死。

世界。而它一直持续了下来。它的生存是可供效仿的典范。让我们期待，威尼斯的求生意志将为它自己保留住一股强有力的活力之源。

历史的一课到此为止。

死于威尼斯

在圣马利亚·福莫萨教堂巴洛克式的钟楼脚下，门口的上方雕刻着一个衰败与痛苦的丑恶面具。拉斯金相信，"我们在此地领会与感受这全部的恐惧，认识到这是怎样一种疫病，传染了她，使她的美丽失去光泽，直至融化殆尽，这倒也不错。"于他而言，这张丑陋畸形的面孔，就是文艺复兴时期以来威尼斯衰退的形象。事实上，这张石面具有趣的地方不止于此。它准确表现了一张遭受多发性神经纤维瘤①，或称冯·雷克林豪森氏病（von Recklinghausen's disease）折磨的患者面孔。

威尼斯被人与死亡和疫病联系在一起。在很大程度上，这是一座千疮百孔的荒废之城，海水拍击着残砖碎瓦。约翰·阿丁顿·西蒙兹在《威尼斯集成曲》（*A Venetian Medley*）中叙述道，"黑暗的海水在我们耳畔低语着一个关于死亡的传说。"这是一座幽影之城。威尼斯也被与疫病，以及刺客隐藏的匕首相关联。这里至今还有一块"刺客之地"。从这座城市中涌现的最负盛名的叙述依然是托马斯·曼的《死于威尼斯》。葬歌与这座城市十分相符。威尼斯难逃劫数。这就是水诉说的故事。在这座石头褪色的城市里，拜伦哀叹着衰败。"哦，威尼斯！"他写道：

威尼斯！当你的大理石墙

---

① 多发性神经纤维瘤：又称冯·雷克林豪森氏病，为常染色体显性遗传疾病，系外胚层和中胚层组织发生障碍所致。其特点是多系统、多器官受累而以中枢神经系统最为明显。特点之一是皮肤出现牛奶咖啡斑和出现神经纤维瘤样的皮肤肿瘤。

被水覆过，这里应该有

一个民族的悲鸣，为了他们沉没的厅堂……

此处充斥着烂泥、粘土和霉菌。马里内蒂将其描述为一座"腐烂中"的城市，一处"过去遗留下的华丽的溃疡"。对拉斯金来说，这里已是一个漂浮在海上的幽灵。它的沉没令人生畏。它的废墟比别处更显得死气沉沉，因为这里不存在与自然的接触，以及由此带来的再生的希望。这些石头废墟就是最终的结果。没有苔藓，也没有野草覆盖断壁残垣。它们就是玛丽·雪莱所说的"没有窗的、丑陋而沉闷的一堆"。在《最后一人》(*The Last Man*)中，玛丽·雪莱描述了一个与此相似的荒芜场景："潮水闷闷不乐地从威尼斯破败腐朽的门户与一片狼藉的大厅中退潮而出。"在一座似乎已经抛弃了时代变化的城市，等待着它的唯一命运只有末日。它将被海水淹没。它将静静地、永远地沉入水下。这是这座城市的景象，也是一切人类成就与抱负的最终归宿。华兹华斯曾为威尼斯作过一首十四行诗，他在结尾写道：

人类如你我也该为此悲悼

就连往日辉煌的投影也已消失不见

"在威尼斯，我感受不到任何浪漫气息，"拉斯金告诉他的父亲，"这里只是一堆巨大的废墟。"同样，在更遥远的年代，威尼斯的编年史中充斥着关于教堂、桥梁与房屋突然分崩离析、化为尘土碎石的记载。十八世纪，这座城市成了古雅废墟崇拜的一部分。甚至在十四世纪，废墟就已经存在了。许多房屋被闲置，任其腐朽，无人修缮。当然，这里没有昔日古典的废墟——威尼斯没有类似的遗迹，这在意大利的城市中几乎是独一无二的——而是只有依旧能被领略的美丽在缓慢而持续的凋敝。这座城市没有伟大而原生的祖先的保证。正因如此，威尼斯的衰败与溶解，在某种程度上说，比别处的豪宅广厦更加美轮美奂。它们是威尼斯独特魔法的一部分。它们是时光荏苒的甜美愁思的一部分。它们使人想起行将就木的皮囊。

对亨利·詹姆斯来说,这里是世间最美的埋骨之处,往昔"被如此温柔地埋葬,带着放弃的哀伤"。教堂内满是坟墓。威尼斯曾有一座"死者广场"(Campiello dei Morti),不过该名称已经改为"新广场"(Campiello Nuovo)。这里也曾有一座"死者之桥",但现在被人们称为"裁缝桥"。如今还存有一条"死亡大道"。而墓地或许也成为了一种象征。在八世纪,威尼斯被描述为"禁锢健康者的贵族坟墓"。

在靠近威尼斯城的地方,如今有一座死者之岛。圣米歇尔岛上曾有一座致力于学术的修道院,但在十九世纪,这里修建了一处墓地,以便将尸体与威尼斯的生者分开。遗体被放置在一个个小型大理石抽屉中,就像一个盛殓死者的巨大餐具柜。四个世纪以前修建的圣米歇尔教堂就像护卫着此处的白色墓室。在此安息的遗体比这座城市活生生的居民要多出许多倍。每过一定的年月,遗体就会满额,于是遗骸会被转移到一座名叫"圣阿里亚诺"(S. Ariano)的遗骨之岛上。这难道不是真正的"死亡潟湖"(laguna morte)?老鼠和蛇类在骷髅和遗骨间不时出没,瘦骨嶙峋的植物在腐朽中萌芽。

在威尼斯,有一种对死亡的狂热崇拜。意大利的未来主义运动相信,威尼斯是"死亡崇拜"(l'adorazione della morte)信仰的神殿,对该信仰的膜拜是这座城市的核心与灵魂。该运动的宣言称,已经到了"将摇摇欲坠的古老宫殿碎石填满肮脏发臭的小河的时候了。让我们烧掉贡多拉,摇晃愚人的座椅,整座城市都是一个巨型的守旧主义下水道"。

威尼斯人的葬礼曾举行得极为华丽。甚至在一开始,威尼斯的丧仪就堪比埃及或亚述的,更是超过任何一座意大利城市。遗体被平放在一块覆满了灰烬的地面上。死者亲属必须极尽哀恸、嚎啕大哭,还有一种习俗是,未亡人要躺在住所的门槛上,不许别人把爱人的遗体抬走。遗体一般要被抬到街上,将面部和足部露出。出殡的队伍打着幡、火把和大烛台，而逝者家中的房间都盖上了黑色天鹅绒。这时，死者的家属应该在整个丧礼仪式过程中大哭大叫。这是威尼斯与东方密切关联的又一例证。未婚的死者，不论男女，下葬时都要在头部戴上花环。

看过电影《威尼斯疑魂》(*Don't Look Now*)[①]的观众都会对片中装载于暗色贡多拉中的灵柩印象深刻。当遗骨之岛启用后，近乎欢庆式的送葬风俗逐渐形成。专门用于葬礼的贡多拉被设计出来，每艘船上有五名船夫，身着金色的制服。其中一名船夫与一名政府职员站在灵柩前，而船首及船尾供奉着圣人与先知的雕像。即使是较为低调的葬礼，船夫也要佩戴黑色的领巾和肩带，而灵柩上要堆满鲜艳的花朵。

这座城市的民间传说与迷信中存在着名副其实的病态。法王路易十二说过，威尼斯人太过贪生怕死，所以才打不了胜仗。出于商人的本性，他们惧怕暴力与不安全。这座城市被流放着疯子和危险分子的岛屿包围。在《威尼斯》一书中，珍·莫里斯写道，"威尼斯人痴迷于与死亡有关的事物、恐怖、牢狱、怪胎和畸形。"这或许是因为，这座城市本身就是一个怪胎和牢狱。在国外也有人怀疑，威尼斯已经是一座死城了。

有些人刚一抵达威尼斯，就从生理上感觉到了要生病的预兆。法国作家莫里斯·巴雷斯[②] (Maurice Barrès) 称，他一迈出火车站的大门、走向贡多拉停靠点——感到潟湖的风吹过脸庞——他就知道"我带来的奎宁是没用的，保护不了我。我相信，我可以感受到数以百万计的细菌在我体内再生……在威尼斯，死亡各处肆虐。"同样，瓦格纳在登上一艘贡多拉时，也瞥见了这一点。

---

① 《威尼斯疑魂》：1973 年 12 月 9 日在美国上映的惊悚片，讲述了一对夫妻及两个孩子生活在威尼斯小镇发现怪物的故事。
② 莫里斯·巴雷斯：1862—1923，法国小说家、记者、政治家。

瓦格纳死于威尼斯。斯特拉文斯基①（Stravinsky）死于潟湖上的一场雷暴。罗伯特·勃朗宁死在这里。佳吉列夫也死在这里。也有人是间接地在威尼斯送了命，但丁在威尼斯感染了热病后，死在了拉文纳。拜伦曾决定在威尼斯终了此生，但是别处的突发事件夺去了他的生命。②一定数量的艺术家死于这座最具艺术性的城市，想必在统计学概率上是说得通的，然而事实是，很多人来到威尼斯但求一死。在《鸽翼》（The Wings of the Dove）中，亨利·詹姆斯以痛苦的米莉·希尔（Milly Theale）一角，发现了这座城市致命的吸引力。"我想，我希望，"她说，"死在这里。"在一座本身就苦苦挣扎于衰败中的城市，死于水边似乎是一种慰藉。在威尼斯的怀抱中与世长辞，如瓦格纳和勃朗宁那样，就是拥有了一块茫茫无边的墓碑，而不用另行修建。经久不息的钟声就是死亡的预演。

这里可以是一处忧郁伤感、使人萎靡不振的所在。这座城市不适合老人、病人或失意之人。这里的气氛能让人更加慵懒倦怠、垂头丧气。当法国画家利奥波德·罗伯特（Léopold Robert）在威尼斯自杀，他的法国同胞乔治·桑将其归咎于此处的氛围。在威尼斯的一天晚上，听着音乐与歌声，安东·契诃夫（Anton Chekhov）几欲泪下。威尼斯一直是一座充满泪水的城市。当瓦格纳第一次来到威尼斯，他猛然陷入了一种"极度忧郁"的情绪中。当爱尔兰民谣歌手汤姆·摩尔来到威尼斯探访拜伦时，他立刻厌恶上了这座城市，并且宣称这是一处"悲伤之地"。这种反应是许多遭受了莫名其妙、突如其来的忧郁折磨的游人所共有的。即使是在十八世纪狂欢节的空气中，某种忧愁的情绪也依然潜在。你们何必举行如此欢庆的表演？十九世纪，旅居威尼斯的英格兰人告诫他们刚来的同胞，不要在这座城市逗留太久。

[332]

---

① 伊戈尔·菲德洛维奇·斯特拉文斯基：1882—1971，美籍俄国作曲家、指挥家和钢琴家，西方现代派音乐的重要人物。
② 拜伦于1824年不幸遇雨受寒，一病不起，4月19日逝世。

他们认为，长期居留于威尼斯会导致精神上病态的抑郁。对于这种消沉忧郁，既有文化上的解释，也有心理上的解释。当时的英格兰游人相信，整个威尼斯历史就是一部失败与衰落史——这座城市已失去了目标，变得不抱希望、漫无目的。或许，这也是英格兰与大英帝国衰退的一种预言。

还有水引来的愁思。水代表着回忆与流逝的时光。水象征着湮没。因此，它吸引着那些渴望避世的人们。它吸引着那些希望忘却前尘，也被尘世忘却的人们。威尼斯破碎的情形似乎为生活中的失意者提供了一种庇护与慰藉。广阔而时常静默的潟湖依旧用它的羽翼遮蔽着这座城市。对于那些启程前往东方的商人和朝圣者，这里是西方海岸上最后的停泊港。所有的离别，仿佛在空气中留下了一种触手可及的乡愁。这种怀旧的气质倾向甚至凭吊着昔日生活的消逝，这在现代威尼斯时而花哨俗丽的街道上是那么显而易见，令人痛心。

谷克多[①]（Cocteau）将威尼斯描述为一座病态与发热的城市，漂浮在一潭死水之上，散发着瘴气。人们相信，在潟湖的边缘，咸水与淡水的混合产生了一种有毒的空气，通过蚊子积极传播着疟疾。同样，在起初的几个世纪，鱼栅和木桩的使用就意味着水面再也不能自由流动了。其他兴旺一时的城镇与岛屿很快被传播着疾病的沼泽包围。在夏天，威尼斯的蚊子依旧各处肆虐。

亨利·沃顿爵士的通信中随处可见关于他所认为的"有害健康的空气"的内容。他"身体衰弱了不少，因为空气中的水汽令人不适"，他的胸痛症状也"因潮湿氤氲的空气加重了"。他感觉自己有疑病症的倾向，"由于这多水之地的影响"，威尼斯还使他"精神虚弱"。

威尼斯散发出的阵阵臭气，特别是在夏天的几个月间，相当引人注意。十八世纪，这座城市的环境是出了名的肮脏，垃圾堆放在角落

[①] 谷克多：1889—1963，法国作家、剧作家、演员、导演。

里、桥梁边,而运河则成了容纳各种人类排泄物的容器。一些小型的运河比臭水沟也好不了多少。几个世纪以来,不顾这座城市的卫生法规,垃圾被排放进运河,因为人们认为,潮汐会将一切冲刷干净。这种恣意妄为的思想广为流传,以致家庭主妇们只愿随随便便把垃圾扔到街上。

海丝特·斯雷尔(Hester Thrale)在 1780 年代谈道,"嫌恶打败了其他一切感觉。"圣马可大教堂污秽发臭。座座圣坛里点燃的根根香火也遮掩不住这令人窒息的臭气。与海丝特·斯雷尔同时代的监狱改革者约翰·霍华德将这座城市形容为"盛满了地狱病毒的马桶"。歌德注意到,每当下雨天,一种"恶心的烂泥",由淤泥和粪便组成,就会在脚下堆积起来。威尼斯人自身则被认为是肮脏而不洁的。在当时,气味本身就被当作疾病存在的代表。这种气味洋溢在吉本[①]身旁,使他感到"厌腻又恶心"。所有这些记载都来自十八世纪,这或许没什么可惊讶的。威尼斯并不是突然间变得臭气熏天的——它过去一直是、在某些方面至今仍旧是,一座恶臭难闻的城市——但是只有在十八世纪,游客们才开始评论这种现象。在那之前,臭气,无论是人类还是别的什么东西散发出的,都是理所当然的事。

直到十九世纪末,气味与疾病之间的关联才以看似合理的方式被否定。一位医生在 1899 年写道,威尼斯的"各种气味"都是无害的,"是由咸水的硫酸盐污水分解变质为硫化物造成的,没有比这更难闻的气体了"。这是一种解释,但未必令人信服。十九世纪,拉尔夫·瓦尔多·爱默生(Ralph Waldo Emerson)曾闻到过一种舱底污水的气味,而在二十世纪后期,唐娜·利昂(Donna Leon)——一位以威尼斯为背景的犯罪小说作者——在《威尼斯无名氏》(*The Anonymous Venetian*)中描写过"永远潜伏在表面下的无孔不入的腐败臭气"。我们或许可以将其理解为一种隐喻性及文学性的感受。同时期的另一

---

① 爱德华·吉本:1737—1794,英国历史学家,《罗马帝国衰亡史》的作者。

位犯罪题材作家，迈克尔·迪布丁（Michael Dibdin）在《死亡潟湖》（*Dead Lagoon*）中描述过一条运河，河底"受到搅动的淤泥散发出的恶臭气味沉沉地徘徊在空气里，这种有害的瘴气是如此强烈，几乎成了一种有形的实体"。犯罪题材作家们被这座城市吸引，在这里，美丽的外表下可以感受到丝丝难以捉摸的气味。

饥荒和食物短缺时有发生，特别是在十六世纪初的几十年间，穷人在遭受营养不良前就已被热病所侵袭。热病在空气中传播。此外还有其他疾病。肠胃炎、斑疹伤寒和流行性感冒随着季节变化来了又走。腹泻和视力衰弱被认为是地方病。一位十六世纪的内科医生将威尼斯的各类疾病归咎于纵欲过度与暴饮暴食。随后在1588年，一种之前不为人知的怪病，被称作"流感"，击垮了整个威尼斯。大议事会史无前例地空无一人。这场流感似乎涵盖了多种症状，但现有证据表明，它就是流行性感冒的一种恶性变种。

当然，还有俗称"死亡病"的疾病。据说，这种瘟疫首先传到了威尼斯，早于其他欧洲城市。1347年秋，当一艘威尼斯桨帆船从黑海边卡法完成贸易返回母港时，其船舱中携带了几只黑鼠，这些黑鼠身上感染了鼠疫耶尔森菌（Yersinia pestis）。东西方间的贸易市场变成了死亡的转口港，威尼斯也成了流行病的出口地。（据说，三个多世纪后的伦敦大瘟疫，就是始于两名威尼斯人死在了特鲁里街北的一处廉租公寓里。）于是，欧洲的"黑死病"开始了。到1348年春，被市民大量死亡吓坏了的威尼斯当局任命了一个三人委员会，"以想尽一切办法保护本城居民健康，避免空气的腐坏和污染"。这是欧洲有记载的第一个公共卫生管理与立法案例。

也是从很早开始，威尼斯城中就建立起了公益网络。许多宗教和慈善机构为贫苦妇女、婴幼儿、孤儿及重病患者提供救济。譬如，到1735年，为肺结核病人设立的特殊病房就已出现，这被认为是世界上的第一个肺结核病房。到1258年，医生与药剂师行会已经成立，五十年后，国家为十二位外科医生支付年薪。1368年，一家医学院建立。在那个世纪，医生的待遇十分优厚。他们的税负很轻，而且被准许任意着装。于是他们脚穿白色丝袜、身着蕾丝外套。他们可以想在手上戴多少戒指就戴多少。据严格规定，他们必须监督药剂师与药材商的工作，但却绝不能从他们的收益中分一杯羹。药房的历史在威尼斯由来已久，其经营的一部分产品是由贸易港如开罗和拜占庭运来的药物。从东方传来了被称为"解毒药"（triacle）的神奇药方，这是一种琥珀与东方香料的混合，被认为可以包治百病——从瘟疫到蛇咬。英语中的"treacle"（糖稀）一词就是由此而来。

第一次鼠疫爆发造成的经济与社会影响是深远的，但在这座潟湖上的城市，事情却有所不同。黑死病间接引发了法国的扎克雷（Jacquerie）起义以及英格兰的农民起义，但这样的暴动或叛乱却从未在威尼斯发生。人民保持着一贯的静默。虽然如此，劳动力的短缺极为严重，以致1348年10月威尼斯政府宣布，凡是在明年内迁入威尼斯的人，都可获得政府授予的公民资格。这是一项空前绝后的政策。

这座城市的编年史记载了不少于七十次的"死亡病"的光顾。1527年的鼠疫夺去了五分之一的人口，威尼斯人的日记里曾记载，病患曝尸街头，遗体漂到了运河上。然而最严重的一次疫病爆发于1575年到1576年，据估计，三分之一的人口失去了生命。从1575年7月到1577年2月，威尼斯共有46721人死亡。由于害怕遭到传染，妻子抛弃丈夫，儿子撇下母亲。在一生中从未遭受什么危险疾病折磨的长寿的提香，也是这场瘟疫的受害人。附近岛屿上的诺沃传染病院（Lazzaretto Nuovo）和韦基奥传染病院（LazzarettoVecchio），原先是麻风病人的收容所，如今挤满了鼠疫感染者。那些疑似感染的健康者，比如从外地回到威尼斯的旅客，会被送到诺沃隔离二十二天。一旦有人被抓到无视限制令，就会被驱逐出这座城市，几年之内不得返回。已经患病者会被送往韦基奥，可想而知，那里的环境是多么令人恐惧。宿舍里满是痛苦的尖叫；一些病人不堪病痛，到周围投水自尽；焚化尸体的烟云笼罩在小岛上空。

［336］

瘟疫期间的威尼斯医生。鼠疫时期，医生们用涂上蜡与芳香油的黑色长袍包裹自己。他们头戴头巾与兜帽，大大的眼镜保护双眼，面上还戴着一个鸟喙状的鼻子，末端带有过滤。他们视自己为食尸鬼。

这座城市本身陷入了一阵阵自我憎恶中，这是它作为圣洁之城的黑暗面。在一位威尼斯诗人眼中，威尼斯这位白璧无瑕的处女已经突然变成了一个可怕的怪兽（orrido mostro）。市民的骄奢淫逸已招来了上帝的报复。然而，威尼斯作为终极典范之城的地位也反驳着这一点。所有的城市都难免罹患疾病。所有的城市想必也都隐藏着死亡与疾病。因此在神话与故事中，威尼斯本身不得不主动扮演不健康之地的角色。

疫病反复造访。从1630年7月到1631年10月，46490人因病离世。1630年夏，24000人逃出城中，以躲避一种难耐的高温和特殊的烦燥，这些本身就是热病的诱因。鼠疫期间，人们大范围地呼唤圣人的保护，然而圣人也帮不了什么忙。威尼斯的医生穿起了黑色长袍，外层涂有蜡和芳香油。他们头戴头巾和风帽，脸罩大护目镜，还在鼻子上带着一个长长的鸟喙状物体，末端有一个过滤器。他们自称看起来就像食尸鬼。然而经过一番稀奇古怪的转化，这套象征着凶险的装备变成了威尼斯狂欢节上一种广受欢迎的打扮。这是一种"死亡象征"（memento mori），对于狂欢的人们来说再自然不过，这也是笑对死亡的一种方式。

不过，普遍来说，掌握了威尼斯气候的人们还是完全可以享受健康的。至少,威尼斯的贵族人口往往能活到高龄。温和的气候被认为会导致疲乏倦怠与淫荡好色。在外表上,十七和十八世纪(或许更久远)的威尼斯人以软弱的肉体和圆胖的体形为特征。他们的皮肤被认为是一种天鹅绒般的苍白色。不过,外表有时是具有欺骗性的。这座城市的年代史编者曾谈到威尼斯市民充沛的精力和冲动不安的活力。就像威尼斯人以截然相反的情形创造了一座城市一样,他们也因不断保卫和维护家园的需求而形成了一种坚定的性格。生活,就像在十九世纪时所宣称的那样,因刺激而持续。

〔337〕

许多威尼斯总督在当选时已年届九旬。这座城市非常照顾老年人,人们认为其本质上实行的是一种老人政治,这种看法也是恰当的。"我从未在其他地方观察到,"费恩斯·莫里森在十七世纪早些年写道,"比在威尼斯更多的老年人,或者有如此之多的参议员因他们花白的头发及上了年纪的庄重而德高望重。"在一位女修道院院长的档案中,曾出现了一份记载,内容是1521年夏向在位总督的投诉。这位院长当时已达106岁高龄。提香在91岁高龄去世,而丁托列托活到了76岁,贝利尼86岁,瓜尔迪81岁,隆吉(Longhi)则是83岁。在他们各自所处的时代,这些都是了不起的高寿。他们的高龄显示着他们永无止境的活力,这种灵活与能量正是威尼斯精神的印记。

据说,普遍而言,威尼斯人比其他地方的人们更长寿。根据马基雅维利的说法,市民和穷苦阶层因持续不断的工作而不易得病。为谋生而花费的精力可能抵挡了病痛的侵袭。在近现代,缺乏交通工具意味着人们必须徒步穿过大街小巷、翻越桥梁。所以当代威尼斯人较少受到高血压、心脏病的困扰,然而,潮湿的空气却使他们更易患上风湿病。

在另一重颇为不同的意义上,威尼斯也是一座死亡之城。它的死刑判决以秘密和迅速闻名全欧。那些犯有冒犯国家罪名的人会被很快判处死刑。威尼斯人马里诺·萨努多在日记中记载道:1498年三月的一天早晨，他听到街上有人在小声议论，大意是说，有判决下来了。当他穿过圣马可广场时，他看到有个高个子的政府官员被吊死在狭场的两根圆柱之间。这名被指控犯有叛国罪的官员已被吊了一夜，没有人事先通知民众。他的身上穿着自己的制服，宽大的袖子随风扬起。近三百年后，英格兰艺术家詹姆斯·诺思科特（James Northcote）也震惊地发现，有一具尸体悬挂在圆柱间，身负一块标语牌，写着"卖国贼的下场"。有人说，如果死刑犯的数量不足，当局会从医院借调尸体悬挂起来，以震慑平民。当然，这一说法的真实性十分可疑。

公开行刑庆典的目的就是要强调一个事实，即国家本身就承担了一个罪恶复仇者般的准宗教角色。死刑犯在穿着黑色兜帽的威尼斯死亡协会成员的陪伴下登上断头台或绞刑架。随后，这名死刑犯转向一幅威尼斯的影像画，在最后的时刻到来之前吟诵《圣母经》（Salve Regina）。总督会盛装出席仪式。人们静默无言地按顺序站好，就像是圣会的会众。这是一场神圣的庆典，以肃清这个集体国家中偏离正道的个体。这样的公开处决绝不像泰伯恩①（Tyburn）刑场那样混乱无序、形同儿戏，在泰伯恩，当重罪犯被押上绞刑架时，围观者会鼓掌起哄。而在威尼斯，行刑是庄严肃穆的公共仪式。

然而，这座城市的许多内部敌人都是被扼死在公爵宫的囚室内，尸体被秘密抛入潟湖水中的。1650年，当一位总督的侄儿被人目睹与一名西班牙外交官共乘一船后，他被带进自己亲伯父宫里的囚室中，并被迅雷不及掩耳地除掉了。在圣乔治·马焦雷岛后面有一条深水道，称作奥尔法诺运河（Canale Orfano），尸体会在这里被抛进大海。一位将军——他是一个受丰厚报酬诱惑来到威尼斯的雇佣兵，被怀疑通敌。以商讨事务的借口，威尼斯当局用隆重的礼仪将他召进公爵宫，他一来就被引进了一扇秘密的门中。"这路不对，"他说道。"对的，没错，"引路人告诉他，"就是这么走的。"走廊将他引进了一间牢

---

① 泰伯恩：伦敦的刑场。

房。"我迷路了，"他大概会这么说。威尼斯有句老话，"人死兴不起风浪。"无论是对威尼斯的舰队司令还是指挥官，只要有负于国家，都是不可饶恕的。

在威尼斯，判决往往十分严厉。十四和十五世纪，制造假币者会被活活烧死。两名参议员的儿子因唱过渎神的歌曲而被判决，于是惨遭拔去舌头、砍断双手的刑罚。一位修道士，被判定曾使不少于十五名修女怀孕，遂被处以火刑烧死。两名被控叛国罪的牧师被脸朝下地叠在一起活埋。这些残忍的刑罚不由让人联想起东方的习惯。有一种新奇的死刑是饥饿法。死刑犯被关进一个装着铁条的木笼中，然后木笼被高挂在圣马可广场钟楼顶的一根杆上。通过一条绳索递给他的面包与水的分量逐渐减少，直到他因饥渴，或是因暴露在蜂拥而至的人群目光中羞愧而死。

威尼斯人也以他们层出不穷的秘密暗杀法闻名于世。1421年，十人委员会决定毒杀米兰公爵，并一致同意先用两头猪试验毒液，试验结果则没有记录。1649年，一名威尼斯医生调制出一种瘟疫"精华"，用以针对土耳其敌人，这是有据可查的历史上第一例使用生物武器的尝试。事实上，许多欧洲国家的政府认为，威尼斯雇佣了一支训练有素的刺客队，足以随时随地击杀他们的敌人。这个故事并不真实，但它代表了其他国家对威尼斯深深的戒备。随着这座城市的势力与财富渐渐消失，这样的敌意也慢慢烟消云散了。据说，十八世纪，威尼斯官方使用的毒药已经凝固，制造毒药的药方也早就不知道遗失在了什么地方。

如果这些关于国家暴力的记载是真实可信的，那么它们是否也反映出，威尼斯是一个充满暴力的国家？暴力的性质本身是十分重要的。因其破坏了社会的和平与荣誉，然而界定暴力的性质是由国家当局做出认定的。用今天的话说，被害人的权利几乎从来得不到行使。危害国家的犯罪，比如叛国罪，会受到迅速而残酷的惩罚。对国家危害较小的犯罪也不会得到什么较轻的处理。譬如说，留给那些对威尼斯出言不逊者的刑罚便很能说明问题。曾有人听到，一名来到威尼斯的热那亚水手声称，对他来说再没有什么比用威尼斯人的鲜血洗手更好的事了。于是他立刻被逮捕并绞死，脚被砍下，以用他自己的鲜血献祭威尼斯的石头。1329年，因一名威尼斯人马可·里佐（Marco Rizo）声称，他要把那些"狗贵族"投进监狱，所以他被抓并被切断舌头，并永远逐出威尼斯。

针对财产的犯罪被认为比激情犯罪更为严重。例如，酷刑常常用于盗窃案中，但在凶杀案中就不常使用。犯过抢劫罪的人一旦再犯，就会自动被判绞刑。强奸似乎是相当普遍的，特别是贵族男子强奸劳动阶级的女子。但这种犯罪只会被判处八天监禁的轻微处罚，强奸犯只要缴纳一笔数额相当于受害女子嫁妆的罚款，就能被释放。强奸并不被认为是一件了不得的大事。法庭记录显示，受害女子在呼救时往往喊的是"失火了！"，而不是"强奸！"，因为只有前者才能引起更多注意。

贵族常常是威尼斯社会中最暴力的阶层，尽管只要他们的罪行不危害现状，当权的贵族们就会倾向于减轻对同类的刑罚。特别是年轻的贵族，有时可能会特别凶残。卡萨诺瓦总是随身带着一把匕首，正如他所说，"在威尼斯，所有正派人都会带把匕首防身。"市民和平民则更温顺。警察机关十分强大，而且平民本身就对保卫公共安全警惕又勇猛。在一座人口稠密的商业城市，维持秩序就是对所有人利益的最好保护。这里有政党纷争的余地，却没有帮派斗争的空间。个人犯罪在威尼斯不会像杰克·谢泼德[①]（Jack Sheppard）在伦敦那样大受赞扬。无论如何，在一座水波荡漾的城市，罪犯往哪里跑呢？

于是，许多人在威尼斯发了疯是一件令人惊讶的事吗？笔者曾听

[①] 杰克·谢泼德：1702—1724，英格兰著名窃贼及越狱者，在伦敦的贫苦阶层中很受欢迎，后成为多部文学作品的主题。

见过，在城堡区的廉租公寓内传出如同来自地狱一般的咆哮。与其他地方相比，疯狂愈加折磨岛民于无形。在这座城市中，如果说从来没有一所疯人院，那会被认为过于挑衅。相反，其实精神病人会被监禁在潟湖上的不同岛屿。例如，十八世纪以来，女疯子被关在圣克莱门特岛，由于海侵，她们的囚笼可能会被吊起在水面上。男性收容所则位于圣瑟尔沃洛岛，其因雪莱的诗而不朽：

> 我们注视着的
> 应是那疯人院和钟楼，
> 马达罗说，就连此时此刻
> 穿过水面的人也能听到钟声
> 它召唤着疯子，各个走出自己的监牢
> 做晚祷。

疯人曾从他们囚室装了格栅的窗子，向外面往来经过的贡多拉呼叫。

可以说，这座城市本身就显露出某些精神错乱的倾向。它一直是一座处在高度焦虑状态中的城市。自从它艰难而危险地诞生于水中，它就已感到，自己受到了全世界势力的围攻。它曾是真正的与世隔绝，而且一直经受着对自身存在的巨大不确定的折磨。这一点并不难理解，若你想象将纽约或巴黎悬吊在水面上，你或许就能理解这种因地理位置而产生的恐惧。水是极不稳定的。水是变化莫测的。正因如此，威尼斯人才向来对稳定和持久如此强调。

在威尼斯的整个历史中，它一直认为自己处于受威胁的位置。它表现出脆弱易碎的形象，于是很自然地引来了关切与呵护的回应。二十世纪，几次轻微的地震使市民陷入了恐慌。1105 年，马拉莫科岛被海水浸没，人们相信，威尼斯城也难逃相同的命运。十三世纪，火灾的危险几乎被歇斯底里地突出了，火灾被认为是内部的敌人，在隐秘处暗中燃烧，随时会从夜晚的黑影中爆发。十五世纪，这座城市被认为经受着潟湖淤塞、运河干涸的巨大危险。据说，年复一年，这座城市变得越来越脆弱。在十五世纪的后半叶，人们相信威尼斯正因作恶多端而处于迫在眉睫的危险中，距离上帝的审判已不远了。人们对威尼斯的完全浸没深感恐惧，认为是上帝之怒的标志。

威尼斯没有一刻不是处在危亡之中。每个世纪都有人断言，这座城市撑不下去了。深刻而盛行于当地的焦虑或许是这座城市一切行动的关键——它吞并大陆、打下帝国，都是试图减轻不确定之感。死气沉沉的贵族政府实际上是一种防御机制。威尼斯人厌恶不可预测性。他们对未来有着与生俱来的畏惧。这座城市的占有欲，对黄金与财富的贪婪，或许可以用《圣诞颂歌》（A Christmas Carol）[1] 中解读守财奴斯克鲁奇[2]（Scrooge）的话来诠释——"你太过于畏惧这个世界。"不过，威尼斯取得的巨大胜利——它在十七与十八世纪民族骄傲的核心源泉，它所宣称的不朽声名——都是基于一个简单的事实：它将自己置于一个脆弱易碎的地位，在这样的前提下，它还是毫发未损地得到了保全。地球上还有哪一个民族敢宣称自己能做到？

威尼斯一直是一座自觉的，甚至自恋的城市。它也是一座自欺的城市。关于自身，它撒了谎。它为自己编织了一套神话。它捏造了一部与事实大相径庭的历史。它受着自相矛盾的冲动的支配，譬如，它鼓吹公民自由，与此同时却又要求对全民实施全面控制。它的外表可以是一派节日的欢乐喜庆，可是其政权的中心却充满了商业上的考量与算计。在无数次要求威尼斯人远离奢侈诱惑、感官享受与骄奢淫逸的号召中，一种自我憎恶也流露出来。这传递出的信息是，"我们必须保持清白。"我们自己必须像这座城市一样出淤泥而不染。我们必须完美得无可指摘。正因如此，一切危险或失序的威胁都会被逐出威

---

[1] 《圣诞颂歌》：1843 年查尔斯·狄更斯创作的小说，主要讲述了一个吝啬鬼的故事。
[2] 斯克鲁奇：《圣诞颂歌》的主人公，一个富有而吝啬的守财奴。

尼斯。公众情绪的波动是严峻的问题。任何突然的逆转或意外的战败都会将人民抛入绝望中。在十六世纪的马里诺·萨努多的日记中，常常出现的一句话是"全城情绪极度低落"。对阴谋的恐惧始终存在，对于人类而言，这可以被认为是精神错乱的危险征兆。

不过，可以说，威尼斯是一切城市的代表。在威尼斯的身上，体现了折磨着各城市的焦虑——恐惧疾病，恐惧污染，恐惧被从自然世界中永远剥离。同样，威尼斯也代表着各城市心中的渴望——他们的奢侈享受，他们的权势力量，他们的征伐进攻。这是一个值得敬畏的地方。

第十一章

神话之城

展开的地图

关于威尼斯的地图有许多,但不可尽信。威尼斯一定是世界上最多次被绘制成地图的城市之一,不过,从某种意义上说,它是无法用地图表示的。错综复杂的水巷如迷宫一般,纵横交错的线路迂回往返。纸上根本画不下这么多小巷和通道。不管怎样,这座城市并不是存在于一个平面上,而是在运河上、在桥梁处、在二楼的窗户旁。一个司空见惯的场景是,游客们挥舞着地图,徒劳地寻找着街道与桥梁的名字。他们很可能发现自己"来错了地方"。对陌生人来说,在威尼斯想不迷路,是不可能的。一座属于灵魂的城市不可能在任何地图上被找到。

存世的第一份威尼斯地图上,已可以清晰地看出这座城市的最终轮廓,这份地图绘制于十二世纪初。不过,最著名的地图要数雅各布·德·巴尔巴里①(Jacopo de' Barbari)1500年绘制的《鸟瞰图》。这张地图以意味深长的形式创造了威尼斯的形象。其精细程度举世无双,制作技巧无与伦比。然而,这是一种象征性的,而非自然的表

---

① 雅各布·德·巴尔巴里:约1460年—1516年以前,意大利画家、版画家。

现。它被赋予了一种神圣几何学的表现形式,在过程中强调了巧计在创建城市中的作用。墨丘利坐在城市上空的一朵云上,位于里亚尔托市场与圣马可大教堂的正上方,宣布道,"我,墨丘利,欣然照亮此地,胜过一切它处。"尼普顿在潟湖的水中凝视着他,宣告,"我,尼普顿在此,使港口的海水平静无波。"这座城市本身也似戏水海豚的形状。它也是荒无人烟的,这更加深了一种信仰,即威尼斯城比居住其中的任何一位过客都更重要。而居民只不过是墙壁上的光影。这样的地图当然没有任何实际用处。正如另一位十五世纪的制图师弗拉·毛罗(Fra Mauro)所说,"我的地图……只是现实情况的一个版本。只有当被用作想象的工具时,它才能有些用处。我曾想过,这个世界应该被看作一个精心编造的诡计,以及一种永无止境想要表达的愿望。"

[346]

许多威尼斯地图也表达了这座城市的商业利益。人们绘制这些地图并不仅仅是为了勾勒前往中国(Cathay)或特拉比松①(Trebizond)的贸易路线,也是为了促进开拓商路,前往威尼斯人以前未曾涉足的地方。譬如,为了寻找通往印度香料产地的航海路线,人们展开了激烈的竞争。在里亚尔托市场边凉廊的后墙上,壁画组成了一幅世界地图,凉廊内就保存有一部复制版的《马可·波罗游记》。

威尼斯人精于绘制地图,以此闻名于世。他们在自己的水上世界里寻找固定性与确定性。在一座地图与实际很难相符的城市里,我们很容易理解他们的沉迷。绘制地图代表着对秩序与控制的渴望。这是威尼斯政府监督一切的又一个方面。例如,威尼斯当局委托绘制了许多关于其统治下的大陆省份的方方面面的详细地图。或许是因这种征服者的精神,一位威尼斯制图师写下了第一篇山水风光随笔。威尼斯没有什么山水风光。风光只有在殖民地才能创造。1448年,另一位威尼斯制图员安德里亚·比安科(Andrea Bianco)在大约为巴西的位

---

① 特拉比松:土耳其港口城市。

置画上了一座"岛屿",第一次暗示了美洲的存在。十六世纪初,威尼斯人乔瓦尼·康塔里尼(Giovanni Contarini)绘制出了第一幅非洲的精确地图。

大商人和贵族的豪宅墙面上覆盖着世界地图。公爵宫的寓所内装饰着描绘威尼斯通往已知世界贸易路线的地图。在十八世纪中期彼得罗·隆吉的一幅画《地理课》(The Geography Lesson)中,一位打扮入时的贵族女士查看着地球仪,右手拿着一支圆规,一册打开的地图集躺在她的脚边。弗拉·毛罗,身为一名来自穆拉诺的本笃会修道士,自己创作了一幅著名的《世界地图》(mappamundi),连同象征性的细节与圣经的引用。他表示,自己创作这幅地图是为了"供这座城市杰出的统治者思索"。到十五世纪中期,威尼斯出现了一家专门从事地图制作的工坊。威尼斯的地图制作者尤其以他们绘制的航海图享有盛名,这种海岸线的地图是特别设计给海员使用的。1648年,一个冒险家学会(Academy of the Argonauts)在威尼斯成立,专事地图和地球仪的制作出版。

于是,里亚尔托保存有一份《马可·波罗游记》的副本也就不足为奇了。波罗是威尼斯人中最出名的一个,或许只有卡萨诺瓦可以与之相比,而波罗还是旅行家中最著名的。在某种意义上,他代表了一个典型的威尼斯式商

[347]

《地理课》,彼得罗·隆吉绘。威尼斯人长于绘制地图,并以此闻名。他们在自己的水上世界里找寻固定与必然。他们受到贸易与旅行双重需要的引导,这两种需要在马可·波罗身上都得到了体现。在这幅画中,一位时尚的贵族女士正查看地球仪,右手拿着一副圆规,一本打开的地图集躺在她的脚边。

业故事。他出身贸易家族。在这个家族中,曾有一对兄弟,出生于威尼斯圣乔瓦尼·格里索斯托莫教区,在君士坦丁堡的商号担任头目,这是他们家族生意的一个分支。他们是贵族,在威尼斯,贵族因商贸而发达。

1260年,正值那座拜占庭城市发生大规模骚乱之际,尼科洛·波罗和马泰奥·波罗决定向东行进,以求寻找新市场。他们带着积攒的珠宝,将其精心隐藏在衣服里,开始了前往中亚的漫长旅程。他们来到位于今天乌兹别克斯坦的布哈拉城,战争和开战的传言使他们在那里耽搁了近三年时间。不过,他们却因祸得福,结识了一些出使蒙古朝廷的使者,而蒙古大汗被称为"世界上所有鞑靼人之主"。这是一个不容错过的机会。于是他们前往了忽必烈的都城。皇帝礼貌而好奇地召见了他们,他详细询问了他们社会的法律与习俗。在他们将要离开北京时,忽必烈托他们给教皇带去一封口信,并让他们为自己带回耶路撒冷耶稣墓前灯中的燃油。

他们又花了三年半时间才返回威尼斯。他们已阔别家乡十五年,回到家时,尼科洛·波罗发现儿子都已经十六岁了。这个儿子以威尼斯主保圣人的名字被命名为马可。最终,他们收到了带来新任教皇格里高利十世(Gregory X)的祝福及授予特权的信件,可以用小玻璃瓶盛取一点珍贵的灯油了。于是他们返回忽必烈的宫廷,陪同他们前往的就是年轻的马可·波罗。这一趟旅程再次持续了三年半时间。然而这还不是故事最吸引人的部分。二十四年后,三位陌生人来到了圣乔瓦尼·格里索斯托莫教区。他们穿着鞑靼军人的粗毛外衣。他们蓄着长发长须,皮肤因长期经受风吹日晒而粗糙不堪。马可·波罗,与他的父亲和叔父一起,终于回到了家乡。

人们已认不出来他们是波罗家族的成员。他们操着一口异域口音的威尼斯话。他们很可能已经被当作冒名顶替者,从教区除名了。后来,马可证明了他们的身份。他拿来那三件手织的羊毛外套,将其撕开。原来里面缝着许多珍贵的珠宝——红宝石、蓝宝石、钻石、祖

[348]

母绿——都是大汗慷慨赏赐给他们的。自然，威尼斯人立刻就被这笔展示出来的豪奢财富说服了，据史家记载，威尼斯人以"最崇高的礼遇和尊敬"接纳了三个旅行者。马可·波罗从此被人们称作"百万富翁马可"（Marco Millione），他住宅的庭院被称为"百万富翁的庭院"（Corte Millione）。最近对波罗家族祖宅的发掘显示，在波罗回来后，宅子又新打了地基，他的财富不只是珠宝。

众所周知，故事到这里还没有结束。马可是个忠心的爱国者，他自费装配了一条战船，参加威尼斯与热那亚的战争。1298年9月，波罗在科尔丘拉岛战役中被俘虏。他被监禁在热那亚的狱中，在那里等待了约一年时间。这期间，他以讲述那遥远大陆上令人难以置信的故事出了名。他在狱中找到了一个记录者。一位来自比萨的老者，名叫鲁思梯谦（Rusticiano），以一种借鉴自传奇的奇特古代法语记下了他的口述。这份文字记录充满了口语式的表达——"这件事说得差不多了，我再给你说点别的吧""现在，让我们离开摩苏尔（Mosul）的国度，我要说说辉煌的城市鲍多克（Baldoc）""不过首先，我得告诉你……"

有人复制了这份手稿。于是故事渐渐流传开来。出狱后的马可·波罗回到了家乡，过上了平静的隐居生活，除了普通生意，不再过问他事。他曾送给一位来访的法国骑士一本他的书，除此之外，再无任何关于他与这部使他青史留名的作品相关联的记载。1323年，69岁的马可·波罗去世。临终时他宣称，他说出的故事还不及他亲身经历的一半。人们曾认为，他所说的故事只不过就是故事而已，但是近年来，越来越多的证据表明，他其实如实记录了自己曾游历过的国家与城市。他讲求实际、明智审慎，头脑清楚、观察细致。他还有一种孩子般的活力与好奇心，这使他在令人困惑的异国他乡安然度过了漫长的岁月。他是典型的威尼斯人。我们几乎可以将他视作一位威尼斯英雄，只可惜，这座城市厌恶个人英雄，将其看成是国家利益的威胁。

第十一章 神话之城

从波罗关于他的旅途的叙述中,我们可以得知,他代表忽必烈从北到南地游历了亚洲,这位皇帝渴望了解他的帝国各地的细节。或许,也只有一个威尼斯人才能执行这样的任务。他是第一位揭开中国富饶与伟大面纱的旅行者,描绘了蒙古的草原和西藏的要塞;他用笔记录下了缅甸与暹罗,爪哇岛和印度;他详细描述了帕萨伊人①(Pashai)的巫术与克什米尔的偶像崇拜;他述说了成吉思汗与祭司王约翰(Prester John)间爆发的战役。

从诸多方面来看,他的旅程都是十分不可思议的,但波罗其实是遵循了一项威尼斯的传统。外交官及其他政府官员必须就他们出访的城市写下详细的书面报告或叙述(relazioni)。在某种程度上,波罗的书试图为威尼斯人提供一种良好治理的范例。事实上,我们可以说,在这位旅行家归来的几年后,威尼斯政府的确采用了一些蒙古人统治体系的原则,即使这些不算是细节。他们遵从了蒙古大汗忽必烈的准则,这是一位大地的伟大领主,波罗将其描述为"世上存在的,或者说从我们的祖先亚当开始直到今天,地球上所存在过的武力最强、疆域最广、财势最盛的人"。

同样,威尼斯的商人也需要关于各地社会与经济情况的精确叙述。当地人的需求是什么?他们有什么可供出售?就像他们训练有素、只需看一眼就可鉴别货物优劣一样,他们对地区环境的观察也极其敏锐。他们对信息的需求胜过一切。于是,波罗在他游历的所有城市中都对贸易特别关注,这一点也就顺理成章了。关于波斯的城市忽必南(Kubenan),他写道,"此地盛产铁、钢及翁苔里克(ondanique)矿脉,并且制造精美的大型钢镜。"在描述人们如何谋生的篇幅后,他常常加上的一句话是:"此外就没什么可提的了。"

威尼斯贵族都是职业的旅行家,这一点对他们商人的身份至关重要。与同时代的佛罗伦萨或汉堡贵族不同,他们若是没有对海岸与海

---

① 帕萨伊人:居住在阿富汗东部的民族。

洋的准确知识，就将无法生存。因此，游历的精神一直存在于威尼斯人的意识中。毕竟，这是一座直面亚得里亚海与地中海的城市，他们怎能不向往远方？到公元九世纪，威尼斯商人的足迹已踏上了埃及、欧克辛斯海地区及亚速海。十五世纪初期，曾有一位威尼斯人在丹麦担任骑士。而一个世纪后，一家威尼斯造船厂在印度大象（Elefante）的围栏里红红火火做起了生意。

还有威尼斯人游历格陵兰与鞑靼地方的故事。彼得罗·奎里尼（Pietro Querini）于1432年驶入北冰洋。四十年后，吉奥萨法蒂·巴尔巴罗（Giosafatte Barbaro）触到了里海的岸边。当约翰·卡伯特（John Cabot，一位根据国家法令被选入籍的威尼斯公民）在新世界登陆时，他在英格兰国旗边插上了圣马可的旗帜。或许值得一提的是，塞巴斯蒂安·卡伯特（Sebastian Cabot）就出生在威尼斯。他继续探险，并在1498年发现了拉布拉多（Labrador），又于1526年出现在了拉普拉塔河（Rio della Plata）的下游。十五世纪中期，一位年轻的威尼斯贵族阿尔维斯·达·莫斯托（Alvise da Mosto）来到塞内加尔，发现了佛得角群岛（Cape Verde islands）。以典型的威尼斯方式，他记下了这次旅程的细节，因为他是"第一位从最高贵的城市威尼斯起航，渡过直布罗陀海峡向南行驶，踏上黑人土地的人……"。然而，他的首要身份还是以马匹、羊毛和丝绸交易奴隶和鹦鹉的商人。

威尼斯旅行家的目标是名利双收，社会威望与尊敬源自商业财富，这些发现之旅的目的就是要将其全部拿下。正因如此，许多商人都要在旅程中记下日志。这是一种证明功勋业绩的方法，他们的日记充当了家族事业的纪念碑。十五世纪，第一份旅行家记事在威尼斯出版。1543年，一部名为《威尼斯至塔纳、波斯、印度和君士坦丁堡之旅》的游记集出版发行。从这座潟湖上的城市迈出了第一步。

地图记录着边界。威尼斯永远处于前沿。它被称作"欧洲的枢纽"。在一切事务中，它都保持着边界的本质——一个阈限的空间。

它是永恒的门户。它的一半是陆地、一半是海洋。它是古代帝国城市罗马与拜占庭间的中点。它是意大利与东方相交融的地方,在更广泛的意义上,是欧洲与非洲相交融的地方。一个人可以从这里起航前往黎凡特,将基督教世界留在身后。正因如此,有些人相信,将西方基督教国家与世界各地连结在一起,是威尼斯的神圣使命——无论是连结博斯普鲁斯的希腊基督徒,还是伊斯兰教和印度教的追随者。

[351]

歌德将威尼斯称为"晨昏大地的集市",他的意思是说,这座平衡于西方和东方之间的城市,是日出与日落的中间点。当查理曼大帝时代,帝国分崩离析时,威尼斯潟湖既没有归于西方也没有归于东方。根据威尼斯历史学家博纳多·朱斯蒂尼亚尼的说法,这片潟湖"未受侵犯、毫发无伤,几乎就像一处圣地"。他接着谈道,"这片地区被作为帝国间的某种边界而保留下来。"在中世纪,威尼斯桨帆船提供的邮政业务是德国朝廷与君士坦丁堡朝廷间唯一的通讯手段。人们对穆斯林世界最初的印象来自威尼斯。

威尼斯也是神圣与世俗的边界。这座城市的公共场所是宗教虔诚与爱国精神的阈限区域。过往与当下间的界限是模糊不清的,就像私人与公共间的界限被一再逾越。在这里,天主教徒与新教徒、犹太人与基督徒、土耳其人与欧洲人、罗马人与东正教徒汇聚一处。组成地中海地区的所有文明——希腊罗马文明、穆斯林文明、犹太文明和基督教文明——在威尼斯找到了焦点。据说,十五世纪的威尼斯派画家对托斯卡纳与佛兰德斯派艺术的融合产生影响。这座城市是寒冷北方与温暖南方之间的门户,一开始是为贸易而生,但之后就成了影响全欧的普遍生活方式的入口。

在各种意义上,威尼斯都代表着文化与社会的多相性。有些人认为,威尼斯的文化是东方的,圣马可大教堂是一座清真寺的式样,里亚尔托就是一座穆斯林国家的露天市场。正是因此,这座城市才受到了其他欧洲国家的怀疑戒备。威尼斯的文化之中包含着一种"异类"的暗示。与此相关并有所提示的是,渗透入威尼斯方言中的阿拉伯词

[352] 语很大一部分都与贸易有关——比如 zecca（造币厂）、doana（海关）和 tariffa（关税）——或者与奢侈品有关，比如"沙发""沙发床"和"商队旅店"。"呜呼，威尼斯民族，"庇护二世在 1458 年写道，"你们丢掉了多少古老的特性！与土耳其人过多的交往已经把你们变成了穆罕默德们的朋友。"公爵宫朝向潟湖的外立面设计受到了穆斯林文化的启发。事实上，在这座城市中不难发现对伊斯兰建筑与艺术的借鉴与改造。就连威尼斯标志性的色彩——深蓝与金色，都是源自中东。威尼斯的贸易路线、有组织的航海船队，甚至是手工业行会，最初都起源于穆斯林。威尼斯人对伊斯兰文明有一种发自内心的赞同与钦佩，这与他们对教皇的厌恶不无关系。例如，卡巴乔的绘画显示，威尼斯人的室内装饰着产自东方的物件。在真蒂莱·贝利尼的画作《圣母与圣子升座》中，圣母的宝座被细心地安放在一条土耳其地毯或拜毯上。

在许多方面，威尼斯与拜占庭都十分近似。在曾经臣服于拜占庭的经历中，威尼斯从这座古城借用了许多概念与做法。威尼斯甚至被称作第二个君士坦丁堡。这是一个分层的社会，而非封建社会。从威尼斯的年轻姑娘被养在深闺，以及教堂礼拜时将男性和女性分开的习俗中，我们可以轻易地发现拜占庭文明的影响；从宗教庆典的僵硬与浮华中也可以发现拜占庭文明的影响，这些宗教庆典上充斥着拜占庭教会的仪式与遗迹；威尼斯政治生活的庄重威严与象征主义，连同其复杂的官僚机构以及隆重的选举活动，都受到了东方的影响。总督不也是某种形式的皇帝吗？他沐浴在某种相似的神圣之光中。圣周期间，总督会扮演成最后日子里的基督。这也是拜占庭皇帝的职责。

圣马可大教堂是在君士坦丁堡的圣使徒教堂（Apostoleion）的造型基础上修建的。威尼斯史家也曾记载，圣马可大教堂是一位来自君士坦丁堡的建筑师的作品，但这一说法仍有争议。然而，看起来毫无疑问的一点是，当时的威尼斯城中曾有穆斯林工匠居住。威尼斯的宗[353]教政策，连同其国家教会的概念，是基于拜占庭的范例。就像在君士坦丁堡一样，该教会的首领被称作"大牧首"。

类似的溯源还有许许多多。兵工厂的概念，即一个由政府投资兴建的武器制造厂，来自于拜占庭的做法。威尼斯男性贵族穿着的黑色长斗篷，源自拜占庭的土耳其长袍式样。在选举总督的场合向民众抛撒硬币的仪式，是一种借鉴自东方皇帝的行为。事无巨细记录下来的习惯，显然源于拜占庭官僚机构的早期经验。"拜占庭"一词本身就已成为了冗杂细节的同义词。同样，在威尼斯，一切事务都必须进行书面记录。威尼斯的男性在国丧或守孝期间不得剃须，这项习俗来自东方。人们对木偶和木偶戏的喜爱古已有之。虽然意大利人普遍拥有悠久的木偶戏与面具戏传统，威尼斯人对木偶的热爱却来自拜占庭。拜占庭传统的木偶更加光怪陆离，强调无生命的木偶人忧愁的一面，直到人类的欲望赋予它呼吸。

相依的大家庭

[354]

直到近年来，威尼斯民众之中还总是存在着一种亲人般的手足之情。他们全都代表着一个大家庭，这是再寻常不过的老生常谈。所有人都注意到了这一点。它在一种热衷交际的氛围中显露无疑。平民是共和国的"孩子"，男性贵族是他们的父亲，歌德将总督描述为"威尼斯民族的祖父"。公共医疗卫生的供应，以及为失去父亲的孩子建立的孤儿院，都证明着一个事实，即这个国家在本质上将自己视为一个引申意义上的大家庭。这些机构的领导者力求在这大家庭的范围内建立许许多多的小家庭。这就是威尼斯的方式。

和谐的程度可能被夸大了，任何封闭社区内发生的寻常纷争与敌对，在这里也不能避免。威尼斯人又不是圣人。但是，影响着热那亚和佛罗伦萨等城市的尖锐矛盾与党派积怨，在威尼斯却是不存在的。人们的情感与看法被拘束在一个狭小而孤立的空间内，社会生活以家族为基调也就是自然而然、不可避免的了。这座城市的地形被看作一座硕大的家宅。詹姆斯将其形容为一个集体公寓，并谈论道："这绝好的共同家园,亲切熟悉、家庭氛围浓厚、充满着和谐的共鸣。"据说,将圣马可广场形容为"欧洲最美的会客厅"正是拿破仑的发明。

家庭本身就是威尼斯社会起决定性作用的社会力量。政治和经济联盟建立在家庭生活的基础上。"光耀门楣"一词被人们挂在嘴边,反复提起。仕途的成败在很大程度上取决于显贵家族的影响。世世代代出现在威尼斯历史上的姓氏总是那么相同的几个——比如温德拉敏(Vendramin)、巴尔博(Barbo)、泽恩(Zen)、福斯卡里、丹多洛。他们比培根家族或塞西尔家族要长久得多。大议事会本质上就是各家族间的会议,因各种义务与职责维系在一起。因此,从本质上,这里是一个互相和解、让步的地方,而不是各党派的集结之地。这里不是展示原则理论与意识形态的舞台。单独的家族无法形成派系,或过多干预选举的结果,它们在互相依赖的基础上生存。

圣马可广场上的人群照片,由罗杰-维欧勒(Roger-Viollet)摄于1880年代。圣马可广场被人们称为"欧洲最美的会客厅"。

第十一章 | 神话之城

在法律上，威尼斯当局认为，如果大家庭中的某个个体犯了错，整个家族都应为此承担责任。十四世纪中叶，在《威尼斯纪事》的佚名编纂者笔下，特定的家族就像拥有各自习惯与特征的个体：丹多洛家族"鲁莽大胆"，而巴尔贝里尼家族则"愚钝麻木……游戏人间"。人们都说，没有一个巴尔博家的人能发财，没有一个莫塞尼戈家的人会落魄，没有一个埃里佐（Erizzo）家的人富于同情心。同样的姓氏会出现在参议院的名单中，主教当局的名单中，大商人的名单中。威尼斯人对宗谱有一种痴迷，十五世纪，记录贵族通婚和出生情况的《金册》（*Libri d'Oro*）开始设立。

这座城市中的主要商业机构都是家族集团式经营。总账上既包括家庭账目，也包括商业账目，二者同等重要。住在一起的兄弟均被视为商业伙伴，除非他们正式分家。家族商业模式被认为效率更高，反应也更迅速。根据一位贵族的说法，父子搭档"拥有更多的亲情、更多的荣耀，带来更高的利润，花去较少的成本"。的确，这样一来，日常管理费用就可以忽略不计了。威尼斯社会里的单身汉数量比意大利其他地方都多。譬如，十五世纪，城中超过一半的成年男性贵族都未结婚。在他们去世后，他们留下的财产由结了婚的兄弟的后人继承，以此将生意保持在直系亲属手中。

人们认为，家庭本身就反映了这个国家的形象。在这种制度中，个人意愿必须服从集体决定。丈夫拥有绝对的权威；妻子不过是生育机器；孩子注定只能沉默顺从。主人和仆人在一种严格控制的语境下捆绑在一起。没有小家，就没有国家；没有国家，也将不会有小家。因此，家庭和谐的理想十分强烈。威尼斯建设委员的法令呼吁"亲善友邻……会得到友爱与丰硕的幸福"。圣乔瓦尼·埃万杰利斯塔（S. Giovanni Evangelista）兄弟会的成员渴望"来自兄弟友爱"的恩典，而石匠则为"全体大众的福祉"而做工。

于是，我们或许可以将威尼斯人与黄金蜂巢中分工合作的蜜蜂相比较。蜜蜂服从于蜂巢的共同目的。他们互相竞争，却不对抗。他们工作起来不知疲倦，但却并没有明显受到强迫的迹象，只是为了追寻共同的利益。他们之间从不会爆发内战。在1609年出版的《女性君主或蜜蜂史》(The Feminine Monarchy or the History of the Bees)中，查尔斯·巴特勒指出了蜜蜂的几种特性：它们精于获益，艰苦辛劳，忠心耿耿，反应敏捷，聪明灵活，大胆无畏，而且诡计多端。所有这些品质都可以用来描述威尼斯人。老普林尼(Pliny the Elder)谈论道，蜜蜂极为团结勤劳，因为"它们只承认共同的利益"。这也是理解威尼斯社会的关键。我们或许也可以引用碧·威尔森(BeeWilson)在《蜂巢》(The Hive)一书中的说法解释威尼斯人的天性，她说，蜂巢"是自然世界与计谋世界相碰撞的地方，正因如此，它是如此神秘"。这也是威尼斯的神秘之处。

威尼斯人所追寻的共同利益是什么？它或许可以被称作生存的需求本身，即存在的延续性。除了维持与保存生命，再不需要什么更多的目标了。这是原始的本能，在婴孩的啼哭与垂死之人的喘息中被彰显。"只要在一点上目标一致，"十七世纪初，西班牙大使就威尼斯政府写道，"统治就将永存不灭。"人类活动的所有其他动机——财富、权力、荣誉——都从属于"生存"这一核心需求。它是相互关系与相互作用的原则，基于有机的力量，而非机械的力量。正是一连串相联系、有目的的行动，构成了威尼斯的历史。在历史中，我们当然会追溯独立的事件，并试图为它们指明"原因"。但核心的原因是找不到的。它是事物内在本质的一部分。相反，我们能窥见的只是一张关系网，比关联其中的各事件与对象更重要，也更根本。

［357］　公共利益体现了共有的意愿与共有的敏感度。每一个个体的利益都被认为应该服从国家利益。如果说原始资本主义也可能是某种形式的原始共产主义，那么威尼斯就是这种情况的代表。可是这些术语大概是用错了时代。我们最好还是将这一切归入中世纪集体主义的语境中看待，并将这座城市理解为一个创造于上帝图景中的人类有机体。于是，"资本主义"与"共产主义"变成了实现斗争与生存的本能需求

的工具。有人说,在一座诸如威尼斯的共和国中,与公国或王国截然不同的是,公共利益优先于个人的作用与意志。共和国的性质在于法律与制度的程序,不在于权力或个人性格。威尼斯不存在单一的权力焦点。它是一支多元的力量。整个威尼斯的历史上未曾出现一位独裁者。这座城市本身总是高于一切。

家庭的理念显露于四种不同的天性与信仰中。这座城市的领土注定是共同继承的财产;这座城市的政府代表着一种神圣的契约;这座城市的起源被归于家庭或宗族;这座城市的虔诚在于对先人的尊敬。威尼斯市民诞生在一系列人类互相依存与天然的需求中。或许这就是生命本身的条件。社会生活是人类的自然状况。没有必要假设某种卢梭式的社会契约。这也是上天赐予乔治·艾略特[①](George Eliot)的领悟,在威尼斯潟湖上观察日落时,她评论道,"在这样一种景象中,我可以轻易忘记自身的存在,感觉自己已融入了共同的生命。"

他们的目的一致而团结。譬如,威尼斯贸易的主要项目是集体主义的努力,据此,商人以正式合约将自己绑定为一个个货物运输团体。政府本身负责着最大的船队。威尼斯人在行会、教区与学校(scuole)的网络里找到自身的意义,正是这些行会、教区与学校形成了这座城市的社会生活。这里有没完没了的委员会、理事会与管控公会。

威尼斯人自身权益的平等是一个存在争议的问题。将人口划分为贵族、市民与平民也许暗示着,威尼斯的确存在社会地位与社会责任的等级制度。然而同样毫无疑问的是,威尼斯政体内部有一种平等化趋势在发挥作用。早在公元六世纪,东哥特首领卡西奥多罗斯对威尼斯人谈道,"你们之间没有贫富差距,你们吃着相同的食物,住着相似的房屋。"根据传统,城中所有的房屋高度曾一度都是相同的。

[358]

---

① 乔治·艾略特:1819—1880,英国女作家。

十一世纪时，有两、三家古老的家族试图建立统治王朝，他们的做法遭到了贵族阶层的坚决反对，贵族们声称，"我们来到威尼斯，不是为了在主子手下过活的。"

事实上，商人之间是平等的。财富不分阶级或界限。因此，托马斯·科里亚特注意到，"他们的绅士与最德高望重的参议员、一位身家两百万达克特的富豪，也会亲自来到市场，购买肉类、水果与其他家用必需品。"这座城市的街道及其狭窄的边界意味着，威尼斯社会的各阶级往往是交相混杂的。作为商人，贵族也不可能将自身从大众的日常生活中分离出来。正因如此，豪宅大厦的底层经常被辟为店铺或仓库出租。威尼斯的法律禁止招摇卖弄、奢侈炫富。节俭，或者所谓的"中庸"（mediocritas），在任何情况下都是威尼斯人的一种本能。许多遗嘱中都有要求丧仪"一切从简"的约定。或许还有自然环境的影响，伟大的水让一切变得水平。比如，有人曾评价道，泰晤士河就是一个社会平等的伟大避风港。在水面上，一切都处在平等的位置。

所以，威尼斯的全体大众拥有一种明显的热诚。一位十八世纪的英格兰贵族观察道，"在这里，各等级的人普遍都很礼貌，大众认为他们应得到贵族的以礼相待，他们也报之以深深的尊重与敬奉，但如果一个贵族以傲慢无礼的态度对待下人，对方也不会忍气吞声。"他们共同受到礼仪的约束。在哥尔多尼的喜剧中，仆人经常冲主人发脾气。主人却从来不会欺凌仆人。有人对这种举止的自由持谴责态度。十六世纪晚期，在一部题为《道德谈话》（*Discorsi Morali*）的对话中，一名对话者评论道，在威尼斯，"仆人们放肆成性、浪荡风流、品行不端、举止无礼"，反而那些身居高位者却是"仁慈善良、忠心耿耿、诚挚大方、举止文雅"。

于是，一种关于"自由"观念的信仰被提了出来，显示在一种原始的国家概念中，即国家不是王公贵族的奴仆。社群主义的神话令人惊叹，尽管在现实中，这些流亡者是随着主教或地方贵族逃难而来的。对政府而言，自由并不包括个人自由，但却包括免遭他国干涉的自由。

最晚从十四世纪开始,威尼斯为游客和外来者提供了宝贵的信仰自由。正是因此,威尼斯被视为一座开放的城市,既能容纳改革宗教徒与重洗派教徒,也能容纳希腊东正教徒、穆斯林和犹太教徒。自由贸易之下,难存偏执的土壤。"因为我生于一座自由的城市,"一位参议员告诉他的同僚,"我会自由地表达自己的意见。"在十六世纪初,这句话在其他很多地方还无法说出口。十七世纪末,一位法国年代史编者也写道,"威尼斯的自由使一切变得真实可信,无论你是什么人,持有怎样的宗教信仰,只要你没有议论或试图反对国家、贵族,你就一定可以过上不受烦扰的生活,因为没人会去责难他人的行为,也没人会抗议邻居的不端行为。"

正因如此,这种信仰自由转化成了行为自由。它一直是这座城市的特点,在十四世纪,彼特拉克曾谴责过威尼斯人"粗俗的言语和过分的随心所欲"。但在十七和十八世纪,这成了这座城市标志性的特点。威尼斯开始以现在所谓的"自由放任"著称,很快有人评论道,个人自由与有序的政府并不矛盾。这是一条对整个世界的启示。英格兰游客常常将威尼斯的氛围与伦敦相比较,在伦敦,人们的主要消遣就是对他人的行为横加指责。这种情况在那潟湖上的城市却从来不会发生。然而,在这令人放松的气氛背后,却是一本生意经。自由刺激着游客大手大脚地花钱。还有另一种自由:在威尼斯,你可以抛弃过去,重获新生。

经常有人评论,威尼斯文学中少有传记或自传。生活在威尼斯的确会缺乏个人的空间。在很小的时候,贵族阶层的孩子就被教育,他们不应该努力使自己从同伴中脱颖而出。有人说,威尼斯人绝不能原谅商船队长或军队司令的失败,可与此相似的是,他们也绝不能原谅成功。个人的荣光也许会危及这座城市的荣光。

在威尼斯,主要的肖像画模式是群像。事实上,有人提出,集体像最初就是在威尼斯出现的。十九世纪伟大的威尼斯历史学家蓬佩

[360]

奥·莫尔门蒂谈道,"在威尼斯绘画中,个人迷失在兴高采烈的人群里。"例如,丁托列托着迷于人群的运动与和谐,他很少对刻画个体感兴趣,个人从属于作品整体的韵律与和谐,很大程度上就像威尼斯人是国家韵律的一部分那样。在卡巴乔的绘画中,总是有着互相开着玩笑、闲聊小道消息的人群。他们从不争辩。你不会感觉到,他们会交流什么关于人生的见解。这就是威尼斯社会的本性。威尼斯一直是一个属于人群的地方,而非属于孤独的流浪者。在二十一世纪的今天,这里最寻常的景象便是成群结队的游客。如果个人被威尼斯肖像画家描绘,他(几乎总是男性)会以自己的社会或政治身份示人。画上没有内心活动的痕迹,也没有揭露心理活动的企图。相反,许多关于个人的细节被仔细地隐藏了。这样的表达是疏远而超然的。这样的观察保守克制而恪守礼仪,这在威尼斯被称为"守礼"(decoro)。个人不如所属的等级或阶层重要,人们认为,在位者被吸收进了他的国家角色中。一个不变的事实是,掌权之手是隐藏的。

因此,要赞颂威尼斯的男女名人是困难的。这里有伟大的艺术家,但却没有类似洛伦佐·德·美第奇①(Lorenzo de' Medici)或教皇尤利乌斯二世②(Julius II)这样伟大的个人。在文学上,就像在历史上一样,威尼斯人缺乏个人主义色彩。他们不是以独特个性或建功立业闻名的。哥尔多尼的喜剧以寻常生活为主题,剧中充满了关于家庭日常与本地情节的诗歌,而不是杰出个人或离经叛道的功勋业绩、冒险投机,以及内心情感。这反映了一种温和亲切的社会秩序。威尼斯人民一向以温顺著称。他们也许可以被轻易唤起个人激情,但却向来对当局恭敬有加。

布克哈特绝不会为威尼斯写下他曾经用以分析佛罗伦萨的文字:

---

① 洛伦佐·德·美第奇:1449—1492,意大利政治家、外交家、艺术家,文艺复兴时期佛罗伦萨的实际统治者,被同时代的佛罗伦萨人称为"伟大的洛伦佐"。
② 尤利乌斯二世:1443—1513,教皇史上第218位教皇,被教廷认为是历史上最有作为的25位教皇之一。

"个人被引导着创造了对权力的极限运用与享受"，人民的领袖"获得了极其鲜明的个人特征"。威尼斯城过去从来未曾是一个封建制国家，也绝不会成为一个封建制国家。封建制是一种制裁与维护个人权力的制度。马基雅维利观察到，威尼斯城的稳定与幸福来源于一个事实：与他国不同的是，威尼斯的绅士们没有自己的城堡、私人军队或家臣。威尼斯是"人类齐心协力所达到的、声名卓著的伟大作品"，歌德写道，"一座光辉的丰碑，不属于统治者，却属于人民。"

这是献给人民本身的赞辞。加斯帕罗·康塔里尼在1547年出版的一本关于威尼斯国家与政府的书中谈道，"我们从自己的祖先那里继承了一个如此繁荣昌盛的共和国，当初他们聚集在一起，是为了维护他们的国家，为它增光添彩，使它发展壮大，却没有任何个人名利的私心。"他们生前默默无闻、身后籍籍无名，他们唯一的纪念就是这个国家本身。"尽管这些威尼斯绅士们联合在一起时是如此智慧非凡，"詹姆斯·豪威尔在十七世纪写道，"单独来看，他们也不过是芸芸众生的一分子而已。"秘密就在于他们彼此之间的凝聚力。在此语境之外，这些贵族没有身份。他们的私人角色已被自己的政治角色占据。离开了国家，他们就什么也不是了。没有"伟人"的威尼斯呼应着托尔斯泰的格言：人类的历史取决于数以百万计各不相同的机缘巧合与利害关系，将它们聚集在一起的力量只能被称为共同的本能。每个历史时期都在揭示这一本能，此过程之复杂令笔者深深折服。

月 与 夜

威尼斯的夜与寂静是深刻的。月光流泻在圣马可广场上。夜晚的威尼斯最具特色。它有一种静止的特质，与封藏时光的情绪不谋而合。于是，对它的最爱——它自身的感情缠绕着它。威尼斯的门廊似乎比其他城市都昏暗，被黑沉沉的河水拍打冲击。水巷的角落里，微弱的灯火依旧在圣母像前闪烁。威尼斯有许多种夜晚——夏夜广袤的深蓝，冬夜凛冽的黑暗。现代的威尼斯人好像很少在夜晚外出。凌晨时分的街道上不见醉汉徘徊的身影。也听不到沙哑的呼喊。在当代，一位声学工程师曾测量过，威尼斯夜晚的噪音水平为三十二分贝，其他城市的数值大约要比它高出十三分贝。在威尼斯，没有"背景"噪音。

十三世纪下半叶，一个叫做"夜间领主"的政府机关成立，其职责是捍卫夜幕包围下的公共秩序。威尼斯的夜晚似乎是一个令人怀疑的对象。它包含对幽深黑暗、看不见的水流的恐惧，还有对迷宫般曲折的街巷的恐惧。这是发动突袭与颠覆破坏的时机。夜晚是属于间谍和刺客的时刻。夜晚为秘密团体，甚至是在墙上涂写反政府标语的人们提供了机会。对于一座为自身合理秩序及管控而骄傲的城市，夜晚是一位特殊的劲敌。威尼斯的法令宣布，夜晚存在着许多危险，"骚乱与暴动"的风险如影随形。夜晚意味着混沌，夜晚意味着威胁。威尼斯的夜似乎唤起了潟湖原始的黑暗与寂静，这座城市正是从中崛起，夜晚是关于原初的回忆。

[363]

然而之后几个世纪，无所不在的狂欢节点亮了威尼斯城的气氛。十八世纪哥尔多尼的回忆录中揭露了一个夜晚的小世界。店铺一直营业到晚上十点，许多甚至到子夜时分才打烊。同样，在午夜，"所有的酒馆都在开门迎客，每家客栈和旅馆里都准备着夜宵"。

那么，这座城市夜晚的声音又是什么呢？脚步声回荡在这座石头之城中。威尼斯是个很好的发声器。城中偶尔响起钟声。永恒运动的河水舔舐拍打着石头，发出声响。水面上也许响起一声呼叫，声音纯净而洪亮。河水将这喊声传得很远很远。狭窄的街巷也可以起到传声筒的作用。还有贡多拉发出的那几乎微不可察的声音。十九世纪，浪漫的旅行者注意到，水面上不时飘过阵阵乐声。李斯特更敏锐地提出了这座城市"寂静的噪音"的概念，滑过水面的小船的沙沙声就是其中之一。

总有一些时刻，静默仿佛突然降临威尼斯。"到处，"狄更斯在《意大利风光》(*Pictures from Italy*) 中写道，"都是那样非凡的寂静。"

于他而言,这是对现代生活强制性地消声——没有四轮马车声,没有车轮的响动,也没有机器的轰鸣。对于许多维多利亚时代的游客来说,威尼斯的魅力就在于它与现代工业文明保持的距离。两个世纪以前,约翰·伊夫林就已将威尼斯描述为"如同置身田野之中一般的寂静,既没有车厢的咔哒声,也没有马蹄的笃笃声"。当然更没有汽车的噪声。也许你转过一个街角,就会遇见一处寂静无声的所在。再没有一座城市拥有如此多安静的小小角落了。在迈克尔·迪布丁的《死亡潟湖》中,叙述者表示,"这样绝对而无条件的寂静令人困扰,就好像一些至关重要的生命机能已经停止。"

　　威尼斯也有阴暗的一面,这是被夜幕隐藏的一面。城中徘徊着许多穷人和流浪汉。乞丐一直是威尼斯生活的一个方面。十五世纪后期,参议院曾讨论过每晚在公爵宫附近区域过夜的老年人等问题。一座"流浪汉之家"或称收容所因此建立。但这还是不够。在饥荒时期,如1527年冬,常有穷人靠在柱子上冻饿而死。孩子们站在里亚尔托市场或圣马可广场上,呼喊着,"饿得要死啦!又饿又冻得要死啦!"当时有人记载,"整座城市都弥漫着他们身上的臭气"。这就是城市生活高度封闭的程度。而显然,威尼斯自身是无法产出食物的。

　　十七世纪初,一家叫做"乞丐收容所"的机构成立,以清除街道广场上数不清的流浪汉。要在威尼斯行乞,必须取得许可证,并寄宿在收容所内。无证行乞将被驱逐,而那些乞讨事业太过红火的乞丐会被押送到海船上服役。如果有人私自开设乞丐寄宿处,他(她)将被罚从圣马可广场一路受鞭刑直到里亚尔托桥。

　　然而,并不是所有乞丐都能得到公共机构的庇护。埃菲·拉斯金注意到,在晚上,"我们看到乞丐全都紧挨着躺在桥边,身上裹着他们宽大的褐色斗篷和大兜帽"。一位威尼斯贵族——加斯帕罗·康塔里尼,不明白这些乞丐究竟是威尼斯共和国的公民还是无家可归的动物。有些穷苦家庭住在码头边东摇西晃的小船上。十九世纪,运河沿

[364]

岸的宫殿变成了穷人群租的公寓。没有一幅完整表现那个世纪的图画中不曾加上一个生动的流浪者形象的,而那流浪者最好是个年轻的漂亮姑娘。

十六世纪中期,据估计,威尼斯城中约有 6000 名乞丐。到十八世纪末,这一数字已升至 22000。该现象部分反映了威尼斯作为旅游业中心的特色,总有这么一种情况,即乞丐更倾向于向外来者乞讨。斯雷尔夫人称他们"举止粗鲁、轻浮又古怪"。她也注意到,威尼斯人本身以极大的温和与礼貌对待他们。一份关于十六世纪威尼斯乞丐的报告记录了他们的话。"我在人们面前装成疯子。""我装成朝圣者的样子,手里拿着一张圣詹姆斯的画像,我遮着脸。我作出乞怜的手势和动作,有钱人就会来周济我。"他们在公共广场上展示自己的伤疤、肿瘤和溃疡。乞讨的喊声总是差不多。"可怜可怜吧!""给个硬币吧,好人一生平安!""看在圣母马利亚的份上,给点钱吧。"威尼斯的乞丐来自许多其他城市。一份 1539 年的登记名单显示,他们来自米兰、西西里、比萨甚至法国。在二十一世纪,譬如说,还能看到老妇人和年轻男子趴在桥上鞠躬伸手乞讨。在各种意义上,威尼斯一直以无家可归的流浪者的避风港闻名。它有什么理由不将善意延伸至那些真正的无依无靠之人呢?

威尼斯的黎明没有小鸟的合唱。然而在破晓时分,这座城市的生活从寂静的沉睡中醒来。游人再一次听到渐渐响起的人声、船只的汽笛、歌声、喊声、鸣响的钟声。这是一座人类之城的早晨。空气中充满着无尽的嗡响。

余音绕梁

弗里德里希·尼采在《看哪这人》(*Ecce Homo*)中写道,"当我寻找音乐的另一个代名词时,我找到的总是'威尼斯'一词"。十九世纪后期,威尼斯的一个晚上,一条贡多拉穿过黑暗的水面,载着理查德·瓦格纳回家。船夫一边奋力划着桨，一边"突然从结实的胸膛中迸发出了一声悲鸣，与动物的嚎叫不无相似之处，这声音从一个低沉的调子上逐渐升起，经过一段持久的'哦！'音，以简单的乐句'威尼斯'达到顶点……"所以，威尼斯是一曲音乐，余音绕梁。

在 1581 年出版的一本威尼斯旅行指南中，这座城市被誉为音乐之都（la sede di musica）。这是一片音调和谐的社区，有着无与伦比的宗教与世俗音乐传统。公爵管弦乐团每天在圣马可广场上演奏一个小时，许多个世纪以来，这处威尼斯的中心之地一直环绕着音乐。不仅有其他的街头乐队，而且还有音乐厅和唱诗班。歌声与乐声回荡在每一个地区。耶稣受难日这一天，每座教区的成员——无论是葡萄酒贩子、渔民还是船夫——都会齐声高唱长长的圣歌《二十四小时》（Twenty-Four Hours）。这与教会的教规无关。这是人们自发的选择。每个行会都有自己的歌曲和音乐。合唱团也十分受欢迎。还有许多业余乐手组成的私人社团。威尼斯中产阶级家庭的财产清单显示，其中大多数人家都拥有弦乐器或键盘乐器。

这座城市的一切公共庆典都离不开音乐。大运河及其他地方停泊有音乐会驳船，为威尼斯民众与游客演奏。一件 1609 年的版画，表现了运河上的众多音乐娱乐活动。著名演奏家也会在私人住宅中进行演出。甚至威尼斯的赌场也会请来音乐家表演。狂欢节期间总会上演喜剧芭蕾。1770 年，一位英格兰旅行者记录道，"这里的人们是如此热爱音乐，房屋里整天传出优美动听的乐声，迷人地飘散在水面上。"水的存在需要歌曲与音乐的陪伴，水流和水流的声响引出了其他的旋律。因此我们才会读到威尼斯教堂音乐在"庄严地流淌"。

十八世纪后期，查尔斯·伯尼[①]（Charles Burney）评价道，威尼斯人仿佛以唱歌的方式交流。众所周知，贡多拉船夫酷爱使用十六世纪

---

① 查尔斯·伯尼：1726—1814，英格兰音乐史学家、作曲家、音乐家。

托尔夸托·塔索①(Torquato Tasso)诗歌中的宣叙调,甚至到了令人反感的地步。然而,这是一种悲悼,因为威尼斯人的悲伤融进了歌里。歌德曾描绘过这样一幅景象:潟湖其他小岛上的女人们坐在海岸边,向她们在水中打渔的丈夫唱着塔索的歌。男人们随后也以唱歌回应妻子,用音乐进行一场家庭对话。塔索是威尼斯最钟爱的宠儿之一,他的早年在这座城市度过,他的父亲是阿尔定出版圈的成员。

还有一种叫做"韦洛提"(vilote)的流行歌曲,是妇女们做针线活或煮饭时唱的。这些歌往往是爱情的挽歌,关于希望、梦想与欲望。伴着羽管键琴的音乐,"韦洛提"也可以用来在广场上跳舞。当然,还有著名的威尼斯小夜曲,伴着曼陀林或吉他声在无所不在的阳台下唱响。可以说,威尼斯人痴恋着音乐。他们热爱爱情,他们热爱旋律。据说,在拜占庭总督朗吉努斯(Longinus)于567年到访这座潟湖上的城市时,迎接他的钟声与管弦之声几乎能把他震聋。

因此,从威尼斯早期历史开始,关于音乐的记载就已出现。815年,"威尼斯的乔吉奥牧师"因高超的管风琴制造技艺,而被传说得到了"艺术之神"的指引。后来,威尼斯的管风琴制造师扬名全欧。据记载,从十四世纪初开始,圣马可大教堂里已有一家歌唱者行会。1403年,那里成立了一所男子歌唱学校。然而,十四世纪初才是真正开启威尼斯音乐漫长辉煌时代的时期。在威尼斯帝国的大扩张告终后,它渴望找到另一种形式的霸主地位。威尼斯是无伴奏重唱之乡,无伴奏重唱正是由此地发明的。这里也是教堂音乐的中心。这里还是歌剧之都。鲜有欧洲作曲家不曾来过威尼斯——多梅尼科·斯卡拉蒂②(Scarlatti),格鲁克③(Gluck),莫扎特(Mozart),瓦格纳(Wagner),亨德尔(Handel),门德尔松(Mendelssohn),蒙特威尔第

---

① 托尔夸托·塔索:1544—1595,十六世纪的意大利诗人。
② 多梅尼科·斯卡拉蒂:1685—1757,意大利那不勒斯王国作曲家、羽管键琴演奏家。
③ 克里斯托弗·维利马尔德·格鲁克:1714—1787,德国作曲家。

（Monteverdi），斯特拉文斯基（Stravinsky），都曾来到这座最宁静的城市。瓦格纳和蒙特威尔第在这里与世长辞。

教堂里的弥撒，伴着音乐与合唱，会持续许多小时。这一宗教仪式上的程序，尤其是弥撒升阶圣歌以及举扬圣饼时，更是伴随着器乐演奏，以致人们来到教堂，就像身处音乐厅。人们也用器乐演奏来显示无声的祈祷。本该是私密的活动，在威尼斯却变得公开而具有戏剧性。歌剧中男女主人公的歌词被改编，用来庆祝男女圣人的纪念日。咏叹调可以被改为宗教剧。事实上，教堂被设计成能最佳体现音乐之美的地方。譬如，避难所教堂就被建造为一个椭圆形的空间。

在1750年代，曾有一度，圣马可大教堂里曾部署了五支管弦乐团，由巴尔达萨雷·加卢皮（Baldassare Galuppi）指挥。同样是在圣马可大教堂，有一项复调音乐的传统是，由两支或更多的合唱团伴着四架管风琴的演奏轮流或同时演唱。这组成了一个神圣的发声"乐器"，因圣马可大教堂迷宫般的声学效果而得到了放大。在星期天或假日的午后，在这里举行音乐活动是一件再正常不过的事。在多声部合唱中，针锋相对的势力最终达成了和谐，这样的本质恰恰与威尼斯国家的趋向相适应。多声部合唱的"回声"效果也和这座水中倒影的城市不谋而合。

威尼斯慈善机构收养的孤女会接受广泛而详尽的音乐训练，因此她们的演奏成为了时代的奇迹。这些被称为收养院的机构实际上成为了年轻女孩们学习歌唱、演奏及作曲的音乐学校。它们也吸引了威尼斯的大音乐家前来指导。例如，安东尼奥·维瓦尔第就曾在"怜悯收养院"（Ospedale della Pietà）担任音乐教师长达四十年。女孩们被安置在锻铁栅栏封闭的歌唱廊中，以使她们的歌声和旋律就像来自看不见的天使。1770年夏，查尔斯·伯尼记录道，"姑娘们有成百上千种歌唱的技法，特别是二重唱方面，有一种技巧与自然力的考验，关于谁能唱的最高、最低、发出最长的音调，或者以最快速度做出变奏。"每个女孩都有自己的粉丝团。她们无父无母的情况反而增加了她们的

[369]

亲和力。但她们并不是修女。小伙子们纷纷来到收养院,向歌声最令他们中意的姑娘求婚。这些机构的教堂中没有掌声,取而代之的却是观众的啜泣与祈祷。曾有报道说,有男人和女人在这声音的强度中昏厥。贡多拉也停泊在附近的运河(rio)上,乘客侧耳倾听着教堂里的歌声。不同的观察者——其中包括卢梭和歌德——都能证实,这些女孩的歌声夺人心神、使人灵魂出窍。"我无法想象,"卢梭写道,"世上竟有如此拨动心弦、感人至深的音乐。"这种感官性正符合威尼斯的调子。

威尼斯的和谐还有另一个方面。古代人相信,音乐象征着秩序井然的宇宙。由于威尼斯是世界上有序统治最为杰出的典型,音乐源出于此也就再自然不过了。它包含群星的乐章。它分享天空与大地。天

一幅十八世纪的画作,加布里埃尔·贝拉绘,展现出威尼斯收养院音乐社团的女孩们举行音乐会的情景。国家慈善机构收养的孤女们会接受广泛而详尽的音乐训练,因此她们的音乐会成为了时代的奇迹。"我无法想象,"卢梭写道,"世上竟有如此拨动心弦、感人至深的音乐。"

堂之门在这座城市敞开。一切体制形式——君主政体、寡头政体与共和政体——都在此铸造与融和为一体。这是天上的和谐,由上帝赐予。在商业教科书,诸如《三分律》(*The Rule of Three*),亦称《黄金定律》(*The Golden Rule*)或《商人的关键》(*The Merchants' Key*)中,就连威尼斯的商人也要学习比例定律。毕达哥拉斯数学是商贸的重要特征。这座城市的建筑构想也是和谐的。如果说"建筑源自音乐的力量"的确是一条真理,那么威尼斯的教堂与贵族宅邸无疑体现了世界的旋律。那时的建筑师研习和谐的原理。在外交政策方面,总督与参议院寻求维持各方力量的"平衡"。据说,他们追求和平,是因为和平反映了各种意义上的和谐。

就像在一支奏鸣曲或协奏曲中,没有一件单独的乐器可以主导一切那样,在威尼斯国内,没有一派利益或权威能被容许影响其他各方,一切都是协调于整体的一个部分。没有人会升得太高,也没有人会降得太低。任何事物都不能失去平衡。目标就是达到完美的秩序。而这一点,在很大程度上的确实现了,这令全世界都讶异不已。当圣马可广场钟楼底部门廊的一个壁龛内被雕上阿波罗的神像时,雕刻者雅各布·桑索维诺表示,"众所周知,本国天生热爱音乐,因此阿波罗被用来象征音乐……非凡的和谐永存于这伟大的政体之中。"

于是,舞蹈在这座城市也就有了重要意义。威尼斯人的日记显示,这座城市的广场和庭院中几乎是不间断地举行着公共舞会。在贵族的宅邸,舞厅里的舞会是备受喜爱的表达方式。有一种"女性舞会",超过百位女性会参加该活动。还有大量舞蹈学校,教习"帽子舞"、"火把舞"和"猎舞"。驳船上也会进行舞蹈表演。这是无所不在的街头表演的一个重要方面。由此,群星的运转在这座城市的街头重现。在加布里埃尔·贝拉(Gabriele Bella)的一幅画作《菲斯托·达·索尔多在广场》(*Festo dà Soldo in Campiello*)中,一群威尼斯人,有男有女,正在两把小提琴与一把大提琴的伴奏下跳着正式的舞步。他们的同胞纷纷在阳台或附近的酒馆中观看女舞者旋转裙摆、

[370]

男舞者在空中举起手臂。当然,广受欢迎的艺术喜剧中也有独具特色的乱舞,伴随着一连串粗俗的言语和讽刺的歌曲。

　　作为政治生活的表达形式,这也是音乐的特性之一。于是我们可以说,人类来到这个世界,就是为了维护与歌颂他们诞生其中的结构体系。在庄严的秩序与展示中产生了一种喜悦,在无尽的回响与重复中也产生了一种喜悦,这与威尼斯的统治何其相似。成千上万的声音都能被听见,而不是只听一人之声,在这样和谐的体验中可以寻获一种深深的慰藉。圣马可大教堂的音乐由国家的行政官员直接掌控,这显示出一个明显的事实,即罗马天主教会在威尼斯已被转变为一个国家教会。在宗教信仰、这座城市与歌曲的和谐中,存在着一种深深的一致性,或者说人们是这样认为的。更直接地说,音乐成为了一种政治宣传的形式。在反映各类市民列队游行的绘画与雕刻作品中,总是描绘着鼓、铙钹与银号的形象。于是,音乐变成了维持社会秩序的一种方式。许多威尼斯歌剧以寓言的形式议论时事,威尼斯则是一切邂逅中的女主角。所以威尼斯就成了威妮西娅,手持利剑与天平的坚不可摧的处女——"这里是美丽的威尼斯(ecco Venezia bella)"!在歌剧《柏勒罗丰》(*Il Bellerofonte*)中,一座威尼斯城精确而详尽的模型从海中升起,伴着音乐。

　　威尼斯的画家也是音乐的信徒。譬如,瓦萨里似乎将丁托列托的音乐技能看得比其绘画成就更有价值。委罗内塞的《迦拿的婚礼》(*Wedding at Cana*)中展示了迎宾四重奏的情景,这一乐团的成员被认出是提香、丁托列托、雅各布·达·巴萨诺和委罗内塞本人。所以,当沃尔特·佩特尔在他关于威尼斯艺术家乔尔乔内的研究中提出"一切艺术往往都渴望着音乐的气质"时,他指出了威尼斯艺术的一种中心趋向。佩特尔补充道,在乔尔乔内之后的威尼斯画派,"音乐本身的完美瞬间,对音乐、歌曲或其伴奏的演绎或聆听,成为了突出的主题"。油画可以被当作液体的音乐。所以我们领略了提香的"音调和谐"与"律动",以及洛伦佐·洛托的"热切、快速的节拍"。丁托列托的作品语言也无不是音乐语言。当我们凝视提埃波罗作品构造上的和谐时,我们仿佛听见了维瓦尔第活力充沛、欢欣鼓舞的小提琴曲。另一方面,我们也认识了维瓦尔第"管弦乐色彩的喜悦"。在威尼斯艺术的语言中,音乐与绘画似乎是一对双生子。在画作《圣奥古斯汀的异象》(*The Vision of Saint Augustine*)中,维托雷·卡巴乔这位威尼斯景色的伟大标示者,将圣人奥古斯丁描绘于一个音乐的宇宙中,奥

保罗·委罗内塞绘《迦拿的婚礼》中基督与音乐家的局部。在十六世纪的威尼斯,美术与音乐被紧密关联在一起。画面显示,乐团奏起四重奏招待来宾,乐团的成员被认出是提香、丁托列托、巴萨诺与委罗内塞本人。

古斯丁在乐谱上写下了男高音与女低音的音符，而在他的脚边同时堆放着宗教与世俗音乐的作品，这异象是一种超然的和谐。

音乐与绘画的结合是彻底的威尼斯艺术。数以百计的画作表现着男人和女人手持乐器的场景。威尼斯宗教画中的天使通常都是音乐家，天使合唱被天使管弦合奏取代，但没有任何其他艺术传统如此强

《暴风雨》，作者乔吉奥·巴尔巴雷里·达·卡斯泰尔弗兰科，又名乔尔乔内，绘于十五世纪早期。英国评论家沃尔特·佩特尔在对这位典型威尼斯艺术家的研究中断言，"一切艺术往往都渴望着音乐的气质。"在威尼斯，油画颜料可以是流动的音乐。

调这种和谐的关系。有女孩和男孩歌唱的图景，也有在水池与水井边演奏音乐的绘画，就好像在无尽地歌颂着威尼斯音乐与水之间的和谐一致。提香着迷于音乐演绎的景象与音乐会的场面。听得见的旋律是甜美的，但听不见的却更美。然而，威尼斯的音乐是表现与展示的音乐。它从来无关沉思与悲伤的内省。它依靠的是即兴创作与戏剧性的诠释。这又是一种对表面的热爱，以及对表面效果的极致追求，它定义了威尼斯人的感受力。这就是所谓的"花腔"（coloratura）。

[372]

然而，就像如果没有贸易的氛围，威尼斯就不再是威尼斯了一样，如果没有音乐之声，威尼斯也不再会是威尼斯。这座城市成为了音乐出版与乐器制造之都。威尼斯收藏有许多乐器，专为投资及展示而设计。从另一个方面来说，伟大的威尼斯作曲家们也可以被看作极为成功的商人。我们可以用典型的威尼斯艺术家与小提琴家安东尼奥·维瓦尔第为例。没有人比他更热切地渴望佣金，也没有人比他更希求获利。他的血液里流着做生意的本能。曾有一度，他自称是"坦率的生意人"。

他于1678年出生，是土生土长的威尼斯人，在布拉戈拉（Bragora）的圣乔瓦尼教区教堂受洗。他的父亲詹巴蒂斯塔·维瓦尔第（Giambattista Vivaldi），是一名圣马可大教堂的音乐家。正是在这里，维瓦尔第本人开始接受小提琴训练。他的父亲向他传授了这项家传职业的入门技能。这是一种威尼斯传统。十五岁时，他被录用担任教会的小品圣职，十年以后又被委任为神父。他被人们称为"红发牧师"，"红发"也许表示或象征着他炽热的激情。他长着一个突出的弓形鼻、尖锐的下巴，以及一双神采奕奕的大眼睛。

维瓦尔第先天体质虚弱，是个与死神擦肩而过的早产儿，一向需要在辅助下才能四处行动。正如在一封写于生命最后日子里的信中，他解释道的：

在我刚刚被任命为神父时，我只做了约一年多弥撒就放弃了，因为有三次，我因病不得不在没有做完弥撒的情况下就离开圣坛。因为这样的原因，我的一辈子几乎都在家中度过，只有乘坐贡多拉或马车才能离开家门，因我患有一种胸部疾患，是一种心脏方面的疾病，使我无法行走。没有贵族邀请我去他的家中，就连总督也不，因为他们都了解我的疾病。在早餐后，我通常可以出门，但从来不能步行。

然而，正是这样一个人，坚持不懈地将自己投入于作曲、管理与指挥中。他有着堂·吉诃德式的狂热与冲动，据大家说，他总是服从于一时的情绪。就像他的音乐一样，他似乎从一个未知的力量之源中得到了非凡的内能。当时的英格兰作曲家威廉·海耶斯（William Hayes）认为，"他的性情中含有太多水银"——意思就是指他的冲动与狂热。或许，他还有一点古怪。1704年，二十六岁的维瓦尔第被指派到一所叫怜悯收养院的孤儿音乐学校工作，他一生中的大部分时间都在那里担任音乐教师。当他加入这所机构，他成为了那里的音乐总指挥。他既是教师、主管，也是演奏者。九年以后，他被任命为怜悯收养院的官方作曲家。这些年间，他作为作曲家声名鹊起，享誉欧洲。丹麦国王弗雷德里克四世（Frederick IV）曾特别到访怜悯收养院，只为聆听维瓦尔第的一部清唱剧。

然而，他的活力与决心已驱使他走向另一个方向。在他被任命为官方作曲家的同一年，他的第一部歌剧在威尼托大陆上的维琴察市上演。这是他的歌剧在威尼斯本土演出的前奏，在威尼斯的成功很快使他名利双收。在他往后的一生中，他的作品一直分为歌剧与宗教音乐两类。追求利益是他的目标之一。他惯于将自己的作品提供给外国乐手，并为此开出高价。以同时代的卡纳莱托将威尼斯的风景营销给游客的手段，维瓦尔第营销着威尼斯的音乐。他为价格与成本讨价还价。他决定不出版自己的作品，因为他认为，出售手稿可以赚取更多收益。他曾与一位英格兰旅行者爱德华·霍尔兹沃思（Edward

Holdsworth）讨论自己的资产，霍尔兹沃思记载道，"他的生意兴隆，因为每张作品都要价一个几尼。"

在歌剧作品方面，他既是生意人，也是音乐家。他租下剧场。他聘用歌手和乐手。他挑选剧本。他指挥管弦乐队，并亲自独奏小提琴配乐。他必须响应大众的需求。如果一部歌剧不卖座，他会在几天内找到新作取而代之。而这样一位无与伦比的演出主办者同时还是一位神职人员。威尼斯戏剧家哥尔多尼曾记录下一次对维瓦尔第的拜访。"我发现他被总谱①包围着，"他写道，"他手里拿着每日祈祷书。他起身，大幅做着划十字的手势，放下了手中的每日祈祷书……"这种宗教虔诚与世俗商业的结合，不言而喻，是彻头彻尾的威尼斯式的。

然而，威尼斯的一切事物都取决于潮流时尚。维瓦尔第的密友查尔斯·德·布罗塞（Charles de Brosses）在 1740 年写道，"令我大吃一惊的是，我发现他在这个国家并没有得到应有的高度评价，这里的一切都跟从着一时的流行。"正是因为这个以及其他一些原因，维瓦尔第在国外寻找赞助人。他旅行至维也纳，并于 1741 年正要动身前往德累斯顿时与世长辞，享年六十三岁。据说，在度过了极尽挥霍的一生后，他在离世时却一文不名。不过这也许是天纵英才后司空见惯的虔诚收尾。

在强大的执行力方面，维瓦尔第是典型的威尼斯人。他创作了超过五百部器乐作品，以及约一百部歌剧。他自夸可以用"比抄写更快的速度"谱写一部完整的协奏曲。同样，他的演奏也拥有闪电般的火焰与能量。德国学者扎卡赖亚斯·冯·乌芬巴赫（Zacharias von Uffenbach）曾出席一场维瓦尔第的音乐会，他记载道，维瓦尔第"使我相当不知所措，因为这样的演奏是前所未见、无法比拟的。他将手指放在距离琴桥仅一根头发丝宽度的地方，以致几乎没有放琴弓的空间。因此他用全部四根弦演奏，并运用仿拟音，速度快得令人难以置

---

① 总谱：以多行谱表完整地显示一首多声部音乐作品的乐谱形式。

信"。冯·乌芬巴赫后来委托维瓦尔第为他创作一些大协奏曲。三天后,维瓦尔第交付了十部给他。在他歌剧作品的总谱手稿中曾有这样的题词——"维瓦尔第用五日作曲完成"(Musica del Vivaldi fatta in giorni)。

他的手稿显示,他的思维之活跃与执行力之惊人,甚至超过了用手将其记录下来的能力。这一驱动力是如此生机勃勃又韵律十足,让这势头不可抵挡。运用色彩的效果、栩栩如生的印象、波光粼粼的和谐,还有异想天开的天赋,这些威尼斯音乐的特征在维瓦尔第身上达到了顶点。焦躁不安也会令其产生激情。维瓦尔第是活力充沛的。速度——创作的速度与执行的速度——是这一切的关键。与他同时代的人以"旺盛的精力"与"急速"来描述他。旋律的力量压倒一切。他给人以无穷无尽、不知疲倦的印象。

他也是一位剧场大家,为表达狂放激烈的感情而创造了一种坚持不懈、永无休止的环境。他最著名的作品《四季》极具表现力。这是一种将绘画与歌剧体裁转译为音乐的方式。事实上,他的艺术中存在着一种完全是威尼斯式的倾向,那就是将展示与旋律结合在一起,以使歌剧效果引入他的器乐作品,又用协奏曲的技术支撑他的歌剧。《春》协奏曲中小提琴独奏部分的第一页与蒙德里安[①](Mondrian)的绘画结构相类似。乐曲的音符仿佛在一起跳舞。它们在密集的一队队行列中弯曲、跳跃、飞舞。在总谱上,维瓦尔第会用潦草的字迹匆忙写下"热烈地"(spiritoso)或"快板"(allegro)等字样。

有时,他会一口气写下三、四页乐谱,然后暂停,然后全部打上叉,然后又以同样的精力与速度从第一个音符重新开始。间或,他会为一处地方写下两种不同的节拍,由诠释者或演奏者自己决定采用哪一种。他的创作是如此迅速,有时甚至忘了自己的原始基调。在作曲的过程中,他所写下的文字变得更简洁而省略。

---

① 皮特·蒙德里安:1872—1944,荷兰画家。

同样天赋的涌现，同样的灵巧与冗长，在威尼斯的文化史中屡见不鲜。丁托列托以其艺术实践的惊人能量著称。他可以在一周内画完一座教堂的墙壁，或一家行会的大厅。后来，提埃波罗以能够在十小时内完成一张大型布面油画而闻名。因此，在维瓦尔第的音乐中存在着一种惊人的速度与压迫力，由使同时代者为之震惊的一种富有激情而又韵味十足的驱动力所引领。它如命运一般势不可挡。它如潟湖的潮水般奔涌向前。威尼斯艺术家如此激情澎湃的秘密是什么？那就是喜悦。创作的喜悦。这与生活在一座和谐之城中密切相关。而这也是一种与围绕着他们的文化和社会团结一致所带来的喜悦。他们拥有自己的家园。他们存在的土壤就是威尼斯本身。

　　那么，我们是否可以将威尼斯音乐的本质看为一个有机的整体？它以慷慨激昂与自然自发为标志，表现出极为强烈的愉悦欢快之情。用来形容威尼斯音乐的最常见，也是最受喜爱的词语是"光辉灿烂"。它与威尼斯玻璃折射出的熠熠之光，以及水面的粼粼波光不无关联。而威尼斯音乐还与威尼斯美术丰富的色彩与质地不无关联。与那不勒斯和佛罗伦萨的音乐家截然相反，我们读到与威尼斯音乐家联系在一起的是辉煌的"音调色彩"与"多彩的乐句"。在十六与十七世纪时撰写的威尼斯音乐手册中，有巨大的篇幅用来说明即兴演奏与装饰音符的艺术。因此，威尼斯音乐主要是表达性的。尽管这么理解或许过于粗暴，但关于这种气质上的亲和力，表演的因素要多过实质。一位十八世纪的音乐理论家曾将威尼斯音乐的旋律与罗马式的和声相对比，并评价道，"威尼斯的音乐更易入耳，然而它的魔力持续时间却不长。"已在宗教多声部合唱中为人所知的回声艺术，同样是世俗音乐的一个方面。譬如，威尼斯音乐的奏鸣曲一向以标志性的对位效果为人所知。

[376]

　　威尼斯的音乐有一种甜蜜的气质。它往往是轻快而明净的。从这种意义上，我们可以说它鲜有内心深层活动的涵义。威尼斯不可能诞生出贝多芬。这里的一切都在无可避免地流动。它的韵律来自大海，而非车轮。它激起的是讶异与欣羡，多过沉思与冥想。然而，威尼斯音乐中也不乏打破常规与意外之举，旋律与和声中都会出现猝不及防而出人意料的转折。它常常是异乎寻常又荒诞不经的。有时，它喜好猎奇。它拥有东方的风味。我们甚至可以说，通过威尼斯的作用，东方的音乐进入了古典的欧洲传统之中。威尼斯音乐因恒久微妙的变化而长盛不衰。它偏爱对比反差与纷繁复杂，它可以是迅捷而绚丽华美的。它与演奏家的天赋完美配套。有人认为，独奏协奏曲正是首演于威尼斯。那么，我们可以将这种音乐的本质定义为威尼斯民族气质的表达。司汤达评论道，"威尼斯人性格闪光的倒影落在了威尼斯音乐的结构上。"这种传递与继承的过程还从未得到正确的解读，只有一个例外，那就是在威尼斯人的语言中，人们明显偏爱用完全相同的说法描述艺术与性格。于是，我们有了这些词语——活泼、欢乐、光芒四射、放纵恣意、精力充沛、乐观开朗、自然自发、紧急迫切、灵巧敏捷、慷慨激昂、急躁冲动。噢！威尼斯！

威尼斯大事记

公元四世纪、五世纪、六世纪

威尼西亚人部落离开意大利大陆,前往威尼斯群岛,逃避蛮族侵略者连续不断的进攻。该群岛组成了拜占庭帝国的一部分。

421年:传说中威尼斯建立的时间。这座城市真正的建立日期可能在约一个世纪之后。

446年:威尼西亚人在格拉多集会,建立护民官管辖制。

568年:托尔切洛建成。

七世纪

早期:圣母升天圣殿在托尔切洛建立。

697年:威尼斯首任总督保罗齐奥·阿纳法斯托由人民选出。

八世纪

蛮族侵略终结拜占庭对意大利北部的统治。

九世纪

开端:最初的总督宫在今圣马可广场的区域建立。

810年:丕平欲将威尼斯群岛纳入法兰克帝国版图,遭到失败。

825年:圣马可广场区域建成。

825年:圣马可的遗体从亚历山大港运抵威尼斯。

圣马可取代圣西奥多,成为威尼斯的主保圣人。

十世纪

900年:潟湖上筑起防御工事。

928 年：关于威尼斯玻璃匠的记载首次出现。

十一世纪

末尾：威尼斯成为自治国家、海上共和国。其发展为一支强大的海上力量，在东部建立起帝国，于 1200 年前夺取亚得里亚东海岸，并占领爱琴海上的多座岛屿，包括塞浦路斯和克里特岛。

威尼斯狂欢节创立。

十二世纪

1100 年：威尼斯参加第一次十字军东征。

早期：兵工厂建立。

1167 年：威尼斯首次发行公债。

1171 年：两根巨柱，一根柱顶雕刻着圣西奥多，另一根雕刻着雄狮，在圣马可广场竖立。

1178 年：威尼斯从维罗那手中夺得布伦纳山口的控制权，在之后的四个世纪于意大利大陆（terra firma）建立起广阔的帝国。

后期：现存最早的关于贡多拉的记载出现。

仅由贵族世家组成的大议事会建立。总督和参议院由其选举产生。

十三世纪

1203—1204 年：威尼斯主导针对君士坦丁堡的攻打与洗劫。胜利战车的四匹青铜马被运回威尼斯。威尼斯控制拜占庭帝国境内贸易。

1229 年：威尼斯法律被编纂为法典。

1242 年：史载首次马上比武在圣马可广场举行。

1270 年：关于私人银行的最早记录出现。

1284—1285 年：首批达克特金币发行；造币厂建立。

1298 年：马可·波罗在狱中向一名记录者叙述了他的异域旅行见闻。

十四世纪

1310 年：名为"十人委员会"的审判委员会设立。其由参议院选举产生，于 1335 年成为永久机构。

1348 年：威尼斯城中爆发鼠疫。

1380 年：断断续续进行了长达一个世纪的威尼斯与热那亚战争，以威尼斯获胜告终。

十四到十五世纪

威尼斯达到军事与海上力量的鼎盛。

十五世纪

1421 年：黄金宫开始建造。

1422 年：旧公爵宫被圣马可广场上一座文艺复兴式宫殿取代。

1462 年：威尼斯与土耳其帝国间爆发战争，该战争于 1479 年以威尼斯求和告终。这标志着威尼斯在东方势力终结的开端。威尼斯逐渐失去该地区的贸易控制权。

1495 年：出版商阿尔杜斯·马努蒂乌斯在威尼斯设立作坊，印制希腊、拉丁及希伯来文本。

十六世纪

1516 年：犹太人聚居区在卡纳雷吉欧建成。

1519 年：丁托列托诞生。

1527 年：蛮族侵略者洗劫罗马后，威尼斯成为了无数罗马艺术家与知识分子的避风港。

1527年：一名来自罗马的避难者雅各布·桑索维诺，被任命为公共建筑师。他设计了造币厂、图书馆、钟楼门廊，以及里亚尔托市场的一部分。他还将圣马可广场改造为古典式样的广场。

1565年：欧洲第一家专为戏剧演出而造的剧院在威尼斯建成。

1585年：土耳其从威尼斯手中夺取塞浦路斯。

1585年：里亚尔托桥开始建造。

十七世纪

1618年：妄图破坏威尼斯城中众多重要政治建筑的"西班牙阴谋"遭到挫败。

1637年：世界上第一座公共歌剧院在威尼斯设立。

1669年：土耳其从威尼斯手中夺取克里特岛。

1678年：维瓦尔第诞生。

1696年：提埃波罗诞生。

十八世纪

威尼斯成为艺术与娱乐之都。

1725年：卡萨诺瓦诞生。

1774年：威尼斯最大的赌场因公开命令而关闭。

1797年：拿破仑攻下威尼斯，后将该城让与奥地利。总督被废黜，威尼斯共和国灭亡。

十九世纪

1805年：拿破仑击败奥地利军队，重获威尼斯统治权。

1814年：奥地利重夺威尼斯统治权。

1848年：威尼斯人将奥地利人从城中逐出，重建威尼斯共和国。

1849 年：奥地利军队再次占领威尼斯城，共和国垮台。

1854 年：学院桥建成。

1866 年：奥地利军队撤出威尼斯，该城成为新建立的意大利王国的一部分。

末尾：利多岛成为热门海滩度假地。

1895 年：第一届国际展览会举办。该展览会很快发展为众所周知的"威尼斯双年展"。

二十世纪

1902 年：圣马可广场钟楼坍塌。

1917 年：威尼斯，作为与英国及俄罗斯结盟的意大利的一部分，再次受到奥地利军队威胁。

1943 年：德国军队接管威尼斯。

1966 年：大洪水之年。

1996 年：威尼斯最著名的歌剧院——凤凰歌剧院因火灾焚毁。

索引①

Accademia bridge, 学院桥 185, 319

acqua alta, 涨潮日 18, 25

Acre, 阿卡 158, 166—167

Adams, James, 詹姆斯·亚当斯 79

Addison, Joseph, 约瑟夫·艾迪生 95, 134, 245

Adige, river, 阿迪杰河 155, 314

Adriatic: tides, 亚得里亚海潮汐 4; Venetian expansion in, 威尼斯在亚得里亚海地区的扩张 156; Venetian conflict with Genoa in, 威尼斯与热那亚在亚得里亚海地区的冲突 171—172

Agnadello, battle of(1509), 阿尼亚德洛之战(1509) 194—195

Alaric the Visigoth, 西哥特的阿拉里克 6

Albania, 阿尔巴尼亚 193

Albanians: in Venice, 在威尼斯的阿尔巴尼亚人 43

alchemists, 炼金术师 45, 306

Aldus Manutius, 阿尔杜斯·马努蒂乌斯 219

Alexander III, Pope, 教皇亚历山大三世 52, 160—161

Alexander VI, Pope, 教皇亚历山大六世 73

Alexandria, 亚历山大港 37, 39—40

Alexius IV Angelus, co-Emperor of Byzantium, 拜占庭共治皇帝阿历克塞四世·安格洛斯 162—163

Altino, 阿尔蒂诺 5, 6, 14

Amsterdam, 阿姆斯特丹 101, 118

Anabaptists, 重洗派 45

Anafesto, Paoluccio, Doge, 总督保罗齐奥·阿纳法斯托 138

Angello, Giambattista, 詹巴蒂斯塔·安杰洛 306

animals, 动物 52—54

Apollinaire, Guillaume, 纪尧姆·阿波利奈尔 268

Apollonia(witch), 阿波罗尼亚(女巫) 306

Aquileia: falls to Alaric, 阿奎莱亚陷落于阿拉里克 6; Venetian victory celebrated, 威尼斯人庆祝战胜阿奎莱亚 67

architecture: and sea, 建筑与海洋 19; styles, 建筑风格 96, 208—212, 231, 294; and harmony, 建筑与和谐 369; see also Palladio, Andrea; 又见"安德里亚·帕拉迪奥" Sansovino, Jacopo 雅各布·桑索维诺

Archivio di Stato, 国家档案馆 97

Arco Foscari(gateway), 福斯卡里拱门

---

① 本索引条目后页码为原书页码，即本书边码。

（大门）159

Aretino, Pietro, 彼得罗·阿雷蒂诺 44, 88, 197, 228, 237, 250, 265

Argos, 阿尔戈斯 173; seized by Turks, 土耳其夺取阿尔戈斯 193

aristocracy 贵族 see *patricians* 详见"贵族"

Armenians: in Venice, 在威尼斯的亚美尼亚人 43

army and soldiers, 军队与士兵 179—180

Arsenal: gateway built, 兵工厂大门 96; shipbuilding at, 兵工厂造船业 177—179; Byzantine influence on, 拜占庭对兵工厂的影响 353

arsenalotti 阿森纳洛提 177 see *Castellani* 见"卡斯泰拉尼"

art: recreates nature, 艺术再创造自然 52; and representations of Venice, 艺术与威尼斯的表现 227—228, 230, 236; plundered by Napoleon, 拿破仑掠夺的艺术品 318; see also culture and arts; 见"文化与艺术"; Venetian school of painting "威尼斯画派"

Ascension Day, 耶稣升天节 21—22, 235

Ascham, Roger, 罗杰·阿斯克姆 275

Astor family, 阿斯特家族 323

Athens, 雅典 173

Attila the Hun, 匈奴王阿提拉 6, 7

Auden, Wystan Hugh, 威斯坦·休·奥登 58

Augustus Caesar, 屋大维·奥古斯都·恺撒 5

Austria: besieges and bombards Venice (1848—1849), 奥地利包围炮轰威尼斯（1848—1949 年）66, 123, 321—322; in Napoleonic wars, 奥地利在拿破仑战争 316—317; gainscontrol of Venice (1797 and 1814), 奥地利获取威尼斯控制权 318—319; Habsburg empire, 奥地利哈布斯堡帝国 320—321; in FirstWorldWar, 奥地利在第一次世界大战 324

Averroes, 阿威罗伊 22

Bacino, 水池 24

Badoer family, 巴多尔家族 155

Banco del Giro, 转账银行 64

banks, 银行 64, 103

Barattieri, Niccolò, 尼科洛·巴拉提厄里 248

Barbara, Saint, 圣芭芭拉 302

Barbari, Jacopo de': *map of Venice*, 雅各布·德尔巴里《威尼斯地图》345

Barbaro family, 巴尔巴罗家族 96

Barbaro, Giosafatte, 吉奥萨法蒂·巴尔巴罗 350

Barbarossa 巴尔巴罗萨 see Frederick I Barbarossa 见"腓特烈一世"

Barberini family, 巴尔贝里尼家族 355

Baretti, Guiseppe: 朱塞佩·巴雷第（attrib.）（归属于）*An Account of the Manners and Customs of Italy*,《意大利礼仪风俗报告》69, 222

Barrès, Maurice, 莫里斯·巴雷斯 331

Bassano, 巴萨诺 155

Bassano, Jacopo da, 雅各布·达·巴萨诺 261, 371

Beckford, William, 威廉·贝克福德 79—

80, 244
Bedell, William, 威廉·比德尔 270
Bedmar, Marquis of, 贝德马尔侯爵 312
beggars, 乞丐 297, 319, 363—365
bella figura, 美好形象 30, 126
Bella, Gabriele, 加布里埃尔·贝拉 248; *Festo dà Soldo in Campiello*（painting），《菲斯托·达·索尔多在广场》（绘画）370
Bellerofonte, Il（opera），《柏勒罗丰》（歌剧）371
Bellini, Giovanni: and light, 乔瓦尼·贝利尼与光 23, 230; paints young women at mirrors, 乔瓦尼·贝利尼绘画镜中年轻女子 28; animal studies, 乔瓦尼·贝利尼动物研究 54; and stone, 乔瓦尼·贝利尼与石头 59; depicts luxury goods, 乔瓦尼·贝利尼描绘奢侈品 114, 260; and Venice as theatre, 乔瓦尼·贝利尼与作为剧场的威尼斯 120, 122; and spirit of Venice, 乔瓦尼·贝利尼与威尼斯的精神 199; colours, 乔瓦尼·贝利尼色彩 232—233; lives locally, 乔瓦尼·贝利尼本地生活 259; sons follow as painters, 乔瓦尼·贝利尼的儿子们继承父业 261; sacred paintings, 乔瓦尼·贝利尼的宗教画 264; works destroyed in fire, 乔瓦尼·贝利尼的作品因火灾焚毁 295; death, 乔瓦尼·贝利尼去世 337; *Agony in the Garden*（painting），《园中痛祷》（绘画）108; 'Frari Triptych',《圣方济会荣耀圣母圣殿三联画》108; *Virgin and Child Enthroned*（painting），《圣母与圣子升座》（绘画）352

Bellini, Jacopo, 雅各布·贝利尼 111, 227, 259
bells, 钟 183, 294
Bembo, Pietro, 彼得罗·本博 262
Berendt, John: *The City of Falling Angels*, 约翰·伯兰特：《堕落天使之城》326
Bernardino of Siena, St, 锡耶纳的圣伯尔纳丁 23
Bernard of Clairvaux, Saint, 克莱伏的圣伯纳 191
Bessarion（or Basilius），Cardinal John, 约翰·贝萨里翁（或巴西利乌斯）主教 216
Bianco, Andrea, 安德里亚·比安科 346
Biennale, 威尼斯双年展 117, 261, 323
birds, 鸟 54—55
Black Death, 黑死病 205, 334—335
Blake, William, 威廉·布莱克 265
Blessington, Marguerite, Countess of, 玛格丽特·布莱辛顿伯爵夫人 97
Boccaccio, Giovanni, 乔瓦尼·薄伽丘 225; *Decameron*,《十日谈》275
books: printing and production, 书籍：印刷与生产 112, 218—220
bora（wind），布拉（风）23, 25
Bottenigo, river, 博特尼戈河 27
Braudel, Fernand: *Le Temps du Monde*, 费尔南·布罗代尔：《世界上的时间》107
bread, 面包 284
Brenta, river, 布伦塔河 4, 7, 27, 207
brick: in construction, 工程建设中的砖头 59
bridges, 桥梁 207—208, 319; Bridge of Sighs, 叹

息桥 79; Bridge of the Tailors（formerly Bridge of the Dead），裁缝桥（原"死者之桥"）329

bronze horses, 青铜马 53, 164, 172, 298, 318

Brooke, Rupert, 鲁珀特·布鲁克 279

Brosses, Charles de, 查尔斯·德·布罗塞 374

brothels, 妓院 275—276, 282

Brown, Horatio: *Life on the Lagoons*, 霍雷肖·布朗：《潟湖上的生活》206

Browning, Elizabeth Barrett: on pigeons, 伊丽莎白·芭蕾特·勃朗宁：论鸽子 55

Browning, Robert, 罗伯特·勃朗宁 54, 331

Builder, The (periodical),《建筑者》（期刊）236

Buono of Malamocco, 马拉莫科的博诺 37

Burckhardt, Jacob: *The Civilisation of the Renaissance*, 雅各·布克哈特：《文艺复兴的文明》64, 97, 131, 361

Burney, Charles, 查尔斯·伯尼 367—368

Butler, Charles: *The Feminine Monarchy or the History of the Bee*, 查尔斯·巴特勒：《女性君主或蜜蜂史》356

Byron, George Gordon, 6th Baron: 乔治·戈登·拜伦：
on Venetians' inability to swim, 论威尼斯人不会游泳 21; impressions of Venice, 威尼斯的印象 52, 77; on rumour, 论谣言 91; on Pantaloon humour, 论潘塔洛内式幽默 129; on gondolas, 论贡多拉 186; on Venetian speech, 论威尼斯人的口音 226; on Carnival, 论狂欢节 234; visits Venice, 来到威尼斯 237; writes in Venice, 在威尼斯写下的作品 238; on Venetian women, 论威尼斯女性 280; mourns for Venice, 哀悼威尼斯 328; death, 去世 331; Tom Moore visits in Venice, 汤姆·摩尔来到威尼斯 332; *Beppo*,《贝波》238, 267; *Childe Harold's Pilgrimage*,《恰尔德·哈洛尔德游记》73, 238; *Don Juan*,《唐璜》238; *Marino Faliero*,《统领华立罗》123; *The Two Foscari*,《福斯卡里父子》123

Byzantium: Veneti ferry soldiers and officials, 威尼西亚人摆渡拜占庭士兵及官员 7; connections with Venice, 拜占庭与威尼斯的联系 9—11, 352—353; mosaics, 拜占庭马赛克 38, 258; trade embargo between Christians and Saracens, 基督徒与萨拉森人之间的贸易禁运 40; Venetian trade with, 威尼斯人与拜占庭进行贸易往来 156; disputes and treaties with Venice, 拜占庭与威尼斯的纷争与协定 158—159; ends and restores Venetian trading privileges, 拜占庭终止与恢复威尼斯人的贸易特权 158; architectural style, 拜占庭建筑风格 210—211; scholars exiled in Venice, 拜占庭学者流亡至威尼斯 219; artistic influence on Venice, 拜占庭艺术对威尼斯的影响 257—258

Cabot, John, 约翰·卡伯特 350
Cabot, Sebastian, 塞巴斯蒂安·卡伯特 350
cafés, 咖啡馆 285
Cain (Biblical figure), 该隐（圣经人物）60

Calvino, Italo: *Invisible Cities*, 伊塔洛·卡尔维诺:《看不见的城市》76—77,153

calza guilds, 绑腿行会 127

Cambrai, League of, 康布雷同盟 72, 194, 196

campanile, 钟楼 293—294

Campiello Nuovo (formerly Campiello dei Morti), 新广场（原死者广场）329

campo, 场 10, 207

Campo di Rialto, 里亚尔托广场 110

Campo Formio, Treaty of (1797),《坎波·福尔米奥条约》(1797 年) 318

Campo S. Cassiano (Carampane), 圣卡西亚诺广场（卡兰潘）276

Canaletto (Giovanni Antonio Canal), 卡纳莱托（乔瓦尼·安东尼奥·卡纳尔）59, 116, 184, 227, 236, 256, 373

canals, 运河 207, 314; Canale Orfano, 奥尔法诺运河 338;

see also Grand Canal 详见"大运河"

Candia, Crete, 克里特的干地亚 170

Cannaregio (district), 卡纳雷吉欧（区）46, 206, 290

capitalism: and manufacturing, 资本主义：与生产制造 117

Carleton, Sir Dudley, 达德利·卡尔顿爵士 43, 138

Carnival, 狂欢节 68, 129, 243—249, 251, 318, 362

Carpaccio, Vittore, 维托雷·卡巴乔 23, 53—54, 59, 113,120, 184, 214, 262, 360; *Miracle of the Relic of the True Cross on the Rialto Bridge* (painting),《里亚尔托桥上的真十字架圣物奇迹》(绘画) 214, 291; *The Vision of Saint Augustine* (painting),《圣奥古斯汀的幻想》371

Casanova de Seingalt, GiacomoGirolamo: 贾科莫·吉罗拉莫·卡萨诺瓦: on rarity of gardens, 论花园的稀有 51;imprisonment and escape, 下狱与出逃 79, 81,222; on Venetian secrecy, 论威尼斯人的保密 85; on rumour and information in Venice, 论威尼斯的谣言与信息 91; on Venetian resistance to novelty, 论威尼斯人对新生事物的抗拒 94; on drama of Venetian life, 论威尼斯人生活的戏剧 125; dresses as Pierrot for Carnival, 在狂欢节上装扮为丑角 129; literary qualities, 文学特质 221—222; on bargaining for prostitute, 论为肉体交易讨价还价 276; offered abbess as lover, 提供女修道院院长作为情妇 282;visits witch for nosebleed, 到女巫处治疗鼻血 306;carries knife in self-defence, 携带匕首自卫 340

Casola, Pietro, 彼得罗·卡索拉 235, 275, 283

casoni (small houses), 卡索尼（小屋）7

Cassiodorus, Ostrogoth leader, 东哥特首领卡西奥多罗斯 7, 126,358

Castellani, the (or arsenalotti), 卡斯泰拉尼（或阿森纳洛提）144,177—178, 252

Castelletto (district), 卡斯特雷托（区）276

Castello (district), 城堡（区）14, 117, 206, 290

Catholic Church: status in Venice, 天主教会：在威尼斯的地位 299—300, 304—

305; see also papacy 又见"教皇权力"
cats, 猫 53—54
Cecil, Robert(later 1st Earl of Salisbury), 罗伯特·塞西尔(后来的索尔兹伯里伯爵一世)88
cemeteries, 墓地 329—330
censorship, 审查制度 218
Charles V, Holy Roman Emperor, 神圣罗马帝国皇帝查理五世 96,197
Charles VIII, King of France, 法国国王查理八世 194
Charles Edward Stuart, Prince('Bonny Prince Charlie'), 王子查尔斯·爱德华·斯图亚特("美王子查理")44
Chekhov, Anton, 安东·契诃夫 332
children: at work, 儿童：做工 112
China: trade with Venice, 中国：与威尼斯进行贸易 175
Chinese Spy, The(eighteenth-century text), 《中国间谍》(18世纪文本)84
Chioggia(porto), 基奥贾(港口)4, 171—172
Christian(or Holy) League, 基督徒(或神圣)同盟 198
chronicles(historical), 编年史(历史的)94
Churches: 教堂: design and ornamentation, 设计与装饰 112, 211; atmosphere, 气氛 121; horses, 马 164; numbers, 数量 301; named for *Old Testament* prophets, 以《旧约》先知命名 303; Madonnadell'Orto, 菜园圣母院 60, 205; Il Redentore, 救主堂 206; S. Alvise, 圣埃尔维斯 205; S. Angelo, 圣安杰洛 22; S.Daniel, 圣但以理 303; S. Geminiano, 圣热米尼亚诺 297—298;S. Geremia, 圣杰雷米亚 301, 303; S. Giacomo, 圣贾科莫 290; S. Giorgio degli Schiavoni, 圣乔治信众会 53;S. Giorgio Maggiore, 圣乔治·马焦雷 206; S.Giovanni Grisostomo, 圣乔瓦尼·格里索斯托莫 225, 347;SS. Giovanni e Paolo, 圣若望及保禄 205; S. Job, 圣约伯 303; S. Lio, 圣利奥 291—292; S. Marco(StMark's), 圣马可 18, 38, 60, 109, 121, 209,211, 229, 232—233, 290, 292—293, 303,351—352, 370; S. Maria Assunta(Gesuiti), 圣母升天圣殿(格苏提)6, 9, 19; S. Maria deiFrari, 圣方济会荣耀圣母 205; S. Maria dei Miracoli, 奇迹圣母 270, 291; S. Maria della Carità, 慈爱圣母 205; S. Maria della Salute, 安康圣母圣殿13, 42,120; S. Maria Formosa, 圣马利亚·福莫萨 14, 67, 328;S. Maria Gloriosa, 荣耀圣母 269; S. Marina, 圣马里纳 270; S. Michele, 圣米歇尔 330; S. Moisé, 圣摩西 120,303; S. Pantalon, 圣潘塔隆 214; S. Pietro du Castello, 城堡区的圣彼得罗 273; S. Raphael, 圣拉斐尔 14; S.Salvatore, 圣萨尔瓦托雷 14; S. Samuel, 圣撒母耳 303; S.Trovaso, 圣特罗瓦索 144; S. Zanipolo, 圣扎尼波罗 300
Cini, Conte Vittorio, 维托里奥·齐尼伯爵 116
citizens(cittadini):市民: excluded from government, 被排除出政府 140;

numbers, 数量 143; 地位 status, 146, 357
cittadini 市民 see citizens 见"市民"
Claudian, 克劳狄安 6
Cocteau, Jean, 让·谷克多 332
Codussi, Mauro, 毛罗·科度西 211, 231
coffee, 咖啡 105, 285
Coleridge, Samuel Taylor, 塞缪尔·泰勒·柯勒律治 123
collectors and collecting, 收藏家与收藏 116—117
colonies, 殖民地 152, 155—156
colours (pigments), 色彩(颜料) 232—233
commedia dell'arte, 即兴喜剧 128—130, 222, 244,370
commune, 公社 139
Commynes, Philippe de, 菲利普·德·科米纳 73, 228, 258,301
condottieri, 雇佣兵 179—180
confidant/lover (cicisbeo), 蓝颜知己/情夫 279—280
confraternities, 兄弟会 145, 356
Constantine VII Porphyrogenitus, Byzantine Emperor, 拜占庭皇帝君士坦丁七世, 生于紫室者 153
Constantinople: 君士坦丁堡: sacked by Venetians, 遭威尼斯人洗劫 95, 101, 161—164, 257; Venetian trade with, 与威尼斯人进行贸易 158—159; Venetian colony in, 威尼斯在君士坦丁堡的殖民地 164; power ends, 权势终结 165; Michael VIII Palaeologus recovers, 迈克尔八世·帕里奥洛加斯复辟 166; falls to Orttomans (1453), 陷落于奥斯曼土耳其人 192; HolyApostles church (Apostoleion), 圣徒教堂 288,292; see also Byzantium, 又见"拜占庭"

constitution, 体制 64
Contarini, Andrea, Doge, 总督安德里亚·康塔里尼 172
Contarini, Carlo, 卡洛·康塔里尼 315
Contarini, Domenico, 多梅尼克·康塔里尼 141
Contarini, Federigo, 费德里戈·康塔里尼 116, 121
Contarini, Gasparo, 加斯帕罗·康塔里尼 361, 364
Contarini, Giacomo, 贾科莫·康塔里尼 127
Contarini, Giovanni, 乔瓦尼·康塔里尼 346
convents 女修道院 see nuns and nunneries 见"修女与女修道院"
Conversino, Giovanni, 乔瓦尼·康沃斯诺 215
cooking 烹饪 see food and drink 见"饮食"
Cooper, James Fenimore, 詹姆斯·费尼莫尔·库柏 76, 186
copyright, 版权 218
Corfu, 科孚岛 164, 166, 192, 199
Cornaro family, 科尔纳罗家族 96
Coron, 科隆岛 164, 167
Corvo, Baron (Frederick William Rolfe), 柯弗男爵(弗雷德里克·威廉·罗尔夫) 278
Coryat, Thomas, 托马斯·科里亚特 53, 126, 220, 248,258, 276—277, 283, 358; Crudities,《粗鲁》107

council of ten('black inquisitors'), 十人委员会("黑衣审判官")80,82, 84—85, 89, 104, 121, 196, 312—313

Counter-Reformation, 反宗教改革 218

courtesans, 交际花 235, 277; see also prostitution 又见"卖淫"

courts of law 法庭 see law and justice 见"法律与公正"

Crawford, Francis Marion, 弗朗西斯·莫里森·克劳福德 237

Cremona, 克雷莫纳 155

Crete(island): 克里特(岛): bought by Venice, 被威尼斯买下 113; Venice controls, 威尼斯控制克里特岛 164, 167—170; iconpainters, 肖像画师 168—169; rebels againstVenice, 反抗威尼斯 170; threatened byOttomans, 受奥斯曼土耳其威胁 192; imperial remains preserved, 帝国残余得到保留 196

crime and punishment, 犯罪与刑罚 80—82, 339—340; see also law and justice; trials 又见"法律与公正";"审判"

Crivelli, Carlo, 卡洛·克里韦利 54

Croatia, 克罗地亚 164

Cronica Venetiarum, 威尼斯纪事 291, 355

Crusades: 十字军: Venetians exploit, 威尼斯人利用十字军 101,157—158, 161, 164; and dominance of Latin Christendom, 统治拉丁基督教世界 156

culture and arts: 文化与艺术: commodification, 商品化 113—115, 117, 265—266, 314—315; and political life, 与政治生活 263; see also art; Venetian school of painting 又见"艺术";"威尼斯画派"

Curzolo, battle of(1298), 科尔丘拉岛战役(1298年)348

Cyprus: 塞浦路斯: as Venetian colony, 作为威尼斯殖民地 101—102; threatened by Ottomans, 受奥斯曼土耳其威胁 192; Venice acquires, 威尼斯得到塞浦路斯 196; Suleiman the Magnificent captures, 苏莱曼大帝夺取塞浦路斯 198; finally lost to Venice, 最终不再属于威尼斯 199

Dalmatia, 达尔马提亚 155, 158, 161, 162, 164, 171, 179, 193

dances and dancing, 舞蹈与跳舞 370

Dandolo family, 丹多洛家族 104, 355

Dandolo, Enrico, Doge, 总督恩里科·丹多洛 161, 163

d'Annunzio, Gabriele, 加布里埃尔·邓南遮 76

Dante Alighieri, 但丁·阿利吉耶里 178, 224—225, 237, 331

Dario, Giovanni, 乔瓦尼·达里奥 204

De origine et gestis Venetorum (history), 《威尼斯起源与事迹》(历史)94

death: cult of, 死亡崇拜 330—331

Declaration of All the Histories Contained in the Paintings ... of the Ducal Palace, 《公爵宫绘画所含历史公告》63

Defoe, Daniel, 丹尼尔·笛福 301

denuncia(or denontia segreta), 检举(或告密)90

Desborough family, 德斯博勒家族 323

Diaghilev, Serge, 谢尔盖·佳吉列夫 278, 331

diaries, 日记 222—223

Dibdin, Michael: *Dead Lagoon*, 迈克尔·迪布丁:《死亡潟湖》334, 363

Dickens, Charles: 查尔斯·狄更斯: on prisons in Venice, 论威尼斯的监狱 79; *Pictures from Italy*,《意大利风光》77, 363

diplomacy, 外交 70—71, 84

Discorsi Morali,《道德谈话》358

Disraeli, Benjamin, 本杰明·迪斯雷利 77

Dogana (custom house), 海关 42

doge: death and succession, 总督：死亡与继任 10, 143; in marriage to the sea, 娶海 21—22; association with Saint Mark, 与圣马可的联合 38—39; powers and status, 权力与地位 65, 139, 142—143; processions and festivities, 游行与节庆 66—67, 142; diplomatic practices, 外交实践 71; qualities, 特质 73; holds prison keys, 持有监狱钥匙 80; engagement in trade, 参与贸易 103; dress, 着装 109, 121, 126, 142; death ceremonies, 葬礼 121; election, 选举 138, 140; age, 年龄 141, 338; paintings of, 总督的画像 263; religious status, 宗教地位 290, 299; presence at executions, 出席死刑执行 338; anonymity, 默默无名 361; see also Ducal Palace 又见"公爵宫"

dogs, 狗 53

'Domenico' (glass-maker), "多梅尼科"（玻璃匠）32

Don't Look Now (film),《威尼斯疑魂》(电影) 330

Doria, Pietro, 彼得罗·多利亚 172

Dorsoduro (district), 多尔索杜罗（区）18, 117

dress and costume, 衣着与装束 96, 121, 125—128, 353; laws on, 关于衣着与装束的法令 190

drunkenness: 醉酒 avoided in Venice, 在威尼斯避免醉酒 284

Ducal Palace: 公爵宫 histories and records, 历史与记载 63; great staircase (Scala dei Giganti), 巨人阶梯 74; destroyed by fires, 毁于火灾 263; site and design, 选址与设计 294—296

Dumas, Alexandre, père: 大仲马: *Grande Dictionnaire de la Cuisine*,《烹饪大辞典》232—233

Durazzo, 都拉佐 173

Dürer, Albrecht, 阿尔布雷希特·丢勒 112, 134

earthquakes, 地震 22

Edward III, King of England, 英格兰国王爱德华三世 70

Egypt: trade with, 埃及：与埃及进行贸易 156

Eliot, George, 乔治·艾略特 357

Eliot, T.S.: 'Gerontion', T·S·艾略特:《小老头》87

Emerson, Ralph Waldo, 拉尔夫·瓦尔多·爱默生 42, 334

Enlightenment: idealises Venice, 启蒙运动：将威尼斯理想化 74

Epifania: festival, 主显节：节庆 67

索 引

Equilio 伊奎里奥 see Jesolo 见"耶索洛"
Erasmus, Desiderius, 德西德里乌斯·伊拉斯谟 219
Este family, of Ferrara, 费拉拉的埃斯泰家族 168
Etty, William, 威廉·埃蒂 232
Evelyn, John, 约翰·伊夫林 54, 111, 125, 131, 185, 243—244, 363

Famagusta, Cyprus, 塞浦路斯的法马古斯塔 171
families: 家族: among patricians, 贵族阶层中 147, 354—355; and social unity, 与社会团结 354—357
family businesses, 家族企业 103—104, 356; artists', 艺术世家 260—261
fascism, 法西斯主义 324
fashion, 时尚 108, 125, 275, 279
Fei, Alberto Toso: 阿尔贝托·托索·费: *Venetian Legends and Ghost Stories*,《威尼斯传说与鬼故事》307
Fenice, La (theatre), 凤凰(剧院) 121
Ferdinand III (the Catholic), King of Naples, 那不勒斯国王斐迪南三世 194
Ferrara, 费拉拉 168
Festa della Sensa, 森萨节 247
festivals, 节日 66—68, 105, 110, 247—248; see also Carnival 又见"狂欢节"
fiori di mare (pearl shells), 海洋之花(珍珠贝) 20
fires: 火灾: (976),(976 年) 40; (1106), (1106 年) 205; (1574 and 1577), (1574 年与 1577 年) 263, 295

First World War (1914—1918), 第一次世界大战(1914—1918 年) 324
fish: 鱼: as food, 作为食物 283—284
Flemings: resident in Venice, 佛兰芒人: 居住在威尼斯 43
floods, 洪水 25—26, 326
Florence, 佛罗伦萨 173—175, 193—194, 216, 354, 361
Florian's (café), 佛罗莱恩(咖啡馆) 238, 285, 298
flowers, 花 51, 56
folk-songs, 民间歌谣 223
food and drink: 饮食: laws on, 关于饮食的法规 189—190; quality and variety, 质量与种类 283—285
food supply, 食物供应 144
forty, the, "四十人"机构 139
France: 法国: intervenes in Italy, 干预意大利事务 194, 196; occupies Venice (1797), 占领威尼斯(1797 年) 316—318; see also Napoleon I (Bonaparte) 又见"拿破仑一世(波拿巴)"
Francesco, Fra, 弗拉·弗朗切斯科 270
Francis of Assisi, Saint, 阿西西的圣方济各 303
Franciscan Order, 方济各的命令 304
Franco, Veronica, 维罗妮卡·弗朗科 20
Franks, 法兰克人 11
fraterna (family collective), 家族集团式 355
Frederick I Barbarossa, Holy Roman Emperor, 神圣罗马帝国皇帝腓特烈一世·巴尔巴罗萨 160—161

Frederick IV, King of Denmark, 丹麦国王弗雷德里克四世 373
free trade, 自由贸易 40
Freud, Sigmund: *The Interpretation of Dreams*, 西格蒙德·弗洛伊德:《梦的解析》77
Friuli, 弗留利 173
funerals, 葬礼 330—331
Futurist movement, 未来主义运动 330

Galileo Galilei, 伽利略·伽利莱 88, 217
Galleria dell'Accademia, 学院美术馆 213
galleys: service in, 桨帆船: 在桨帆船上服役 176—177
Galuppi, Baldassare, 巴尔达萨雷·加卢皮 114, 368
gambling, 赌博 248—250, 307
games 比赛 see sports and amusements 见"运动与娱乐"
Garden of prayer (manual),《祈祷花园》(手册) 291
gardens, 花园 51, 56
gastaldo grande, 大加斯塔尔多 144
Gautier, Théophile, 泰奥菲尔·戈蒂耶 47, 209
Gazzetta (newspaper), 报纸 88
Gazzetta Veneta, La,《威尼托报》53, 88
Gazzetta di Venezia, 威尼斯报 321
general assembly, 全体大会 139
Genoa: 热那亚: in Crusades, 在十字军东征中 157; rivalry and conflict with Venice, 与威尼斯的对抗及冲突 166, 170—172, 192; supports Michael Palaeologus, 支持迈克尔·帕里奥洛加斯 167; expelled from Constantinople, 被逐出君士坦丁堡 170; internal wars, 内战 175
George, Saint, 圣乔治 40, 152, 302
Germans: 德国人: resident in Venice, 居住在威尼斯 43, 46, 89—90, 109, 300; occupy Venice (1943), 占领威尼斯 (1943年) 324
ghetto, 犹太人聚居区 45—48
ghosts, 鬼 307
Giacobello (tanner), 基亚科贝洛 (制革工) 190
Gibbon, Edward, 爱德华·吉本 333
Gillray, James, 詹姆斯·吉尔雷 85
Giorgio of Venice, Priest, 牧师威尼斯的乔吉奥 367
Giorgione (Giorgio Barbarelli), 乔尔乔内 (乔吉奥·巴尔巴雷里) 27, 148, 228, 259, 264, 371
Giovanni Bono, 乔瓦尼·波诺 8
Giovedí Grasso, feast of, 忏悔周四宴 67
Giustiniani family, 朱斯蒂尼亚尼家族 104
Giustiniani, Bernardo, 博纳多·朱斯蒂尼亚尼 250, 351
Giustiniani, Leonardo, 李奥纳多·朱斯蒂尼亚尼 69
Giustiniani, Saint Lorenzo, 圣洛伦佐·朱斯蒂尼亚尼 303
glass-making, 玻璃制造 28, 31—33, 105, 117, 258
Gluck, Christoph Willibald, 克里斯托弗·维利巴尔德·格鲁克 368
Goethe, Johann Wolfgang von: 约翰·沃尔夫冈·冯·歌德 first sees sea at Venice, 在

威尼斯第一次看见海 18; on Bucintoro, 论总督礼舟 21; on Venetian uniqueness, 论威尼斯的独特性 76; on Venetian storyteller, 论威尼斯说书人 125; witnesses play, 目睹戏剧演出 132; on gondolas, 论贡多拉 186; on masks, 论面具 246; on insanitary Venice, 论不卫生的威尼斯 333; on Venice as market-place of world, 论威尼斯作为世界市场的作用 351; on doge as grandfather, 论总督如同祖父 354; on collective nature of Venice, 论威尼斯的集体天性 361; on music, 论音乐 367; on singing girls, 论歌唱女孩 369

gold, 黄金 108—109; sought by necromancy, 通过巫术寻找黄金 306

gold cloth, 金布 117

Golden Book (Libri d'Oro), 金册 318, 355

Goldoni, Carlo, 卡洛·哥尔多尼 92, 132—134, 272, 358,360, 363, 374; *The Fan*, 《扇子》133; *The Good Girl*,《好姑娘》187

gondolas and gondoliers, 贡多拉与船夫 185—186, 214,330—331, 366—337

Gothic style, 哥特式 30—31, 210—211, 224, 236,294

Goths, 哥特人 7

Gozzi, Carlo, 卡洛·戈齐 92, 177; *The Love for Three Oranges*,《桔之恋》222

Gozzi, Gasparo, 加斯帕罗·戈齐 88

Gradenigo family, 格拉代尼戈家族 110

Gradenigo, Pietro, Doge, 总督彼得罗·格拉代尼戈 167

Grado: 格拉多: meeting of Veneti in, 威尼西亚人会议在格拉多召开 7;religious see at, 格拉多的主教教座 8—9

Grand Canal: 大运河: origins, 起源 9; bridged, 架桥 110,205—206, 208, 320; and transport, 与运输 137;defensive chain, 防御链 156; length, 长度 207

Grand Tour, 大陆游学 235—236

Grando, Missier, 密西尔·格兰多 121

Gratarol, Pietro Antonio, 彼得罗·安东尼奥·格拉塔罗尔 92

Gray, Thomas, 托马斯·格雷 30

great council, 大议事会 139, 317, 354—355

Greeks: resident in Venice, 希腊人：居住在威尼斯 43; see also Byzantium 又见"拜占庭"

Gregory X, Pope, 教皇格里高利十世 347

Gregory XIII, Pope, 教皇格里高利十三世 299

Gritti, Andrea, Doge, 总督安德烈·古利提 197, 319

Guardi, Francesco, 弗朗西斯科·瓜尔迪 227, 236, 337

guerra dei pugni, la (war of the fists;game), 拳战 (比赛) 251—253

Guggenheim, Peggy, 佩姬·古根海姆 326

guilds: 行会: glass-makers', 玻璃匠行会 32; trading, 贸易行会 111;election procedures, 选举程序 138;organisation and functions, 组织与功能 145;popolani in, 行会中的平民 145; Scuola of S. Rocco, 圣罗科学校 254; craft, 手工艺行会 260; songs, 歌唱行会 366; see also calza guilds

又见"绑腿行会"

Haifa, 海法 157
Handel, George Frederick, 乔治·弗里德里希·亨德尔 368
Hayes, William, 威廉·海耶斯 373
Hazlitt, William, 威廉·哈兹里特 147
Henry III (of Valois), King of France, 法国国王亨利三世 (瓦卢瓦王朝) 252
Heraclea (town): 赫拉克利亚 (城镇): founded, 建立 7; religious see at, 赫拉克利亚的主教教座 8
Herodotus, 希罗多德 273
Hitler, Adolf, 阿道夫·希特勒 324
Hobbes, Thomas: *Leviathan*, 托马斯·霍布斯:《利维坦》137
Hofmannsthal, Hugo von, 雨果·冯·霍夫曼斯塔尔 77, 203
Holdsworth, Edward, 爱德华·霍尔兹沃思 373
Holy Land: pilgrimages from Venice, 圣地: 从威尼斯开始朝圣 290
Homer, 荷马 5
homosexuality, 同性恋 45, 259, 278—279
horses and equestrianism, 马与马术 52—53; see also bronze horses 又见"青铜马"
hospitals, 医院 334—335, 363—364
houses and palaces: 房舍与宫殿: patrician, 贵族 147—148; built, 建造 205; design, 设计 210—212; painted façades, 涂绘外立面 228; Ca d'Oro, 黄金宫 58, 108—109, 148; Fondaco dei Tedeschi, 德国商馆 89, 109; Fondaco dei Turchi, 土耳其商馆 43, 323; Palazzo Dario, 达里奥宫 204; see also Ducal Palace 又见"公爵宫"

Howard, John, 约翰·霍华德 333
Howell, James, 詹姆斯·豪威尔 33, 203, 361; *Instructions and Directions for Forren Travell*,《国外旅行说明与指南》270; *A Survey of the Signorie of Venice*,《威尼斯执政调查》73, 268
Howells, William Dean, 威廉·迪恩·豪威尔斯 77; *Venetian Life*,《威尼斯生活》91, 120, 261
humanism, 人文主义 215—216, 220—221
Hungary: 匈牙利: claims to Dalmatia, 要求得到达尔马提亚 158, 171; as threat, 作为威胁 295; see also Magyars 又见"马扎尔人"
Huns, 匈奴 7—8
Hypnerotomachia Poliphili,《寻爱绮梦》78

imbroglio: as word, 纠葛: 词语 142
India: trade with Venice, 印度: 与威尼斯进行贸易 175
indulgences and relics, 赎罪券与圣物 113, 301—303
industry: rise and decline, 工业: 兴起与衰落 117—118, 137
Inquisition, Holy, 宗教法庭 304
Isidore of Chios, Saint, 希俄斯的圣依西多禄 302
Islam: Venetian sympathy for, 伊斯兰教: 威尼斯人同情伊斯兰教 352
Islands: 岛屿: engulfed and washed away, 被吞没、冲走 8, 154; colonised, 有人

定居 152—154; Ammiana, 阿米亚纳岛 8,153; Buranod, 布拉诺岛 8; Castello（earlier Olivolo and S. Biagio）,城堡区（早前的奥利沃洛和圣比亚吉奥）38, 52;Constanziaca, 康斯坦齐亚卡岛 8, 154; Giudecca（earlier Spinalunga）,朱代卡岛（早前的长刺岛）46, 52, 207, 217; Isola della Grazia, 格拉西亚岛 154; Lazzaretto Nuovo, 诺沃传染病院 335—336;Lazzaretto Vecchio, 韦基奥传染病院 335—336;Murano, 穆拉诺岛 8, 28, 31—33, 258; Poveglia, 波维利亚岛 154; S. Ariano, 圣阿里亚诺岛 330; S. Clemente, 圣克莱门特岛 154, 340; S. Francesco del Deserto, 圣方济各岛 5, 8; S. Giorgio Maggiore, 圣乔治·马焦雷岛 302, 338;S. Giovanni di Rialto, 圣乔瓦尼·迪里亚尔托岛 10;S. Michele, 圣米歇尔岛 307, 329—330; S. Servolo, 圣瑟尔沃洛岛 154, 340; Sacca Sessola, 赛索拉小块地 154; Terra dei Soleri, 索勒里陆地 154; Terra dei Mani, 马尼陆地 154; 托尔切洛岛 Torcello, 6, 9, 52, 152—153

Istria, 伊斯特拉 58, 155, 171

Italy: 意大利：attitude to Venice, 对威尼斯的态度 17;independent city-states, 独立城邦 167—168; fails to unify, 统一失败 174; stati in, 意大利境内的国家 174; Venetianambitions in, 威尼斯人对意大利的野心 193—194; Napoleonunifies as kingdom, 拿破仑将意大利统一为王国 318—319

James, Henry: 亨利·詹姆斯 on immigrants and visitors to Venice, 论来到威尼斯的移民与访客 44; on Venice of dreams, 论梦幻的威尼斯 77; on Venetian secrecy, 论威尼斯人的保密性 85; on Venetians as theatrical troupe, 论威尼斯人如同戏班 124; on Venetians' character, 论威尼斯人的性格 134; on gondolas, 论贡多拉 186;on personality of Venice, 论威尼斯的个性 203; on colour in Venice, 论威尼斯的色彩 233; on tourists inVenice, 论威尼斯的游人 236; on femininity of Venice, 论威尼斯的女性气质 267; homosexuality, 同性恋 278; on desolate Venice, 论荒芜的威尼斯 329; on collective nature of Venice, 论威尼斯的集体主义天性 354; *The Aspern Papers*,《阿斯彭文稿》124; *The Portrait of a Lady*,《一位女士的画像》85; *The Wings of the Dove*,《鸽翼》23, 331

Jerusalem, 耶路撒冷 157

Jesolo（earlier Equilio）, 耶索洛（早前的伊奎里奥）7, 144

Jesuits, 耶稣会士 304

Jews: 犹太人：restricted and ghettoised, 受到限制并必须居住在犹太人聚居区 45—48;life and activities, 生活与活动 48—50; persecuted under fascism, 受到法西斯主义迫害 324

Jonson, Ben: *Volpone*, 本·琼森：《福尔蓬奈》108, 238

Joppa（Jaffa）, 雅法 157

Journeys from Venice to Tana, Persia,India

and Constantinople, 从威尼斯前往塔纳、波斯、印度和君士坦丁堡的旅程 350

Jung, Carl Gustav: 'The Visions of Zosimos', 卡尔·古斯塔夫·荣格:《佐西默斯的幻想》28

justice 公正 see law and justice 见 "法律与公正"

Kafka, Franz, 弗兰兹·卡夫卡 86

Kean, Charles, 查尔斯·基恩 123

Kelly, Michael, 迈克尔·凯利 271

Kooning, Willem de, 威廉·德·库宁 265

Kublai Khan (the Great Khan), 忽必烈 (大汗) 76, 347, 349

lagoon: 潟湖 setting, 环境 3—4; salt extracted, 晒盐 102; islands colonised, 在岛屿上建立居住地 152—154; industrial pollution, 工业污染 324; proposed barriers, 被提议建立屏障 326; see also Islands 又见 "岛屿"

land: acquired, reclaimed and cultivated, 陆地：获取、开垦与耕作 109

language, 语言 224—226

law and justice, 法律与公正 64—65, 188—191, 205, 304—305, 337—339; see also crime and punishment; trials 又见 "犯罪与刑罚"; "审判"

Lawrence, D.H., D·H·劳伦斯 75

Lear, Edward, 爱德华·李尔 123

learning and scholarship, 学术与学问 215—217, 219—221

Leon, Donna: *The Anonymous Venetian*, 唐娜·利昂:《威尼斯无名氏》334

Lepanto, 勒班陀 173; battle of (1571), 勒班陀之战 (1571年) 177, 198—199

Levant: 黎凡特: Venetian conquests, 威尼斯征服黎凡特 164; Turkish pirates in, 黎凡特的土耳其海盗 192; Venetians lose, 威尼斯失去黎凡特 193

Lewkenor, Lewes, 刘易斯·鲁克诺 107

Library, 大图书馆 297

Lido: 利多: island site, 岛屿位置 4, 154; designated for recreation, 被指定为娱乐休养地 117; attacked by Genoese, 受到热那亚人进攻 171; as pleasure resort, 作为休闲度假村 324

lion (winged): as emblem of Venice, 狮子 (有翼): 作为威尼斯的象征 40—41, 208

lion's mouth (bocca de leone), 狮口 90—91

literature, 文学 221—222, 224, 237—239

Livenza, river, 利文扎河 155

Lombards: invade Venice, 伦巴底人: 入侵威尼斯 8

Lombardy (region), 伦巴第 (地区) 8, 155—156

Lombardy-Venetia: as province of Italy, 伦巴第-威尼西亚: 作为意大利的省份 323

London: 伦敦: commerce, 商贸 101, 118; Wordsworth describes, 华兹华斯描述伦敦 124; theatres, 剧院 131

Longhi, Pietro, 彼得罗·隆吉 120, 337; *The Geography Lesson* (painting),《地理课》

（绘画）346

Longinus, Byzantine exarch, 拜占庭总督朗吉努斯 367

Loredan, Leonardo, Doge, 总督李奥纳多·洛雷丹 195

lotteries（public），彩票（公开）249—250

Lotto, Lorenzo, 洛伦佐·洛托 371; *Portrait of a Young Man with Account Book*（painting），《年轻男子与账簿》（绘画）106

Louis XII, King of France, 法国国王路易十二 331

Lucy, Saint, 圣露西 301

Luke, Saint, 圣路加 269, 293

Luther, Martin, 马丁·路德 220

Lutherans, 路德派信徒 45

luxury and luxury goods, 奢华与奢侈品 105, 107, 118—119, 268, 311; see also sumptuary laws 又见 "禁奢令"

Machiavelli, Niccolò, 尼科洛·马基雅维利 13, 180, 194—195, 290, 337, 361

madness and mental illness, 疯狂与精神病 341—342

Magistrato alle Acque（Master of the Waters），水务局 21

Magnus, Saint, 圣马格纳斯 14

Magyars, 马扎尔人: invade Lombardy, 入侵伦巴第 156; see also Hungary 又见 "匈牙利"

Malamocco（porto），马拉莫科（港口）4; religious see at, 马拉莫科的主教座 8; ducal seat at, 马拉莫科的总督所在地 9;

Pepin attacks, 丕平进攻马拉莫科 11

Manet, Edouard, 爱德华·马奈 262

Manin, Daniele, 丹尼尔·马宁 321—322

Manin, Ludovico, Doge, 总督卢多维科·马宁 316—318

Mann, Thomas: *Death in Venice*, 托马斯·曼：《死于威尼斯》52, 278, 328

Mansueti, Giovanni, 乔瓦尼·曼苏埃蒂 292

Manutius, Aldus 阿尔杜斯·马努蒂乌斯 see Aldus Manutius 见 "阿尔杜斯·马努蒂乌斯"

maps: 地图: printed and published, 印刷与出版 220; history of Venetian, 威尼斯人的历史 345—346

marble, 大理石 57—58

Marghera（industrial zone），马格拉（工业区）323—324, 326

Marina, Saint, 圣马里纳 303

Marinetti, Emilio Filippo Tommaso, 埃米利奥·菲利波·托马索·马里内蒂 279, 328

Mark, Saint: 圣马可: supposed body in Venice, 被认为是圣马可的遗体在威尼斯 37—40, 291, 293, 299, 301; cult and legends, 崇拜与传说 38—41

markets, 市场 110—111, 117

marriage, 婚姻 272—274, 279—280

Marseilles: 马赛 Venetians in, 威尼斯人在马赛 155

Mary, Virgin: 圣母玛利亚: as spotless mirror of God, 作为上帝无瑕的镜子 28; cult in Venice, 威尼斯的圣母崇拜 268—

270,284, 303

masked balls（festini）,假面舞会 121, 246

masks, 面具 245—246

Mauro, Fra, 弗拉·毛罗 345—346

Maximilian I, Holy Roman Emperor, 神圣罗马帝国皇帝马克西米利安一世 194—195

Medici, Cosimo de', 科西莫·德·美第奇 75

Meduna, Giambattista, 詹巴蒂斯塔·梅杜那 229

Mehmed II（'the Conqueror'）,Ottoman Sultan, 奥斯曼土耳其苏丹穆罕默德二世（"征服者"）192—193

Melville, Herman: *Moby-Dick*, 赫尔曼·梅尔维尔:《白鲸》18

Memmo, Giovanni Maria, 乔瓦尼·马利亚·梅莫 85

Mendelssohn-Bartholdy, Felix, 费利克斯·门德尔松-巴托尔迪 368

Mestre（industrial zone）, 梅斯特雷（工业区）323—325

Michael VIII Palaeologus, Byzantine Emperor, 拜占庭皇帝迈克尔八世·帕里奥洛斯 166—167

Milan, 米兰 159, 173—175, 194

Mint, 造币厂 104, 108, 177, 197, 297

miracles, 奇迹 291—292

mirrors: manufacture, 镜子：制造 28, 117

Misson, François, 弗朗索瓦·米松 235

Mithridates, King of Pontus, 本都国王米特拉达梯 208

Mocenigo, Pietro, 彼得罗·莫塞尼戈 113

Modon, 莫顿 158, 164, 167, 170

Molmenti, Pompeo, 蓬佩奥·莫尔门蒂 107, 360

Mondrian, Piet, 皮特·蒙德里安 375

moneylending, 借贷业 103

Montagu, Lady MaryWortley, 玛丽·沃特里·蒙塔古夫人 76

Monte（national debt）, 国债 103

Monteverdi, Claudio, 克劳迪奥·蒙特威尔第 368

Moore, Tom, 汤姆·摩尔 243, 332

Morand, Paul: *Venises*, 保罗·莫朗:《威尼斯》278

Morisson, Fynes, 费恩斯·莫里森 20, 79, 125, 235,275—276, 284, 337

Moro, Cristoforo, Doge, 总督克里斯托福罗·莫罗 191

Morosini, Andrea, 安德里亚·莫罗西尼 157

Morosini Codex,《莫罗西尼抄本》101

Morris, Jan, 珍·莫里斯 283; Venice,《威尼斯》331

mosaics: 马赛克：in Venice, 在威尼斯 19, 258; at S. Marco, 在圣马可大教堂 38, 40, 258—259, 292—293

mosquitoes, 蚊子 332—333

Mosto, Alvise da, 阿尔维斯·达·莫斯托 350

Mozart,Wolfgang Amadeus, 沃尔夫冈·阿马迪斯·莫扎特 368

Mumford, Lewis: *The City in History*, 刘易斯·芒福德:《历史上的城市》137, 206, 253

music, 音乐 366—376; publishing, 出版 372

musical instrument-making, 乐器制造 372

Musset, Alfred de, 阿尔弗莱德·德·缪塞 65

Mussolini, Benito, 本尼托·墨索里尼 324

Myra (now Bari), Lycia, 利西亚的米拉（今巴里）157

Napier, Sir Charles, 查尔斯·纳皮尔爵士 193

Naples, 那不勒斯 174, 194, 312, 313

Napoleon I (Bonaparte), Emperor of the French, 拿破仑·波拿巴 83, 94, 184, 196, 230, 268, 297—298, 315—319, 354

Nashe, Thomas: *The Unfortunate Traveller*, 托马斯·纳什:《倒霉的旅行者》239

nature: 自然: recreated in art, 在艺术中得到再创造 52; managed and controlled, 被管理与控制 56

Navagero, Andrea, 安德里亚·纳瓦杰罗 94—95

Necrology of Corpus Domini, The,《基督圣体圣血节亡故者名录》281

Negroponte, 内格罗庞特 164, 167, 193

neo-Platonism, 新柏拉图主义 216

newspapers, 报纸 88—89

Nicholas, Saint, 圣尼古拉 40, 157

Nicolotti, the (faction), 尼科洛提（帮派）144, 251—252

Nietzsche, Friedrich, 弗里德里希·尼采 237, 366

Nievo, Ippolito, 伊波利托·涅沃 317—318

night, 夜晚 362—363

nikopeia (icon),《尼科佩亚》（圣像）269

Normans: in Sicily, 诺曼人：在西西里 156, 158

Northcote, James, 詹姆斯·诺思科特 338

nuns and nunneries, 修女与女修道院 121, 273, 280—282; Convent of the Virgins, 贞女修道院 282; S. Zaccaria, 圣扎卡里亚 281, 301

Oderzo, 奥德尔佐 55

O'Faoláin, Seán, 肖恩·欧法奥兰 184

oil painting, 绘画 264—265

Oliphant, Margaret, 玛格丽特·奥利芬特 108

opera, 歌剧 114, 129—130, 371, 373—374; see also music 又见"音乐"

organ-building, 管风琴制造 367

Orio family, 奥里奥家族 10, 110

Orseolo, Saint Pietro, Doge, 总督圣彼得罗·奥尔赛奥洛 303

Ospedale dei Mendicanti, 乞丐收容所 364

Ospedale della Pietà, 怜悯收养院 368, 373

Ospedaletto dei Derelitti, 流浪者收容所 271

ospedali, 收养院 368—369

Osservatore Veneto, L' (newspaper),《威尼托观察家报》(报纸) 88

Osuna, Duke of, 奥苏纳公爵 312, 313

Ottoman Turks: 奥斯曼土耳其人: resident in Venice, 居住在威尼斯的奥斯曼土耳其人 43, 46; relations with Venice, 与威尼斯的关系 192—193, 352; conquests and expansion, 征服与扩张 193, 198, 291; Venice requests aid against League of Cambrai, 威尼斯人向奥斯曼土耳其

人求援对抗康布雷同盟 195; Lepanto defeat, 威尼斯在勒班陀击败奥斯曼土耳其 198—199
Otway, Thomas: *Venice Preserv' d*, 托马斯·奥特维:《得救的威尼斯》313
Outfits of Venetian Men and Women,《威尼斯男女全套服装》125

Padua, 帕多瓦 5, 6, 8, 92, 158, 168, 171, 173, 196, 303, 317; University, 帕多瓦大学 217, 220—221, 300
Pagan, Matteo, 马特奥·佩冈 66
pageants 盛会 see spectacle and celebrations 见"展示与庆典"
painters 画家 see Venetian school of painting 见"威尼斯画派"
palaces(palazzi)宫殿 see houses and palaces 见"房舍与宫殿"
Palladio, Andrea, 安德里亚·帕拉迪奥 122, 206, 211, 231, 305
Pantaleone(or Pantaloon; commedia figure), 潘塔洛内(喜剧人物)128—129
pantomime, 哑剧 128
papacy: 教皇权力: unpopularity in Venice, 在威尼斯不得人心 304; solemn interdict on Venice, 对威尼斯的严肃禁令 311—312; see also Catholic Church 又见"天主教会"
Papal State, 教皇国 174
Parabosco, Girolamo, 吉罗拉莫·帕拉博斯克 131
Paris, 巴黎 101, 131
Paruta, Paolo, 保罗·帕鲁塔 94

Pater, Walter, 沃尔特·佩特尔 265, 371
Patras, 佩特雷 173
patricians: 贵族: hold office, 担任公职 64, 138—139; make bad decisions, 作出错误决定 95; dress and appearance, 着装与外表 126—127; age restrictions, 年龄限制 141; numbers, 数量 143; houses and palazzi, 宅邸与宫殿 147—148; status and qualities, 状态与特质 147, 357; subject to laws, 服从法律 190; in Carnival, 在狂欢节上 247; as art patrons, 作为艺术赞助人 262—263; women, 女性 271, 280; diet, 饮食 284; and fall of Venice, 与威尼斯的沦陷 318—319; violence and crime, 暴力与犯罪 340
Paul VI, Pope, 教皇保禄六世 41
Paul the Hermit, Saint, 隐士圣保罗 135
Pavia, 帕维亚 155
Pepin, son of Charlemagne, 查理曼之子丕平 11
Pertot, Gianfranco: *Venice:Extraordinary Maintenance*, 詹弗兰科·珀尔托特:《威尼斯:特别养护》324—325
Peter the Tartar(Marco Polo's slave), 鞑靼人彼得(马可·波罗的奴隶)113
Petrarch, Francesco Petrarca: 弗兰齐斯科·彼特拉克: on Venice as shelter, 论威尼斯作为庇护所 44; on Venetians' horsemanship and weapons handling, 论威尼斯人的骑术与武艺 53, 151; on image of Venice, 论威尼斯的形象 76; on thirst for gold, 论对黄金的渴望 108; on Venice and Genoa as torches, 论威尼斯与热那亚如同火炬

166; on rebellion at Candia, 论干地亚发生的叛乱 170; manuscripts neglected and damaged, 被忽视与损坏的手稿 216; language, 语言 224; visits to Venice, 造访威尼斯 237; condemns rudeness and licence of Venice, 谴责威尼斯人的粗鲁与放纵 359

Philip II, King of Spain, 西班牙国王腓力二世 198

Piave, river, 皮亚韦河 4, 155

Piero della Francesca: 彼埃罗·德拉·弗朗西斯卡: *On Perspective in Painting*,《论绘画透视法》115; *A Treatise on the Abacus*,《论算盘》115

pigeons, 鸽子 55—56, 296

Piranesi, Giambattista, 乔瓦尼·巴蒂斯塔·皮拉内西 79—80

pirates, 海盗 156, 311; Turkish, 土耳其海盗 192

Pisa: in Crusades, 比萨：在十字军东征中 157

Pisani, Vettor, 维托·匹萨尼 171—172

Pisendel, Johann, 约翰·皮森德尔 89

Pius II, Pope, 教皇庇护二世 304, 352

Pius V, Pope, 教皇庇护五世 198

plague, 瘟疫 313, 334—336

Plato, 柏拉图 216

Po, river, 波河 155, 168, 316

police, 警察 82, 340

Polo, Marco, 马可·波罗 76, 107, 113, 221, 224, 267, 347—349; *The Travels*,《马可·波罗游记》346—349

Polo, Matteo, 马泰奥·波罗 347—348

Polo, Niccolò, 尼科洛·波罗 347—348

poor, the: 穷人：diet, 饮食 284; care of, 对穷人的照顾 363

Pope, Alexander: *Dunciad*, 亚历山大·蒲柏:《愚人记》269

popolani (lower class), 平民（下层阶级）140, 143—146, 354, 357

Porphyrogenitus 生于紫室者 see Constantine VII Porphyrogenitus 见"君士坦丁七世,生于紫室者"

Portas della Carta, 纸牌门 188

porti, 港口 4

portraits and portraiture, 肖像与肖像画 275, 360

postal system, 邮政系统 87

priests: 神父：dress, 着装 126; wear masks for Carnival, 在狂欢节上佩戴面具 245; appointment androle, 任命与职责 305

printing 印刷 see books 见"书籍"

prisons, 监狱 79—82

Priuli, Giovanni, 乔瓦尼·普列里 75

Priuli, Girolamo, 吉罗拉莫·普列里 193, 281

prostitution, 卖淫 276—279, 282

Protestantism: tolerated in Venice, 新教：在威尼斯得到容忍 300

Proust, Marcel, 马塞尔·普鲁斯特 76—77, 237, 278, 294; *Time Regained*,《追忆似水年华》59

Provençal language, 普罗旺斯语 224

proverbs, 谚语 223—224

Provis, Ann, 安·普罗维斯 85

puppetry, 木偶戏 353

Querini, Pietro, 彼得罗·奎里尼 350

Radcliffe, Ann: *The Mysteries of Udolpho*, 安·拉德克里夫:《奥多芙之谜》239
Ragusa (now Dubrovnik), 拉古萨(今杜布罗夫尼克) 102
railway: connects Venice to mainland, 铁路: 连接威尼斯与大陆 319
Ranke, Leopold von, 利奥波德·冯·兰克 97, 175 rats, 老鼠 54, 81
Ravenna, 拉文纳 173; S. Giovanni Evangelista church, 圣乔瓦尼·伊万杰里斯塔教堂 292
relics (religious) 圣物(宗教) see indulgences and relics 见"赎罪券与圣物"
religion, 宗教 45, 68—69, 121, 289—292, 299—304; see also Catholic Church 又见 "天主教会"
Renaissance, 文艺复兴 114, 215
Renier, Paolo, Doge, 总督保罗·雷尼尔 315
revolutions of 1848, 1848 年革命 321
Reynolds, Sir Joshua, 约书亚·雷诺兹爵士 85, 265—266
rhetoric, 修辞雄辩 69—70
Rialto (earlier Rivoalto): 里亚尔托(早前的里沃亚尔托): settled, 定居 9, 12; as market, 作为市场 110—111, 113, 204, 351; defensive wall, 防御墙 156
Rialto Nuovo, 新里亚尔托 110
Ridotto (gambling house), 里多托(赌场) 249
Rilke, Rainer Maria, 赖内·马利亚·里尔克 8, 47, 59, 76—77
Rimini, 里米尼 196
Rio della Paglia, 麦秆河 81
ripristino (style), 复原(风格) 31
Rivoaltus, river, 里沃亚尔特斯河 9
Rizo, Marco, 马可·里佐 339
Robert, Léopold, 利奥波德·罗伯特 331
Rolfe, Frederick William 弗雷德里克·威廉·罗尔夫 see Corvo, Baron 见"柯佛男爵"
Roman Catholic Church 罗马天主教会 see Catholic Church 见"天主教会"
Roman Empire: early Venice in, 罗马帝国: 罗马帝国的早期威尼斯 5—6
Romantics (English), 浪漫主义者(英格兰人) 320
Rome (Papal): 罗马(教皇的): relations with Venice, 与威尼斯的关系 39, 45; sacked by imperialist troops (1527), 被帝国主义军队洗劫(1527 年), 196—197
Rousseau, Jean-Jacques, 让-雅克·卢梭 80, 369
Rule of Three, The (*The Golden Rule; The Merchants' Key*),《三分律》(《黄金定律》;《商人的关键》) 369
rumour and gossip, 谣传与流言 91—92
Ruskin, Euphemia ('Effie'; née Gray), 尤菲米娅·拉斯金("埃菲"; 娘家姓格雷) 298, 301, 364
Ruskin, John: 约翰·拉斯金: on low tides,

论低潮期 4;impressions of Venice, 对威尼斯的印象 18, 77; on 'sea-palaces', 论"海王宫" 18; on Saint Mark's, 论圣马可大教堂 30; on stone ornamentation, 论石头装饰物 58;idealises Venice, 将威尼斯理想化 75; on theatricality of Saint Mark's, 论圣马可大教堂的戏剧性风格 121; on morass of Torcello, 论托尔切洛的沼泽 153; despises Renaissance architecture, 轻视文艺复兴建筑 211; on stone, 论石头 213; on colour in Venice, 论威尼斯的色彩 232—233; visits Venice, 来到威尼斯 237; on Carnival, 论狂欢节 246; on Venetian painting, 论威尼斯绘画 257; on Doge's Palace, 论总督宫 294; on St Mark's Square, 论圣马可广场 298; on desolate Venice, 论荒芜的威尼斯 328—329;*Stones of Venice*, 《威尼斯的石头》58, 187, 209

Rusticiano (amanuensis), 鲁思梯谦 (文书抄录者) 348

Rustico of Torcello, 托尔切洛的鲁斯蒂科 37

Sabbadino, Cristoforo, 克里斯托福罗·萨巴蒂诺 203

Saccardo, Pietro, 彼得罗·萨卡多 229

Sagredo, Francesco, 弗朗西斯科·萨格雷多 221

Saint Nicholas Monastery, 圣尼古拉修道院 157

saints: in Venice, 圣人：在威尼斯 301—302

Salizzada del Pignater, 皮尼亚特尔街 60

salons, 沙龙 217

salt: as trading commodity, 盐：作为贸易商品 4, 7—8,101—102

Sand, George, 乔治·桑 77, 134, 226, 331

Sansovino, Francesco, 弗朗西斯科·桑索维诺 231, 289

Sansovino, Jacopo, 雅各布·桑索维诺 122, 197, 206, 211,297, 370

Sanudo, Marino, 马里诺·萨努多 88, 94, 141, 223, 276,296, 337, 342

Saracens, 萨拉森人 165; see also Ottoman Turks 又见"奥斯曼土耳其人"

Sarpi, Paolo, 保罗·萨尔皮 63

Sartre, Jean-Paul, 让-保罗·萨特 247

sbirri (secret force), 斯比里 (秘密武装) 82

Scarlatti, Domenico, 多梅尼科·斯卡拉蒂 368

schools and academies, 学校与学院 216—217

scirocco (wind), 热风 (风) 24—26

Scutari, 斯库台 173

seagulls, 海鸥 54

Sebastian, Saint, 圣塞巴斯蒂安 26—27

Sempiterni (festival), 祭祀 (节庆) 68

senate, 参议院 80, 104, 134, 139, 141

Serenissima, la: idea of, 最宁静的城市：概念 72

Serlio, Sebastiano, 塞巴斯蒂亚诺·塞利奥 115, 209

Serpetro, Niccolò: *Marketplace of Natural Marvels*, 尼科洛·瑟尔佩特罗：

《自然奇观市场》116—117

sex: and licence in Venice, 性：与威尼斯的纵欲 268, 275—279;see also courtesans; homosexuality;prostitution 又见 "交际花"、"同性恋"、"卖淫"

Sforza, Francesco, 弗朗西斯科·斯福尔扎 127

Sforza, Galeazzo, Duke of Milan, 米兰公爵加莱亚佐·斯福尔扎 194

Shakespeare,William: 威廉·莎士比亚：references toVenice, 提及威尼斯 237; As You Like It,《皆大欢喜》128; The Merchant of Venice,《威尼斯商人》123, 237, 267;Othello,《奥赛罗》237, 248, 278

Sharp, Samuel:（attrib.）An Account of the Manners and Customs of Italy, 塞缪尔·夏普:（归属于）《意大利礼仪风俗报告》69

Shelley, Mary: The Last Man, 玛丽·雪莱：《最后一人》329

Shelley, Percy Bysshe, 珀西·比希·雪莱 186, 237, 320,340

shipbuilding, 造船业 117, 177—119

ships: in Venetian forms and structures, 船只：威尼斯式样与结构 42

Sicily: Normans in, 西西里：诺曼人在西西里 156, 158

Sidney, Sir Philip, 菲利普·西德尼爵士 220

signori di notte, 夜间领主 82, 362

Signoria, 主权统治 60, 66, 73, 140

Sile, river, 西莱河 4, 155

silk: manufacture and trade, 丝绸：制造与贸易 105, 117

Simeon the Prophet, Saint, 先知圣西缅 302

Simmel, Georg, 格奥尔格·齐美尔 31

Sixtus V, Pope, 教皇西斯笃五世 304

slaves and slave trade, 奴隶与奴隶贸易 113

Slavs: repelled, 斯拉夫人：被击退 156

songs, 歌曲 367—368

Sophocles: plays published, 索福克勒斯：戏剧的出版 219

Spain: intervenes in Italy, 西班牙：插手意大利 194

'Spanish plot'（1618）, "西班牙阴谋"（1618年）312—313

spectacle and celebrations, 展示与庆典 30—31, 66—68,170

spectacles（eye-glasses）, 眼镜 113

Spengler, Oswald, 奥斯瓦尔德·斯宾格勒 57

spices: trade in, 香料：贸易 102, 106

spies and spying, 间谍与侦查 89—90

sports and amusements, 运动与娱乐 250—253

sprezzatura, 潇洒 70

Squares 广场 see Streets and Squares 见 "街道与广场"

statues, 雕像 60, 74, 111, 208, 296, 370

Stendhal（Marie-Henri Beyle）, 司汤达（马里-亨利·贝尔）376

stone: 石头：imported for building, 进口石头用于建造业 57—58,213; qualities, 特质 58—60; legends and superstitions, 传说与迷信 60

Stravinsky, Igor, 伊戈尔·斯特拉文斯基

331, 368

street performers and mountebanks, 街头表演者与江湖郎中 248

street-cries, 街头叫卖 112, 128

Streets and Squares: 街道与广场 Calle della Morte, 死亡大道 329; Mercería, 默瑟里亚街 5, 12, 108,111; Rio Terra degli Assassini, 刺客之地 328;S. Giorgio, 圣乔吉奥 113; S. Lorenzo, 圣洛伦佐广场 51, 54;Saint Mark's（Piazza S. Marco）, 圣马可广场 12,55, 66, 103, 107, 197, 248, 276,296—298, 366; Via Eugenia（now Via Garibaldi）, 尤金尼娅街（今加里巴尔迪街）319

Suleiman the Magnificent, Ottoman Emperor, 奥斯曼土耳其皇帝苏莱曼大帝 96, 197—199

sumptuary laws, 禁奢令 190, 195

supernatural powers, 超自然力量 307

superstition, 迷信 305

Symonds, John Addington, 约翰·阿丁顿·西蒙兹 77; *A Venetian Medley*,《威尼斯集成曲》328

Tarabotti, Sister Arcangela, 修女阿尔坎杰拉·塔拉伯蒂 280—281

Tarasius, Saint, 圣塔拉休斯 302

Tasso, Torquato, 托尔夸托·塔索 367

taverns and wine-shops, 酒馆与酒铺 285—286

taxes and taxpayers, 税收与纳税人 74

Tenedos, 忒涅多斯岛 171

theatre and plays, 剧院与戏剧 128—129, 131—133, 262;see also Fenice, La 又见"凤凰歌剧院"

Theodore, Saint, 圣西奥多 13, 18, 21, 38, 40,146, 157, 208, 228, 292, 296

Thrale, Hester（later Piozzi）, 海丝特·斯雷尔 53, 271,333, 364

Tiepolo family, 提埃波罗家族 155

Tiepolo, Giambattista, 詹巴蒂斯塔·提埃波罗 113, 116, 122, 256, 259, 264—266, 314, 371, 375

time, 时间 183—185

Tintoretto（Jacopo Robusto）: 丁托列托（雅各布·罗布斯托）: and light, 与光 19, 122; animal studies, 动物研究 54;and stone, 与石头 59; facility and speed of working, 作画的灵巧与速度 69, 132, 254, 256, 375;bargaining, 议价 115—116, 255; technique, 技巧 122, 254, 256; decorates buildings with frescoes, 以壁画装饰建筑 148, 228; and declineof Venice, 与威尼斯的衰退 199; copies gondolier gestures, 复制贡多拉船夫的姿态 214; religious paintings, 宗教画 214, 269, 291; wins commission for Scuola of S. Rocco, 赢得圣罗科会堂的委托 254;background and character, 背景与性格 255—256;relations with Titian, 与提香的关系 255; death, 逝世 257, 337; stays in Venice, 留在威尼斯 259; sons inherit estate, 儿子继承财产 260; portraits, 肖像画 275;banqueting scenes, 宴会场景 283;vision of paradise, 天堂美景 289; work sdestroyed in fire,

作品毁于火灾 295; crowd paintings, 群像 360; musicality, 音乐性 371; *Paradiso*（painting）,《天堂》（绘画）228; *Resurrection*（painting）,《耶稣复活》（绘画）108; *S. Rocco in Glory*（painting）,《荣耀中的圣罗科》（绘画）254

Titian: 提香：and light, 与光 19; paints young women at mirrors, 绘画镜中的年轻女子 28; animal painting, 动物画 54; speed of work, 工作速度 132;and decline of Venice, 与威尼斯的衰退 199; copies gondoliers' stance, 复制贡多拉船夫的站姿 214; colour, 色彩 232—233; relations with Tintoretto, 与丁托列托的关系 255; attachment to Venice, 依恋威尼斯 259; as heroic painter, 作为英雄般的画家 259; and luxury, 与奢侈品 260; female nudes, 女性裸体 262, 277;Aretino on, 阿雷蒂诺评价提香 265; paintings of Virgin, 圣母像 269; portraits, 肖像画 275; works destroyed by fire, 作品毁于火灾 295; death, 逝世 335,337; *in Veronese's Wedding at Cana*, 在委罗内塞的《迦拿的婚礼》中 371; and music, 与音乐 372; *Presentation of the Virgin*（painting）,《圣母进殿图》（绘画）213

Titus, Saint, 圣提多 302

Toche, Charles, 查尔斯·托什 262

Tolstoy, Count Leo, 列夫·托尔斯泰 315, 361; *War and Peace*,《战争与和平》316

Tommaseo, Niccolò, 尼科洛·托马塞奥 135

Torkington, Sir Richard, 理查德·托尔金顿爵士 235

Torre dell'Orologio, 钟塔 159

Toulouse: Venetians in, 图卢兹：在图卢兹的威尼斯人 155

trade fairs, 贸易展览会 107, 247

trades, 贸易 146

Tremignon, Alessandro, 亚历山德罗·特莱明农 120

Treviso, 特雷维索 155, 168

trials（criminal）, 审判（犯罪）121, 124, 129; see also crime and punishment; law andjustice 又见"犯罪与刑罚"、"法律与公正"

Trollope, Frances, 弗朗西斯·特罗洛普 77

Tron family, 特龙家族 130

Tron, Andrea, 安德里亚·特龙 315

Turner, Joseph Mallord William, 约瑟夫·马洛德·威廉·透纳 237, 320; *Jessica*（painting）,《杰西卡》（绘画）267

Tuscan language, 托斯卡纳语 224—225

Twain, Mark, 马克·吐温 77

Uffenbach, Zacharias von, 扎卡赖亚斯·冯·乌芬巴赫 374

Vasari, Giorgio, 乔尔乔·瓦萨里 254—256, 264—265, 371

vegetation, 植被 52

Vendramin, Andrea, 安德里亚·温德拉敏 116

Veneti（or Venetkens; people）, 威尼西亚人（民族）5—8

Venetia, città nobilissima（1581 guidebook）,

索 引

《威尼斯,最高贵的城市》(1581年旅行指南)235

Venetian school of painting, 威尼斯画派 19, 23, 27, 85, 114—116, 214, 256—257, 259—266

Veneto (or Venetia): 威尼托(或威尼西亚): Lombards occupy, 伦巴底人占领 8; name, 名称 13

Veneziano, Paolo, 保罗·韦内齐亚诺 262

Venice: 威尼斯: site, 位置 3—4, 75; early settlers, 早期定居者 4—9, 16; early trade, 早期贸易 5—6; building on wooden piles and foundations, 建立在木桩与地基上 6—7, 212—213; indeterminate and legendary origins, 模糊与传说中的起源 8, 13—15, 42, 94;connections with Byzantium, 与拜占庭的联系 9—11;internecine disputes, 内讧 10; island bases, 岛屿基础 10—11; as ducal seat, 作为公爵的所在地 11;established as trading city, 作为贸易城市建立 11, 14—15, 101; reclaimed and developed in medieval period, 在中世纪时期开垦与发展 12—13, 204—205; name, 名称 13;community sense and solidarity, 共同体意识与团结一致 15, 74, 92, 354, 356—361; presence and threat of the sea, 海洋的存在与威胁 15, 18—21;island state, 岛国 17; separation fromItaly, 与意大利相分离 17; ceremony of marriage to sea, 娶海典礼 21—22; weather, 气候 22—25; water supply and wells, 供水与水井 26; domestic miserliness, 家中的吝啬 30, 93; façades and outward appearance, 外立面与外观 30—31; relations with Rome, 与罗马的关系 39, 45; independence from Byzantium, 从拜占庭独立 40;foreign residents and immigrants, 外来居民与移民 43—45; separate communities, 互相分离的社区 48;construction materials, 建筑材料 59;established as state, 作为国家建立 63—65;administration and bureaucracy, 行政管理与官僚机构 64—66, 69, 73, 75, 104, 138—140;controls empire of North Italian cities, 控制北意大利城市的帝国 65; communal rituals, 公共仪式 66—68;siege and rebellion (1848—1849), 围城与反叛(1848—1849年) 66, 123, 321—322; artistic life, 艺术生活 69; 'myth' and image of, 威尼斯的"神话"与形象 72—77, 199; liberty in, 威尼斯的自由 74, 360; corruption and tyranny in, 威尼斯的贪腐与暴政 75, 141—142; impressions on visitors, 游人的印象 76—78; conquered and invaded by French (1797), 被法国人征服入侵 81, 83, 316—319;secrecy and mystery, 保密与谜团 83—86, 89,134—135; as labyrinth, 如同迷宫 87, 346; news and information in, 威尼斯的新闻与消息 87—89, 91;conservatism and reverence for tradition, 对传统的保守与尊崇 93—96, 127, 174, 311;rebuilding policy, 重建政策 93; histories, 历史 94—97; sacks Constantinople, 洗劫君士坦丁堡 95,

101,161—164; monumental building, 纪念性建筑物 96;remodelled on Rome, 根据罗马而改建 96; archives, 档案 97; commercial system and practices, 商业体系和实践 101—108; in Crusades, 在十字军东征 101,157—158, 161; mercantile fleet, 商船队 102; occupations and workers, 职业与工人 111;population, 人口 118, 313, 320; standard of living, 生活水平 118—119, 313; selfmarketing, 自我推广营销 119; as stage set, 如同舞台布景 120—124; decline in eighteenth century, 十八世纪的衰退 123; clubs and calza guilds, 俱乐部与绑腿行会 127; ambiguous character ofinhabitants, 居民模糊不清的性格 134—135; layout and plan, 布局与规划 137—138, 205—206; transport system, 交通系统 137, 184; as urban model, 作为城市的典范 137—138; power struggles and intrigues, 权力斗争与阴谋 139, 141—142; as plutocracy, 富豪统治 140; social structure and stability, 社会结构与稳定性 143—144, 358—359; patriarchal government, 家长式政府 151; warriors and fighting prowess, 战士与战斗技能 151—152, 176; expansion and empire, 扩张与帝国 154—156, 158, 164—165, 167, 173;controls nearby mainland, 统治附近的大陆地区 155;disputes and treaties with Byzantium, 与拜占庭的争端和协约 158—159; gateways constructed, 建成的门户 159; negotiates peace agreement between Pope Alexander III and Barbarossa, 在教皇亚历山大三世和巴尔巴罗萨间谈判和平协定 160—161; wars with rebellious subjects and rivals, 与反叛的属国和对手 165, 168; rivalry with Genoa, 与热那亚的竞争 166—171; rule in Crete, 在克里特的统治 168—170; besieged（1378）, 被包围（1378 年）171;dominance in 14th—15th centuries, 在 14—15 世纪的统治地位 173—175; alliance with Florence against Milan, 与佛罗伦萨结盟对抗米兰 174; wealth, 财富 175;military/naval strength, 军事/海军力量 176, 179;continuity, 延续性 184—185; opposed and threatened by League of Cambrai, 受到康布雷同盟的敌对与威胁 194—195; adopts policy of neutrality, 采用中立政策 196, 198; restored by Sansovino, 由桑索维诺修复 197, 206; revival in 16th century, 在 16 世纪复兴 198—199; as living organism, 如同活生生的有机体 203—204,208; wooden construction, 木制构造 204,212—213; divisions and quarters, 分区与地区 206—207; as background to paintings, 作为绘画的背景 214; pragmatism and indifferenceto theory, 实用主义与轻视理论 215—218; education in, 威尼斯的教育 216—217; dialect, 方言 224—226, 262;representations in art, 在艺术中的表现 227—228, 230,236; as artificial city, 作为人造的城市 229; modern restoration, 现代的修复 229—

230; light and colour in, 威尼斯的光与色彩 230—233, 264; tourists and foreign visitors, 游人与外来客 234—237, 314, 320,325—327; in English literature, 在英语文学中 237—239;feminine nature, 女性特质 267—271; as 'New Jerusalem', 作为"新耶路撒冷" 271; reputation for decadence, 以衰落闻名 279; sacred sites, 神圣场所 292;economic decline and resurgence(17th—18th centuries), 经济衰退与复苏 311, 313—314;papal interdict on, 教皇对威尼斯的禁令 311—312; protectionism, 保护主义 311; loses status as imperial force, 失去作为帝国军力的地位 314; neutrality policy, 中立政策 314, 316—317; plundered byFrench, 被法军掠夺 318; economic slump(19th century), 经济萧条(19世纪)319; incorporated in kingdom of Italy(1805), 被并入意大利王国(1805年)319; public works under Napoleon, 拿破仑统治下的公共工程 319; rail connection to mainland, 与大陆铁路连接 319; gas lighting, 煤气照明 320; mid—19th century prosperity, 19世纪中期的繁荣 320; loses free port status, 失去自由港地位 322; under Austrian (Habsburg) occupation, 被奥地利(哈布斯堡)占领 322—323;modernised and restored, 现代化与复兴 323;current inertia and bureaucratic ineptitude, 当前的惰性与官僚式的无能 324—325; survives both World Wars, 从两次世界大战中幸存 324; demographic changes, 人口数量的变化 325; pollution, 污染 326; present condition, 现状 326—327; death, decay and illness in, 死亡、衰败与疾病 328—336; smell, 气味 333—334; medical care, 医疗护理 334—335; longlived inhabitants, 长寿的居民 336—337; judicial killings and public executions, 死刑与公开处决 337—339; instability, 不稳定性 341—342; selfconsciousness, 自我意识 342; travellers, 游客 348—349; as frontier, 作为边界 350—351; cosmopolitanism, 世界主义 351; Byzantine influence in, 拜占庭对威尼斯的影响 352—353; as republic, 作为共和国 357; manners and civic behaviour, 礼仪与公民行为 358—359; lacks individual figures, 缺乏个体人物 360; in nighttime, 夜晚的威尼斯 362—363; silence, 寂静 363

Venice Events Ltd, 威尼斯活动有限公司 247

Venice, Gulf of, 威尼斯海湾 155

Venice in Peril organisation, 危亡威尼斯组织 13, 326

Venus(goddess), 维纳斯(女神)74, 268—269

Verona: 维罗那: falls to Alaric, 被阿拉里克攻下 6; Venetian merchants in, 威尼斯商人在维罗那 155; Napoleon occupies, 拿破仑占领维罗那 316

Veronese(Paolo Caliari), 委罗内塞(保罗·卡利亚里)54, 59, 122, 254, 256,

259, 261, 264—265, 283; *Conversion of Saint Pantalon*（painting），《圣潘塔隆的皈依》（绘画）214； *Wedding at Cana*（painting），《迦拿的婚礼》（绘画）371

Vesalius, Andreas, 安德雷亚斯·维萨里 115

Viollet-le-duc, Eugène, 欧仁·维欧勒-勒-杜克 230

Virgin Mary 圣母马利亚 see Mary, Virgin 见"圣母马利亚"

Virgin of Venice, 威尼斯的圣母 271

Visconti family, 维斯孔蒂家族 174

Vivaldi, Antonio Lucio, 安东尼奥·卢西奥·维瓦尔第 69, 89, 108, 114, 132, 315, 368, 371—375; *The Four Seasons*（musical composition），《四季》（乐曲）375; *Tito Manlio*（opera），《蒂托的仁慈》（歌剧）374

Vivaldi, Giambattista, 詹巴蒂斯塔·维瓦尔第 372

Voltaire, François Marie Arouet, 弗朗索瓦·马利·阿鲁埃·伏尔泰 107

Wagner, Richard, 理查德·瓦格纳 29, 76, 122, 186,331—332, 366, 368

Walsingham, Sir Francis, 弗朗西斯·沃辛厄姆爵士 220

war: as source of profit, 战争：作为盈利之源 105

water: character and image, 水：特性与形象 27—28

watered silk, 波纹绸 19

Wheeler, John: *Treatise of Commerce*, 约翰·惠勒:《贸易论》108

Whistler, James McNeill, 詹姆斯·麦克尼尔·惠斯勒 228, 237

Wilde, Oscar, 奥斯卡·王尔德 265

Wilson, Bee: *The Hive*, 碧·威尔森:《蜂巢》356

wine, 葡萄酒 284—285

witches and witchcraft, 女巫与巫术 305—306

women and girls: 女人和女孩: sensuousness, 敏感 20; seclusion, 隔绝 79, 267, 271, 275, 352; employment of, 雇佣女人和女孩 112; dress, 着装 125—126,275, 279; dye hair yellow, 染黄头发 126; artists, 艺术家 261; status and activities, 地位与活动 271—272; marriage and dowries, 婚姻与嫁妆 272—274; images of, 女人和女孩的形象 275, 277; and rape, 与强奸 340; family role, 家庭角色 355; singing, 歌唱 367; musical training and performing, 音乐训练与表演 368—369; dancing, 舞蹈 370;see also courtesans; nuns andnunneries; prostitution 又见"交际花";"修女与修道院";"卖淫"

woollen manufacture and trade, 毛织品制造与贸易 118

Wordsworth,William, 威廉·华兹华斯 175, 329; *The Prelude*,《序曲》124

Wotton, Sir Henry, 亨利·沃顿爵士 20, 23, 51, 71, 88, 142,180, 244, 300, 333

Wright, Edward, 爱德华·莱特 231

Zane, Girolamo, 吉罗拉莫·赞恩 198

Zara, Dalmatia, 达尔马提亚的扎拉 162
Zeno, Apostolo, 阿波斯托洛·芝诺 116
Zeno, Carlo, 卡洛·芝诺 172
Zeno, Elisabetta, 伊丽莎贝塔·芝诺 90
Zibaldone da Canal（notebook），《运河琐记》（笔记）106
Zompino, Gaetano: *Cries of Venice*, 加埃塔诺·赞皮诺:《威尼斯的叫卖》112
Zuccari, Federigo, 费德里科·祖卡里 161
Zwingli, Ulrich, 胡尔德莱斯·慈运理 220

图书在版编目（CIP）数据

威尼斯：晨昏岛屿的集市 /(英) 彼得·阿克罗伊德著；朱天宁译.
-- 上海：上海文艺出版社, 2018（2022.3重印）
（读城系列）
ISBN 978-7-5321-6733-3
Ⅰ.①威… Ⅱ.①彼… ②朱… Ⅲ.①城市史－威尼斯
Ⅳ.①K954.6
中国版本图书馆CIP数据核字（2018）第108397号

VENICE: PURE CITY By PETER ACKROYD

Copyright: ©2009 BY PETER ACKROYD

This edition arranged with THE SUSIJN AGENCY LTD

Through BIG APPLE AGENCY, INC., LABUAN, MALAYSIA.

Simplified Chinese edition copyright:

2018 SHANGHAI LITERATURE AND ART PUBLISHING HOUSE

All rights reserved

版权登记号：09-2015-820号

发 行 人：毕 胜
策 划 人：林雅琳
责任编辑：林雅琳
封面插画、设计师：黄吉如

书　　　名：威尼斯：晨昏岛屿的集市
作　　　者：(英) 彼得·阿克罗伊德
译　　　者：朱天宁
出　　　版：上海世纪出版集团　上海文艺出版社
地　　　址：上海市闵行区号景路159弄A座2楼　201101
发　　　行：上海文艺出版社发行中心
　　　　　　上海市闵行区号景路159弄A座2楼206室　201101　www.ewen.co
印　　　刷：苏州市越洋印刷有限公司
开　　　本：890×1240　1/32
印　　　张：13.875
插　　　页：5
字　　　数：360,000
印　　　次：2018年8月第1版　2022年3月第2次印刷
I S B N：978-7-5321-6733-3/G · 0212
定　　　价：88.00元
告 读 者：如发现本书有质量问题请与印刷厂质量科联系　T: 0512-68180628